Edith Seifert
Seele – Subjekt – Körper

Forschung Psychosozial

Edith Seifert

Seele – Subjekt – Körper

Freud mit Lacan in Zeiten der Neurowissenschaft

Psychosozial-Verlag

Gedruckt mit Unterstützung
des Bundesministeriums für Wissenschaft und Forschung Wien
und der Leopold-Franzens-Universität Innsbruck.

Bibliografische Information der Deutschen Nationalbibliothek
Die Deutsche Nationalbibliothek verzeichnet diese Publikation in der Deutschen
Nationalbibliografie; detaillierte bibliografische Daten sind im Internet über
<http://dnb.d-nb.de> abrufbar.

Originalausgabe
© 2008 Psychosozial-Verlag
E-Mail: info@psychosozial-verlag.de
www.psychosozial-verlag.de
Alle Rechte vorbehalten. Kein Teil des Werkes darf in irgendeiner Form (durch
Fotografie, Mikrofilm oder andere Verfahren) ohne schriftliche Genehmigung des
Verlages reproduziert oder unter Verwendung elektronischer Systeme verarbeitet,
vervielfältigt oder verbreitet werden.
Umschlagabbildung: Inge Prokot, ohne Titel © Inge Prokot
Umschlaggestaltung nach Entwürfen des Ateliers Warminski, Büdingen.
Satz: Tanovski & Partners Verlagsdienstleistungen, Leipzig
Printed in Germany
ISBN 978-3-89806-746-1

Inhalt

Vorwort 9

Erster Teil
Neurologische Gegenwart – Die Biologisierung der Seele 15

1 Der Systemgedanke in der Neurowissenschaft 17
   Wolf Singer – Hirnentwicklung und Umwelt 18
   Humberto R. Maturana – Autopoiese 21
   Gerald M. Edelman – Neuronale Selektion 24
   Antonio R. Damasio – Somatische Marker 26

2 Wahrnehmung – Umwelt – Kognition 31
   Wahrnehmung und Umwelt 31
   Wahrnehmung und Kognition 34

3 Sprache in den Neurowissenschaften 37
   Sprachfähigkeit und Tiersprache 38
   Frühe Aphasieforschung 40
   Brainimaging 43
   Ist Sprache angeboren? 46
   Das Bedeutungsproblem in der Sprache des Gehirns 49

4 Ich, Selbstwahrnehmung und Bewußtsein 53
   Das neuronale Selbst – A. R. Damasio 55
   Ich und Bewußtsein – G. M. Edelman 57
   Die Zwei-Weltentheorie – G. Roth 58
   Das Ich und sein Gehirn – Karl R. Popper, John C. Eccles 62
   Exkurs: Zum Verhältnis vom Psychischen und Physischen 66
   Das Qualia-Problem und die Erklärungslücke 70

5 Nervenzellensprache – Ichbewußtsein – Subjektivität 77
   Objektives Ich – Versteinerte Subjektivität 80
   Von den Qualia zur Subjektivität des Unbewußten 83

6 Rezeption der Neurowissenschaft in der Psychoanalyse 87
   Das Zustandswechselmodell von Martha Koukkou und Dietrich Lehmann . 89
   Mark Solms – Die Anatomie des Unbewußten 93

Inhalt

Medizingeschichtlicher Exkurs: Von der Seele zum Seelenorgan   101

Zweiter Teil
Freuds Metapsychologie   111

1 »Zur Auffassung der Aphasien« (1891)   113
   Einschätzung der Arbeit 115
   Die Aphasie-Schrift 116
   Freuds Auffassung vom Sprachapparat 122
   Die Verbindung zwischen Wort- und Objektvorstellung 126
   Zusammenfassung 128

2 Freuds »Entwurf einer Psychologie« von 1895   131
   Der Aufbau des Apparats 133
   Die Bahnungsidee 135
   Primärvorgang und Sekundärvorgang 138
   Lust-/Unlustempfindungen 140
   Die Rede vom Apparat 142
   Das Befriedigungserlebnis 143
   Bedeutung des Befriedigungserlebnisses 146
   Wahrnehmung und Ding 148
   Das Ding 149
   Das Ich 153
   Das »proton pseudos«, die Selbstlüge des Ichs 154
   Zusammenfassung: Der »Entwurf« – mehr als eine Sinnesphysiologie 156

3 »Triebe und Triebschicksale« (1915)   159
   Metapsychologie 160
   Der Text von 1915 165
   Erste Zusammenfassung 169
   Freuds biologische Anleihe 169
   Autoerotismus 172
   Triebdualismus 175
   Triebschicksale 181
   Fazit zum Triebbegriff 186

4 »Das Unbewußte« (1915)   189
   Theorien des Unbewußten vor Freud 189
   Lektüre des Textes von 1915 194
   Topologie des Unbewußten – Rückfall in den Lokalisationsgedanken? . . . 205
   Das autonome Unbewußte als Automat und der Automatismus der Seele . . 211
   Zwischenbilanz 215
   Von der Sachvorstellung zur Auffassung des Unbewußten als Sprache 220

Zwei Anschreibungen des Algorithmus des Unbewußten –
Lacan und Laplanche/Leclaire 222
Das Unbewußte im Diskurs der Maschine 228
Die Grenzen der Maschinenanalogie – der Körper, das Imaginäre und das
Symbolische 232

Dritter Teil
Neurologische Vorzeit – Auf dem Weg zur Spaltung des Seelenlebens   239

1   J.-M. Charcot, die Hysterie und das zerebrale Unbewußte   241
Die Methoden 245
Von der ovariellen zur großen Hysterie 248
Von der Abweisung des Uterus zur Theorie des Nervensystems 254
Die Metallotherapie 256
Trauma 261
Hypnose 264
Aphasie und Sprachvorstellung bei Charcot 269
Der fehlende Operator 274
Schlußbewertung zu Charcot 275
Hippolyte Bernheim und die psychische Dimension der Suggestion 276

2   Freud und die Umarbeitung der Suggestionsidee   281
»Quelques considérations pour une étude comparative des paralysies motri-
ces organiques et hystériques« von 1893 283
Hypnoide Idee 289
Fremdkörper oder Parasit 290
Die Konversion 291
Sexualität und Hysterie 296
Fazit 300

Schlußwort   303

Literaturverzeichnis   309

Vorwort

In einem Band mit Erzählungen von Kurd Laßwitz, dem Vater der deutschen Science Fiction und Zeitgenossen Freuds, findet sich die Geschichte von Aladins Wunderlampe.[1] Die Geschichte ist keineswegs das, was man normalerweise in einer solchen Literaturgattung erwarten würde und hat überdies eine überraschend theoretische Wendung. Science Fiction an ihr ist, daß der in der Lampe verschlossene Geist auf den Schreibtisch eines deutschen Professors und damit in die Gegenwart des 19. Jahrhunderts versetzt wird, die theoretische Wendung besteht darin, daß der in der Lampe verschlossene Geist unter neuzeitlichen Bedingungen auf die Probe gestellt wird. Dabei zeigt sich allerdings, daß ihm von seiner einstigen Allmacht kaum noch etwas geblieben ist. Konnte er ehemals Paläste in nicht mehr als einer Nacht erbauen und »translozieren«, Personen von einem Ende der Welt ans andere versetzen und jede Menge von Schätzen herbeizaubern, ist er nun nicht einmal in der Lage, ein zu Boden gefallenes Zwirnknäuel aufzuheben. Was ist geschehen? Ganz einfach, die Zeiten haben sich geändert und der Geist muß zur Überraschung der ihn umgebenden Runde gestehen, daß er der Zeit und Kultur, in die er gerufen wurde, unterworfen ist. Und da er nicht in die Zeit der Kalifen, in der alles für möglich gehalten wurde – etwa, daß Berge versetzt oder ein Lebenswasser herbeigezaubert werden können – sondern ins 19. Jahrhundert gerufen wurde, ist er gehalten, den inzwischen entdeckten Naturgesetzen – hier also den Fallgesetzen Galileis – zu gehorchen und die verbieten es nun einmal, durch reine Geisteskraft auch nur ein Zwirnknäuel aufzuheben. Wenngleich – gut kantianisch – in seinem transzendentalen Bewußtsein unabhängig, kann der Geist in seiner aktuellen Tätigkeit doch die Bedingungen nicht durchbrechen, die die Grundpfeiler der modernen Kultur sind. Ein Geist aber, der zu nichts mehr nutze ist, muß freigelassen werden, und so endet die Geschichte denn auch.

Auch im Fall des vorliegenden Buches geht es, wenngleich mit umgekehrten Vorzeichen, um einen freigelassenen Geist, genauer um den Kampf zwischen den beiden Versionen von der Macht des Geistes. Während er in der einen Version ebenso zeitgebunden und in seinen Möglichkeiten eingeschränkt ist wie Laßwitz' Flaschengeist, scheint er in der anderen wie zu den Zeiten der Kalifen allmächtig und jeglicher Zeitbedingtheit enthoben. Anders als in dem modernen Märchen

---

[1] Kurd Laßwitz: Aladins Wunderlampe, in: ders.: Seifenblasen. Moderne Märchen, Hamburg 1890, S. 78–97.

ist es allerdings gerade der unter heutigen, das heißt neurowissenschaftlichen Prämissen betrachtete Geist, der allmächtig scheint, auch wenn lange an ihm »poliert« werden mußte, bis er in Form eines »Geistes der Maschine« (J. Fodor) hervorgekrochen ist. Als ein solcher ist er sehr real geworden, weshalb er auch eher selbst das Bewußtsein seiner Zeit regiert, als daß er von diesem regiert würde. Alles, was ehemals Seele und Seelisch geheißen hatte, liegt heute in seinem Einflußbereich. Der »Geist der Maschine«, bzw. der Wissenschaft, die ihn hervorgezaubert hat, die Neurowissenschaft, scheint denn auch vieler Wunder mächtig: Vor dem Hintergrund bisher ungeahnter technischer Möglichkeiten stellt sie die Heilung lange für unheilbar gehaltener Krankheiten in Aussicht, von Alzheimer und Angstzuständen etwa, hilft neue Therapieverfahren bei Schlaganfall und Schmerzsyndromen zu entwickeln und eröffnet den Zugang zu solch rätselhaften Störungen wie dem Aufmerksamkeitsdefizitsyndrom (ADS), das die Betroffenen – Eltern, Lehrer und Erzieher – bislang in die Hilflosigkeit trieb.[2]

Ähnlich wie die Genforschung nähren die neurowissenschaftlichen Forschungen die Hoffnungen alter märchenhafter Zeiten, die Ungerechtigkeiten der Natur seien zu korrigieren und dem Ziel der Vervollkommnung des Lebens sei tatsächlich näherzukommen. Die Neurowissenschaften sind damit immer mehr als nur Wissenschaft, sie treten vielmehr mit quasi magisch-religiösen Heilsversprechungen an und werden entsprechend an Heilserwartungen gemessen. Wissensgeschichtlich hat daran nicht zuletzt der Nimbus vom Gehirn als Sitz der Seele teil, anders gesagt, die Verortung der Seele im Gehirn, wie sie, angefangen in der antiken Philosophie, lange Zeit gedacht wurde. Und obwohl sich im Laufe der Jahrhunderte der metaphysische Zug verflüchtigt hat und ein moralisch-psychologisches Verständnis von Seele an seine Stelle getreten ist (mit der Neurowissenschaft sogar eine Auffassung vom Gehirn, das gänzlich seelenlos ist), hat sich der Zauber des Gehirns ungebrochen erhalten.

Aber nicht nur die theoretische Ebene, auch die Praxis ist davon betroffen. So wird seit einiger Zeit in den meisten pädagogischen, sozialpädagogischen und sozialpsychologischen Bereichen – ob Gefängnis, Erziehungsheimen oder Schule – mit der den Neurowissenschaften zugrunde liegenden Methode der Systemtheorie gearbeitet und ist – größtenteils ohne, daß die Beteiligten dies wüßten, geschweige denn, die Konsequenzen erahnten – daraus nicht mehr wegzudenken. Grund dafür ist auch hier, die quasi zauberische Suggestivkraft, mit der das systemisches Denken dem herrschenden Autonomiediktat entgegenkommt und Selbstbestimmung, Selbstregulation und Anschlußkompetenz für alle sozialen Beziehungen verspricht, angefangen beim Wahnsinn der normalen

---

2 Klaus Grawe: Neuropsychotherapie. Göttingen, Bern, Toronto 2004, S. 142ff.

Teamarbeit bis zum Umgang mit den einzelnen Anderen, den so unverständlichen Kindern, Jugendlichen, Patienten und Klienten. Neurowissenschaftliches und systemisches Denken bewahrt die »hilflosen« Helfer vor der unangenehmen Konfrontation mit der eigenen Ratlosigkeit, wie diese in – für menschliche Beziehungen üblichen – paradoxen Situationen unweigerlich auftreten.

Der Vergleich zwischen dem Gehirn, seinem systemischen Funktionieren und dem Geist der Wunderlampe zeigt aber noch mehr, nämlich das der Neurowissenschaft inhärente Selbstmißverständnis. Wie unsere kleine Wissenschafts-Fiktions-Geschichte auf nahezu psychoanalytische Art bemerkt, ist der Anspruch der Neurowissenschaft, uneingeschränkt allmächtiger Geist der Zeit zu sein, nämlich nicht ohne Einschränkung zu erfüllen. Die Neurowissenschaften kommen nicht ohne ein geeignetes Übertragungs-Medium aus. Es braucht vielmehr die »Sklaven der Lampe«, diese Anderen, die den Geist wie weiland Aladin aus der Lampe herauslocken, ihn »herausreiben« und von seinem »Ichleibe« befreien. In welcher Gestalt diese Übertragungsgestalten dabei auftreten – ob als somnambule Medien, hochtechnologische Medien – wie Computer oder Kernspintomographen – oder Andere des Unbewußten, also Psychoanalytiker – macht zweifellos einen Unterschied, der die Ausrichtung des vorliegenden Buches auch wesentlich mitbestimmt, ist aber hier nicht von Belang. Festzuhalten ist zunächst nur, daß jeder Geist seine Bedingungen hat und ohne seinen »Mutterschoß«, seine Matrix, nicht lebendig wird.

Womit wir bei der Psychoanalyse sind. Und wiewohl sie – um mit der Geschichte fortzufahren – hier als Vertreterin des zeitgebundenen und in seinen Möglichkeiten beschränktes Geistes, also als das wissenschaftliche Gegenlager betrachtet werden muß, sind auch aus ihrer Sicht die Vorzüge der großen Neuen Wissenschaft, der Neurowissenschaft, zunächst nicht zu bestreiten. Psychoanalytiker wissen nur zu gut, daß ihre Theorie nicht ohne einen allgemeinen Rahmen auskommt und keineswegs eine allmächtig überzeitliche anthropologische Theorie darstellt, sondern im Gegenteil dem Bewußtsein der Zeit untersteht. Viele Psychoanalytiker sind darum – meist allerdings defensiv – der Meinung, daß Übernahmen aus den Neurowissenschaften nicht zu umgehen seien und man den neuen Rahmenbedingungen, denen ihre Disziplin unterworfen ist, Rechnung tragen müsse. Die Auseinandersetzung mit den Neurowissenschaften ist für Psychoanalytiker aus diesem Grund nicht überflüssig, sie tritt im übrigen an die Stelle, die vor gut 40 Jahren die Auseinandersetzung mit dem damals dominierenden Diskurs der Gesellschaftswissenschaften einnahm. Heute nun sind es die biologischen Wissenstheorien, die den Rahmen abgeben.

Wenn die Wette auf das Unbewußte also weiter gelten soll und die Psychoanalyse ihre Besonderheit weiterhin behaupten will, können sich Psychoanalytiker der Diskussion der Zeit nicht verweigern und müssen ihren Diskurs wohl oder übel an dem der Neurowissenschaft schleifen. Was sie dabei zu erwarten haben und ob sie, wie zum Teil erhofft, dabei mit der längst als überfällig erachteten Präzisierung ihrer theoretischen Grundlagen, der Metapsychologie, rechnen können, sind Fragen, zu deren Beantwortung mit dieser Arbeit ein Beitrag geleistet werden soll. In diesem Sinne geht es in diesem Buch um eine Neubestimmung des Psychischen der Freudschen Psychoanalyse in »Zeiten der Neurowissenschaft«. Es wird die Frage untersucht, ob Freuds unbewußt Psychisches mit den neurowissenschaftlichen Hypothesen wirklich erreichbar ist, so daß eine Umformulierung der Metapsychologie von der Neurowissenschaft sinnvollerweise erwartet werden kann.

Zur Beantwortung dieser Frage werden im ersten Teil einige zentrale Aspekte der Neurowissenschaft vorgestellt: der Systemgedanke der Neurowissenschaften; die kognitiven Fähigkeiten und Funktionen von Wahrnehmung und Sprache sowie das im Hinblick auf die subjektive Dimension zentrale Problem der Bedeutung. Die einzelnen Aspekte werden bei verschiedenen Autoren untersucht. Ein kurzer systematischer Überblick über die verschiedenen methodischen Ansätze beschließt diesen Teil der Arbeit.

Nach einem Exkurs, in dem es um über die medizinischen Voraussetzungen der modernen Hirnforschung geht, ist der zweite, große Teil den Freudschen Hypothesen der Metapsychologie vorbehalten. Themen sind hier: Freuds frühe Auffassung der Sprache, der energetische Ansatz der Psychoanalyse, wie er im »Entwurf« von 1895 abgehandelt wird, sowie zwei der großen metapsychologischen Schriften von 1915, »Triebe und Triebschicksale« und »Das Unbewußte« – der Schlüsselbegriff der Psychoanalyse.

Im dritten Teil berühren sich Aktualität und Historizität. Der Bogen geht zurück zu der Neurowissenschaft, nur daß dies jetzt mit Bezug auf Freuds Vorläufer und Ideengeber Jean-Martin Charcot geschieht. Am Verhältnis zu Charcot, mehr noch als an dem zu dessen Gegenspieler Hyppolyte Bernheim, wird stärker als in Gegenüberstellung mit der aktuellen Neurowissenschaft anschaulich, wo und weshalb die Wege zwischen der Neurophysiologie und der Psychoanalyse auseinander gehen: Das Verhältnis zu Leben und Tod ist es, an dem sich ihre Wege scheiden.

Zwei Anmerkungen seien noch vorausgeschickt: Wo im Folgenden gegen die Verwissenschaftlichung der Psychoanalyse argumentiert wird, geschieht dies in Hinblick auf die Konkurrenzwissenschaft, die Neurowissenschaft. Insofern diese eindeutig als Naturwissenschaft auftritt, wäre eine Auseinandersetzung mit der Hermeneutik fehl am Platz, ebenso wie die Auseinandersetzung mit einem offenen Wissenschaftsbegriff. Ich sehe mich daher berechtigt, meine Argumentation auf den in der Neurowissenschaft gebräuchlichen systemischen und empirischen Wissenschaftsbegriff zu beschränken.

Zum methodischen Vorgehen sei erwähnt, daß zur Darstellung der Freudschen Metapsychologie die Form von Textlektüre und Textkommentar gewählt worden sind. Dies erfolgte aus mehreren Gründen: Zum einen, weil Freudsche Texte, ob klinische oder metapsychologische, keine rein wissenschaftlichen Texte sind, sondern eine Mischung aus Wissenschaft und Wissen vom Anderen Schauplatz, bzw. der Logik des Unbewußten. Ihrem Charakter nach sind Freudsche Texte dabei so prozeßhaft und relational gebaut, daß sie fast mit Übertragungseffekten arbeiten. Um diese Eigenheiten zur Geltung zu bringen, folgt die Darstellung in Form eines »close reading« eng dem Text, nicht ohne dabei Inspiration und Anleitung aus der Literatur gesucht zu haben.

Zum Schluß kann nicht unerwähnt bleiben, daß das Buch seine Anregungen der Lacanschen Psychoanalyse verdankt. Das wird nicht durchgängig ausgesprochen, läßt sich indes an der Auswahl der Freud-Texte erkennen, die allesamt frühe Texte der Psychoanalyse sind, wie sie für die strukturelle Psychoanalyse Lacans von grundsätzlicher Bedeutung sind. In diesem Punkt zeigt sich die Arbeit also lacanianisch inspiriert, auch wenn sie nicht immer die Lacanschen Transformationen Freudscher Begriffe aufgenommen hat und manche der deutschsprachigen Interpretationen unberücksichtigt läßt. Trotzdem wäre ohne ihren Hintergrund diese Lektüre der Freudschen Psychoanalyse nicht möglich gewesen.

Zum Schluß möchte ich meinen Dank aussprechen: dem Berliner Senat für eine sechsmonatige Förderung, der Universität Halle/Saale für ein zweijähriges Habilitationsstipendium und Herrn Prof. Alfred Schäfer, der dieses ermöglichte. Die Arbeit wurde an der Fakultät für Bildungswissenschaften der Leopold-Franzens-Universität Innsbruck im März 2006 als Habilitationsschrift angenommen. Mein Dank richtet sich hier vor allem an Prof. Dr. Hans-Jörg Walter für sein engagiertes Mitwirken bei dem gesamten Verfahren. Gutachterliche Unterstützung gewährten mir Prof. Dr. Hermann Lang (Julius-Maximilians-Universität Würzburg), Prof. Dr. Johann August Schülein (Wirtschaftsuniversität Wien), Prof. Dr. Georg Christoph Tholen (Universität Basel) und Prof. Dr. Michael Wimmer (Universität Hamburg). Unter meinen Freunden, Kolleginnen, Kollegen danke ich Mai Wegner für ihre unnachgiebige Lektüre und großzügige Diskussionsbereitschaft, Iris Hanika für ihren genauen Blick auf einzelne Kapitel, meiner Tochter Johanna für die liebevolle Geduld, mit der sie eine am Schreibtisch kämpfende Mutter über lange Zeit ausgehalten hat und nicht zuletzt Peter Geble, der selbst am besten weiß, was dieses Buch ihm verdankt.

Berlin, im Herbst 2007

Erster Teil

Neurologische Gegenwart –
Die Biologisierung der Seele

Kapitel 1

Der Systemgedanke in der Neurowissenschaft

Seit Mitte der achtziger Jahre gilt in den Neurowissenschaften als unbestrittener Konsens, daß die Organisation des Gehirns nicht mehr ausschließlich auf die Reflexphysiologie zurückgeführt werden kann, sondern als ein Systemgeschehen aufzufassen ist. Diese Auffassung löste verschiedene, bis dahin konkurrierende Theorien ab, allen voran die bis in die fünfziger Jahre vorherrschende behavioristische Theorie von J. B. Watson und Skinner, die vorgab, Verhalten, Wahrnehmen und Lernen naturwissenschaftlich untersuchen zu können, sofern man sich nur auf beobachtbare Verhaltensaspekte beschränkte, Unwägbarkeiten in die Blackbox verbannte und sich jeglicher Spekulation über nicht beobachtbare Geistesaktivitäten enthielt.[3] An ihre Stelle trat die kognitive Psychologie (von N. Chomsky, F. Bartlett, E. Tolman) der sechziger Jahre, die inspiriert von Psychoanalyse, Gestaltpsychologie und Neurologie Prozessen Aufmerksamkeit schenkte, die im Reiz-Reaktions-Schema des Behaviorismus ausgespart geblieben waren und ihr Hauptinteresse auf die internen Verarbeitungen und Repräsentationen der mentalen Ereignisse verlegte, genauer auf die Untersuchung des sensorischen Informationsflusses zwischen sensorischen Rezeptoren und ihren internen zerebralen Repräsentationen. Parallel dazu hatte sich im Zusammenhang mit der sich ausbreitenden Computertechnologie und Informatik die Methode der systemorientierten Neurowissenschaft entwickelt, die der bis dahin immer noch vertretenen Auffassung, Hirnleistungen seien das Ergebnis einer additiven Kopplung von Hirnregionen, die Grundlage entzog. Zunächst auf das Kleinhirn bezogen, hatte sie das Gehirn als ein komplex organisiertes, informationsverarbeitendes System definiert, das analog zur elektronischen Datenverarbeitung gedacht werden könne. 200 Jahre nach den ersten Lokalisierungskonzepten stellte die systemorientierte Neurowissenschaft damit klar, daß die Gehirnorganisation nicht mehr materiell zu verstehen ist, sondern Lokalisierungen nur als Aussagen über funktionelle Zuordnungen und dynamische Zustände gelten. Galls Hirnkarte war endgültig durch die »cytoarchitektonische Methode« der Brod-

---

3 Siehe E. R. Kandel, J. H. Schwartz, Th. M. Jessel (Hg.): Neurowissenschaften. Eine Einführung, Heidelberg, Berlin, Oxford, 1995. Inbes. Kapitel 5: Kognitive Neurowissenschaft, S. 329.

mankarte abgelöst.⁴ Deutsche und amerikanische Arbeiten (Hubel und Wiesel, Shatz, Singer) waren übereinstimmend zu der Auffassung gelangt, daß das Hirngewebe zwar auf Außenreize reagiert, diese aber weder direkt abbildet, noch weiterleitet, sondern damit Binnenveränderungen induziert, die ihrerseits die Verarbeitungsbahnen für nachfolgende Erregungssignale verändern.⁵ Die Reflexantwort mußte bereits eine Reaktion darstellen, die vom Gehirn durch lokale Interaktion des Hirngewebes erzeugt wird. Die Idee der Plastizität des Gehirns war geboren und mit ihr ein gänzlich neuer Aspekt in der Analyse der Funktionalität des Gehirns, die Selbstorganisation des Systems »Gehirn«.

Wolf Singer – Hirnentwicklung und Umwelt

Als einer der ersten stellte der Neurophysiologe Wolf Singer 1986 die Theorie der Wechselwirkung zwischen Gehirn und Umwelt auf und trug wesentlich zur Ausarbeitung des Systemgedankens in der Neurowissenschaft bei.⁶ Nach David Hubel, Thorsten Wiesel und C. J. Shatz untersuchte er neuronale Reifeprozesse der visuellen Wahrnehmungsleistungen bei höheren Säugetieren, um deren Abhängigkeit von der frühen Entwicklung und Umwelterfahrung zu prüfen. Dazu prüfte er in Tierversuchen Musterwahrnehmung und Unterscheidungswahrnehmung in der frühen Entwicklung von jungen Katzen, deren Umweltabhängigkeit bekannt, aber bis dahin nicht nachgewiesen war. Er fand heraus, daß junge Katzen, denen man in einer bestimmten, kritischen Zeitphase ein Auge verschlossen hatte, auch dann später nicht mehr sahen, wenn ihnen wieder alle Reize unbegrenzt zur Verfügung standen. Singer folgerte daraus, daß Erfahrungsentzug irreversible Schäden erzeugt und den Entwicklungsprozeß auf einer unreifen Stufe zum Stillstand bringt. Die Abhängigkeit zwischen Veränderung der neuronalen Verschaltungen und dem Aktivierungsniveau der Nervenzellen war gefunden. Neuronen der Sehrinde, so Singer weiter, müssen erregt werden, um Veränderungen ihrer Verschaltung zu ermöglichen. Sie beeinflussen die neuronale Verschaltung aber nur da, wo sie den »Erwartungen«, d. h. den angeborenen, festgelegten Reaktionsweisen der Sehrindenneuronen

---

4 Zu Gall, s. Medizingeschichtlicher Exkurs; zur Brodmankarte, s. E. R. Kandel, J. H. Schwartz, Th. M. Jessel (Hg.): Neurowissenschaften, a. a. O., S. 15.
5 O. Breidbach: Die Materialisierung des Ichs. Zur Geschichte der Hirnforschung im 19. und 20. Jahrhundert, Frankfurt am Main 1997, S. 381.
6 W. Singer: Hirnentwicklung und Umwelt, in: ders. (Hg.): Gehirn und Kognition, Heidelberg 1990, S. 50–65.

entsprechen, andernfalls bleiben die notwendigen selektiven Veränderungen in der Verschaltung aus.[7]

Die Theorie der Wechselwirkung zwischen Gehirn und Umwelt war bewiesen und Singer leitete daraus ab, daß das Gehirn der höheren Tiere einschließlich das des Menschen seine Leistungen im Wechselspiel mit der Umwelt entwickelt, d. h. erfahrungsabhängig ist. Doch auch die erlebnismäßige Unterscheidung zwischen Körper und Welt muß erlernt werden.[8]

In diesem Sinne stellte Singer fest, daß die meisten Sehrindennervenzellen ihre charakteristischen Eigenschaften unter dem Einfluß von frühen visuellen Erfahrungen entwickeln und frühe Erfahrung angeborene Leistungen nicht nur stabilisiert und erhält, sondern umgekehrt auch Erfahrungsentzug den Entwicklungsprozeß geradezu fixiert. Die Ableitung lag nahe, daß die Ausbildung der Sehfunktion unter zwei Bedingungen steht, die jeweils unterschiedliche Funktionen erfüllen: sie erfordert genetische wie epigenetische Informationen. Epigenetische Informationen, Erfahren und Lernen, weil diese den weitergehenden Reifeprozeß steuern und selbst von der Aktivität der Nervenzellen beeinflußt werden und genetische Informationen, weil damit die Verschaltung zwischen den Augen und den zuständigen Nervenzellen festgelegt wird. Erfahrungen und Lernen erfüllen also die Aufgabe, in den zwar vorgegebenen, aber ungenau festgelegten genetischen Repertoires die adäquat aktivierten Verbindungen auszuwählen oder abzukoppeln, d. h. sie übernehmen Selektionsfunktionen und wählen die bestmöglichen Verbindungen aus. Genetische Vorbedingungen und epigenetische Erfahrungen sind also gleichermaßen bedeutsam für die

---

[7] Ebd., S. 57. Diese kritische Phase dauert bei Katzen drei Monate. Das Experiment sah vor, daß in dieser Zeit einer Katze ein Auge verschlossen wurde, um die Auswirkung des visuellen Wahrnehmungsentzugs zu untersuchen. Man fand dabei heraus, daß sich die neuronale Verschaltung auf Dauer veränderte. »Bereits nach wenigen Tagen konnten die sensorischen, nur spontan aktiven Neuronen des geschlossenen Auges ihre Sehrindenneuronen nicht mehr erregen.« Die Erregungsübertragung an den Sehrindenneuronen veränderte sich, es reiften keine normalen rezeptiven Felder heran und bei fortdauerndem Erfahrungsentzug verschlechterte sich auch die allgemeine Erregbarkeit der Sehrindenzellen (S. 55–56). Es zeigte sich jedoch, daß die Veränderung wieder rückgängig gemacht wurden, wenn das geschlossene Auge noch vor Ablauf der kritischen Phase wieder geöffnet wurde. Geschah dies erst nach Ablauf der kritischen Phase, verbesserte sich der Zustand nicht mehr, egal wie unbegrenzt dann die Reize verfügbar waren (S. 56, Bildlegende Nr. 7). In einem anderen Experiment wurde jungen Katzen mehrere Wochen lang ein Auge verschlossen, während das andere, offene, mit einer Milchglashaftschale versehen und durch wechselnde Beleuchtung aktiviert wurde, um damit die Abhängigkeit der Veränderung der neuronalen Verschaltung vom Aktivierungsniveau zu überprüfen. S. im weiteren dazu W. Singer: Was kann ein Mensch wann lernen?, in: ders.: Der Beobachter im Gehirn. Frankfurt am Main 2002, S.43–59.

[8] Die Unterscheidung kommt durch die Rückkoppelung zwischen Körper und Gehirn zustande, wobei die doppelte Rückkoppelung ein Körpererleben und die einfache ein Außenwelterleben anzeigen soll. Diese Beobachtung stützt sich speziell auf G. Roth: Das Gehirn und seine Wirklichkeit. Kognitive Neurobiologie und ihre philosophischen Konsequenzen, Frankfurt am Main 1999, S. 317.

Ausbildung der Wahrnehmungsleistungen. Der Eliminationsprozeß ist aktivitätsabhängig.[9]

Singer drängte sich noch eine weitere Beobachtung auf: Neben der notwendigen Selektivität müssen auch die Umweltbedingungen über einen bestimmten Zeitraum konstant bleiben, um die vorgesehenen Zuordnungen zu ermöglichen. Bloße Vielfalt schafft keine optimalen Entwicklungsbedingungen. Die Welt der sichtbaren Dinge muß vielmehr stabil genug sein, um auf Merkmale hin abgetastet werden zu können und auf diese Weise Abgrenzungen vorzunehmen.[10] Singer kam zu dem Schluß, daß Erfahrungsabhängigkeit, bzw. die hohe Plastizität der neuronalen Verbindungen zerebrale Funktionen verwirklicht, die mit genetischer Anweisung allein nicht zustande kommen. Höher entwickelte Gehirne schienen damit zur Ausbildung ihrer kognitiven Funktionen auf die Wechselwirkung mit der Umwelt angewiesen.[11] Soweit das Ergebnis dieser Untersuchungen über die Entwicklungsfaktoren der Wahrnehmungsfunktion bei jungen Katzen, mit der die Theorie der Wechselwirkung zwischen Gehirn und Umwelt bewiesen wurde. Singer hatte bewiesen, daß die Nervenzellengruppen der Wahrnehmungsfunktion von drei Faktoren abhängig sind:

1. vom genetisch vorgegebenen Rahmen, der die Antwort der Nervenzellen bestimmt; 2. von der Struktur der visuellen Umwelt und den spezifischen Sehgewohnheiten einer Kultur und Zeit sowie 3. vom aktuellen Zustand des

---

[9] W. Singer: Hirnentwicklung und Umwelt, a. a. O., S. 56. Nach demselben Muster verläuft auch das kindliche Schielen und seine Korrektur. Wenn das Schielen nicht in der kritischen Phase des ersten Lebensjahres korrigiert wird, verändert die Fehlstellung der Augen die neuronalen Verbindungen nachhaltig und es bleibt die sogenannte Stereoblindheit zurück. Es müssen neben den genetisch vorgegebenen Erfahrungen eben noch andere visuelle Erfahrungen einwirken, um den ursprünglich ungenauen Verschaltungsplan zu präzisieren, die angelegten Verbindungen auszuwählen und davon wiederum bestimmte zu festigen, damit im Fall des Schielens die binokularen Signale auf ein Bild hin vereinheitlicht werden und zu einem einzigen Bild verschmolzen können (ebd., S. 55). Operationen an der Hornhaut des Auges nach Augenverletzungen und Infektionen haben außerdem gezeigt, daß selbst die Wiederherstellung des Sehorgans die Sehfähigkeit nicht zurückbringt, wenn die Patienten erst nach dem kritischen Alter, z. B. im Schulalter, operiert worden waren. Das Gehirn ist dann nicht mehr in der Lage, die Signale zu verarbeiten, obwohl sie von den Augen einwandfrei übermittelt werden (ebd., S. 50); s. auch ders.: Was kann ein Mensch wann lernen, a. a. O.

[10] Ebd., S. 62. In diesem Zusammenhang ist eine Bemerkung von Linke von Interesse. Linke weist darauf hin, daß in der Hirnentwicklung im vierten Lebensjahr ein einschneidender Verlust von Nervenzellen vor sich geht, er vergleicht diesen mit dem Ödipuskomplex der Psychoanalyse. Wenn der Vergleich überhaupt sinnvoll genannt werden kann, müßte er sich allerdings auf den Kastrationskomplex beziehen. Trotzdem berührt Linke damit den Kern der Kontroverse zwischen neurowissenschaftlichen Aussagen und denen der Psychoanalyse. Die Frage ist nämlich, ob der Nervenzellenverlust tatsächlich dem entspricht, was die Psychoanalyse als Kastration bezeichnet, ob das vergleichbare Aussagenebenen sind oder ihnen nicht doch unterschiedliche Hypothesen zugrunde liegen. Die vorliegende Arbeit wird diesem Gedanken nachgehen (D. B. Linke: Einsteins Doppelgänger. Das Gehirn und sein Ich, München 2000, S. 11).

[11] W. Singer: Hirnentwicklung und Umwelt, a. a. O., S. 59 und 64.

Gehirns während seiner Interaktion mit der Umwelt.[12] Das Ergebnis erhält seine besondere Bedeutung durch die Schlußfolgerung, die Singer selbst nur als Vermutung, H. R. Maturana und F. J. Varela zuvor aber bereits als These formuliert hatten, daß nämlich die bei der Entwicklung der Sehrinde beteiligten Mechanismen allgemein auf die Ausbildung der höheren Hirnleistungen übertragbar sind. Singers Untersuchung über das visuelle System war darum auf den umfassenderen Hirnzusammenhang übertragbar und lieferte einen Beitrag zur Korrelation von Angeborenem und Erworbenem.

Humberto R. Maturana – Autopoiese

Jahre zuvor hatten H. R. Maturana und F. J. Varela schon auf die epistemischen Konsequenzen der Wechselwirkungstheorie zwischen Hirn und Umwelt hingewiesen. 1969 entwickelte Maturana die Theorie lebender Systeme als autopoietische Systeme und wendete sie auf den Funktionszusammenhang des Gehirns an.[13] Das Nervensystem des Gehirns, so seine These, funktioniert wie ein autopoietisches System und ist durch folgende Gesichtspunkte zu charakterisieren: durch seine spezielle Dynamik, bzw. ständigen strukturellen Wandel und durch seinen einheitlichen Charakter, die »organisationelle Geschlossenheit«, Autonomie und Selbstreferentialität des Systems. Letztere besagt, daß das Nervensystem ein »Netzwerk interagierender Neuronen« und ein selbsterzeugendes System darstellt, in dem jedes Systemelement an der Produktion der anderen beteiligt ist sowie alle systemnotwendigen Operationen von ihm selbst erzeugt werden. Per Interaktion seiner Elemente bildet sich rekursiv das Netzwerk seiner Produktion heraus, in dem alle Bestandteile, Nervenzellen wie Nervenzellenverknotungen, sogenannte kortikale Säulen, durch Zirkularität miteinander verknüpft sind. Charakteristikum des selbstorganisierenden Systems »Gehirn« ist außerdem seine innige Verflochtenheit mit der Umwelt, wobei Maturana diesen, später von Singer erneut herausgestellten Aspekt erkenntnistheoretisch dahingehend präzisierte, daß er zwischen dem Eindruck

---

12 Die visuellen Erfahrungen in einer Kultur wirken auf erregende Nervenzellenverbindungen ein und konsolidieren bestimmte Merkmalsdetektoren. Das kann so aussehen, daß wie im arabischen Kulturbereich, in dem Schreiben und Lesen von rechts nach links verläuft, diejenigen Neuronen, die die Bewegungsrichtung rechts-links ansprechen, auffallend häufig zusammen kartiert werden, während in der westlichen Kultur, in der die Schreibrichtung umgekehrt verläuft, die Neuronen für die links-rechts Bewegung zusammen kartiert werden.

13 H. R. Maturana: Kognition, in: S. J. Schmidt (Hg.): Der Diskurs des radikalen Konstruktivismus, Frankfurt am Main 1987, S. 89–119, ders.: Biologie der Sozialität, ebd., S. 287–302; F. J. Varela: Autonomie und Autopoiese, ebd., S. 119–132, bes. 125ff, s. dazu auch N. Luhmann: Systeme verstehen Systeme, in: N. Luhmann, K. E. Schorr (Hg.): Zwischen Intransparenz und Verstehen. Fragen an die Pädagogik, Frankfurt am Main, 1986, S. 76.

des Systems nach außen hin und seinen inneren Zuständen unterschied und die Position des Systembeobachters einführte. Soll heißen, von seinen Zuständen her interagiert das System mit keiner ihm äußerlichen Umwelt. Das System kennt kein Außerhalb, es funktioniert völlig autonom, als ein geschlossenes System; es imponiert durch »operationale Geschlossenheit«. Nervensystem und Organismus erzeugen lediglich strukturspezifische Zustände, die man mit einem Piloten beim Instrumentenflug vergleichen kann, der im Grunde die Maschine nicht selbst steuert und landet, sondern nur seine Anzeigegeräte in bestimmten Bereichen konstant hält. Ein Beobachter hingegen, der das System von außen betrachtet, wird trotzdem einen Flug und eine Landung sehen und zwischen System und Unwelt unterscheiden und davon ausgehen, daß Sinnesrezeptoren das System zur Umwelt hin öffnen. Im Sinne von Maturana nimmt dennoch nur der Beobachter solche Unterscheidungen vor, und zwar allein aufgrund seiner Beschreibungen.

Der Unterschied ist von einschneidender Bedeutung für die epistemologische Auffassung des Systems »Gehirn«, da er unterstreicht, daß das System für sich genommen keinen Unterschied zwischen Ursache und Wirkungszusammenhang macht, so daß im Grunde nicht davon ausgegangen werden kann, daß eine von außen herangetragene Reaktion eine direkte Wirkung auslöst, sondern jede Wirkung aufs neue zur Ursache von Systemoperationen wird. Umwelt ist mithin Teil des Systems und hat denselben systemauslösenden Stellenwert wie jede beliebige andere Reizung auch.

Eine Folge der internen Differenzlosigkeit stellt die anschließende These dar, wonach das Nervensystem des Gehirns ohne hierarchische Kommandozentrale arbeitet und über kein oberstes Wahrnehmungs- und Verhaltenssteuerungssystem verfügt. Das Nervensystem registriert, verarbeitet und verschaltet vielmehr unterschiedslos Zeitinformationen, Bewegungsabläufe oder Gestaltwahrnehmung in zirkulären Abläufen. Die gleichwohl feststellbare Integrationsleistung des Gehirns wird von Neurowissenschaftlern dabei auf unterschiedliche Weise erklärt, durch Annahme von internen Gedächtnisrepräsentationen (G. Roth) einerseits, durch die Figur eines neuronalen Selbst (Damasio), bzw. eines Bewußtseins höherer Ordnung (Edelman) andererseits oder, wie von Maturana, durch die Unterscheidung zwischen Beschreibungen erster und zweiter Ordnung, bzw. zwischen Beobachter und Orientierungsverhalten. Das Problem, das in der neurowissenschaftlichen Literatur breiten Raum einnimmt, wird noch aufgegriffen.[14]

Viertes Charakteristikum lebender Systeme ist nach Maturana und Varela schließlich ihre homöostatische Organisation. Soll heißen, das Nervensystem

---

14 Siehe Kapitel 4.2. Ich und Bewußtsein.

erreicht, wie andere autopoietische Systeme auch, nie einen Zustand von thermodynamischem Gleichgewicht, von Homöostase. Das Nervensystem lebt und erneuert sich vielmehr, so die These, durch die Aufrechterhaltung seines Ungleichgewichts. »Instabilitäten sind der Motor der Systemveränderung«.[15] Konstruktivistisch verstanden, präsentiert sich das Gehirn damit als ein »intern bestimmtes System mit Verrechnungsgeschehen«, als System, das Außenerregung rein intern verrechnet[16] und neben seinem Binnenzustand einen Außenzustand nur insofern kennt, als interne Repräsentationen den Eindruck von Umwelt suggerieren und dafür sorgen, daß Außenzustand und Binnenzustand für einen Beobachter entkoppelt erscheinen, obwohl das System im Grunde nur sich selbst erkennt.[17]

Soweit zur Selbstorganisation des Systems »Gehirn«, die vor allem wegen ihrer Auffassung der kognitiven, mentalen, geistigen oder psychischen Prozesse und ihrer erkenntnistheoretischen Implikationen und Konsequenzen interessiert.[18] Es läßt sich absehen, daß im internen Verrechnungsgeschehen des Gehirnsystems alles Neue – neue Ereignisse, Vorstellungen, Ideen – aus-

---

15 W. Krohn, G. Küppers, R. Paslack: Selbstorganisation. Zur Genese und Entwicklung einer wissenschaftlichen Revolution, in: S. J. Schmidt (Hg.): Der Diskurs des radikalen Konstruktivismus, a. a. O., S. 446.

16 O. Breidbach: Bausteine zu einer Neurosemantik, in: G. Rusch (Hg.): Wissen und Wirklichkeit. Beiträge zum Konstruktivismus, Heidelberg, 1999, S. 101–103.

17 Ein System mit Binnenverarbeitung braucht einen externen Beobachter. Im Gehirn selbst gibt es keinen Beobachter, es hat keinen Homunkulus, nur interne Repräsentationen und eine innere Sprache; s. O. Breidbach: Die Materialisierung des Ich. Zur Geschichte der Hirnforschung im 19. und 20. Jahrhundert, Frankfurt am Main 1997, S. 378.

18 Wir lassen an dieser Stelle die Differenzen zwischen kognitiv, mental, geistig und psychisch vorerst beiseite; wohlwissend, daß eine Unterscheidung getroffen werden muß. An dieser Stelle mag als Beispiel einer systemisch-konstruktivistischen Definition geistiger Vorgänge die Auffassung von E. Jantzsch genügen, für den geistige Prozesse ein Ergebnis der Komplexität und »Meta-Evolution« des Systems sind. Jantzsch vertritt die These, daß der Kognitionsbereich über den Organismus hinaus evoluiere, so daß menschliche Gesellschaften damit ihre biologisch-materiellen Bedingungen transzendierten und zwar trotz aller Bindung geistiger Prozesse an die biologisch-materiellen. Materie und Geist seien die Koordinationen ein und desselben Grundprozesses auf verschiedenen Ebenen. Materie sei die Konsequenz der Bedeutung der elektromagnetischen Interaktionen in unserem Kognitionsbereich, der Geist die »von materiellen und biologischen Selbstorganisationsprozessen auf höherer Ebene«. Der Materie-Geist, Körper-Seele-Dualismus sei damit überwunden (E. Jantzsch: Erkenntnistheoretische Aspekte der Selbstorganisation natürlicher Systeme, in: S. J. Schmidt (Hg.): Der Diskurs des radikalen Konstruktivismus, a. a. O., S. 159–191, bes. S. 180–184). Auf eine philosophische Folgerung, die sich aus den neuen neurowissenschaftlichen Technologien ergebe, verweist Linke, wenn er den Leib-Seele-Dualismus auf pragmatisch-funktionalistische Weise für entschieden erklärt: Der Mensch sei kein Organsystem mehr, im technologischen Zeitalter sei er ein Funktionssystem aus verschiedenen Materialien, bestehe etwa aus einem Herzschrittmacher oder einem Brain-Chip, das kognitive Funktionen ersetzt. Die Bindung an ein spezifisch biologisches Substrat sei damit verlorengegangen. Linke interpretiert die Systemerweiterung dann – allerdings etwas gewagt – als einen Verlust von kosmischer Zuordnung (D. B. Linke: Einsteins Doppelgänger, a. a. O., S. 141).

schließlich in interne Bewertungen übergeht und Konflikte und Unwägbarkeiten nur eine untergeordnete Rolle spielen. Eine wirkliche Systemumschrift kommt in einem solchen System nicht vor. Im selbstorganisierten System »Gehirn« existiert kein Ort des Anderen, der für Offenheit stehen könnte!

Allerdings wird der systemtheoretische Ansatz unterschiedlich gehandhabt, was die Theorie von Gerald M. Edelman belegt.

Gerald M. Edelman – Neuronale Selektion

Auch Edelman versteht das Gehirn zunächst als ein selbstorganisiertes System, das zwischen Nervenzellen und ihren Verbindungen, besonderen Strukturen, »Kartierungen« und Umwelteinflüssen hin und her schaltet. Er gibt dieser Auffassung durch den Einbezug der Darwinschen Evolutionstheorie jedoch einen besonderen Akzent und erklärt damit auch die Entstehung von Veränderungen und Neuem.[19] Mit dem Darwinschen Evolutionsgedanken verlegt Edelman die Theorie der Wechselwirkung auf die mikroskopische Ebene und knüpft auf implizite Weise noch einmal an Singers Katzenversuche an: Wie Morphologie und Verhalten sich wechselseitig beeinflussen, so sind auch Zellen im einzelnen dynamisch formbar und veränderlich, so daß die dynamischen Primärvorgänge des Gehirns trotz der enormen Vielfalt von Nervenzellen in der Entwicklung eine spezielle Zellanatomie entwickelt haben. Der Evolutionsgedanke gibt überdies zu erkennen, daß auch synaptische Verbindungen über Verhalten selektiv verstärkt oder geschwächt werden und sich selektiv eine Vielfalt von Schaltungen im anatomischen Netzwerk herausbildet. Für Edelman bietet sich die Darwinsche Evolutionstheorie damit als neuronale Basistheorie an. Er gibt ihr den Namen »Theorie der Selektion neuronaler Gruppen«, kurz TSNG genannt. Mit der TSNG werden somatisch selektive Systeme erklärt, d. h. Lebewesen, die mit Neuem umgehen und mit Anpassung auf veränderte Lebensumstände reagieren. Die Auffassung vom Gehirn als einem selektiven System hat indes ihre Konsequenzen. Denn anders als im konstruktivistischen Verständnis liegt die Betonung nun auf Unterscheidungen und nicht auf der Einheit zwischen Gehirn und Umwelt, weshalb ein selektiv arbeitendes zerebrales System auch ohne Beobachterposition auskommt. Eine weitere Konsequenz betrifft die Rolle von Konflikt und Offenheit. Im selektiven System »Gehirn« ist Offenheit kein Problem und wird nicht nur anschlußbegründend verstanden. Selektive Systeme sind im Gegenteil von so makroskopischer Unbestimmtheit und Offenheit, daß die Ergebnisse der zerebralen Systemleistung nicht abzusehen sind. Und

---

[19] G. M. Edelman: Göttliche Luft, vernichtendes Feuer. Wie der Geist im Gehirn entsteht, München, Zürich, 1995.

insofern sich durch Rückkopplungen zwischen Umwelt, neuronalen Karten und Nervenzellen Veränderungen in den Hirnbereichen ergeben und sich neue Hirnfunktionen einstellen, trägt die Umwelt auch Veränderungen und Neues an das Gehirn heran. Wie die Hirnfunktionen im Laufe der Evolution genauer entwickelt worden sind, wird sodann mit den drei Annahmen der TSNG erklärt: mit der Annahme der Entwicklungsselektion in der Hirnanatomie einer Art; der der Erfahrungsselektion, d. h. der Art und Weise, wie ein Verhalten synaptische Verbindungen stärkt oder schwächt und mit der Annahme der durch reziproke Kopplung zwischen den Hirnkarten stattfindenden Wechselwirkung. Diese drei Faktoren sollen die Koordinierung der sich die im Laufe der Evolution herausgebildeten Gehirnbereiche ermöglicht haben, die immer neue Funktionen erfüllen mußten.[20]

Dessenungeachtet will die Theorie der Selektion neuronaler Gruppen mehr als eine biologische Theorie sein, für Edelman impliziert sie gleichzeitig Aussagen über die Position des Menschen. Wesen mit Gehirnen können nicht einfach als natürliche Wesen oder ausschließlich genetisch betrachtet werden. Sie sind historische Wesen, die in der Geschichte der Arten ihren Platz haben. Und weil Arten, darwinistisch gedacht, das Ergebnis eines Selektionsprozesses darstellen, findet sich mit der TSNG auch die Ursprungsfrage beantwortet und zwar ohne auf die Annahme einer »höchsten geistigen Instanz« zur Erklärung der Hirnleistung zurückgreifen zu müssen. Ohne Homunculus und ohne großen Anderen konstituiert die biologisch begründete Selektionstheorie von Gehirn und Organismus ein Grenzkriterium für die Aufnahme und Entstehung von Neuem. Die Bedürfnisse eines Lebewesens nach Anpassung und deren Wert für die Regulierung der Körperfunktionen sind es, die die jedem System notwendigen Grenzen ziehen. Wobei das Bedürfnis nach Anpassung für Interaktion zwischen einem Wertekategoriensystem und den Gehirnbereichen sorgt, in denen die Wahrnehmungen von Außenwelt kategorisiert werden.[21] Für den Biologen Edelman zielt die Selektion der TSNG damit deutlich über die rein naturwissenschaftliche Aussagenebene hinaus, sie beschreibt vielmehr einen Orientierungswert innerhalb der Anpassung.

Der Selektionsgedanke hat insgesamt positiven Widerhall gefunden. Aus psychoanalytischer Perspektive etwa würdigt R. Kennel besonders seinen Aspekt von Unbestimmtheit. Ein selektives System wie das Gehirn trage seine durch

---

20 Ebd., S. 123–127, 129.
21 Als Körperfunktionen zählen dazu der Herzschlag, die Atmung, sexuelle Reaktionen u. a. m. Das Gedächtnis für Wertekategorien setzt sich aus der Gedächtnisverknüpfung zwischen den zwei Organisationsweisen des Nervensystems zusammen, dem limbischen Mittelhirnsystem und dem thalamokortikalen System, die als Wertesysteme und Erfahrungsspeicher von Lernerfahrungen des Einzelwesens dienen (ebd., S. 137, 170–179).

Umweltverschaltung gewonnenen, unvorhersehbaren Veränderungen auf vielen Organisationsebenen ein und gebe damit ein flexibles und dynamisches Modell ab.[22] D. B. Linke hingegen vermeint mit dem Selektionsgedanken sogar einen ethischen Ansatz, ein »Denken der Gerechtigkeit« in der Neurobiologie anzutreffen, dessen übergeordneten, philosophischen Ansatz er würdigt und schätzt.[23]

Und wirklich ist Edelman selbst der Überzeugung, mit Sprache und Bewußtsein höherer Ordnung einer Dimension zu begegnen, mit der das wissenschaftlich Erkennbare an seine Grenze stößt. Einer Dimension, die die Einzigartigkeit des Bewußtseins birgt, das in seiner Individualität nicht beschreibbar ist. Lebewesen mit höherem Bewußtsein transzendierten daher die Biologie, meint der Neurobiologe im Unterschied zu anderen Neurowissenschaftlern und zieht kurzfristig sogar in Erwägung, ob die Psychologie nicht ohne Neurobiologie auskommen könnte.[24] Da für den Naturwissenschaftler Geist und Psychologie indes nur im Sinne der Biologie widerspruchsfrei erklärt werden können, ist die methodische Trennung für ihn letzten Endes jedoch nicht haltbar. Edelmans Ziel ist vielmehr ein erkenntnistheoretisches »Zurück zur Natur«, eine biologisch begründete Epistemologie, die den Darstellungen der Evolutions- und Entwicklungsbiologie entspricht, bzw. eine zweite Aufklärung unter der Ägide der Neurowissenschaft – die er schon für gekommen sieht.[25]

Antonio R. Damasio – Somatische Marker

Gemessen an der von Edelman angestrebten Wissenschaftsrevolution, sind die Ziele von Antonio R. Damasio weniger hoch gesteckt, obwohl auch der portugiesische Biologe die Neurowissenschaften mit seiner Theorie der »somatischen Marker«, der Kopplung von Denken und Fühlen, die Trennung von Körper und Seele wieder rückgängig machen will.[26] Auch für Damasio

---

22 R. Kennel: Psychoanalyse bei Klein/Bion und Neuroscience bei Edelman. Mesalliance oder göttliche Verbindung?, in: M. Leuzinger-Bohleber, W. Mertens, M. Koukkou (Hg.): Erinnerung von Wirklichkeiten. Psychoanalyse und Neurowissenschaften im Dialog, Bd. 2, Stuttgart 1998, S. 128–161. Kennels Beitrag unterstreicht besonders die Entsprechung zwischen Neurowissenschaft und Psychoanalyse. Die Autorin würdigt Edelmans Modell in der Hauptsache als ein offenes Modell, das gleichzeitig korrigierbar sei. Den systemischen Grundgedanken berührt sie hingegen in keiner Weise.
23 D. B. Linke: Das Gehirn, München 1999, S. 9.
24 Ebd., S. 196, 200–202.
25 Es bleibt anzumerken, daß vor Edelman schon M. Eigen 1971 mit Arbeiten zur molekularen Selbstorganisation das darwinistische Selektionsgesetz in die Theorie der Selbstorganisation eingeführt hat (M. Eigen: Self-Organization of Matter and the Evolution of Biological Macromolecules, in: Naturwissenschaften 58, 1971, S. 465ff.).
26 A. R. Damasio: Descartes' Irrtum. Fühlen, Denken und das menschliche Gehirn, München 1999, S. 17.

steht von Anfang an fest, daß der Maßstab aller neuronalen, bewußt erlebten oder verdeckt ablaufenden Prozesse der Körper ist, daß Gehirn und restlicher Körper in einem unauflöslichen Organismus verschmolzen sind, der durch wechselseitig aufeinander wirkende biochemische und neuronale Regelkreise, Hormonsystem, Immunsystem, autonomes Nervensystem, aufeinander abgestimmt ist und durch angeborene neurale Schaltkreise sowie Triebe und Instinkte gesteuert wird.[27] Triebe stimulieren bestimmte Grundmuster, beispielsweise das erkennbare Gefühl der Angst oder einen Körperzustand mit der Bedeutung von Hunger und schaffen auf diese Weise Instrumente, mit denen der Organismus Kognition und soziales Verhalten bewältigt. Der Organismus lernt zwischen »gut fürs Überleben« und »schlecht für sich« zu unterscheiden. Eine wichtige Rolle bei der Umsetzung von Trieben, Instinkten und von Gefühlen spielen auch die Schaltkreise des Gehirnstamms, das limbische System. Hier macht sich der Einfluß von Erfahrung und Umwelt besonders bemerkbar. Nicht anders als für Edelman sind nämlich auch für Damasio Körper und Organismus mehrfach eingebunden: Mikroskopisch werden sie durch die neuronalen Regelkreise und Triebe gesteuert, makroskopisch stehen sie mit der Umwelt in Wechselwirkung. Umwelt verleiht dem Schaltkreis erst seine exakte Struktur, denn von Haus aus ist er veränderbar und abhängig von Erfahrungen. Damasio präzisiert diesen, bereits bekannten Aspekt der Hirnorganisation, macht dafür aber die sogenannten »suprainstinktiven Instinkte« der Gesellschaft verantwortlich. Das heißt soziale Konventionen, Erziehung und Sozialisation prägen das Instinktverhalten und sorgen für Umweltanpassung, wirken aber nicht direkt, sondern sind auf die Tätigkeit der Nervenzellen angewiesen. Verschachtelt und auf Umwegen wirkt also Gesellschaft an der Ausbildung der neuronalen Netze mit und greift verändernd in die Schaltkreise ein, damit diese werden können, was sie sind. Ähnlich wie Singer geht auch Damasio davon aus, daß nur ein Teil des Gehirns genetisch präzise festgelegt ist und ist für ihn die Interaktion mit der Umwelt die Voraussetzung für die Entstehung einer präzisen Struktur. Biologie hängt von Umwelterfahrung ab, ebenso wie Umwelt von Biologie, lautet auch Damasios Ausgangsthese, mit der er die untrennbare Verschaltung der neuronalen Repräsentationen des Wissens wie der angeborenen biologischen Regelprozesse der neuronalen Repräsentationen behauptet. Per Verschaltung werden Konventionen und Regeln von Generation zu Generation weitergegeben und sind gleichzeitig unabdingbar mit den neuronalen Regelprozessen und den Repräsentationen angeborener, biologischer Regelprozesse verknüpft.

---

27 Zur Definition von Trieb, s. Damasio, a. a. O., S. 163f., 167. Damasio versteht Triebe als Überlebensdispositionen, an deren Umsetzung das limbische System beteiligt ist. Sie setzen sich aus angeborenen und erfahrungsgeleiteten Schaltkreisen zusammen. Vgl. dazu die radikal unterschiedliche Definition des Triebs in der Psychoanalyse, Teil 2.

Nicht unumstritten ist innerhalb der Kognitionspsychologie Damasios Auffassung der Rolle von Vorstellungsbildern und Repräsentationen. Repräsentationen sind Verknüpfungsmuster von Wahrnehmungsbildern, von unsichtbaren, mikrostrukturellen Veränderungen in den Neuronenschaltkreisen, die sich in ein Vorstellungsbild verwandelt haben und von jedem als zu sich gehörig empfunden werden. Sie sind Verknüpfungsmuster von Bildern von Körpervorgängen und Umwelt, die über Neuronen, Axone und elektrochemische Synapsen ins Gehirn geschickt und speziell in den »frühen sensorischen Rindenfeldern« gespeichert werden. Repräsentationen stellen jedoch ungenaue Verbindungen zwischen Körper und Umwelt her, liefern jedenfalls keine konkreten Abbilder von Fakten und Geschehnissen und sind daher keineswegs als Faksimiles von Realität zu verstehen. Sie sorgen aber dafür, daß ich beispielsweise die Hand auf dem Tisch als zu mir gehörig wahrnehme und verhindern, daß mir – wie dem Mann, von dem O. Sacks in einer seiner »Neurologischen Geschichten« erzählt, der aus dem Bett fällt, weil er ein fremdes Bein darin verspürte – die Repräsentation eines Körperteils abhanden kommt.[28]

Ähnlich wie die Repräsentationen sind für Damasio auch die Vorstellungsbilder zusammengesetzt. In diesem Sinne enthält auch das Vorstellungsbild einer bekannten Person nicht einfach das Gesicht der Person, sondern Entladungsmuster, die im visuellen Cortex die momentane Rekonstruktion einer annähernden Repräsentation des Gesichts auslösen. An der vollständigen Repräsentation des Gesichts wirken dann mehrere Gehirnstellen mit, die auf je verschiedene Aspekte des Gesichts reagieren. Ähnlich setzt sich auch das Vorstellungsbild der ganzen Person zusammen. Es nimmt eventuell auch Erinnerungen des Subjekts über seine Beziehung zu der Gesamtperson »Tante Gretel« auf. Im neuralen Substrat des Vorstellungsbilds der Person kommen durch Zusammenwirken verschiedener Gehirnzentren also individuelle Erfahrungen, spezifisch emotionale Reaktionen, aber auch Wortbedeutungen zusammen.

Der Name von Damasio steht aber vor allem für die Hypothese der »somatischen Marker«. Sie besagt, daß Denken und Fühlen, Entscheiden und Empfinden nicht voneinander zu trennen sind. Nicht allein Denkakte sind kognitiv, Empfindungen sind es auf ihre Art nicht weniger. Klinische Beobachtungen von neurologischen Läsionspathologien haben gezeigt, daß Körperempfindungen neben der neuronalen Kopplung an das Vorstellungsbild an die Funktion der Aufmerksamkeit gebunden sind wie auch an eine neuronale Funktion, die für die Ausrichtung von Entscheidungsprozessen zuständig ist. Empfindungen, so Damasios These, kommen nicht ohne Beteiligung von Denkprozessen zustande, Denkprozesse nicht ohne die von Empfindungen. Empfindungen sind ebenso

---

28 O. Sacks: Der Mann, der seine Frau mit einem Hut verwechselte, Hamburg 1990, S. 84–87.

kognitiv wie andere Wahrnehmungsbilder auch. Nach Damasio sind sie in Gestalt von »somatischen Markern« gleich doppelt lokalisiert, sowohl im Apparat der primären Gefühle, wo Signale von persönlichem und sozialem Verhalten verarbeitet werden, als auch im Apparat der sekundären Gefühle, in dem Signale aus allen sensorischen Regionen zusammenlaufen, aus den bioregulatorischen Prozessen der Körperwahrnehmung wie den Wahrnehmungen der Außenwelt. Ihre Kraft beziehen die »somatischen Marker« damit aus den zwei großen Bezugssystemen von Biologie und Umwelt, werden durch Erziehung indes mit den Rationalitätsmaßstäben der Kultur abgestimmt. Dem Individuum geben sie schließlich überlebenswichtige Entscheidungshilfen und Orientierungsmaßstäbe an die Hand.

Eine Fallgeschichte kann die Funktion der »somatischen Marker« als lebenswichtiges Entscheidungskriterium veranschaulichen. Es handelt sich um einen Patienten, der in Folge eines präfrontalen Stirnhirnschadens gravierende Persönlichkeitsveränderungen erlitten hatte.[29] Besagter Patient war ziellos und planlos geworden, verhielt sich in vielerlei Hinsicht unangemessen und unpraktisch und war der Gegenwart regelrecht ausgeliefert. Psychologische Tests ergaben jedoch keine auffälligen intellektuellen oder kognitiven Beeinträchtigungen. Im Gegenteil, kognitiv schnitt der Patient nicht schlechter als andere Testpersonen ab. In einem neu erarbeiteten Testverfahren stellte sich jedoch heraus, daß ihm gleichwohl eine entscheidende Fähigkeit fehlte: das Empfinden emotionaler Bedeutung. Kognitiv war der Patient zwar in der Lage, emotional verschieden besetzte Szenen – grausame, erotische, beglückende – in ihrer Verschiedenheit zu erfassen, emotional war ihm aber nicht klar, was sie bedeuteten, er verspürte sie nicht. »Wissen ohne zu fühlen«, nennt Damasio diese Pathologie, die das Fehlen von emotionalem Empfinden und den Verlust von kognitiven Fähigkeiten nach sich zieht. Vernunft braucht Emotionalität, lautet die These der »somatischen Marker«, mit der Damasio die Systemtheorie der Gehirnorganisation anerkannterweise so weit bereichert hat, daß Roth sie sogar als einen der größten Schritte zum Verständnis des Gehirns würdigt.[30] Fügen wir der Vollständigkeit halber hinzu, daß auch diese These durch Untersuchung von Gehirnläsionen gewonnen wurde, also vor dem Hintergrund organischer Schäden steht.[31]

---

29 Ebd., S. 64–67.
30 G. Roth: Das Gehirn und seine Wirklichkeit, a. a. O., S. 211–212. M. Pauen erhofft sich von der Theorie der somatischen Marker u. a. die Lösung des schwierigen Problems der Willensfreiheit (M. Pauen: Grundprobleme der Philosophie des Geistes. Eine Einführung, Frankfurt am Main 2001, S. 296–297).
31 Vgl. Teil 2.1. Freuds Aphasie-Arbeit und Teil 3: Hysterie. Ferner W. Leuschner, St. Hau, T. Fischmann: Experimentelle Erforschung unbewußter Prozesse, in: Psyche, Sonderheft. Psychoanalyse, Kognitionsforschung, Neurobiologie, 9/10, 1998, S. 828–829: Läsionspsychologie ist Restitutionspsychologie und nicht Ausfallspsychologie.

Dessenungeachtet lautet der Tenor wie bei Edelman: »Der Geist ist in der ursprünglichen Bedeutung des Wortes verkörpert.« Von einer Trennung zwischen Geist und Gehirn, bzw. Geist und Körper kann deshalb auch bei Damasio nicht die Rede sein.[32]

Nach der Darstellung der methodischen Arbeitsweise des Systems »Gehirn« sollen nun einige neurologische Phänomene das Thema sein. Zunächst der neuronale Vorgang der Wahrnehmung.

---

32 Wie fast alle modernen Hirnwissenschaftler lehnt Damasio den cartesischen Dualismus radikal ab und hält die Trennung von Geist und Körper, Körper und Gehirn für einen Mythos. Die völlige Loslösung des Denkens, des Geistes von der »res extensa«, der räumlich-körperlichen Ausdehnung erscheint ihm sogar als folgenschwerer Irrtum. Ihm zu Lasten gehe vor allem die absolute Trennung zwischen Körper und Seele, wie sie in der westlichen Medizin vertreten werde.

Kapitel 2

Wahrnehmung – Umwelt – Kognition

Wahrnehmung und Umwelt

Wie bereits gezeigt, sind unter allen zerebralen Vorgängen die des visuellen Systems am besten erforscht, weshalb sie auch für das Funktionieren der neuronalen Vorgänge als beispielhaft angesehen werden. Beschäftigen wir uns darum weiter mit dem Wahrnehmungsmechanismus. Wahrnehmungsvorgänge sind neuronale Vorgänge, die der Aktivität der Sinnesorgane bedürfen. Sinnesorgane tragen dazu bei, die spezifischen Umweltereignisse in Ereignisse umzuwandeln, die die Nervenzellen in ihrem Aktivitätszustand verändern, sie erregen oder hemmen. Dabei stellt sich die bekannte Folge ein, daß Umweltobjekte und Ereignisse nicht insgesamt aufgenommen werden, sondern lediglich einzelne ihrer Aspekte, etwa ihre Bewegungs- und Raumaspekte, z. B. die Bewegung oder Größe eines Beutetiers. Sinnesorgane verwandeln diese spezifischen Aspekte in neuronale Ereignisse und machen sie dem Nervensystem verträglich. Präziser gesagt, sie übertragen die Umweltreize in die physikalisch-chemische Sprache des Gehirns. Diese Auffassung des Wahrnehmungsvorgangs weist erneut darauf hin, daß sich Neurobiologen und Neuropsychologen längst von der Vorstellung verabschiedet haben, das Sehen könne lediglich durch die Linsenfunktion des Auges, das auf der Netzhaut ein spiegelverkehrtes Bild abbildet, erklärt werden. Mit dem Ende der behavioristischen Ära sind Abbildtheorie und Reflextheorie theoretisch obsolet geworden und man vermutet zwischen Umwelt und Gehirn keine Eins-zu-Eins-Beziehung mehr. Vielmehr wird an eine Erkenntnis, wie die im Gesetz der spezifischen Sinnesenergien von J. Müller formulierte, angeknüpft, der zufolge nicht der Reiz die Art der Sinnesempfindung bestimmt, sondern die durch ihn gereizten Sinnesrezeptoren. Buchstäblich schlagendes Beispiel dafür: Der Schlag aufs Auge, der nicht entsprechend dem mechanischen Reiz in eine mechanische Empfindung umgesetzt, sondern visuell empfunden wird: Wir sehen Sternchen vor Augen.

Wahrnehmung ist also ein neuronaler Prozeß, der wie alle zerebralen Vorgänge auf Verschaltungen beruht, das Ergebnis des Einflusses externer Faktoren auf sich entwickelnde neuronale Schaltkreise darstellt und unter Beteiligung von Vorstellungen abläuft, die mit unterschiedlichen Verknüpfungsmustern korreliert sind.³³ Neurologisch wird Wahrnehmung darum auch als aktiver und schöpferischer Prozeß aufgefaßt. Wahrnehmen ist schon deshalb ein schöpferischer Vorgang, weil beim Sehen eines Bildes, beispielsweise einer Landschaft, eine zweidimensionale Abbildung auf der Netzhaut des Auges in eine dreidimensionale Abbildung umgewandelt wird. Wozu allein im visuellen Cortex drei Bahnen der visuellen Informationsverarbeitung aktiviert werden: eine, die über das sogenannte »Corpus geniculatum laterale« verläuft und für die Farbwahrnehmung zuständig ist; eine zweite, die für die Wahrnehmung von Formen, für das Tiefensehen sorgt und eine dritte Bahn für Bewegungen und räumliche Beziehungen.³⁴ Die zwei Bahnen, die auf unterschiedliche Wahrnehmungsaspekte spezialisiert sind, sind untereinander verschaltet und stellen die Grundlage für das Vorstellungsbild, bzw. die topographisch organisierte Repräsentation dar, mit der Umweltreize gespeichert werden. Wie kompliziert sich der Wahrnehmungsvorgang tatsächlich gestaltet, können Neuropathologen nur bestätigen. Denn es genügt nicht, gut zu sehen oder visuelle Signale aufzunehmen, um tatsächlich zu sehen, vielmehr stellt die Synthese der visuellen Signale das eigentliche Problem dar. Das Wahrgenommene muß auch zu ganzen Bildern zusammengefügt werden können, wozu Patienten mit dem Symptom des sogenannten Blindsehens nicht in der Lage sind. Zwar können sie Wahrnehmungen machen, zum Teil auch visuelle Reize im Raum unterscheiden, sie sind trotzdem aber blind. In diesem Zusammenhang berichtet der Neurologe C. A. Pallis von einem Patienten, der auffällige Schwierigkeiten bei der Identifizierung von Gesichtern hatte. Dieser Patient war zwar in der Lage, Augen, Nase und Mund von Personen klar zu erkennen, doch verbanden sie sich in seiner Wahrnehmung nicht zu einem Gesamtbild. »Sie sehen aus, als wären sie mit Kreide auf eine Tafel gezeichnet.« Erst aus der Kleidung oder den Stimmen erschloß er, ob er einen Mann oder eine Frau vor sich hatte, ansonsten blieben die Gesichter für ihn neutral. Dieser Patient konnte auch Menschen nicht auf Photographien erkennen und sich selbst nicht im Spiegel, wohingegen ihm Tiergesichter weniger Schwierigkeiten machten, weil sie sich stärker als Menschenkörper unterscheiden. Gar keine Schwierigkeiten hatte er hingegen bei der Visualisierung ihm bekannter Gesichter und wenn er die Augen schloß, konnte er sich unschwer erinnern, wie seine Frau und seine Kinder aussahen.³⁵ Ein Fall von Prosopagnosie.

---

33 Wie Nervenzellen im allgemeinen bilden auch die visuell spezialisierten Nervenzellen bestimmte Muster, sog. »Hirnkarten«, die durch reziproke Kopplung miteinander in Wechselwirkung stehen, und aufeinander abgestimmt sind, s. G. M. Edelman, a. a. O., S. 124–125.

34 Vgl. E. R. Kandel, J. H. Schwartz, Th. M. Jessel (Hg.): Neurowissenschaften, a. a. O., S. 401–407.

35 Wiedergegeben nach ebd., S. 401–403, Exkurs: 21.2. Vgl. dazu auch die neurologischen Geschichten von A. R. Lurija: Der Mann, dessen Welt in Scherben ging, Hamburg 1991 und von O. Sacks: Der Mann, der seine Frau mit einem Hut verwechselte, a. a. O.

Dieses merkwürdige Symptom findet seine Erklärung in dem Umstand, daß Sehen ein Vorgang zwischen Synthetisierung und Differenzierung ist und beim Sehen einerseits visuelle Signale auf der Netzhaut des Auges wiedergespiegelt werden, andererseits auf dem Weg zur Sehrinde entsprechend der Spezialisierung der Nervenzellen wieder in feinste Nervenfasern verteilt werden. Die Nervenzellen der Sehrinde sind dabei so spezialisiert, daß die visuellen Signale in Millionen von Komponenten zerfallen, die jedoch, damit man wirklich sehen kann, wieder koordiniert werden müssen – was die Aufgabe der zwei Hauptbahnen des visuellen Cortex ist, des »corpus geniculatum laterale« für die Farbwahrnehmung, der parvozellulären Schichten für die Form- und Farbwahrnehmung sowie der Bahn für Bewegung und räumliche Beziehung ist.[36] Der Mechanismus hat seine Logik, doch so einleuchtend er erscheint, so merkwürdig ist ein Umstand, der insbesondere den psychoanalytischen Leser interessieren muß: Denn es müssen nicht notwendigerweise alle Wahrnehmungsdetails: Form, Farbe, Raumaspekt eines Objekts zusammenkommen, damit ein Lebewesen, ob Tier oder Mensch, aus den Einzelteilen der aufgenommenen Reize ein Gesamtbild herstellt. Um sehen zu können und ein Bild zu identifizieren, genügen bereits wenige Aspekte oder Eckdaten.

In einer berühmten Arbeit legten H. Maturana und der amerikanische Neurobiologe J. Y. Lettvin schon 1959 dar, daß sich ein Frosch bereits dann auf die Hinterbeine stellt, wenn sein Gehirn Daten über eine bestimmte Größe, einen bestimmten Hell-Dunkel-Kontrast und die Bewegung eines Objekts aufnimmt. In diesem Fall erteilt das Auge dem Gehirn des Frosches die Botschaft: Achtung Beutetier, Fliege, gut zu essen, gut fürs Überleben![37] Dabei ist es noch nicht einmal erforderlich, daß das Ding, die Fliege, mit den wesentlichen Eigenschaften wirklich existiert. Das Bild der Fliege kommt im Gehirn auch dann zustande, wenn auf irgendeine andere, selbst künstliche Weise, die entsprechenden neuronalen Signale zusammentreffen.[38]

Wahrnehmen ist also wirklich ein komplizierter Vorgang und es bleibt ungeklärt, wieso sie gelingt. Merkwürdig ist es auch, wieso wir Objekte als konstant erkennen, während sie doch in unterschiedlicher Größe, Licht oder Farbe auftreten oder warum wir eine sich nähernde Person identifizieren kön-

---

36 E. R. Kandel, J. H. Schwartz, Th. M. Jessel (Hg.): Neurowissenschaften, a. a. O., S. 401–403.
37 J. Y. Lettvin, H. R. Maturana, H. R. McCulloch, W. S. und W. H. Pitts: What the frog's eye tells the frog's brain, in: Proceedings of the Institute of Radio Engineers 11, New York 1959, S. 1940–1951. Der Vorgang demonstriert u. a., wie bei der Wahrnehmung noch andere Prozesse aktiviert werden, in diesem Fall die Nahrungssuche.
38 Vgl. dazu auch Lacan: Das Spiegelstadium als Bildner der Ichfunktion, in: ders.: Schriften I, Weinheim, Berlin 1986, S. 65. Lacan hält hier fest, daß Wanderheuschrecken bereits durch den Anblick eines bewegten Bildes von Artgenossen zur Reproduktion angeregt werden und die Reifung der Geschlechtsdrüsen bei Tauben sogar durch den des eigenen Spiegelbildes einsetzt.

nen, obwohl sie in der Entfernung klein aussieht, während wir sie als groß in Erinnerung haben oder warum wir uns durch die Jahrzehnte hindurch im Spiegel als immer dieselben erkennen. Wie diese Vereinheitlichung zustande kommt, ist und bleibt das große Rätsel der Neurophysiologie.

Einen Lösungsvorschlag hierzu legt G. Roth vor, wenn er die Integrationsfunktion der zerebralen Informationen durch die Gedächtnisfunktion beschreibt. Nach Roth schaltet sich die Gedächtnisfunktion schon ein, wenn nicht alle Details einer Gestalt vorliegen. Prinzipiell genügt eine kritische Menge von Eckdaten, von Bruchstücken aktueller Sinnesdaten, um das vollständige Bild einer Gestalt herzustellen. Das visuelle System erzeugt seine Bilder also keineswegs einfach durch Summierung einzelner Wahrnehmungselemente, sondern transformiert die empfangenen Signale, bringt sie zusammen und überprüft sie durch bestehende Erinnerungsbilder.[39]

Es stellt sich damit heraus, daß Wahrnehmung in erster Linie der Orientierung an Umweltmerkmalen dient und in neurowissenschaftlicher Perspektive für alle Lebewesen, ob Mensch oder Tier auf Überlebenssicherung ausgerichtet ist, d. h. auf Nahrungssuche, Beutefang, Schutz vor Feinden, Erkennen von Artgenossen und Sexualpartnern.[40] Dabei müssen nicht einmal alle Aspekte eines Dings gegeben sein, damit Freund oder Feind erkannt wird, einzelne Eckdaten reichen aus, damit der Frosch das Beutetier, die Fliege, oder die Wanderheuschrecke den Artgenossen erkennt oder der Mensch den Geschlechtspartner. Ausschlaggebend ist allein, daß die entsprechenden Merkmale für den wahrnehmenden Organismus überlebensrelevant sind und aufgrund ihrer physikalischen Eigenschaften bestimmte Sinneszellen erregen.

Und weil mit der Wahrnehmung – vom Pantoffeltierchen bis zum menschlichen Organismus – schließlich auch Hypothesen über die Umwelt aufgestellt werden, wird Wahrnehmung in der Neurowissenschaft darüber hinaus auch zu den Erkenntnisleistungen gezählt. Sie gilt als eine Kognitionsleistung.

Wahrnehmung und Kognition

Das Gehirn konstruiert sich also sein Abbild der Welt nach Maßgabe eigener Interna. Es vollzieht Wahrnehmungsleistungen und gilt darüber hinaus als der Ort von Vorgängen, die nach Ansicht von Kognitionspsychologen mit Erkenntnis, ihrer Entstehung und Weitergabe zusammenhängen. Das Gehirn erfüllt kognitive Funktionen. Hirnforscher und Kognitionspsychologen be-

---

39 G. Roth: Das Gehirn und seine Wirklichkeit, a. a. O., S. 151, S. 267.
40 Mit Ausnahme von J. Eccles vertreten fast alle Neurobiologen diese Ansicht.

schäftigen sich also mit Phänomenen, die von Philosophen und Psychologen im allgemeinen als inkompatibel mit einer naturwissenschaftlich-empirischen Analyse verstanden werden. Dessenungeachtet steht für Kognitionspsychologen außer Frage, daß es »eine reale Welt mit Bäumen und Menschen und Autos und sogar Büchern gibt und sie mit unserer Erfahrung dieser Dinge sehr viel zu tun hat«, gleichzeitig gehen sie jedoch davon aus, daß wir weder zu dieser Welt noch zu irgendeiner ihrer Eigenschaften unmittelbaren Zugang haben.[41] Das heißt: Ähnlich wie Wahrnehmung wird Kognition als ein konstruktiver Vorgang verstanden, gilt aber als eine Erkenntnisleistung und ein Vermögen, das zumal für die Konstruktivisten unter den Neurowissenschaftlern nur mit dem Mittel der Selbstbeobachtung zu gewinnen ist.[42] In diesem Sinne versteht zumindest der Neurobiologe H. R. Maturana Kognition, wenn er sie aus biologischer und systemtheoretischer Sicht als zunächst nichts weiter als das bekannte Phänomen von Zustandsveränderungen definiert, die im Zusammenspiel von Organismen und Umwelt auftreten und eine biologische Lebensleistung umreißen. »Kognition ist das erfolgreiche Operieren eines lebenden Systems in einem Medium.«[43] Andererseits zielt Kognition über die biologischen Vorgänge hinaus und berührt spezifische erkenntnistheoretische Bedingungen. Diese besagen, daß bei der Definition von Kognition immer schon Kognition eine Rolle spielt, da unweigerlich Sprache als Instrument und Beschreibungssystem benutzt wird, so daß nur ein Beobachter der verschiedenen physiologischen Kognitionsvorgänge überhaupt von Wahrnehmen, Sprache oder Aufmerksamkeit sprechen kann. Nur für einen Beobachter sind »schreiben, essen, eine philosophischen Konversation führen« verschiedene Tätigkeiten.[44] Für das Nervensystem und dessen biologisch-autopoietische Organisation sind das alles nur verschiedene Fälle von neuronalen Aktivitäten oder Störungen des Mediums.

Kognition ist darum ein geteiltes Phänomen und doppeldeutig zu verstehen: Sie ist einerseits ein Phänomen des erkennenden Individuums und andererseits ein Phänomen, das der Autopoiese des Erkennenden untergeordnet, bzw. das »durch die Art determiniert ist, in der dieser seine Autopoiese verwirklicht«. »Kognisizieren (cognite) heißt leben und leben heißt kognisizieren«, heißt in ei-

---

41 U. Neisser: Kognition und Wirklichkeit. Prinzipien und Implikationen der kognitiven Psychologie, Stuttgart 1979, zitiert nach E. R. Kandel, J. H. Schwartz, Th. M. Jessel (Hg.): Neurowissenschaften, a. a. O., S. 325.
42 Nicht so für Kandel, der ausschließlich von der Annahme interner Repräsentationen des personalen Raumes ausgeht.
43 H. R. Maturana: Erkennen: Die Organisation und Verkörperung von Wirklichkeit. Ausgewählte Arbeiten zur biologischen Epistemologie, Braunschweig-Wiesbaden 1985, S. 107.
44 Für Maturana sind aus diesem Grund ontologische Behauptungen über irgendeine absolut existierende Welt unmöglich, s. ebd., S. 113, S. 105.

nem Beschreibungszustand leben und nicht eine vom Erkennenden unabhängige Wahrheit erworben haben.[45]

Neurobiologisch ist »Kognition« mithin eine menschliche Wahrnehmungs-Gedächtnis-Erkenntnisleistung und als solche eine komplexe und erfahrungsabhängige Gehirnleistung, die auch als eine überlebensrelevante Leistung verstanden werden muß. Andererseits ist sie durch die zellbiologische Betrachtung kein genuin menschliches Phänomen mehr. Denn unabhängig von der Komplexität einer Art nehmen auch Tiere wahr, haben ein Gedächtnis, ja sogar ein Überich, nehmen Selektionen vor und sind zum Teil imstande, Symbole zu gebrauchen.[46]

Zusammenfassend läßt sich also festhalten, daß auch Kognitionspsychologen eine Wissenschaft des Geistes anstreben, in der die klassischen philosophischen und psychologischen Funktionen wie Wahrnehmen und Urteilen, Sprechen, Ich und Gedächtnis mit der Autopoiese neurophysiologischer Organismen verbunden sind.[47]

---

45 Ebd., S. 114. Vgl. auch S. J. Schmid (Hg.): Der Diskurs des Radikalen Konstruktivismus, a. a. O, S. 80, Anm. 24.
46 Zum Überich bei Tieren, s. Teil 2.4: Das Unbewußte.
47 Das ist im Grunde nicht neu, hat im Gegenteil seine historischen Vorläufer, insbes. in den empirischen Studien der experimentellen Psychologie von der Mitte des 19. Jahrhunderts. So erforschte schon G. Th. Fechner reizauslösende Prozesse und untersuchte sie auf die Quantifizierung der Wahrnehmung hin. Ansonsten geht das heutige Konzept von Kognition direkt auf die Analyse der subjektiven Erfahrungen der Psychologie von H. Ebbinghaus, 1885, zurück. Wir wollen hier zunächst nur festhalten, daß in der aktuellen neurowissenschaftlichen Definition »Geist« ganz allgemein als Sammlung aller zerebralen Funktionen gilt, die das »informationsverarbeitende Organ des Gehirns aufgrund seiner Komplexität und enormen Vielfalt auszuführen imstande ist« (E. R. Kandel, J. H. Schwartz, Th. M. Jessel (Hg.): Neurowissenschaften, a. a. O., S. 326). Obwohl hier keine Theorie des Geistes gesucht wird, versprechen wir uns doch davon eine Spur zum unbewußten Psychischen, schließlich hatte sich Freud 1895 das Ziel gesetzt, das normale Funktionieren des »Geistes« zu erklären.

Kapitel 3

Sprache in den Neurowissenschaften

Im Folgenden sollen weitere Aspekte neurowissenschaftlicher Theoriebildung Thema sein, von denen Aufschlüsse über das Verhältnis zwischen Neurowissenschaft und Psychoanalyse zu erwarten sind. Wir betrachten zunächst die für die Psychoanalyse zentrale Dimension der Sprache auf ihre Verwendung in der Neurowissenschaft, gehen dann zum Problem von Bedeutung und Bewußtsein über und wollen nach einer kurzen Systematisierung der methodologischen Ansätze schließlich die Möglichkeit prüfen, inwiefern die Verbindung zwischen Neurowissenschaft und Psychoanalyse denkbar sein könnte.

Zwischen Anatomie, höherer kortikaler Funktion und Nervenzellensprache

Auch in den Neurowissenschaften wird der Sprache, genauer der menschlichen Sprachfähigkeit, eine herausragende Bedeutung zuerkannt. Sprache wird als Unterscheidungskriterium zwischen Mensch und Tier aufgefaßt und darüber hinaus als eine Funktion, die dem Menschen gegenüber dem Tier einen schöpferischen Spielraum eröffnet. Um den Stellenwert des Gegenstands »Sprache« genauer zu bestimmen, sollen hier zunächst einige ältere Forschungsergebnisse dargestellt werden, die zur neurologischen Definition beigetragen haben und die Bedeutung von Sprache als funktionelle Gehirnleistung unterstreichen.

Innerhalb der Neuropsychologie gilt Sprache neben Wahrnehmung und Kognition als eine der komplexesten Formen des menschlichen Verhaltens und wird zu den sogenannten höheren geistigen Funktionen gerechnet, da sie Aufmerksamkeit, Gedächtnis, Vorstellungen und Denken steuert. Die Sprachfähigkeit, so will der Konsens, hat sich indes erst am Ende der Evolution mit den entsprechenden anatomischen Voraussetzungen entwickelt: erst nachdem die durch den aufrechten Gang bedingten anatomischen Veränderungen von Mund, Kiefer und Stimmapparat zustande gekommen waren, der Kehlkopf abgesunken, der Rachenraum vergrößert und der Vokaltrakt flexibler geworden waren.[48] Sprache, so sah es auch der frühe Freud, ist ein

---

48 G. A. Miller: Wörter. Streifzüge durch die Psycholinguistik, Frankfurt am Main 1993, S. 92.

Produkt der Evolution und der Anatomie sozusagen »aufgepfropft«, wodurch sie im kortikalen Nervensystem eine sekundäre Funktion erfüllt.[49] Während aber Sprache in der späteren Psychoanalyse als ein Gebilde mit eigener Gesetzmäßigkeit verstanden wird, interpretieren Neuropsychologen Sprache konsequent instrumentell und gehen davon aus, daß ein anfangs gestisches Kommunikationssystem durch das Sprechen abgelöst wurde.[50] In hirnphysiologischer und verhaltenspsychologischer Sicht gilt Sprache damit in erster Linie als Werkzeug und Medium der Verständigung, d. h. als ein Verhaltensaspekt.

Sprachfähigkeit und Tiersprache

Nähere Aufschlüsse über die Besonderheiten der menschlichen Sprachfähigkeit wurden in den Neurowissenschaften zunächst über die Untersuchung von Sprachstörungen, die Aphasien, über Tierexperimente und neuerdings durch die bildgebenden Verfahren, das »Neuroimaging«, »Brainimaging« gewonnen.

Bei frühen Untersuchungen der Kommunikation unter Tieren zeichneten sich erste Eigenarten des menschlichen Sprachgebrauchs ab. So hatte der Biologe K. von Frisch schon 1923 (und in korrigierter Form 1948) nachgewiesen, daß der Bienentanz ein Kommunikationssystem darstellt, mit dem sich Bienen untereinander Botschaften über unterschiedlich entfernt liegende Blütenplätze mitteilen. Von Frisch interpretierte seine Entdeckung dahingehend, daß Bienen offensichtlich über eine rudimentäre Fähigkeit zur Symbolbildung verfügen, so daß er von einer der menschlichen Sprache vergleichbaren Sprache, einer »Bienensprache« sprechen konnte. Demgegenüber stellte E. Benveniste klar, daß sich dieses Kommunikationssystem nur sehr begrenzt mit der menschlichen Sprache vergleichen läßt. Da es kein lautliches, sondern nur gestisches Kommunizieren erlaube, bei dem Zeichen und Referenz starr miteinander korreliert sind, da es keine Antworten, keinen »Dialog« kenne, sondern nur Handlungsanweisungen, habe es weitaus mehr Ähnlichkeit mit einem »Signalcode«. Menschliche Sprache, so Benveniste weiter, mit ihrer »Unbegrenztheit der Inhalte« und der Vielzahl der Kombinationsmöglichkeiten ihrer konstitu-

---

49 Evolutionsbiologisch bemerkenswert ist auch die Feststellung, daß sich die physiologischen Veränderungen, speziell das Absinken des Kehlkopfes, im ersten Lebensjahr wiederholen. Kinder haben zu Beginn des Sprechenlernens eine tiefere Stimme als im späteren Alter. Biologisch zeichnet also die Ontogenese tatsächlich die Phylogenese nach. Zum genauen Unterschied zur Freudschen Auffassung von Sprache s. Teil 2.1. und 2.2.

50 E. R. Kandel, J. H. Schwartz, Th. M. Jessel (Hg.): Neurowissenschaften, a. a. O., S. 652.

ierenden Elemente (Morpheme, Phoneme) weise eine unvergleichlich größere Flexibilität auf.[51]

Mehr Aufschluß über die menschliche Sprachfähigkeit stellten darum die Untersuchungen des Sprachverhaltens der menschlichen Primaten in Aussicht. Hier kursierten zunächst unterschiedlichste Auffassungen: So gingen in den dreißiger Jahren Ethologen zunächst davon aus, daß Schimpansen sprechen können, sofern sie nur wie Menschen aufgezogen werden, korrigierten ihre Annahme aber alsbald dahingehend, daß sie den Spracherwerb von Primaten auf das Verstehen gesprochener Anweisungen und Gesten beschränkten und nicht als ein Sprechen im eigentlichen Sinne verstanden.[52] Angeregt von Noam Chomsky lautete in den sechziger Jahren die Hypothese dann umgekehrt, daß Primaten überhaupt die intellektuelle Fähigkeit fehle, auch nur die elementarsten Sprachregeln zu erlernen und ihr Stimmapparat nicht das ganze Spektrum menschlicher Laute produzieren könne. Woraufhin Schimpansen, und zwar mit einigem Erfolg, auf die Symbole der amerikanischen Zeichensprache für Taubstumme trainiert wurden, bis man schließlich auch nicht mehr die Sprachproduktion, sondern das Sprachverständnis testete.[53] Dabei stellte sich heraus, daß das Sprachverständnis, insbesondere von den für ihre Sprachfähigkeit als besonders talentiert geltenden Zwergschimpansen, im frühen Alter durchaus mit dem von Kleinkindern vergleichbar ist, in der Entwicklung aber bald abbricht und stagniert.[54]

---

51 Ebd., S. 650; s. dazu E. Benveniste, Communication animale et langage humain (1952), in: ders.: Problèmes de linguistique générale, Paris 1966, S. 56ff., insbes. S. 59–62; fast identisch R. Caillois: Méduse & Cie., Paris 1960, S. 27; vgl. dazu auch J. Lacan: Funktion und Feld des Sprechens und der Sprache in: ders.: Schriften I, Frankfurt am Main 1975, S. 140–141.

52 Nachdem das amerikanische Forscherpaar W. und L. Kellog ihren Schimpansen Gua zusammen mit ihren Kindern aufgezogen hatten, stellten sie fest, daß er einige menschliche Verhaltensweisen angenommen hatte, einige gesprochene Anweisungen und Gesten verstand, dennoch nie selbst sprechen lernte, s. E. R. Kandel, J. H. Schwartz, Th. M. Jessel (Hg.): Neurowissenschaften, a. a. O., S. 650.

53 A. und B. Gardner trainierten ihre Schimpansin Washoe auf Symbole der amerikanischen Zeichensprache für Taubstumme mit dem Erfolg, daß sie nach vier Jahren über ein Vokabular von 160 Wörtern mit Nomen, Attributen und Modifikationen verfügte. Im Vergleich dazu umfaßt der Wortschatz eines vierjährigen Kindes ca. 3000 Wörter. Auf ähnliche Weise erreichte D. Premack, daß seine Schimpansin Sarah sogar syntaktische Beziehungen auszudrücken vermochte. Sie konnte auch Verneinungen vornehmen, gleichsetzen, unterscheiden, »wenn-dann« Aussagen formulieren, Fragen stellen und Beziehungen zwischen Objekten herstellen, z. B. zwischen einem Messer mit einer Apfelhälfte. E. R. Kandel, J. H. Schwartz, Th. M. Jessel (Hg.): Neurowissenschaften, a. a. O., S. 650.

54 S. Savage-Rumbaugh testete bei ihrem Zwergschimpansen Kanzi nur noch das Sprachverständnis. Sie kam zu dem Ergebnis, daß bis zum Alter von zweieinhalb Jahren die Sprachentwicklung von Schimpansen und Kleinkindern vergleichbar ist, sowohl was den Zuwachs an grammatischem Wissen als auch an Vokabular angeht. Dann jedoch entwickele sich die Sprachfähigkeit von Kindern schneller, während Affen bei ihrem passiven Wortschatz von 400–500 Wörtern blieben (S. Savage-Rumbaugh, R. Lewin: Kanzi, der sprechende Schimpanse, München 1995). Mittlerweile wird sogar

Im Ergebnis halten heutige Sprachuntersuchungen von Tieren fest, daß vor allem Schimpansen, als dem Menschen nächste Primaten, zwar über ähnliche physiologische Sprachanlagen verfügen sowie Symbole benutzen und in einer künstlichen Sprache kommunizieren können, daß sie Sprache aber dennoch nur imitierend und mechanisch benutzen. Heutige Sprachuntersuchungen machen geltend, daß die menschliche Hirnfunktion »Sprache« über eine einzigartige Kreativität und Flexibilität verfügt, obwohl sie ihrer Funktion nach ein Medium der Mitteilung und Instrument im Überlebenskampf ist, das, wie andere Hirnfunktionen, dem Überleben dient.[55] Soweit eine erste Charakterisierung von Sprache aus neurolinguistischer Sicht.

Merken wir an dieser Stelle jedoch an, daß ein zentrales Charakteristikum des menschlichen Sprechens hier völlig unerwähnt bleibt, der Umstand nämlich, daß weder im Bienentanzcode noch im Symbolgebrauch von Schimpansen Sprache als ein subjektives Ausdrucksmittel gebraucht wird, mit dem sich die »tierischen Sender« an die Subjektivität eines Anderen wenden. Neurolinguistische Sprachuntersuchungen übergehen samt und sonders den Umstand, daß die Grenze zwischen menschlicher Sprache und Tiersprache vor allem in der Adressierung eines Subjekts liegt, das die Subjektivität eines radikal Anderen zum Ziel hat.[56]

Frühe Aphasieforschung

Erst die neurologischen Untersuchungen von Sprachstörungen, die Aphasien, verschafften genauere Einsichten in das menschliche Sprachsystem. Mitte des 19. Jahrhunderts waren sie ein Hauptthema innerhalb der aufblühenden Hirnwissenschaft, das die meisten Forscher allerdings nur deshalb interessierte, weil es ihnen die Möglichkeit bot, ein geistig-seelisches Vermögen wie Sprache zerebral zu untersuchen. In diesem Zusammenhang war dem französischen Anthropologen und Chirurgen Paul Broca 1861 zum ersten Mal in der Geschichte der Hirnforschung die Lokalisation einer aphatischen Störung gelungen. Bei einem Patienten der Salpêtrière war Broca auf eine merkwürdige Sprachstörung aufmerksam geworden, die sich durch den Umstand auszeichnete, daß

---

die Frage gestellt, ob die deutlich ausgeprägtere Lernfähigkeit von Kindern und die elaboriertere menschliche Sprache nicht durch eine Umorganisation der Gehirnstrukturen zustande gekommen ist bzw. ob ihr nicht eine völlig andere neuronale Architektur zugrunde liegt. E. R. Kandel, J. H. Schwartz, Th. M. Jessel (Hg.): Neurowissenschaften, a. a. O., S. 651.

55 Das gilt selbst da noch, wo, wie in den konstruktivistischen Definitionen, die zielgerichtete Lebenssicherung durch die Sprache für überwunden erklärt wird, Teil 1, Ich und Bewußtsein.

56 Interview von Tilmann Lahme mit der Verhaltensbiologin Julia Fischer. Verstehen Sie die Sprache der Tiere?, in: Frankfurter Allgemeine Sonntagszeitung vom 28.4.2007.

dieser Patient, der ansonsten über ein intaktes Sprachverständnis und eine intakte Sprachmotorik verfügte, außer einer einzigen Silbe, der Silbe »Tan«, kein weiteres Wort zu artikulieren vermochte. Als der Kranke nach kurzem Klinikaufenthalt starb, sah sich Broca in der »glücklichen« Lage, in seinem Sektionsbefund den Zusammenhang zwischen einer Artikulationsstörung und einer linksseitigen Schädigung in der dritten linken Frontalwindung des Cortex nachweisen zu können.[57] Das Zentrum der motorischen Sprechartikulation war entdeckt, das bis heute den Namen »Broca Areal« trägt und auf dem eines der berühmtesten Prinzipien der Gehirnforschung beruht: »Nous parlons avec l'hemispère gauche!«[58] Der Siegeszug der Lokalisationslehre nahm seinen Anfang. 1874 legte C. Wernicke, Schüler des Wiener Neuroanatomen Theodor Meynert, »Eine psychologische Studie auf anatomischer Basis« vor und fügte der Entdeckung der motorischen Aphasie die Entdeckung der sensorischen Sprachstörungen hinzu.[59] Das merkwürdige Symptom, das aus »Reichtum von zu sprechenden Wörtern und Mangel an Verständnis des Gehörten« (Leersprache), bzw. einem unbeschränktem Gebrauch des Wortschatzes bei auffälliger Verwechslungen der Wörter besteht, fand seine Erklärung. Wernicke lokalisierte es anatomisch in der ersten Temporalwindung. Darüber hinaus entdeckte er die Verbindung des Sprachverständnisses mit dem Hörorgan und stellte auf der Grundlage dieser Verbindung bereits ein erstes Modell zerebraler Sprachverarbeitung auf. Nach diesem Modell sollte die auditorische und visuelle Sprachwahrnehmung zunächst in einzelnen, spezialisierten Großhirnbereichen vor sich gehen, um von dort auf entsprechend spezialisierte Cortexbereiche weitergeleitet, in eine allen sprachlichen Phänomenen gemeinsame neuronale Darstellung überführt und zuletzt in den später »Wernicke-Areal« genannten Rindenbereich eingespeist zu werden. Erst hier, so meinte der Forscher, würden Sprachwahrnehmungen als Sprache erkannt und mit einer bestimmten Bedeutung assoziiert. Ausgehend vom »Wernicke-Areal« stellte er außerdem eine Verbindung zum Broca-Areal fest, wo die sensorische Repräsentation, das Sprachverständnis seine Umwandlung ins Motorische, also in die Sprach-

---

57 Siehe O. Breidbach: Die Materialisierung des Ichs, a. a. O., S. 125–127; vgl. E. R. Kandel, J. H. Schwartz, Th. M. Jessel (Hg.): Neurowissenschaften, a. a. O., S. 13 sowie S. 656–657.
58 Ebd., S. 12; vgl. Th. R. v. Stockert: Theorie und Praxis der Aphasieforschung, München 1984. Brocas Definition von Aphasie gilt heute als Totalaphasie und nicht nur als Sprachproduktions-Aphasie. Außerdem wird nicht mehr so scharf zwischen Sprachverständnis und Sprachproduktion getrennt. An der Entstehung der Sprachstörungen sind nach heutiger Einschätzung auch andere kognitive Fähigkeiten beteiligt. Vgl. auch E. R. Kandel, J. H. Schwartz, Th. M. Jessel (Hg.): Neurowissenschaften, a. a. O., S. 659.
59 C. Wernicke: Der aphasische Symptomencomplex, Eine psychologische Studie auf anatomischer Basis, (Reprint), Berlin-Heidelberg-New York 1974, S. 24.

artikulation erfährt, so daß Sprechen und Schreiben im Endergebnis möglich werden.[60]

Ein weiteres Forschungsresultat von Wernicke verdient es, genannt zu werden, da es die Auffassung der psychischen Vorgänge bis zum Ende des Behaviorismus fast durchgängig beherrscht hat. Es handelt sich um die zerebrale Verarbeitung der Sprachbewegungsvorstellungen, die Wernicke mit der Aufstellung des psychischen Reflexbogenschemas beantwortete. Das Schema baut auf der Annahme auf, daß das Gehirn einen Speicher für Erinnerungsbilder und Bewegungsvorstellungen darstellt, wo ein Außenreiz an einen bestehenden Reiz, bzw. ein Erinnerungsbild anknüpft und dieses zum Anfangsglied eines psychischen Reflexbogens nimmt. Wobei sich der Reiz durch die kortikalen Fasermassen bis zu einem motorischen Punkt des Stirnhirns fortzupflanzen schien, wo er schließlich die Erregung einer Bewegung veranlaßte.[61]

Wernickes Entdeckung der zerebralen Verarbeitungswege von Sprache hatte das Aphasiekonzept deutlich verändert, da – anders als noch für Broca – die Aphasie nunmehr als Ausfall einer kognitiven Leistung erkannt wurde und nicht mehr als Ausdruck eines Verwirrtheitszustands und intellektuellen Defizits.[62]

Aktuelle Sprachstörungsforschung

Die Beobachtung der Abläufe des gesunden, nicht nur kranken Gehirns, bestätigten und modifizierten die Ergebnisse der ersten Aphasieforscher und wiesen weitere Verbindungen zwischen den beiden Sprachregionen nach.

Aktuelle Sprachstörungstheoretiker fassen das Gehirn mittlerweile als eine dynamische Netzwerkorganisation von parallelen Verschaltungen auf, in der Prozesse verrechnet und repräsentiert werden.[63] Sie gehen außerdem davon aus, daß die Sprachfähigkeit mehrere Hirngebiete einbezieht und ein komplizierteres Arrangement von parallelen Verbindungen umfaßt als nur die zwischen dem Wernicke- und dem Broca-Areal.[64] Heutige neurolinguistische Untersuchun-

---

60 Mir ist bewußt, daß die Schrift und mit ihr das Schreiben eine Kulturtechnik ist, die menschheitsgeschichtlich erst zu einem späten Zeitpunkt entstanden ist. Dennoch kann sie hier erwähnt werden, da das Schreibvermögen nach der Lokalisationstheorie in den selben Gehirnarealen wie das Sprachvermögen angesiedelt wird.
61 Ebd., S. 9–10.
62 Ebd., S. 33.
63 K. Poeck: Sprache im Gehirn: eng lokalisierbar?, in: Spektrum der Wissenschaft 4, Dossier: Kopf oder Computer, 1997, S. 34–40.
64 Siehe E. R. Kandel, J. H. Schwartz, Th. M. Jessel (Hg.): Neurowissenschaften, a. a. O., S. 655–659; K. Poeck: Sprache im Gehirn: eng lokalisierbar?, a. a. O. Heute werden drei Sprachfunktionen in den Gehirnbereichen lokalisiert, die vom unteren Stirnkreis, dem Broca-Areal ausgehen, sich über den rückwärtigen Anteil der oberen Schläfenwindung, dem Wernicke-Areal hinziehen und bis zur Windung des Scheitellappens, dem sog. Gyrus Angularis, reichen.

gen vertreten die Auffassung, daß an der Sprachproduktion auch subkortikale Bereiche beteiligt sind und Sprachverständnis und Sprachproduktion vermischt stattfinden. Schließlich veranschlagen sie das Sprachzentrum neben der – wegen der herausragenden Bedeutung der Sprachfunktion dominant genannten – linken Hemisphäre auch maßgeblich in der rechtsseitigen, motorischen Region. Sprechen, Schreiben und Lesen gelten damit nicht mehr ausschließlich als linguistische Funktionen, sondern werden auch unter motorischen Aspekten betrachtet.[65]

Soweit einige neurophysiologische Aspekte von Sprache als einer höheren kortikalen Funktion. An dieser Stelle ist ein Hinweis von allgemeiner Bedeutung angebracht: Diese und andere Aufschlüsse über die Arbeitsweise des Gehirns wären nicht möglich gewesen ohne die neuen technischen Möglichkeiten und hochtechnologischen Verfahren, die selbst sprachlicher Natur sind. Erst diese Verfahren gewährten detaillierte Einblicke in die Funktionsweise des Gehirns und vermitteln vor allem – so ein entscheidender Aspekt, dem die aktuelle Hirnwissenschaft einen wesentlichen Teil ihres Renommees verdankt – Einblicke in das lebende Gehirn und das Gehirn in Aktion. Nennen wir einige dieser Methoden, mit deren Hilfe auch die zerebrale Organisation von Sprechen und Sprache genauer faßbar wurde.

Brainimaging

Bilder von lebendem Hirngewebe werden seit Anfang der siebziger Jahre mit hämodynamischen und elektromagnetischen Verfahren hergestellt, d. h. mit den Verfahren der Positronen-Emissions-Tomographie (PET), der Computertomographie (CTG) und der funktionalen Magnetresonanztomographie (fMRT). Hierbei werden mittels eines Röntgen-Detektor-Systems unterschiedliche Meßdaten erstellt. So mißt und spiegelt z. B. der CTG-Apparat die Strahlenabsorptionen des Gewebes, übermittelt anatomische Strukturen und Details und erzeugt statische Bilder von einzelnen Gewebeschichten des Gehirns.[66]

---

65 Auch die starre Zuordnung von Läsionen und Funktionsausläufen der Wernickeschen Defizit-Hypothese hat sich nicht bestätigt, sie erscheint aus heutiger Sicht vereinfacht, s. K. Poeck, a. a. O., S. 35.
66 Genauer: Bei der Computertomographie rotiert eine Röntgenquelle um den Kopf des Patienten, wobei die Strahlen bei der Durchquerung des Hirns gewebespezifisch absorbiert werden. Der nicht absorbierte Anteil wird durch ein Detektorsystem gemessen, der die Differenz zur Ausgangsintensität ermittelt. Auf diese Weise werden Strukturen und anatomische Details erfaßt. Siehe H. Badakhshi: Body in numbers. Medizinische Visualistik: Strategien, Technologien, in: Verstärker. Internetjahrbuch für Kulturwissenschaft 7, 2002.

Bei der Positronen-Emissions-Tomographie sammelt und scannt dagegen ein um den Kopf des Patienten rotierender Detektor die Strahlenemission, die von einer injizierten oder inhalierten radioaktiven Substanz, Isotop im Gewebe ausgehen. Das Verfahren lehnt sich, wie Harun Badakhshi herausgearbeitet hat, an die Beobachtung an, daß Neuronen zur Gewinnung von Energie Glucose verwerten und unterschiedliche Umsatzraten des Glucosestoffwechsels im aktiven Gehirn erkennen lassen.

Bei der funktionellen Magnetresonanztomographie, einer Variante der Magnet-Resonanz-Tomographien, wird mittels eines physiko-chemischen Detektorensystems der elektrische Signalaustausch der Nervenzellenmembranpotentiale samt dem gleichzeitigen Energie- und Sauerstoffaustausch gemessen. Wie bei der PET werden auch bei der MRT die Stoffwechselvorgänge im Nervengewebe untersucht, insofern diese in direktem Zusammenhang mit der Aktivität der Nervenzellen stehen. Wobei bei der MRT jedoch Schwankungen in der Sauerstoffkonzentration gemessen werden, die nicht durch injizierte Substanzen, sondern durch elektromagnetische Verfahren ermittelt werden.[67] Soweit zu den Verfahren, die allerdings nicht nur technischer Natur sind, sondern die unverzichtbare Grundlage aller theoretischen und praktischen Aussagen der Neurowissenschaft darstellen. Gleichwohl sind die neuen Methoden in ihren Erkenntnismöglichkeiten nicht unumstritten. So stellt vor allem das MRT-Verfahren vor Schwierigkeiten der Interpretation. Denn mit den hämodynamischen Techniken werden nicht dieselben Bilder wie mit den elektromagnetischen Verfahren gewonnen, die Bildergebnisse fallen vielmehr je nach Methode ganz unterschiedlich aus. Darüber hinaus werden mit den jeweiligen Aktivitätsbildern keine direkten Abbilder kortikaler Gehirnaktivitäten erzielt, sondern müssen von den Stoffwechselveränderungen Rückschlüsse auf die neuronale Aktivität gezogen werden, die dann auf Wahrscheinlichkeitsaussagen begrenzt und deswegen keineswegs sicher sind. Aus diesem Grund weisen immer mehr Forscher (W. Leuschner, St. Hau, T. Fischmann; D. Pöppel) darauf hin, daß die Verfahren des »Neuroimaging« in ihrem Aussagewert beschränkter sind als gemeinhin angenommen. Sie kritisieren auch die groben Erfassungsraster des PET-Verfahrens oder stellen die eineindeutige Zuordnung zwischen Geist und Gehirn in Frage, weil die Korrelation selbst bei einer Person nicht wiederholbar sei und bei verschiedenen Individuen überhaupt unterschiedlich ausfalle. Außerdem machen sie auf die Vorzüge der algebraischen Wiedergabe aufmerksam, die differenziertere Analysen als die Bildverfahren

---

67 Die MRT-Methode nutzt die Wechselwirkung eines externen energetischen Feldes mit dem Körper. Prinzip ist der Kernspin, d. h. das Drehmoment von Protonen oder Neutronen. H. Badakhshi: Body in numbers, a. a. O.

versprechen.[68] Zum Teil weisen sie aber auch darauf hin, daß mit den neuen Techniken eine völlig neue Ebene von Verbildlichung des Körpers beschritten worden ist, deren Konsequenzen erkenntnistheoretisch in der Hirnforschung bislang noch nicht die notwendige Aufmerksamkeit gefunden habe. Als einer der wenigen Forscher ist H. Badakhshi den Konsequenzen und Implikationen der neuen Techniken nachgegangen und hat in diesem Sinne herausgearbeitet, daß mit den computerisierten bildgebenden Verfahren keine klassischen Bilder mehr erzeugt werden, keine Standbilder mit mimetischen Bildfunktionen. Die computerisierten Bilder sind vielmehr dynamische, funktionelle und graphische Erzeugnisse, nicht End-, sondern Zwischenprodukte, sie stellen Systeme dar, die aus einer Vielzahl von Variablen bestehen und das gleichzeitige Betrachten unterschiedlicher Modalitäten ermöglichen.[69]

Die Neurowissenschaft operiert und inszeniert also mit völlig neuen Eigenschaften von Bild und abgebildetem Körper: Mit Bildern von Körpern nämlich, die interaktiv, virtuell und »viabel« sind.[70] Mit Bildern, die – das ist die entscheidende Voraussetzung der Hirnwissenschaft überhaupt – vor allem unübersehbar digitalisiert sind. Die visualisierten Hirnbilder der Neurowissenschaft sind Bilder, die auf mathematischen Operationen von größter Komplexität aufbauen.[71] Sie sind Bilder aus Sprache!

Erkenntnistheoretisch kaum erfaßt, haben die neuen Verfahren mit ihren Visualisierungen des lebenden Gehirns methodisch indessen längst für eine Revolution gesorgt. Die Methode der Leichenöffnung, wie sie noch von den ersten Aphasieforschern Broca und Wernicke praktiziert wurde, ist damit endgültig hinfällig geworden. Gegenüber der anatomischen Methode behauptet sich vielmehr unmißverständlich die sprachliche Basis. Der Algorithmus hat, wie Friedrich Kittler schreibt, die Methode der Leichenöffnung definitiv abgelöst.[72]

Damit ist ein neuer Aspekt von Sprache in der Neurowissenschaft aufgetaucht. Er geht über die Betrachtung von Sprache als höherer kortikaler Funktion hinaus und besagt, daß moderne Neurophysiologie ohne die universale Syntax technischer Verfahren nicht denkbar ist. Jedem ihrer klinischen und experimentellen Ergebnisse und Aussagen – auch denen über Sprache als kortikaler Funktion – liegt eine solche mathematische Syntax zugrunde. Diese

---

68 K. Poeck: Sprache im Gehirn: eng lokalisierbar?, a. a. O., S. 40.
69 H. Badakhshi: Body in numbers, a. a. O.
70 Die genauen Begriffe lauten: Interaktivität, Virtualität und Viabilität, d. h. Passung.
71 Vgl. dazu folgende Aussage von Ch. Griesinger während seines Vortrags am 16.12.2004 auf der Tagung »Das Bild in der Wissenschaft« an der Humboldt-Universität zu Berlin »Bilder von Merkmalen der Nervenzellen und ihren Konstellationen sind Übersetzungen von formalen Sprachen und mathematischen Gleichungen, sie sind Übersetzungen von Vorstellungen und Hypothesen der Naturwissenschaftler« (eigene Vortragsmitschrift).
72 F. Kittler: Grammophon – Film – Typewriter, Berlin 1986, S. 118.

Grundbedingung, daß der Zugriff der Neurowissenschaft selbst sprachlicher Natur ist, muß bei der Erörterung und Interpretation aller neurowissenschaftlichen Aussagen prinzipiell in Betracht gezogen werden.

Ist Sprache angeboren?

Wir wollen uns im Folgenden weiter mit den biologischen und neuralen Grundlagen von Sprache beschäftigen und nach dem Zusammenhang von Sprache als höherer geistiger Funktion und ihrer biologischen Basis fragen. Inwiefern betrachten Neurowissenschaftler Sprache als angeboren, inwiefern ist sie ein menschliches Gattungsmerkmal? Die Antwort soll uns der neurowissenschaftlichen Auffassung der Beziehung zwischen Biologischem und Geistig-Mentalem, dem Psychischen näherbringen.

100 Jahre Hirnforschung haben dafür gesorgt, daß geistige Phänomene und damit auch Sprache heute molekularbiologisch begründet werden können. Geist, Bewußtsein und Bedeutung, so steht jedenfalls für John R. Searle fest, korrelieren mit neurophysiologischen Vorgängen und werden sogar erst durch diese ermöglicht.[73] Eine exemplarische Position in dieser Hinsicht vertritt Noam Chomsky. Auch Chomsky begreift Sprache explizit als Bestandteil der menschlichen Natur, behauptet sogar die Angeborenheit der natürlichen Sprache und hält die Frage nach der physischen Basis geistiger Strukturen nachgerade für sinnlos, weil sich in den modernen Naturwissenschaften die Definition des Physischen verschoben hat und mittlerweile alles Verstehbare physisch genannt werde.

In der Generativen Transformationsgrammatik demonstriert Chomsky seine Auffassung von der logisch begründeten Strukturähnlichkeit zwischen der menschlichen Sprachkompetenz und den hochformalisierten kognitiven Operationen, die auch von Maschinen durchgeführt werden können. Dabei unterstellt er, daß Sprache trotz ihrer biologisch-neuronalen Verankerung nur eingeschränkt als genetisch übertragbar angesehen werden könne, da sie zu ihrer jeweiligen Ausbildung auf individuelle Erfahrung angewiesen sei.[74] Das System der grammatischen Regeln, das er mit einem der Neurophysiologie entliehenen Begriff als »mentales Organ« bezeichnet, ist im übrigen nur eines

---

73 Für Searle ist Sprache ein Phänomen des Geistes; Sprache und Geist bedingen sich wechselseitig in einem Maße, daß er Geist selbst als sprachlich strukturiert begreift, wobei er letzteren allerdings auf eine molekularbiologische Grundlage stellt (J. R. Searle: Geist, Hirn und Wissenschaft, Frankfurt am Main 1986; ders.: Geist, Sprache und Gesellschaft, Frankfurt am Main 2000, S. 186).

74 Gewisse phonologische und semantische Einheiten und Prinzipien und grammatische Strukturen sind universal, bilden eine »Universalgrammatik« und sind für Chomsky in der Arbeitsweise des Gehirns verankert (N. Chomsky: Regeln und Repräsentationen, Frankfurt am Main 1981, S. 127). Dazu J. Lyons, Noam Chomsky, München 1981, S. 12.

von vielen »mentalen Organen«, die beim Sprechen oder Interpretieren von Gehörtem zum Zuge kommen, und gilt für ihn in erster Linie als ein kognitives System.[75] Chomsky ist allerdings überzeugt, daß die Erforschung der sprachlichen Tiefenstrukturen, denen sein Hauptaugenmerk gilt und die ihm auch über die psychische Struktur des Menschen Aufschluß zu geben versprechen, unabhängig von sprachpragmatischen Aspekten zum Erfolg geführt werden kann. Sein Ziel ist es deshalb auch, die Regeln einer idealen Universalgrammatik zusammenzustellen und Sprache einen eigenen Geltungsbereich zu sichern.[76] Wo also bei Chomsky von Biologie die Rede ist, ist dies nie in einem darwinistischen Sinn gemeint, sondern immer im Sinne einer biologischen Matrix, eines genetischen Programms, das die menschliche Sprachbefähigung überhaupt erst ermöglicht. Für Chomsky steht deshalb auch nicht der den Neurobiologen so wichtige instrumentelle Gebrauch von Sprache im Vordergrund, sondern das Apriori jeglichen Sprachgebrauchs: die Kenntnis einer Grammatik.

Aus diesem Grund ist es nicht weiter verwunderlich, daß Chomskys Ansatz unter Neurobiologen keineswegs nur auf ein positives Echo trifft. Vor allem Edelman kritisiert ihn auf das Heftigste, verwahrt sich gegen die objektivistische Einstellung und den Repräsentationsbegriff des Kognitivismus, den er als »Kategorienfehler« ansieht. Damit werde eine wirkliche, nicht vom Menschen abhängige Welt unterstellt und davon ausgegangen, daß es fest definierte Entsprechungen zwischen internen Repräsentationen und externen Strukturen der Welt, also autonome Beziehungen zur Welt gebe.[77]

Obwohl der Repräsentationsgedanke nicht bei allen Autoren auf Ablehnung trifft, läßt sich in der neurologischen Literatur gleichwohl eine Tendenz gegen einen eigenen sprachlichen Geltungsbereich ablesen, die zur Folge hat, daß selbst

---

S. Pinker, ein Chomsky-Schüler, betont den Aspekt des Individuellen, wenn er die genetische Basis und die Universalität von Sprache dahingehend einschränkt, daß Sprache dem Individuum nicht als Funktion biologisch und genetisch mitgegeben sei, vielmehr von jedem Kind aufs Neue erfunden werden müsse (S. Pinker: Der Sprachinstinkt, München 1996, S. 37).

75 Andere »mentale Organe« bzw. kognitive Systeme sind etwa »Hintergrundannahmen über die Gesprächsteilnehmer, das diskutierte Thema, die Naturgesetze« aber auch Merkfähigkeit und Aufmerksamkeit (N. Chomsky, Regeln und Repräsentationen, a. a. O., S. 190, 213).

76 Nicht zufällig heißt eines seiner Bücher *Cartesian Linguistics*, in dem Chomsky sein Verhältnis zu Descartes und anderen rationalistischen Philosophen diskutiert.

77 G. M. Edelman: Göttliche Luft, vernichtendes Feuer, a. a. O., S. 345ff. Wie bereits gezeigt, legt der neuronale Darwinismus den Hauptakzent auf die durch den Anpassungsdruck herbeigeführte Veränderlichkeit der Hirnstrukturen und Hirnfunktionen. Edelman nun will dieser Veränderlichkeit u. a. mit einer Grammatik Rechnung tragen, die sich auf die Funktionsweise des Körpers stützt. In dieser Grammatik gelten Regeln nicht als angeboren oder durch einen angeborenen Sprachlernmechanismus gesichert, sondern gewinnen Sinn und Bedeutung aus den körperlichen Funktionen. Mit der »kognitiven Grammatik« von G. Lakoff soll ein weiterer »Kardinalfehler« linguistischer Theorien vermieden werden: die Annahme nämlich von den willkürlichen Beziehungen zwischen dem sprachlichem Zeichen und seiner Bedeutung. In der kognitiven Grammatik

über die gegensätzlichen Positionen hinweg ein Neurobiologe wie Edelman und Konstruktivisten wie Maturana und Köck gegen das »dogmatische linguistische Relativitätsprinzip« und für eine pragmatisch konkrete, gebrauchsbezogene Auffassung von Sprache Position beziehen. In der Auffassung nämlich, daß Wahrnehmen und Denken nicht von a priori gegebenen Sprachstrukturen abhängig sind, sondern über den Gebrauch gesteuert werden und sich erst über die Interaktion mit der Umwelt ergeben, stimmen Hirnwissenschaftler im Prinzip überein. Für sie ist Sprache deshalb kein »Schlüssel zur Welt«, sondern ist darauf beschränkt, eine höhere kortikale Funktion und ein Instrument zu sein.[78]

Hinsichtlich der Definition von Sprache als kortikaler Funktion herrscht unter Neurowissenschaftlern denn auch Übereinstimmung darüber,

1. daß, wie die Aphasieforschung nachwies, das menschliche Sprachvermögen sich als mehrschichtiger Funktionskomplex (Sprachverständnis, Sprachartikulation) darstellt;

2. daß sie, wie aus den frühen Untersuchungen der Tiersprache abgeleitet wurde, ihrer Funktion nach ein Medium der Mitteilung und Instrument im Überlebenskampf ist. Sprache teilt Absichten mit, organisiert Wahrnehmung und Gefühle und wird neurodarwinistisch auch als zielgerichtetes Verhalten interpretiert, das wie andere Hirnfunktionen dem Überleben dient;

3. daß sich Sprache hinsichtlich ihrer Kreativität dennoch deutlich vom symbolischen Gebrauch sprachtrainierter Primaten unterscheidet und sie

---

erweist sich beispielsweise das Schema von Innen-Außen ebenso körperlich präformiert wie die Teil-Ganzes-Relation, die Idee der »Verbindung« oder das Schema von Quelle-Weg-Ziel, die alle unmittelbar sinnvoll seien (Edelman, S. 348, 352–353). Hinsichtlich seiner Ablehnung der Arbitrarität von Zeichen und Bedeutung fragt man sich allerdings, wie Edelman dem Freudschen Unbewußten, das eine »Lückenkonfiguration« darstellt, überhaupt etwas abgewinnen kann. Zumal er Freud als einen Wegbereiter der Naturwissenschaft versteht und damit erneut bestätigt, daß Neurobiologen die spekulativen Aussagen der Psychoanalyse höchstens für verifizierbare Hypothesen halten. Die folgende Pointe, die die Arbitrarität der Zeichen aufs Schönste illustriert, ist zu hübsch, um nicht zitiert zu werden. Denn der Witz von Boris und Iwan, mit dem Edelman die Arbitrarität von Begriff und Bedeutung in einen antizipatorischen Sprachgebrauch uminterpretiert, ist Freud- und Lacan-Lesern nur allzu bekannt, auch wenn diese daraus, anders als Edelman, die Täuschungsfunktion der als autonom verstandenen Sprache herauslesen (S. Freud: Der Witz und seine Beziehung zum Unbewußten, in: ders.: Stud. Ausg. Bd. IV, Frankfurt am Main 2000, S.109). In Edelmans Version versucht Iwan seinem Gesprächspartner weiszumachen, daß er nach Minsk fährt, woraufhin dieser, in Kenntnis seines Gegenübers, argwöhnt, belogen zu werden, und antwortet: »Boris, ich kenne dich. Wenn du nach Minsk wolltest, hättest du gesagt, du führest nach Pinsk. Ich weiß aber zufällig, daß du nach Minsk willst. Warum lügst du mir was vor?« (G. M. Edelman: Göttliche Luft, vernichtendes Feuer, a. a. O., S. 194).

78 Siehe W. K. Köck: Kognition – Semantik – Kommunikation, in: S. J. Schmidt (Hg.): Der radikale Diskurs des Konstruktivismus, Frankfurt am Main 1987, S. 367–368.

4. Abstraktionsleistung vollbringt. Sprache spricht vom Abwesenden und bringt die Zeit der Vergangenheit zur Geltung, »Sprache sagt, wie es war und (...) wie es für immer verschwunden ist« (H. v. Foerster).[79]

Daß Sprache und sprachliche Strukturen darüber hinaus an der Darstellung der neuronalen Vorgänge konstitutiv beteiligt sein könnten, wird in den neurowissenschaftlichen Theorien hingegen kaum zur Kenntnis genommen. Trotzdem bildet dieser Umstand das Apriori aller neurowissenschaftlichen Aussagen über psychische Funktionen.

Das Bedeutungsproblem in der Sprache des Gehirns

Eine gewichtige Frage ist bisher unberührt geblieben: das mit einer Sprache auftretende Bedeutungsproblem. Das Problem ist experimentellen Hirnwissenschaftlern nicht unbekannt, wird von ihnen aber hauptsächlich im Anatomischen, als Beispiel für zerebrale Milieuabhängigkeit abgehandelt. Das heißt, es gilt als Sprachverständnis, was das Gebiet des Schläfenlappens erregt, unabhängig davon, ob die neuronale Erregung durch einen physikalischen Außenreiz oder durch mechanische Reizung zustande gekommen ist, beispielsweise experimentell induziert wurde.[80] Nicht anders verhält es sich beim Sprachverständnis und Hören, das in dieser Auffassung allein aus der Erregung der auditorischen Hirnrinde resultiert. Konstruktivisten unter den Neurobiologen beharren indes darauf, daß Sprache trotz unbestreitbar biologischer Fundierung stets mehr als ein neurophysiologischer Vorgang sei, da sie Bedeutung erzeuge und sich diese stets in einem interaktiven Kontext ergebe.[81] Neurobiologen unter den Konstruktivisten wie Maturana bezweifeln sogar, ob man einen neuronalen Nervenerregungsablauf tatsächlich als Sprechen bezeichnen kann, denn auch ein Automat »spricht«, »erkennt« oder »entscheidet« nur, wenn man ihm zuvor die Fähigkeit dazu verliehen hat.[82] Konstruktivistische Neurobiologen stellen sogar in Abrede, daß die Nervenzellenvorgänge des Gehirns überhaupt mit Bedeutung

---

79 H. v. Foerster: Wahrnehmung, in: Ars Electronica (Hg.): Philosophen der neuen Technologie, Berlin 1989, S. 39; einen ähnlichen Gedanken deutet Edelman mit Bezug auf W. Percy an: Sprache ist ein System, das »unter der Obhut eines Symbols« in Erscheinung tritt, d. h. das immer per Symbol auf ein anderes System bezogen ist, G. M. Edelman, Göttliche Luft, vernichtendes Feuer, a. a. O, S. 279. S. auch H. R. Maturana, Biologie der Sozialität, a. a. O., S. 300.
80 G. Roth: Das Gehirn und seine Wirklichkeit, a. a. O., S. 110.
81 S. J. Schmidt: Ernst von Glasersfelds Sprachphilosophie. Grundlagen, Konzepte, Perspektiven, in: G. Rusch, Wissen und Wirklichkeit. Beiträge zum Konstruktivismus, a. a. O., S. 124.
82 W. K. Köck, »Kognition – Semantik – Kommunikation«, in: S. J. Schmidt (Hg.): Der Diskurs des Radikalen Konstruktivismus, a. a. O., S. 352. Das am Ende von Teil 1 angeführte Beispiel des Zustandswechselmodells von M. Koukkou/D. Lehmann macht diese Auffassung noch einmal deutlich.

befrachtet sind. Denn, so das Argument, die Sprache des Gehirns ist ohne jede Spezifizität, sie besteht ausschließlich aus chemischen und elektrischen Signalen. Im Sinne bedeutungstragender Sprache sind die zerebralen Vorgänge, ist das, was im Hirn fließt, interferiert, aktiviert, gespeichert und kompiliert wird, keine vollgültige Sprache zu nennen. Im Gehirn verlieren die Sinnesorgane vielmehr ihre spezifische Modalität und werden in eine neuronale Einheitssprache übersetzt. Voraussetzung dafür, daß Ohr und Gedächtnis, Mund und Muskeln miteinander kommunizieren können, ist nämlich, daß sie ihre Spezifizität verloren haben.[83] Die Sprache des Nervensystems folgt, wie es H. v. Foerster mit J. Müller beschreibt, dem »Prinzip der undifferenzierten Codierung«, sie ist Einheitssprache der bioelektrischen Ereignisse und Nervenpotentiale. Die Erregungszustände einer Nervenzelle codieren deshalb nur die Intensität der Erregungsursache, nicht deren Natur. »Klick« ist das Vokabular der Nervensprache.[84]

Die Frage nach der Natur der Nervenzellenvorgänge ist aufgeworfen: Können sie als strukturelle, quasi maschinelle Vorgänge tatsächlich schon sprachlich genannt werden oder müssen sie nicht eher als Bedeutungsträger betrachtet werden, die durch interaktives und konsensuelles Zusammenspiel erst zu Phänomenen wie Sprechen, Schreiben oder auch Ichempfinden und Selbstbewußtsein werden?

In Erinnerung an die konstitutive sprachliche Grundlage der Nervenzellenvorgänge soll hier betont werden, daß die Neutralität des neuronalen Codes, seine Einförmigkeit und Bedeutungslosigkeit kein Argument gegen die sprachliche Natur der Nervenerregungsabläufe darstellt. Sie ist kein Einwand gegen eine Sprache der Nervenzellenvorgänge, wenngleich diese zugegebenermaßen mehr Verbindungen zu einer psychoanalytischen Signifikantentheorie unterhält als zu einer Kommunikationstheorie im üblichen Sinne. Im Sinne einer Signifikantensprache muß Sprache jedenfalls keine gegenstandspezifischen Aussagen machen, muß keine Bedeutung transportieren und läßt dabei noch nicht einmal,

---

[83] Die Einheitscodierung wird bestätigt, wenn mit ein und demselben künstlichen elektrischen Reiz unterschiedliche sensorische Halluzinationen erzeugt werden. Damit soll bewiesen werden, daß der Unterschied allein milieuabhängig ist: er verdankt sich dem Ort, dem Areal der Eingabe. (G. Roth: Das Gehirn und seine Wirklichkeit, a. a. O.)

[84] Der neuronale Code unterliegt dem Prinzip der Neutralität (H. v. Foerster: Erkenntnistheorien und Selbstorganisation, in: S. J. Schmidt (Hg.): Der radikale Diskurs des Konstruktivismus, a. a. O., S. 137–138). S. dazu auch W. K. Koeck, demzufolge die fälschliche Ausweitung der Kommunikationstheorie und der Kybernetik dafür verantwortlich ist, daß Neurowissenschaftler überhaupt auf die Idee kommen, Nervenzellenerregungen könnten Bedeutungen übertragen. Für Koeck ist und bleibt die Informationstheorie eine Signalübertragungstheorie und die Kybernetik eine Maschinentheorie. Neurowissenschaftler mißverstünden das, wenn sie die Informationstheorie auf den Sprachaustausch ausweiteten. Nach Köck tragen Neurowissenschaftler deshalb zu einer Vermischung von Bedeutung und Bedeutungsträger bei (W. K. Köck: Kognition – Semantik – Kommunikation, a. a. O., S. 350, 352, 354).

wie Maturana fordert, Eros und Liebe vermissen.[85] In der Signifikantentheorie schließen sich formale Organisation, Lust und Liebe keineswegs aus. Bevor wir uns vor dem Hintergrund der psychoanalytischen Theorie dieser Dimension von Sprache zuwenden, halten wir zunächst fest, daß Sprache, ob als zerebrale Einheitscodierung, Funktion oder semantisches Konventionsprodukt, insgesamt ein vielgestaltiges und besonderes Medium darstellt, das konstruktivistischen Hirnwissenschaftlern durch seine Zirkularität und Paradoxalität auffällt. Sprechen über Sprache ist, wie Köck und Maturana notieren, immer schon eingetaucht in Sprache, ebenso wie Nachdenken über Sprache immer schon Sprache voraussetzt.[86] Das mag zwar ein Zirkelschluß sein, ist aber auch der Beweis für die schöpferische Spirale der ständigen Selbsttransformation von Sprache, die weiterhin zur Folge hat, daß der Gegenstand Sprache nur mit Hilfe eines Apparats zu erfassen ist, der die Subjekte selbst einbezieht und der wir selber sind: »Wir gebrauchen uns selbst als Sonden«, deren Reaktionen, bzw. Veränderungen wir als Eigenschaften der Wirklichkeit interpretieren.[87] Wir beschließen diesen Abschnitt mit der Anmerkung, daß letzterer Feststellung zum Trotz die Subjekt-Sonden-Apparate für viele Neurobiologen und Konstruktivisten nicht als Bedingungen des Sagens zu ihrer Theorie dazugehören.

---

85 H. R. Maturana: Biologie der Sozialität, a. a. O., S. 300.
86 H. R. Maturana: Erkennen: Die Organisation und Verkörperung von Wirklichkeit, a. a. O., S. 236–271.
87 W. K. Köck: Neurosemiotik. Zur naturalistischen Konstruktion von Anschauung und Begriff, in: G. Rusch (Hg.): Wissen und Wirklichkeit. Beiträge zum Konstruktivismus, Heidelberg. 1999, S. 92, ders.: Kognition – Semantik – Kommunikation, a. a. O., S. 364.

Kapitel 4

Ich, Selbstwahrnehmung und Bewußtsein

Über die Skizzierung der kognitiven Fähigkeiten und Funktionen hinaus sollen nun zwei Grundprobleme der neurowissenschaftlichen Debatte angesprochen werden, die beim Thema Sprache schon angeklungen sind, das Bedeutungsproblem und die subjektive Dimension. Mit beiden Themen steht die Reichweite der neurowissenschaftlichen Aussage insgesamt und die Übertragbarkeit ihrer Resultate im Besonderen auf dem Prüfstand: Denn kann man wirklich davon ausgehen, daß in den Neurowissenschaften Geist und Psyche transparent gemacht werden oder werden hier nicht vielmehr Prozesse veranschaulicht, die unbezweifelbar zerebral ablaufen, ohne die Denken, Sprechen, Empfinden nicht vonstatten gehen können, die ihrer Art nach jedoch völlig unvereinbar mit mentalen, geistigen und psychischen Phänomenen sind? Es geht um die Kommensurabilität zwischen den von Neurowissenschaftlern untersuchten Prozessen und den psychischen und geistigen Phänomenen. Und damit um die Frage nach der Auffassung des Psychischen in der Neurowissenschaft.

Wie gezeigt, wird in den Neurowissenschaften teilweise davon ausgegangen, daß Nervenzellenerregungsvorgänge keine Bedeutung transportieren und ohne Bewußtsein ablaufen. Philosophen des »externen Realismus« wie J. R. Searle identifizieren Subjekte sogar rein physikalisch als lebende physische Organismen, als »Molekularhaufen in Bewegung«.[88] Es stellt sich jedoch selbst in dieser extremen Perspektive die Frage, wie solche Nervenzellenhaufen koordiniert und geregelt werden können. Das heißt, auch in der subjekt- und seelenlosen Hirnwissenschaft wird die Annahme einer koordinierenden Instanz oder Funktion unumgänglich und drängen Phänomene wie Ich, Geist, Bewußtsein und Seele auf eine Antwort. Doch ähnlich wie andernorts gibt es auch hierzu unterschiedliche Erklärungen, sind diese bald materialistisch gehalten, bald substanzorientiert oder explizit auf Geist, Ich und Bewußtsein hin orientiert, kaum ist dabei jedoch von der Seele die Rede.

Trotzdem stehen auch radikal materialistisch denkende Neurowissenschaftler, die die Existenz eines eigenen Geltungsbereichs des Mentalen ablehnen, vor

---

[88] J. R. Searle: Geist, Sprache und Gesellschaft, a. a. O., s. dazu S. 67, S. 86ff. Searle geht davon aus, daß Ich und Bewußtsein biologisch fundiert sind, trotzdem aber höhere Zustände darstellen.

der Frage, wie ein Phänomen wie das Ich und wie Ich-Einheit entsteht und wie die Integration von Wahrnehmungsleistungen zustande kommt. Wie kommt es, daß menschliche Lebewesen zwar in Einzelteilen wahrnehmen und trotzdem ein einheitliches Bild sehen? Wie ist diese Tendenz zur Vereinheitlichung und Synthese zu erklären? Das Problem firmiert in der kognitiven Neuropsychologie zunächst als das sogenannte »Bindungsproblem« und ist schon mehrfach aufgetaucht. Wir haben bereits gesehen, daß ein Wahrnehmungsbild aus verschiedenen wahrgenommenen Details eines Objekts entsteht, die in spezialisierten neuronalen Bahnen für Bewegung, Farbe und Form analysiert und transportiert werden und zu einem Gesamtbild zusammenfließen. Die Frage aber, welcher Mechanismus für die Zusammenführung der Detaileindrücke verantwortlich ist, war bislang noch unbeantwortet geblieben. Hierzu werden mehrere Erklärungen angeboten: Zum einen hat die Entdeckung des auf parallelen Verarbeitungsbahnen aufbauenden Nervensystems die Annahme nahegelegt, daß die Integration der Daten über die Interaktion der Einzelwahrnehmungen verläuft und per Progression von einem Areal zum nächsten erzeugt wird, zum andern wird darauf hingewiesen, daß sie aller Wahrscheinlichkeit nach Ergebnis der Hyperkomplexität des Gehirns ist. Wieder eine andere Annahme unterstellt die Beteiligung der Aufmerksamkeit: »Aufmerksamkeit focussiert die visuelle Wahrnehmung, indem sie die Koordination zwischen den einzelnen visuellen Bahnen erleichtert«. Der »Scheinwerfer der Aufmerksamkeit« hebt bestimmte Merkmale hervor und ignoriert andere.[89] Weil nach Auffassung von Neurowissenschaftlern an der Aufmerksamkeitsleistung aber auch das Bewußtsein beteiligt ist, wird bereits hier das schwierige Bewußtseinsphänomen berührt, das zunächst nur ganz allgemein als ein weiteres Produkt neuraler Mechanismen erwähnt werden soll.

Spätestens an dieser Stelle ist jedoch eine deutliche Anmerkung notwendig: Aus begriffsstrategischen Gründen haben wir vorerst keinen Unterschied zwischen Geist, Bewußtsein, mentalen Phänomenen und Ich gemacht und lassen zunächst »Bewußtsein« mit dem Begriff des »Psychischen« zusammenfallen (was nach Freud einen Kardinalfehler darstellt, der später zu korrigieren sein wird). Des weiteren schließen wir uns vorübergehend der philosophischen Definition von »psychisch« als einem Phänomen in der Perspektive der 1. Personen an, das in seiner Verallgemeinerung, in der Perspektive der 3. Person – als Körper, Gehirn, Beobachter verstanden – begrifflich unscharf bleibt. Schließlich machen wir uns die Übersetzung der griechischen »psyche« zu lateinisch »anima«, dann cartesianisch »mens«, zunutze, das spätestens in dem Begriff des Mentalen wiederkehrt und als der am wenigsten festgelegteste Begriff gelten

---

[89] E. R. Kandel, J. H. Schwartz, Th. M. Jessel (Hg.): Neurowissenschaften, a. a. O., S. 406, 408.

kann, demgegenüber die Übersetzung in das deutsche »Seele« stärker inhaltlich – religiös, substanzorientiert oder lebensphilosophisch – belastet ist.[90] Wir fügen dem hinzu, daß der begrifflich neutrale Zugang der psychoanalytischen Auffassung vom Psychischen nicht grundsätzlich zuwiderläuft, da dieses, wie noch zu zeigen sein wird, selbst einen neutralen Begriff darstellt. Berücksichtigt man schließlich, daß Freuds Verwendung des Bewußtseinsbegriffs als Wahrnehmungsbewußtsein nahezu neurophysiologische Züge eines Mentalen trägt und die neurowissenschaftlichen Begriffe von Bewußtsein, Ich, Geist, Psychisch, bzw. geistig, psychisch, seelisch selbst unscharf und zum Teil jenseits aller terminologischen Konventionen verwendet werden, sehen wir uns berechtigt, bis zur näheren Klärung diese Begriffe zu verwenden.

Bleiben wir aber zunächst bei der Hirnwissenschaft und fragen noch einmal mit Searle, wie in einer Welt der Materieteilchen Bewußtsein möglich ist, wie aus dem Funktionieren der Nervenzellen ein Ichgefühl, ein Ichzustand entstehen kann? Sehen wir daraufhin schon bekannte Positionen noch einmal genauer an.

Das neuronale Selbst – A. R. Damasio

Damasio geht der Frage von Ich und Bewußtsein unter dem Vorzeichen der sogenannten Anosognie nach, einer neurologischen Pathologie, mit der eine Beeinträchtigung in der Verarbeitung der Körperzustände, ein Verlust von Körperempfindungen und Körpergrenzen bezeichnet wird. Davon ausgehend entwickelt er seine Auffassung der neuronalen Grundlage des Selbstverlusts und schließt auf die Voraussetzungen des Selbst.[91] Rein neurologisch lautet seine Definition: Grundlage von Selbst und Subjektivität sind die frühen sensorischen Rindenfelder, die sensorischen und motorischen Assoziationsfelder des Cortex und die subkortikalen Kerngebiete.[92] Subjektivität wird nicht von einer einzigen lokalisierbaren Erkenntnis- oder Besitzinstanz hergestellt, sondern ist eine Leistung des gesamten Hirnsystems. Der Eindruck der Erfahrungsstabilität und der Anschein einer einzigen Erkenntnisinstanz, wie ihn besonders das sich langsam entwickelnde autobiographische Gedächtnis erweckt, zum Beispiel das staunenswerte Phänomen, das ich mich im Laufe der Jahrzehnte trotz aller inneren und äußeren Veränderungen immer noch als dieselbe Person identifiziere, rührt im Prinzip aus der invarianten Arbeitsweise des zerebralen Organismus.

---

90 Vgl. P. Bieri (Hg.): Analytische Philosophie des Geistes, Königstein/Ts. 1981, S. 4; K. R. Popper, J. C. Eccles: Das Ich und sein Gehirn, München, Zürich 1989, S. 15.
91 Vgl. A. R. Damasio: Descartes' Irrtum, a. a. O., S. 314ff., s. auch A. R. Damasio: Wie das Gehirn Geist erzeugt, in: Spektrum der Wissenschaft 2, 2001, S. 6–11, sowie O. Sacks: Der Mann, der seine Frau mit einem Hut verwechselte, a. a. O., S. II–III.
92 A. R. Damasio: Descartes' Irrtum, a. a. O., S. 322.

Es geht genauer auf die Reaktivierung von zwei Kategorien von Repräsentationen zurück: auf die Repräsentationen von biographischen Schlüsselereignissen sowie auf die sogenannten Urrepräsentationen des Körpers, d. h. Repräsentationen vom Körper im allgemeinen, vom Körper im Zustand vor, während oder nach der Wahrnehmung eines Objekts und Repräsentationen von Hintergrundzuständen des Körpers, beispielsweise Gefühlszuständen. Der Anschein von Subjektivität und vom Organismus als Eigner und Benutzer der mentalen Vorgänge ergibt sich aus »der Beschreibung, die das Gehirn erschafft und aus der Darbietung dieser Beschreibung in der Vorstellung.«[93] Das Gehirn erzeugt also die Vorstellung von einem Objekt und den Reaktionen des Organismus auf dieses Objekt wie auch die Vorstellung von einem Organismus, der gerade ein Objekt wahrnimmt und darauf reagiert. Es repräsentiert den Organismus dabei unmittelbar und die Außenwelt mittelbar. Grundlage des Anscheins von Subjektivität ist damit, so Damasios These, eine Metaselbst-Konstruktion, eine Abbildung zweiter Ordnung, die die Interaktion des im Gehirn repräsentierten Organismus mit einem ebenfalls repräsentierten Außenobjekt festhält.[94] Nebenbei gesagt soll diese Metaselbst-Konstruktion gänzlich nonverbal vor sich gehen, da sie über die elementaren Repräsentationswerkzeuge des sensorischen und motorischen Systems in Raum und Zeit verläuft und Sprache, wie Damasio ergänzt, zwar eine narrative Kompetenz darstellt, aber nur eine Kompetenz zweiter Ordnung, die nicht zum Ursprung des Selbst, sondern erst des Ichs dazugehört.[95]

Soweit die Bausteine einer Art von »Grundbegriff des Selbst« und eines fundamentalen Bezugssystems aller organistischen Zustände, gegenwärtiger, fortlaufender wie vergangener, die einen Selbstzustand auswerfen. Damasio ergänzt, daß sich dieser allerdings als äußerst labil erweise, permanent neu konstruiert werden müsse und so unbemerkt ablaufe, daß seine Herstellung erst nachträglich registriert werde. Und insofern die neuronale Identität außerdem zeitlich kombiniert ist, denn sie bezieht sich immer auf einen schon vergangenen Zustand, ist Identität neurologisch verstanden, im Grunde zur Vergangenheit gewordene Gegenwart. Für den Autor steht damit zusätzlich fest: »Unser Bewußtsein ist hoffnungslos verspätet.«[96] Dies zu einigen neuronalen Charakteristika des Bewußtseins, mit denen der portugiesische Neurobiologe die Beteiligung der Empfindungen an der Selbstbildung unterstreicht und einen Anschein von Subjektivität in die »Molekularhaufen in Bewegung« bringt.

---

93 Ebd., S. 319.
94 Ebd., S. 313–324, bes. S. 322.
95 Ebd., S. 322–323.
96 Ebd., S. 319.

Ich und Bewußtsein – G. M. Edelman

Auch Edelman läßt sich bei seiner Erörterung mentaler Phänomene, von Ich und Bewußtsein, von pathologischen Formen, Krankheiten auf körperlicher Basis und Geisteskrankheiten anleiten, da sie ihm den Weg zur Wiederherstellung des Bewußtseins höherer Ordnung und des Selbstbewußtseins aufzeigen und eng mit dem Körper-Seele-Problem verwickelt sind.[97]

Entsprechend seiner Theorie der Selektion neuronaler Gruppen, der TSNG, begründet Edelman seine Auffassung von Individualität, Selbstheit und Bewußtsein als ein selektives Ereignis, das zunächst nichts weiter als die Identität zweier selektiver Ereignisse bezeichnet.[98] Zunächst reiht er das Bewußtsein unter die physikalischen Gesetze und evolutionären Entstehungsbedingungen, unterscheidet dann aber zwischen einem Bewußtsein primärer und einem höherer Ordnung, die für ihn beide an der Ausbildung des Selbst beteiligt sind. Dabei erklärt er letzteres darüber hinaus als ein Gebilde, das von phänomenalen Eigenschaften und Erscheinungszuständen, den sogenannten Qualia begleitet ist.[99] Während aber Edelman das primäre Bewußtsein noch als menschlich unspezifisch betrachtet und amüsiert die Vermutung formuliert, daß es sich ab einer bestimmten Temperatur und in einem spezifischen biochemischen Milieu sogar bei Schlangen herausgebildet haben könnte,[100] stellt für ihn das Bewußtsein höherer Ordnung ein räumlich und zeitlich verfaßtes Modell des Personalen und des Erkennens der eigenen Handlungen und Gefühle dar, an dem auch das symbolische Gedächtnis und die Sprachfähigkeit beteiligt sind.[101] Das primäre Bewußtsein mit seinen einfachen Formen der Selbstkategorisierung und frühen Formen eines Wertesystems, das nur die Einzigartigkeit des biologischen Individuums bezeichnet, wird damit jedoch nicht als minderwertige Ausformung angesehen, sondern im Gegenteil als Grundlage für das Entstehen des Bewußtseins höherer Ordnung und des Selbstbewußtseins. Auf dieser basierend

---

97 G. M. Edelman: Göttliche Luft, vernichtendes Feuer, a. a. O, S. 255–256.
98 Ebd., S. 175.
99 Zu den Qualia, s. ebd., S. 168. Das »höhere Bewußtsein« und die Qualia beruhen auf dem Auftreten einer direkten Wahrnehmung bei einem Wesen, das spricht.
100 Nach der Darstellung von Luhmann und Schorr ist das nur ein Beleg für Leben. Denn »Leben setzt gemäßigte Temperaturen, Magnetismus usw. voraus.« Solche Voraussetzungen verweisen auch auf Prozesse der Evolution und besagen, daß nicht nur menschliche und psychische, sondern auch soziale und biologische Systeme verstehen können; vgl. dazu: N. Luhmann, K.-E. Schorr: Zwischen Intransparenz und Verstehen, Frankfurt am Main 1986, S. 91–92.
101 G. M. Edelman: Göttliche Luft, vernichtendes Feuer, a. a. O., S. 180–197. Als Biologe hebt Edelman zunächst die evolutionären Bedingungen von Sprechen und Sprache hervor: Aufrechter Gang, Senkung des Kehlkopfes und betrachtet Sprache als eine zerebrale, gleichzeitig aber auch privilegierte Funktion, die den Menschen unter anderen Lebewesen hervorhebt und ihn von der unmittelbaren Gegenwart unabhängig macht.

verleihe die sekundäre Form des Bewußtseins der biologischen Individualität ihre spezifisch menschliche Dimension. Erst das sekundäre Bewußtsein konstruiere eine auf Gemeinschaft bezogene Selbstheit, die innere und äußere, erinnerte und vorgestellte Ereignisse mit einschließe.[102]

Auf den ersten Blick nimmt sich Edelmans Version von Selbst und Bewußtsein kaum weniger schematisch aus als die per Repräsentationsbegriff konstruierten Versionen,[103] gleichwohl liegt es in der Absicht der Autors, damit die Einzigartigkeit der zum Bewußtsein führenden strukturellen Verkörperung zu betonen. Für jedes Individuum stelle sich nämlich das Selbstbewußtsein als so einzigartig heraus, daß es die Reichweite allgemeiner wissenschaftlicher Aussagen verlasse.[104] Für den neuronalen Darwinisten Edelman kann darum die 3. Personen-Perspektive auf das 1. Personen-Phänomen »Bewußtsein« die Bedeutung des Selbstbewußtseins auch nicht erfassen. Hinsichtlich von Selbst, Subjektivität und Bewußtsein überwiegen für ihn die Varianzen und gibt es keine essentialistische, übergeordnete Sicht. »Die Vielfalt der Strukturen und Funktionen des Nervensystems und die Art, wie das Gehirn in Abhängigkeit von den Ereignissen der Welt seine anatomische Struktur entwickelt (...), widersprechen einer übergeordneten, invarianten, objektiven Auffassung von Geist und Bewußtsein.«[105]

Die Zwei-Weltentheorie – G. Roth

Auch das Interesse von G. Roth gilt wesentlich der Frage von Geist und Bewußtsein. Und wie die genannten Autoren behauptet auch Roth die Selbständigkeit des Geistigen, ohne dabei in eine dualistische Position umzuschwenken. In seiner Konstruktion von Selbst, Ichgefühl und Bewußtsein geht er im Unterschied zu den vorgenannten Neurowissenschaftlern allerdings nicht einfach von Läsionsphänomenen und Pathologien aus, sondern orientiert sich an den normalen zerebralen Systemabläufen und deren Rahmenbedingungen. Dabei kommt er zu dem Schluß, daß dem Gehirn durch seine Struktureigentümlichkeiten gewisse Repräsentationseigenschaften und Invarianzen vorgegeben sind, die sich allgemein in die Konstruktionen der Wahrnehmung eintragen. Das Gehirn selbst gebe seinen Bestimmungsraum und bestimmte Eigenheiten vor, die eine Bewertungsinstanz, und zwar zum Teil unabhängig von der physikalischen

---

102 Ebd., S. 194.
103 Allerdings sind die theoretischen Akzente hier anders gesetzt. Edelman schränkt nämlich das biologische Selbst auf die subkortikalen Systeme ein und sieht bereits in diesen angeborene Werte vertreten. Dagegen A. R. Damasio: Descartes' Irrtum, a. a. O., S. 324.
104 G. M. Edelman: Göttliche Luft, vernichtendes Feuer, a. a. O., S. 196.
105 Ebd., S. 194ff.

Realität, darstellten, selbst für eine Art von Individualität sorgten und eine erste Kontur eines Ichs entwerfen. Die Erklärung des Ich-Phänomens ist damit zunächst auf Rückmeldungsvorgänge in der Somatosensorik verwiesen, in denen über entsprechende zerebrale Repräsentationen ein Gefühl des Selbsterlebnisses gebildet wird und in denen die Erklärung dafür zu suchen ist, daß ich etwa diese Hand auf dem Tisch als zu mir gehörig wahrnehme und hier und jetzt ein Selbstgefühl für meinen Körper entwickle. Obwohl sich Roth wie andere Neurophysiologen der Labilität und Störungsanfälligkeit dieses Zusammenhangs bewußt ist, unterstreicht er zunächst die Tatsache der zerebralen Milieuabhängigkeit der geistigen Vorgänge und postuliert seinen Sympathien für das Geistige zum Trotz, daß sich die höheren kognitiven Leistungen und neuronalen Prozesse ein-eindeutig korrelieren lassen. In diesem Sinne sei neuronal durchaus festzustellen, »ob jemand über etwas Gehörtes *nachdenkt* (...), ob er sich etwas Visuelles oder Auditorisches *vorstellt* oder ob jemand ›stumm‹ mit sich *spricht* (...), sich ein *bewegtes* oder ein *ruhendes* Objekt vorstellt und ob es sich um ein *künstliches Objekt* oder ein *Gesicht* handelt«.[106] Auch für Roth stehen Geist und Gehirn also zunächst im universellen Wirkungszusammenhang aller Dinge und Zustände, ist Geist zunächst ein physikalischer Zustand und kann als solcher physikalisch genauso erfaßt werden wie elektromagnetische Wellen, Wärme oder Energie. Auch für diesen Autor fungiert damit Bewußtsein zunächst als nichts anderes als eine Integrationsleistung von Neuem, als Neuverknüpfung von Nervennetzen. Je mehr Verknüpfungen, desto bewußter ein Vorgang, bzw. je vorgefertigter die Netzwerke, desto automatisierter und unbewußter der Ablauf. Auf der ersten Ebene stellt sich Bewußtsein also als ein Eigensignal des Gehirns dar, als Steuerungsmerkmal, das zur Bewältigung eines neuen Problems auftaucht, als Unterscheidungsmerkmal für Neues, – die Intaktheit der Cortexbereiche immer vorausgesetzt.[107]

Gleichwohl bleibt die Frage nach dem Bewußtsein für Roth nicht auf der neuronalen Ebene stehen, denn trotz neurophysiologischer Begründungen versteht er Geist und mentale Phänomene als Erlebensphänomene und verortet er das Geheimnis des Geistes nicht vollends im Gehirn. Die Frage nach Geist, Ich und Bewußtsein muß trotz ein und desselben Wirkungszusammenhangs damit über die neuronale Korrelation hinaus gehen. Das Gehirn »kann sich mit Dingen beschäftigen, die indirekt oder überhaupt nichts mit Überleben zu tun haben«. Während die Muskelzellen des Herzens direkt an der Selbsterhaltung

---

106 M. I. Posner, zitiert nach G. Roth: Das Gehirn und seine Wirklichkeit, a. a. O., S. 275. Als »Geist« versteht Roth unterschiedliche mentale und psychische Zustände: das Erleben von Wahrnehmungsinhalten, von Denken, Vorstellen, Erinnern und Erleben von Körperidentität. Ebenso zählt dazu das Gefühl der Ichidentität.

107 Ebd., S. 214.

des Organismus mitwirken, sind die Nervenzellen, weil sie unspezifisch und variabel arbeiten, von der Verpflichtung zur Überlebensforderung entbunden.[108]

Um diesem speziellen Aspekt von Bewußtsein Rechnung zu tragen, stellt Roth seine Zwei-Weltentheorie auf und unterscheidet verschiedene Formen von Bewußtsein: Ein Aufmerksamkeitsbewußtsein, einen Zustand von Wachheit und schließlich das Ich-Bewußtsein, das er durch die Unterscheidung von realem und wirklichem Gehirn gewinnt, bzw. durch die Annahme von Geist als Erzeugnis eines realen, mir unzugänglichen Gehirns, das neben dem wirklichen Gehirn der Gehirnprozesse, wie es die Hirnforscher untersuchen, existiert.[109] Einerseits den Dualismus vermeidend und andererseits den Physikalismus reduzierend, kann Roth auf diese Weise behaupten, daß Geist autonome Erlebensqualität besitzt und eigenen Gesetzmäßigkeiten folgt. Die Notwendigkeit der Zwei-Weltentheorie wird bis zu der Frage nach der Möglichkeit der Selbstschöpfung zugespitzt: Ist es möglich, daß Geist von eigener Hand entsteht, bzw. wo liegen die Ursachen von Geist, Ich und Bewußtsein? Ein Extrembeispiel (nach W. Penfield) soll den Fall schildern: Das Beispiel bildet die hypothetische Situation eines Probanden ab, der mit geöffnetem Schädel und freigelegtem Gehirn im Operationssaal liegt und auf einem Monitor oder im Spiegel zuschaut, wie sein Gehirn arbeitet. Würde dieser Patient nun mit Hilfe einer geeigneten Vorrichtung eine Reizelektrode über die eigene Rindenoberfläche bewegen, sie da hinein senken und den einen oder anderen Ort seiner Großhirnrinde stimulieren, stellten sich bei ihm unweigerlich entsprechende Halluzinationen ein und er wäre imstande, das Entstehen des Geistes an sich selbst nachzuweisen.[110] Das Beispiel soll demonstrieren, daß das »Ich« selbst ein Konstrukt des realen Gehirns ist und das Erleben des Geistes nichts anderes als eine Konstruktion des realen Gehirns.

In ihrer Beschaffenheit unterscheiden sich für Roth geistige Zustände also nicht von anderen Konstruktionen des Gehirns. Weder das Ich, noch das Gehirn, wie es als wirklich wahrgenommen oder erlebt wird, sind wesensverschieden. Die Differenz von Geist und Gehirn liegt innerhalb ein und desselben Wirklichkeitsbereichs, macht aber die Annahme einer transphänomenalen Welt und eines realen und mir unzugänglichen Gehirns nötig, um die Erzeugung der phänome-

---

108 Das Zitat steht im Zusammenhang mit Roths besonderem Autopoiesebegriff, der zwischen Selbstherstellung und Selbsterhaltung schwankt. Selbstherstellung gilt als das allgemeinere Phänomen, demgegenüber die Selbsterhaltung auf die typischen Leistungen von Lebewesen beschränkt sein soll. (G. Roth: Das Gehirn und seine Wirklichkeit, a. a. O., 80ff.; vgl. auch die Unterscheidung zwischen realem und wirklichem Gehirn, ebd., S. 328ff. sowie S. 345–347).
109 Ebd., S. 332.
110 Leicht verändert wiedergegeben nach G. Roth, ebd., der sich hier auf das Experiment des Gehirnchirurgen W. Penfield stützt, der 1955 epileptische Patienten bei vollem Bewußtsein operierte. Vgl. auch G. Roth: Fühlen, Denken, Handeln. Wie das Gehirn unser Verhalten steuert, Frankfurt am Main 2003, S. 515–518, sowie K. R. Popper, J. C. Eccles: Das Ich und sein Gehirn, a. a. O., 94–95.

nalen Wirklichkeit samt wirklichem Gehirn zu erklären. Für den Neurobiologen Roth folgt daraus, daß Gehirnprozesse nur einen eingeschränkten Beitrag zu Bewußtsein, Ich und geistigen Phänomenen liefern und nur die allgemeinen Bedingungen und Funktionen von Geist und Bewußtsein zu erfassen vermögen. Hirnprozesse stellen nur Signale dar, sie vermittelten nicht die Bedeutungen der Hirnaktivität, meint er in Übereinstimmung mit Konstruktivisten (z. B. Köck). Geist und mentale Phänomene mit ihrer Erlebensqualität und ganz präzisen Inhalten können kaum durch Moleküle, Nervenzellen und Rezeptoren vertreten werden, sie ergeben sich erst aus dem semantischen Kontext der Informationen und dem Zusammenspiel der Systeme, zumal sie von den Empfängern, ihren Bedingungen und ihrem Vorwissen gesteuert werden und vom Auftreten der Erregungen innerhalb eines kognitiven Systems abhängig sind.[111]

Soweit zur Wechselwirkung von Geist und Gehirn, wie sie ein Neurobiologe versteht, der auch Philosoph ist und davon ausgeht, daß die Autopoiese der zerebralen Mechanismen und Kognition auf verschiedenen Ebenen liegen und sich die materielle Welt und die kognitive, d. h. allein für uns existierende Wirklichkeit grundlegend unterscheiden.

Betrachtet man diesen Vorschlag zur Öffnung des zerebralen Nervensystems im Hinblick auf seine Auffassung von Subjektivität, läßt sich festhalten, daß auch hier das Subjekt nicht wirklich erfaßt ist. Roths Öffnung des autopoietischen Hirnsystems bleibt im Ansatz stecken, da er keine ausreichende Kennzeichnung dafür vorsieht, daß Nervenzellenvorgänge nicht Ausdruck unmittelbarer körperlicher Realität sind, sondern Meßwirklichkeiten, daß sie genauer gesagt sprachliche Darstellungen sind. Darstellungen für ein Reales, das zwar mit dem Nervenzellencode in Erscheinung tritt, gleichwohl selbst kein ausschließlich empirisch-körperlicher Ausdruck ist, sondern Ausdruck von symbolischer Ordnung.[112]

Wir wollen uns darum einer Position zuwenden, die mittlerweile als historisch gilt, in der jedoch die Autonomie von Bewußtsein und Ich vorderstes Anliegen ist.

---

111 G. Roth: Das Gehirn und seine Wirklichkeit, a. a. O., S. 105–108. Die jüngste Weiterentwicklung der neurowissenschaftlichen Position von Roth wird hier nicht mehr berücksichtigt.
112 Roth macht auf die problematische Subjektauffassung der konstruktivistischen Hirnforschung aufmerksam. Sein Vorschlag zielt darauf ab, Maturanas konstruktivistische These der autopoietischen Geschlossenheit aufzubrechen, das Hirnsystem zu transzendieren und ihm eine zweite, transphänomenale Realität an die Seite zu stellen. Da er als konstruktivistischer Neurobiologe trotzdem auf das geschlossene neuronale System »fixiert« ist und beiden Phänomenen Genüge tun will, betont er, daß die Autopoiese der zerebralen Mechanismen und Kognition auf verschiedenen Ebenen liegen, und sich die materielle, kognitiv unzugängliche Welt und die kognitive Wirklichkeit, die einzig für uns existiert, grundlegend unterscheiden (G. Roth: Das Gehirn und seine Wirklichkeit, a. a. O., S. 275, 281–282). Kognition unterliegt von Grund auf anderen Gesetzmäßigkeiten als Autopoiese, sie konstituiert einen neuen Seinsbereich, da sie Prozesse wie die Selbstbeschreibung

Das Ich und sein Gehirn – Karl R. Popper, John C. Eccles

Der interaktionistische Dualismus gilt wegen seiner Theorie der Wechselwirkung von Geist und Gehirn, von physisch und psychisch, innerhalb der wissenschaftstheoretischen Positionen allgemein als überholt, er soll hier gleichwohl dargestellt werden.

Auf emphatische Weise verfechten K. R. Popper und J. C. Eccles die These von der Eigengesetzlichkeit von Geist, Ich und Bewußtsein, die sie nicht wertfrei, sondern dezidiert ethisch verstehen. Beide Autoren wenden sich vehement gegen die materialistische Erklärung des Mentalen, die geistigen Phänomenen und höheren Funktionen Autonomie abspreche, Bewußtsein, Geist und Seele einseitig als physisch verursacht identifiziere und als passive Vorgänge etikettiere. Im Grunde, so Eccles, gebe es damit keine befriedigenden neuronalen Erklärungen für das Selbst und das Selbstbewußtsein.[113] Die Identifizierung von feuernden Nervenzellen als Antwort auf einen visuellen oder auditorischen Input stellten noch längst keine befriedigende Erklärung dafür dar, wie diese Merkmalserkennungsneuronen zu einem synthetischen Mechanismus verschmelzen.[114] Gegenthese darum: Der rätselhaft synthetisierende Mechanismus ist nicht neuronal, sondern wird vom Selbstbewußtsein (Eccles), bzw. Ich (Popper) gesteuert. Poppers sogenannte Drei-Weltentheorie soll den genauen Zusammenhang erläutern (Welt 1: die physische Welt, Welt 2: die subjektiv-psychische Welt und Welt 3: die Welt der Produktionen des Geistigen). Ein wesentlicher Akzent liegt hierbei auf dem zweiseitigen Verlauf der Kausalkette, der zufolge das Physische das Psychische beeinflußt, selbst aber ebenfalls dem Einfluß des Psychischen ausgesetzt ist. Popper ist sich im Klaren darüber, daß seine Annahme einen wissenschaftstheoretischen Verstoß gegen die zwei zentralen Prinzipien des Physikalismus darstellt, nämlich gegen das Prinzip der kausalen Geschlossenheit und das der physischen Determination. Dessenungeachtet postuliert er auf der Grundlage der Wechselwirkungsthese die Existenz des Ich: »Es gibt ein Ich«, verficht dessen

---

herstellt: »Die Analogisierung der Entwicklung kognitiver Prozesse mit evolutiven organismischen tut ersteren Gewalt an und mißversteht sie gänzlich« (G. Roth: Die Theorie H. R. Maturanas und die Notwendigkeit ihrer Weiterentwicklung, in: S. J. Schmidt (Hg.): Der Diskurs des radikalen Konstruktivismus, a. a. O., S, 269–270, S. 282). Eine logisch wie empirisch befriedigende Definition von Kognition ist für Roth deshalb nicht erreichbar. Roths These hat die Kritik der radikalen Konstruktivisten, namentlich die von S. J. Schmidt provoziert, der die Tatsache der nur einen Realität in Erinnerung ruft (S. J. Schmidt: Ernst von Glasersfelds Sprachphilosophie, in: G. Rusch (Hg.): Wissen und Wirklichkeit, Beiträge zum Konstruktivismus, a. a. O., S. 111–124.). Gleichwohl bleibe Roth bei seiner »Ablehnung eines radikalen Konstruktivismus, der so tut, als gebe es ein Ich, das sich selbstreferentiell eine Welt zusammenbaut« (G. Roth: Fühlen, Denken, Handeln, a. a. O., S. 17).

113 K. R. Popper, J. C. Eccles: Das Ich und sein Gehirn, a. a. O., S. 382.
114 Ebd., S. 282–382.

Einzigartigkeit und begründet sie mit der Qualität des Erlebens. Die Erlebensqualität des Ich verdanke sich vor allem dem besonderen Zeitempfinden, mit der sich das Ich über die Zeitgrenzen hinweg als einheitlich erfahre. Zur Erklärung dieser zeitlichen Ichsynthese greift Popper anders als die zuvor genannten Theoretiker nicht auf die invariante Arbeitsweise des Organismus zurück, sondern vertritt, daß Icherfahrung und Bewußtsein neben ihrer zerebralen Auszeichnung außerphysiologische Qualitäten besitzen und generell das Physiologische transzendierten.[115] Die Unterscheidung zwischen Kontinuitätserfahrung und Bewußtsein wird sodann schon bei Popper mit dem berühmten Experiment des Gehirnchirurgen und Epilepsieforschers Wilder Penfield von 1955 belegt. Radikaler als später bei Roth soll es hier die körperunabhängige Existenz bewußtseinsmäßiger Prozesse unter Beweis stellen, bzw. die nicht materielle Basis von Bewußtsein und Ich. So wie ein Individuum ohne Blinddarm immer noch ein Ich aufweist, so muß auch dem rindenstimulierten Patienten von Penfield, dem ein Chirurg mit einer Elektrode das freigelegte Hirn stimuliert und der sich daraufhin in Gesellschaft seines Vetters auf einer Farm in Südafrika wähnt, ein Ich zugesprochen werden. Denn, so Popper, es gibt kein spezifisches Areal, das anzeigt, daß wir eine Person sind. Der paradoxe Charakter des Experiments ergebe sich allein aus der Tatsache, daß unsere Wahrnehmung normalerweise nicht reflexiv auf uns selbst, sondern auf die Außenwelt gerichtet sei.[116]

Noch weitergehend als bei Popper ist die Interpretation von Ich und Bewußtsein, die John Eccles vorlegt. Für Eccles wird die Einheitserfahrung von Selbst und Ich ausschließlich durch das Selbstbewußtsein vermittelt und nicht durch die neurale Maschinerie. Das Selbstbewußtsein stellt eine gänzlich unabhängige Einheit dar, die integrierende Funktionen ausübt, z. B. die der aktiven Selektion innerhalb der aktiven Nervenzentren.[117] Zum Beweis seiner These führt Eccles das bekannte Experiment von B. Libet über die Hautempfindlichkeit an, das den Nachweis erbrachte, daß die bewußte Wahrnehmung eines induzierten Reizes stets verzögert und nachträglich auftritt und zwischen dem neuralen Ereignis und seiner Erfahrung eine Zeit der Ausarbeitung liegt.[118] Für Eccles steht damit fest, daß bewußte Erfahrung ohne anatomische Verursachung zustande kommt, daß sie eine Schöpfung des wahrnehmenden Subjekts ist und folglich durch den selbstbewußten Geist entsteht. Der Parallelismus zwischen neuralem,

---

115 Ebd., S. 166.
116 Ebd., S.153–154, Beschreibung des Experiments, s. S. 94–95. An diesem Experiment wird die Unterschiedlichkeit der Interpretationen in der Hirnforschung deutlich. Wo Roth aus demselben Experiment den Schluß zieht, daß Geist aus Materie, wenn auch in einer zweiten Wirklichkeit, entsteht, nimmt Popper dasselbe Experiment als Beweis dafür, daß der Geist unabhängig von der Materie existiert.
117 Ebd., S. 434, 436, 428–429.
118 Zum Experiment von Libet, ebd., S. 316–317.

physikalischem Ereignis und bewußter Wahrnehmung scheint definitiv hinfällig geworden. Allerdings haben neuere Forschungsergebnisse mittlerweile aufgezeigt, daß das Gehirn Informationen grundsätzlich über einen längeren Zeitraum speichert, so daß Eccles' Behauptung von der Hirnunabhängigkeit des Bewußtseins ihre Gültigkeit verloren haben müßte,[119] wenn der Autor nicht ähnlich wie Popper die Zugehörigkeit des Ichs zum Gehirn generell bestreiten würde und grundsätzlich behauptete, daß das Ich nicht dem Gehirn gehört, sondern das umgekehrte Beziehungsverhältnis gilt: Das Gehirn gehört dem Ich. Wie ein Fahrer auf dem Kontrollinstrument seines Autos oder, so die berühmte Sentenz, wie ein Pianist auf dem Klavier, spielt das Ich auf der Klaviatur des Gehirns.[120]

Das Ich ist folglich nicht passiv und nur vom Gehirn abhängig, es wird nicht einseitig vom Physischen beeinflußt und ist kein reduktionistisches Produkt des Wahrnehmungsbewußtseins. Der Humeschen Auffassung von den Sinnesdaten als etwas Gegebenem und der Seele als der Gesamtsumme, dem Bündel ihrer Erlebnisse, stellen Popper/Eccles ihre These gegenüber, daß Sinnesdaten nicht an sich existieren, sondern das Ergebnis aktiver zerebraler Verarbeitungsprozesse darstellen. Aus der Sinneswelt stammen nur Fragen, die das Gehirn oder uns zur Bearbeitung und Interpretation veranlassen.[121]

Ein weiterer Aspekt der Ichaktivität ist für Popper und Eccles die Sprache, aus der nach ihrer Auffassung das Ich einen Teil seiner Aktivität bezieht. Sprache, so die Autoren, versetze das Ich allgemein auf eine höhere Stufe, mache die Individuen zu mehr als nur einem Objekt des eigenen Denkens und Urteilens, macht sie vielmehr zum Subjekt und Zentrum ihres Handelns. Sowohl für Popper als auch für Eccles gehört Sprache in aller Emphase zu den körpertranszendierenden Phänomenen und stellt mehr als eine primär biologisch verankerte, instrumentelle Funktion dar, die vielleicht noch durch ihren Kommunikations- und Mitteilungsaspekt erhöht wird. Sprache und Bewußtsein bedeuten für diese Autoren im Unterschied zu anderen neurowissenschaftlichen Theoretikern von Anfang an mehr als Überlebensfunktionen, mit Sprache ist dem Menschen vielmehr die Fähigkeit verliehen, ein »verfeinertes Selbstbewußtsein« auszubilden.[122]

---

119 Vgl. M. Pauen: Grundprobleme der Philosophie des Geistes, a. a. O., S. 292–293; ders.: Illusion und Freiheit, Frankfurt am Main 2004. Das Libet-Experiment ist vor allem durch die Debatte um die Willensfreiheit bekannt geworden. Aus der Nachträglichkeit der Empfindung ergibt sich für Neurophysiologen die Determinierung des freien Willens; der Willensimpuls trete erst nach der neuronalen Reaktion auf, z. B. auch G. Roth, Wir sind determiniert, in: FAZ vom 1.12.03, S. 31.
120 K. R. Popper, J. C. Eccles: Das Ich und sein Gehirn, a. a. O., S. 585.
121 Ebd., S. 157.
122 Ebd., S. 184–186, 653. Nicht ohne Grund erinnert Eccles im Unterschied zu den rein überlebensorientierten Neurowissenschaftlern daran, daß es beim Leben nicht nur ums Überleben

Ihre Auffassungen sind in psychoanalytischer Hinsicht vielversprechend. Ähnlich vielversprechend nimmt sich auch ihre Annahme aus, daß der Mensch nicht nur ein »animal rationale« ist, nicht einfach ein Tier mit der zusätzlichen Eigenschaft des Bewußtseins, und die Strukturähnlichkeit zwischen Mensch und Tier insgesamt fragwürdig ist. Bemerkenswert ist schließlich auch Poppers fast freudianisch anmutende Formulierung, wonach bereits mit dem Bewußtsein der gewaltsame Charakter der natürlichen Auslese überwunden werde und auf der Grundlage von Sprache nun Theorien den Überlebenskampf für die biologischen Lebewesen übernehmen. Dank Sprache sei gewaltfreie Evolution keine Utopie mehr, lautet das ethische Credo der letzten Dualisten, mit dem sie sich gegen die Herabsetzung des Menschen wenden, dem durch Darwinismus und kopernikanische Wende schon genug an Demütigung zugefügt worden sei.[123]

Im neurowissenschaftlichen Kontext ist eine derart radikalisierte Auffassung von Sprache einzigartig und muß zunächst für sich einnehmen. Allerdings vertreten die Autoren – Popper mit seiner Drei-Weltentheorie, Eccles mit seiner Auffassung vom Selbstbewußtsein – eine so große Überlegenheit des Geistigen über das Materielle und entwerfen dabei das Bild eines übernatürlich entstandenen und den Tod überdauernden Selbst, daß man einen großen Vorbehalt anmelden muß. Besonders Eccles' Auffassung vom »übernatürlichen Ursprung meines einzigartigen selbstbewußten Geistes oder meiner einzigartigen Selbstheit der Seele«, hinter der die materielle Welt als eine sekundäre Wirklichkeit zurückfällt, ist überaus fragwürdig.[124]

Obwohl die Autoren also mit aller Emphase die Einzigartigkeit des Individuums verfechten und seine Reduktion auf neuronale Vorgänge ablehnen, geben sie zuletzt doch den Anschluß an ein individuelles Subjekt auf, so daß ihr Vorschlag zum Verhältnis von Physisch-Psychisch im Sinne einer wissenschaftlichen Subjekttheorie kaum zu vertreten ist.[125]

---

geht, sondern daß es auch seine lebenswerten Seiten hat. Trotzdem ist Eccles weit entfernt davon, Sprechen und Sprache selbst einen Lustwert zuzuerkennen.

123 Ebd., S. 451. Popper betrachtet das Verhältnis von Biologie und Geist, Physikalischem und Mentalem auch als Verhältnis von zwei Sprachen, die nicht restlos ineinander übersetzbar sind.

124 Ebd., S. 650–658; s. auch H. Köchler: Der Leib-Seele-Dualismus und das Problem des Todes in der abendländischen Philosophie (SS 2001, Innsbruck, Vorlesung). Es soll auch nicht verschwiegen werden, daß Popper ein großer Psychoanalysefeind ist, der an der Psychoanalyse nicht nur ihre Immunisierung gegen Falsifikationen kritisiert, sondern sich auch schärfstens gegen die Assoziationslehre wendet, da sie angeblich Vorstellungen nach mechanischen Gesetzen behandle und darüber hinaus Ich und Bewußtsein als passiv definiere (K. R. Popper, J. C. Eccles: Das Ich und sein Gehirn, a. a. O., S. 603).

125 Eccles lehnt den Evolutionsgedanken an sich nicht ab, sieht damit die Einzigartigkeit des erlebten Ichs aber nicht hinreichend erklärt. Allenfalls erkläre er die genetische Einzigartigkeit des Gehirns; ebd., S. 658. Vgl. dagegen Edelman.

Exkurs: Zum Verhältnis vom Psychischen und Physischen

Wir wollen nun unsere Sammlung von Auffassungen zum Bewußtsein, Selbst und Ich beenden und die Bedeutungen, die dem Begriff des Bewußtseins in den Neurowissenschaften bisher zugekommen sind, zusammenfassen. Wir haben dabei vorgefunden: 1. objektive Mechanismen des kognitiven Systems wie Sinnesreaktionen und die darauf erfolgenden Antworten, bzw. die Integration von Informationen und ihre Umsetzung zu Steuerungszwecken; 2. ein Bewußtsein der Aufmerksamkeit, bzw. kognitiv-intentionale Zustände von Bewußtheit; 3. das Phänomen des subjektiven Erlebensbewußtseins und der Ichwahrnehmung oder das Qualia-Phänomen sowie 4. versprachlichte Formen von internen Zuständen.

Die Neurowissenschaft ist in der Tat ein heterogenes Feld mit z. T. widersprüchlichen erkenntnistheoretischen Auffassungen, in dem von einer einheitlichen Interpretation nicht die Rede sein kann. Um die methodischen Prämissen und vor allem die entsprechenden Kausalvorstellungen zum Verhältnis zwischen Mentalem, Psychischem und Physischem wenigstens aufzunehmen, sollen im Folgenden einige der gängigsten wissenschaftsmethodischen Richtungen angeführt werden – wobei unsere Aufmerksamkeit den Kausalbeziehungen gilt, von deren Auffassung es abhängt, ob es eine gemeinsame Basis zwischen Psychoanalyse und Neurowissenschaft geben kann.

Hinzuzufügen ist noch, daß diese Übersicht nur bruchstückhaft ist, Bezeichnungen in der Literatur z. T. unterschiedlich verwendet werden, die Einordnungen variieren und auch Namensnennungen nicht immer eindeutig zuzuordnen sind. Ausführliche Darstellungen von P. Bieri und M. Pauen, an denen sich der folgende Überblick orientiert, liegen vor.[126]

Psychophysischer Parallelismus

Der Psychophysische Parallelismus geht von zwei verschiedenen oder zumindest verschieden erscheinenden Bereichen, dem des Körpers und dem der Seele, aus. Er beruht auf der Annahme, daß sowohl innerhalb des Mentalen wie innerhalb des Physischen kausale Verursachungen wirken, zwischen den Bereichen selbst aber keine, bzw. nur scheinbare Verursachungsbeziehungen bestehen. Etwaige Kausalbeziehungen werden in der philosophischen Version des Parallelismus bei Leibniz unter Berufung auf eine prästabilisierte, gottgeschaffene Harmonie gelöst. Verursachungen zwischen Leib und Seele verdanken sich dem Eingreifen Gottes, dem, nach Leibniz, »alle Regungen meiner Seele bekannt sind und der den Mechanismus meines Körper so eingerichtet hat, daß dieser tut, was meine Seele verlangt«. Psychische und physische Prozesse verhalten sich demnach zueinander wie zwei synchron laufende Uhren, deren Übereinstimmung auf ihre perfekte Konstruktion, nicht aber auf ihre gegenseitige Abhängigkeit zurückgeht.[127]

---

126 M. Pauen: Grundprobleme der Philosophie des Geistes, a. a. O., P. Bieri (Hg.): Analytische Philosophie des Geistes, Königstein/Ts. 1981.
127 Leibniz zitiert nach M. Pauen, ebd.; S. 48; vgl. P. Bieri, ebd., S. 7.

Im 19. Jahrhundert wurde der Psychophysische Parallelismus weniger philosophisch als physikalistisch begründet. Er spielte eine führende Rolle in der Naturwissenschaft, und ist besonders von G. Th. Fechner und E. Mach verbreitet worden. Bis zur methodischen Ausarbeitung des Unbewußten stützte sich auch Freud auf ihn. Anders als Freud vertraten Fechner und Mach eine monistische Version des Psychophysischen Parallelismus.[128] So stellte etwa Mach fest: »Zwischen Körpern und Empfindungen, zwischen Außen und Innen, zwischen der materiellen und der geistigen Welt ist keine Kluft«, sie (die Welt) kennt »nur einerlei *Elemente*, aus welchen sich das vermeintliche Drinnen und Draussen zusammensetzt, die eben nur, je nach der temporären Betrachtung, drinnen oder draussen sind«.[129] Für G. Th. Fechner wiederum ist die Standpunktfrage entscheidend, sein ontologischer Monismus geht mit einem Erscheinungsdualismus einher: Körper und Seele sind in der Sache eins, erscheinen aber von zweierlei Standpunkten als zweierlei. Je nach Standpunkt und je nach Verfassung des Beobachters sind sie verschiedene Erscheinungsweisen derselben Sache.

Epiphänomenalismus

Der Epiphänomenalismus geht von der Existenz von zwei unterschiedlichen Zustandsformen aus. Seine Vertreter (C. D. Broad, Birnbacher) erkennen im Prinzip die Existenz des Psychischen an, bestreiten aber, daß psychische Phänomene auf physische ursächlich wirken können. Ursächlich wirken nur physische Ereignisse. Psychische Phänomene sind ohne Kausalität, bewirken nichts. Psychische Phänomene sind nur Begleiterscheinungen, Epiphänomene des Physischen. Sie wirken ebenso wenig auf Physisches ein, wie etwa, so ein frühes Beispiel von Thomas Huxley, das Pfeifen der Dampflokomotive als Ursache dafür betrachtet werden kann, daß sich die Maschine in Bewegung setzt, obwohl beide Zustände zusammen auftreten. Ähnlich sei es mit dem Bewußtsein und den mentalen Zuständen und ihren Verhältnissen zu den Hirnvorgängen. Wir sind im Irrtum, wenn wir glauben, sie würden psychisch verursacht, denn sie gehen ausschließlich auf den Einfluß von physischen Faktoren zurück.[130]

Materialistische Ansätze im Behaviorismus

Eine befriedigendere und streng monistische Lösung versuchen deshalb materialistische Ansätze wie der Behaviorismus (Watson, Skinner) und der logische Behaviorismus (Carnap, Hempel) zu finden. Sie postulieren, daß mentale Phänomene Teil der Natur sind und negieren die Leib-Seele-Beziehung. In Wirklichkeit

---

128 M. Wegener: Neuronen und Neurosen. Der psychische Apparat bei Freud und Lacan. Ein historisch-theoretischer Versuch zu Freuds Entwurf einer Psychologie von 1895, München 2004, S. 162–167.
129 E. Mach: Beiträge zur Analyse der Empfindungen, Jena 1886, S. 141.
130 M. Pauen: Grundprobleme der Philosophie des Geistes, a. a. O., S. 65; P. Bieri (Hg.): Analytische Philosophie des Geistes, a. a. O., S. 7f.

seien mentale Phänomene physikalisch, wenngleich sie nicht körperlich aufträten. Hier machen sich die Veränderungen in der Auffassung des Materiellen geltend. Aktuellen materialistischen Ansätzen gelten Hirnvorgänge nur noch dann als materiell-physische, wenn sie sich als elektromagnetische und physikalisch-chemische Prozesse begreifen lassen. Gewissermaßen werden sie nur noch in einem transanatomischen Sinne materiell genannt. Womit sich für Behavioristen nebenbei die Frage nach der Kausalwirkung von psychischen Phänomenen erübrigt hat, insofern es jetzt nur noch materiell-physikalische Phänomene gibt. Wissenschaftstheoretisch werden beide behavioristischen Erklärungen trotzdem als unzureichend beurteilt, weil sie die Unterscheidung zwischen Mental und Physisch ausklammern.[131]

Der eliminative Materialismus

Einen weiteren Lösungsansatz stellt der eliminative Materialismus (W. Sellars) dar, der nach der Beziehung zwischen Mentalem und Neuronalem fragt und zunächst die streng materialistische Antwort gibt, daß das Mentale mit Gehirnprozessen gleichzusetzen sei und nicht über ein physisches Geschehen hinausgehe. Das Problem des eliminativen Materialismus besteht nach P. Bieri jedoch darin, daß ein Phänomen einerseits als physisch betrachtet, andererseits gleichzeitig als mental verstanden wird.[132] So könne ein eliminativer Materialist ein psychisches Phänomen wie die dämonische Besessenheit zwar als eine halluzinatorische Psychose deuten, trotzdem aber seine Berechtigung als mental-psychisches Phänomen bestreiten, weil er gleichzeitig behauptet, daß es streng genommen kein Mentales gibt und sich mentale Ausdrücke nicht auf wirklich Existierendes beziehen, streng genommen sogar falsch sind. In Wirklichkeit gibt es nämlich keine Dämonen, bzw. was früher Dämonisch hieß, wird heute eine psychotische Halluzination genannt. Der eliminative Materialist sage damit, daß Mentales außerhalb des eigenen Begriffsrahmens, beispielsweise im neurophysiologischen Kontext falsch sei, innerhalb des eigenen Rahmens selbst aber gültige und richtige Aussagen mache.[133] Die Schwierigkeit besteht indes darin, die zwei Behauptungen auseinander zu halten, daß das Mentale einerseits mit Gehirnprozessen identisch ist und es folglich ein nicht physisches Mentales nicht gibt, daß gleichzeitig aber Gehirnprozesse selbst nicht mental sind.

Der nicht-reduktive Materialismus: Kognitive Psychologie und Künstliche Intelligenzforschung

Wieder eine andere Form des Materialismus vertreten der nicht-reduktive Materialismus, die kognitive Psychologie und Künstliche Intelligenz-Forschung (H. Putnam, J. Searle, J. A. Fodor). Diese Ansätze gehen davon aus, daß Mentales funktionale Zustände darstellt, die unterschiedlich realisiert und außer in menschlichen Lebewe-

---
131 Vgl. P. Bieri, ebd., S. 33.
132 Ebd., S. 201ff.
133 Ebd., S. 44, S. 46–47.

sen auch in künstlichen intelligenten Systemen, z. B. in Computern erzeugt werden können. Wesentlich ist hier die Definition von Mentalem und Psychischem durch rein relationale Aspekte. Mentale Zustände gelten als vollständig definiert, wenn sie relational, d. h. in Bezug auf andere mentale Zustände ausgewiesen sind. Der Ansatz des Kognitivismus ist in den Neurowissenschaften nicht unumstritten, weil er das Spezifische am Mentalen, nämlich den Erlebnischarakter und die phänomenalen Qualitäten vernachlässigt, er könnte jedoch gerade aufgrund seiner Formalisierungen eine Verbindung zwischen Neurowissenschaft und Psychoanalyse ermöglichen.[134]

Identitätstheorie (moderne Form des Psychophysischen Parallelismus)

Zu den gängigsten methodischen Ansätzen in der Neurowissenschaft zählt die Identitätstheorie, sie stellt eine gemäßigte materialistische Version dar und liegt den bisher angeführten Theorien weitgehend zugrunde. Nach Auffassung von Identitätstheoretikern besitzen psychische Phänomene keine Eigenständigkeit, sondern korrelieren mit physischen, neuronalen Vorgängen und sind damit empirisch belegbar. Durch ihre Identität mit physischen Phänomenen sind mentale Phänomene einerseits legitime Gegenstände der Forschung und ist andererseits die Frage nach ihrem kausalen Wirken entschieden. Mentale, psychische Phänomene beziehen ihre kausale Wirkung aus der Tatsache, daß sie gleichzeitig physische Phänomene sind. Frage ist nur, was in den Korrelationen zwischen neuronal und mental überhaupt identifiziert wird und worauf sich die Identitätsbehauptung bezieht.[135] In den klassischen Beispielen werden verschiedene Identitäten angeführt: So stellt die Identität von Abendstern und Morgenstern zwei beobachtbare Erscheinungsweisen ein und derselben Entität, der Venus, dar, wird in der Identitätsbehauptung eines Gens mit dem inhaltlich spezifizierten DNS-Molekül ein funktionelles Phänomen mit einem inhaltlich spezifizierten gleichgesetzt und werden bei der Identifizierung der Zeichenfolge H_2O mit Wasser die Verbindung zweier Elemente und eine chemische Formel zusammengebracht. Zwei verschiedene Dinge mit unterschiedlichen Bedeutungen werden zusammengeführt, sofern sie nur einen gemeinsamen Referenten haben. Nach demselben Verfahren werden auch mentale Phänomene mit Blick auf den gemeinsamen Referenten als physisch identifiziert, gelten aber in Hinblick auf ihre Beschreibung und Bedeutung als unterschieden und unvereinbar.[136]

---

134 Vgl. P. Bieri (Hg.): Analytische Philosophie des Geistes, a. a. O., S. 47–51; vgl. auch das »Qualia-Problem« im nächsten Abschnitt.

135 M. Pauen: Grundprobleme der Philosophie des Geistes, a. a. O., S. 106.

136 Ebd., S. 200–201. Die Identitätstheorie unterscheidet nach Frege zwischen Bedeutung (Konnotation) und Referenz (Denotation): »Obwohl sie (zwei Ausdrücke, E.S.) Verschiedenes bedeuten, können sie sich auf ein und dasselbe Phänomen beziehen. Daß sie sich auf ein und dasselbe Phänomen beziehen, ist das, was in einer empirischen Entdeckung entdeckt wird.« Frege zitiert nach P. Bieri (Hg.): Analytische Philosophie des Geistes, a. a. O., S. 38. Hier zeigt sich bereits deutlich, was in der Neurowissenschaft begrifflich ausgelassen wird: Identifiziert werden nämlich Phänomene unterschiedlicher Art: das Wasser, das durch die Finger rinnt mit einer Formel. Also ein Reales und eine symbolische Notierung, zwischen denen strikte Unvereinbarkeit besteht. In

Hinsichtlich seiner Bedeutung und Beschreibung gilt Mentales also als ein unterschiedenes Phänomen, das hinsichtlich seiner Wirklichkeit aber dasselbe wie das Physische darstellen soll.

Wir stellen fest, daß die Interpretation von Mentalem, von individueller Subjektivität, Erlebnisqualität und individuellem Bewußtsein ein durchgängiges Problem der Neurowissenschaft darstellt, kehren deshalb zum Mentalen als einem Erlebnisphänomen zurück und fragen noch einmal, inwiefern eine Hirnfunktion Erleben und Subjektivität ausdrücken kann.

Das Qualia-Problem und die Erklärungslücke

Wie auch immer methodisch begründet, steht beim Subjektiven in der Neurowissenschaft die Frage im Zentrum, ob eine mentale, kognitive oder psychische Funktion von Erleben begleitet wird, wobei Erleben als der subjektive Aspekt der Hirnvorgänge betrachtet wird. An dieser Stelle der Debatte tut sich die sog. »Erklärungslücke« (J. Levine) auf, die nach Einschätzung physikalistischer Philosophen bisher durch keine Erklärung überwunden werden konnte, insofern diese, da meistenteils physiko-chemischer Natur, nur den Überlebens- und Reproduktionsaspekten materieller Systeme Rechnung trägt und die Auffassung von Bewußtsein als Struktur und Funktion eines subjektiven Mentalen unberücksichtigt läßt. Philosophen wie F. Jackson, D. J. Chalmers sind der Auffassung, daß neurophysiologische Theorien den Erlebensaspekt nicht ausreichend berücksichtigen und deshalb an der Kluft zwischen dem neurobiologischen und phänomenalen Wissen scheitern. Ein Beispiel verdeutlicht das Problem: »Mary, eine Neurologin des 23. Jahrhunderts ist führende Expertin für Hirnvorgänge, speziell für Farbwahrnehmung. Sie hat jedoch ihr ganzes Leben in einem schwarz-weißen Zimmer verbracht und nie Farben gesehen. Gleichwohl weiß sie alles über Farben, weiß, wie das Gehirn Reize unterscheidet, Informationen zusammenfaßt, wie es verbale Äußerungen hervorbringt und welcher Wellenlänge des Farbspektrums welche Farbnamen entsprechen. Dennoch weiß Mary nicht, wie es ist, Farbe wirklich zu erleben!«[137]

Das Beispiel soll illustrieren, daß sich bewußtes Erleben nicht vollständig aus der physiologischen Arbeitsweise des Gehirns ableiten läßt. Es besagt ferner,

---

der Identitätstheorie wird diese Unvereinbarkeit zwar in der Behauptung der Verschiedenheit von Mentalem und Psychischem aufgenommen, trotzdem aber der Tatsache der Unvereinbarkeit selbst, dem Bruch in dieser Artikulierung, in keinster Weise Rechnung getragen. Vgl. dazu im Gegensatz: J. Lacan: Das Ich in der Theorie Freuds und die Technik der Psychoanalyse, Seminar II, Olten 1980, S. 378ff.

137 D. J. Chalmers: Das Rätsel des bewußten Erlebens, in: Spektrum der Wissenschaft 2, Dossier: Rätsel Gehirn, 2001, S. 12–19; s. M. Pauen: Grundprobleme der Philosophie des Geistes, a. a. O., S. 188.

daß Erleben ebenso wenig mit der Synchronizität der Wahrnehmung eines einzigen Wahrnehmungsobjekts, bei der alle Ecken und Kanten, Farbe und Form zusammenfließen, identisch ist oder gar erst entsteht, wenn Nervenzellen 40 Mal pro Sekunde synchron feuern und die neuralen Repräsentationen und hierarchischen Informationsverarbeitungen stimmen, wie dies beispielsweise F. Crick behauptet.[138] Vor allem von philosophischer Seite wird eingewandt, daß Bewußtsein weder mit der konkreten Reaktion auf ein wahrgenommenes Ereignis identisch sei, noch durch das Zustandekommen einer kognitiven Funktion erklärt werden könne. Bewußtsein müsse vielmehr der Selbstreflexivität und dem Personenaspekt Genüge tun.[139]

Auch andere Überbrückungsversuche der Erklärungslücke, etwa der per Analogieschluß und Vergleiche wie »Rot ist wie der Ton einer Trompete«[140] oder die – nicht einmal ursächlich verstandene – Funktionsbestimmung neuraler Zustände nach dem Muster: die Aktivität der Amygdala bewirkt Furchtzustände[141] werden nur als begrenzt gültige Erklärungsansätze akzeptiert, sofern sie nicht, wie von Th. Nagel, für gänzlich unzureichend angesehen werden. Denn, so Nagels Einwand, selbst wenn wir alles über die neurobiologischen Eigenschaften wüßten, hätten wir doch immer noch keinen direkten Zugang zu den bewußten Erfahrungen fremder Organismen (beispielsweise zu dem einer Fledermaus).[142]

Philosophen vermissen an den neuralen Vorgängen insgesamt eine zufriedenstellende Erklärung des phänomenalen Bewußtseins. Sie weisen darauf hin, daß sich vor allem der Perspektivunterschied zwischen der 1. Person der phänomenalen Zustände und der 3. Person des Objektiv-Physiologischen bisher nicht habe aufheben lassen, anders gesagt, die Differenz zwischen dem Subjektiven und Objektiv-Allgemeinen. Auf der Ebene der einförmig neuralen Prozesse, des »Klicks« der Nervenzellensprache, sei die Vielfalt der phänomenalen Zustände kaum zu vereinheitlichen und Subjektives schwerlich auszumachen. Die Frage bleibt also bestehen, wie »die Anhäufung von Millionen jeweils für sich genommen unbewußter (!) Neuronen, so etwas wie ein subjektives Bewußtsein hervorbringen (können)«?[143]

---

138 F. Crick, Ch. Koch: Warum die Neurowissenschaft das Bewußtsein vielleicht doch erklären kann, in: D. J. Chalmers, ebd., S. 16.
139 Ebd., ferner D. C. Dennet, D. R. Hofstadter, R. Douglas: Einsicht ins Ich, Stuttgart 1986.
140 Vgl. Th. Nagel, Wie ist es, eine Fledermaus zu sein, in: P. Bieri (Hg.): Analytische Philosophie des Geistes, a. a. O., S. 272.
141 Colin Mc Ginn zitiert nach M. Pauen, Grundprobleme der Philosophie des Geistes, a. a. O., S. 211.
142 Th. Nagel, Wie ist es, eine Fledermaus zu sein, a. a. O., S. 271.
143 F. Crick, Ch. Koch, Warum die Neurowissenschaft das Bewußtsein vielleicht doch erklären kann, a. a. O., S. 16.

Mit der Frage nach dem Bewußtsein erscheint also die Frage nach der Subjektivität in der Hirnwissenschaft und steht letztlich zur Diskussion, ob die Identifizierung eines Subjekts mit einem lebenden physikalischen Organismus für eine befriedigende Antwort ausreichend ist.

Wir haben gesehen, daß nicht alle Neurowissenschaftler das Problem radikal materialistisch lösen, sondern Subjektivität höchst unterschiedlich erklärt wird, sie z. T. als eine Metaselbst-Konstruktion definiert wird (Damasio), als einzigartiges selektives Phänomen (Edelman) oder durch Eröffnung der Differenz zwischen Geist und Gehirn, sofern sie nicht (wie bei Popper/Eccles) als grundsätzlich eigenständig ausgeben wird. Wir haben weiter gefunden, daß Versuche, Geist und Bewußtsein schematisch zu denken, etwa durch die Repräsentationstheorie, philosophisch grundsätzlich kritisch betrachtet werden und selbst Roths 2-Weltentheorie wegen der Unbestimmtheit ihrer Lösung auf Ablehnung stößt.[144] Es zeigt sich nun, daß auch »Philosophen mit fester physikalistischer Überzeugung« (P. Bieri) jenseits der klassischen Unvereinbarkeit von Subjektivem und Objektiv-Verallgemeinerbarem nach Erklärungen dafür suchen, wie dem subjektiven Erlebensaspekt des Bewußtseins treffender beizukommen ist.[145] Sie melden sich z. B. mit der Antwort zu Wort, daß Subjektives ein 1. Personen-Phänomen darstellt, was seinen Eigenschaften nach innerlich oder unveräußerlich ist,[146] es einen gesonderten Zugang verlangt, nicht mitteilbar und unkorrigierbar ist oder Gedanken und Empfindungen ausdrückt, die nicht für falsch erklärt werden können.[147] Aus der Sicht vieler philosophischer Ansätze gilt Mentales als wesentlich privat, was jedoch nicht der Schwierigkeit enthebt, das Subjektive oder den Geist begrifflich zu verankern, ihn zumindest als Prinzip von Erlebnistatsachen induktiv festzustellen oder in eine allgemeine Feststellung über den Charakter subjektiver Erfahrung zu überführen. Die Schwierigkeit wird hauptsächlich in der Übersetzung des 1. Personen-Phänomens des Mentalen in die Perspektive der 3. Person gesehen.[148] Philosophen wie D. Chalmers, M. Pauen und P. Bieri, die selbst dezidiert am

---

144 Vgl. M. Seel: Philosophie. Eine Kolumne. Kapriolen des Konstruktivismus, Merkur 621, 2001, S. 51–57.
145 D. C. Dennet, D. R. Hofstadter, R. Douglas: Einsicht ins Ich, a. a. O., S. 211.
146 R. Rorty: Unkorrigierbarkeit als das Merkmal des Mentalen, in: P. Bieri (Hg.): Analytische Philosophie des Geistes, a. a. O., S. 248ff.
147 Ebd., S. 250.
148 P. Bieri weist darauf hin, daß diese Schwierigkeit besonders seit der Trennung der Philosophie in Metaphysik und Empirie aufgetaucht ist. Um metaphysische Einschläge, aber auch den Dogmatismus der sprachtheoretischen Wendung zu vermeiden, bezögen sich die englischen Empiristen unter den Philosophen ebenso wie die Vertreter der »philosophy of mind« auf die Empirie der Neurowissenschaft. Die Philosophie des Geistes sei damit eine Art Metatheorie der empirischen Wissenschaften vom Mentalen geworden. P. Bieri (Hg.): Analytische Philosophie des Geistes, a. a. O., S. 24–25.

Physikalismus festhalten und zu den Bedingungen mentaler Zustände auch Zustände des Körpers, bzw. physikalische Ereignisse rechnen, halten solche Vorschläge zwar nicht für falsch, wenden aber wie Th. Nagel ein, daß weniger die unbekannten physikalischen Zustände das Problem sind, als grundsätzlich die Frage, ob Erlebnisse überhaupt objektiv sein können und ob überhaupt gesagt werden kann, wie sie wirklich sind.[149] Namentlich für Nagel besteht das Problem in der Frage, wie subjektive Erlebnisse unabhängig von Einfühlung oder Phantasie auch für Wesen, die solche Erlebnisse nicht haben, verständlich werden. Wie es beispielsweise ist, eine Fledermaus zu sein und diese besondere Art von Wahrnehmung der Echolot-Ortung eines fliegenden Säugetiers zu haben, die wir bisher nur objektiv angeben können, ohne uns aber vorstellen zu können, was das subjektiv in unserem Erleben bedeuten könnte.[150] Hier klafft eine Lücke zwischen den psychologischen und neurobiologischen Erklärungen, deren Überbrückung gleichwohl als Voraussetzung einer akzeptablen physikalischen Theorie des Mentalen verstanden wird. Ehe diese Lösung nicht gefunden sei, so noch einmal Nagel, werde auch das Leib-Seele Problem ungelöst bleiben.[151] An dieser Stelle besteht also Erklärungsbedarf und könnte die Psychoanalyse theoretisch in die Bresche springen. Wir werden sehen, ob und wie sie das tut. Philosophen mit Hang zu den Naturwissenschaften, sofern sie nicht Popper und Eccles heißen, blicken trotzdem zuversichtlich auf die Fortschritte der empirischen Wissenschaften, von denen möglicherweise, vielleicht schon bald, eine taugliche Theorie des Bewußtseins zu erwarten ist.

Beschließen wir diesen bruchstückhaften Problemaufriß zu den Phänomenen von Ich, Selbst und Bewußtsein mit einem Fallbeispiel, an dem deutlich wird, wie sich ein »physikalistischer Philosoph« die Ausbildung eines rudimentären Selbstkonzeptes vorstellt. Es geht um den sog. »Rouge-Test«:

In diesem Test wird ein Kind im Alter zwischen 15 und 21 Monaten, dem man einen auffällig roten Fleck auf der Nase angebracht hat, vor einen Spiegel gesetzt. Getestet wird die Reaktion des Kindes auf sein Spiegelbild. Greift es nach der Nase des ihm scheinbar gegenüber sitzenden Altersgenossen, scheint es für Selbstzuschreibungen nicht reif zu sein. Greift es sich jedoch an die eigene Nase und erkennt damit den Fleck als sich zugehörig, hat es den Regeln nach

---

149 M. Pauen schlägt vor, Nervenzellen zu den personalen Merkmalen dazu zu zählen. Damit verändere sich der Begriff der Willensfreiheit, er stehe dann nicht mehr im Gegensatz zum Biologischen, sondern zähle zu den Bedingungen von Willensfreiheit. Vgl. Pauen: Illusion und Freiheit, a. a. O.
150 Th. Nagel: Wie ist es, eine Fledermaus zu sein, a. a. O., S. 261–277. Wir werden dem Problem beim Unbewußten noch einmal begegnen, wo sich die völlig andere, psychoanalytische Definition von Subjektivität herausstellen wird: die Erklärungslücke als Ort des Subjekts.
151 Ebd., S. 272.

den Test bestanden und es können ihm ein rudimentäres Selbstkonzept sowie Ichreife attestiert werden.

Für Pauen erbringt der Test den Beweis, daß an der Bildung des Selbstkonzepts außer biologischen Funktionen auch soziale Momente beteiligt sind. Die Frage ist nur, was für ein selbsthaftes Ichkonzept in diesem Test ermittelt wird und ob dieses den Bedingungen eines singulär Subjektiven tatsächlich entspricht. Psychoanalytische Leser jedenfalls werden bei dem Experiment unweigerlich an eine vergleichbare Spiegelsituation, an das Spiegelstadium von J. Lacan erinnert.[152] In diesem anderen Exempel einer Ichbildung werden die Rahmenbedingungen beim Namen genannt, unter denen die Interaktion des Kindes mit seinem Spiegel-Ich ein wirklich singulär zu nennendes Selbstkonzept entwirft. Als Bedingung des kindlichen Selbstbezuges gilt im psychoanalytischen Theoriekontext dafür die radikale Alterität des Anderen, nicht die soziale Umwelt oder eine Person.[153] Auf der Grundlage dieser Alterität bildet sich das Ich-/Selbstkonzept heraus, das allerdings auf eine besondere Weise beschaffen ist: Einerseits ist es auf das Wahrnehmungs- und Bewußtseinssystem zentriert, andererseits fungiert es, da es seiner Funktion nach das Realitätsprinzip unterläuft, nicht mehr als eine rein nützlichkeitsorientierte Instanz. Das singuläre, psychoanalytische Ich (Lacanscher Prägung) stellt vielmehr eine Bildung dar, der eine Alterität oder Spaltung zugrunde liegt:

»Die Funktion des Spiegelstadiums erweist sich uns nun als ein Spezialfall der Funktion der Imago, die darin besteht, daß sie eine Beziehung herstellt zwischen dem Organismus und seiner Realität – oder, wie man zu sagen pflegt, zwischen der Innenwelt und der Umwelt. Aber diese Beziehung zur Natur ist beim Menschen gestört durch ein gewisses Aufspringen (déhiscence) des Organismus in seinem Innern, durch eine ursprüngliche Zwietracht (...).«[154]

Die kurze Gegenüberstellung dieser zwei unterschiedlichen Bedingungen des Ichbildes erweist sich als aufschlußreich. Sie macht deutlich, daß die bisher angesprochenen neurowissenschaftlichen oder philosophischen Theorien bei der Erklärung des Subjektiven statt eines Bruchs zwischen Organismus und Außenwelt unterschiedslos von der Auffassung einer bio-psycho-sozialen Einheit des menschlichen Individuums ausgehen. Insofern nämlich Nervenzelleninteraktionen selbst aus philosophischer Sicht stets als Anschlußoperationen von systemischen Binnenverrechnungen begriffen werden und die Bedingungen der Selbst- und Ichbildung ausschließlich in Übereinstimmung, nie im Widerspruch, zum Subjektiven gedacht werden, ist auch hier jeglicher Bruch begrifflich ge-

---

152 J. Lacan: Das Spiegelstadium als Bildner der Ichfunktion, in: ders.: Schriften I, Frankfurt am Main 1975, S. 61–70.
153 Ebd., S. 68.
154 Ebd., S. 66.

genstandslos. Im Verlauf unserer metapsychologischen Freudlektüre des 2. Teils werden wir einer anderen, »symbolische Ordnung« genannten Auffassung psychischer Abläufe ausführlich begegnen.

Fazit: Halten wir bis hierher fest, daß eine gültige Definition des Subjektiven und Psychischen in den Neurowissenschaften über die These von Bewußtsein und den phänomenalen Zuständen läuft und es hier größte Differenzen in den Interpretationen gibt. Halten wir ebenfalls in Erinnerung, daß nicht wenige Neurowissenschaftler selbst der Meinung sind, daß »bisher keine Theorie da ist, die die kognitiven (u. a.) Leistungen von relativ einfachen Phänomenen klären kann«.[155] Neurowissenschaftler vertreten sogar selbst die Ansicht, daß »die psychologischen Eigenschaften der Hirnprozesse noch nicht einmal annähernd bekannt sind«.[156] Selbst Neurophysiologen wie W. Singer, die für ihre ungebrochene Verallgemeinerung der neurowissenschaftlichen Forschungsergebnisse sogar berüchtigt sind, räumen mittlerweile die Begrenztheit der bisherigen Erkenntnisse ein.[157] Die Aussagen zum Stand der Hirnforschung und speziell zum subjektiven Aspekt der Hirnvorgänge fallen darum höchst kontrovers aus. Zum Teil wird in der Disziplin sogar zugestanden, daß Aussagen darüber nur unter Vorbehalt zu treffen sind.[158]

---

[155] K. Holthausen: Design für ein Gehirn oder Gehirn für ein Design, in: G. Rusch, S. J. Schmidt, O. Breidbach (Hg.): Interne Repräsentationen. Neue Konzepte der Hirnforschung, Frankfurt am Main 1996, S. 92.

[156] W. Leuschner, St. Hau, T. Fischmann: Couch – Labor – Experimentelle Erforschung unbewußter Prozesse, in: Psyche, Sonderheft. Psychoanalyse, Kognitionsforschung, Neurobiologie, 9/10, 1998, S. 824–850, 827.

[157] W. Singer: Das Bild als Beleg, Vortrag auf der Tagung »Das Bild in der Wissenschaft« an der Humboldt-Universität zu Berlin, 16.–17.12.2004.

[158] O. Breidbach: Vorwort, in: E. Florey, O. Breidbach (Hg.): Gehirn – Organ der Seele, Berlin 1993.

Kapitel 5

Nervenzellensprache – Ichbewußtsein – Subjektivität

Nach den philosophischen Voten zu Bewußtsein und Geist wollen wir unser Augenmerk nun auf die Psychoanalyse richten. Wir werden dabei in Erfahrung bringen, daß sich entgegen möglichen Erwartungen auch aus psychoanalytischer Sicht Subjektivität und Allgemeinheit nicht ausschließen. So könnte sich in der Auffassung der Subjektivität eine Gemeinsamkeit zwischen der nach allgemeinen Abläufen forschenden Neurowissenschaft und der hypothesenbildenden Wissenschaft des singulär Unbewußten abzeichnen; eine Gemeinsamkeit, die wohlgemerkt nicht auf der Ebene von empirischen Verifikationen liegt, sondern im Gegenteil in den formalen, sprachlichen Bedingungen besteht. Betrachten wir aus diesem Grund noch einmal die sprachliche Basis des Nervenzellgeschehens und prüfen, in welcher Hinsicht damit Subjektivität ausgedrückt werden kann.

Erst seit relativ kurzer Zeit steht fest, daß die einzelne Nervenzelle und nicht der Nervenfaserfilz die Grundeinheit des Nervensystem darstellt.[159] Diese Entdeckung wäre nicht denkbar gewesen ohne die Erfindung des Elektronenmikroskops von Ruska, mit dem erstmalig Visualisierungen von einzelnen Nervenzellen gelangen, die allerdings wegen der besonderen technischen Bedingungen zunächst nur Bilder von toten Objekten wiedergaben und erst seit der Entwicklung der Immuncytochemie der siebziger und achtziger Jahre durch Bilder von lebenden Organismen abgelöst wurden. Der Aufbau der Nervenzellen wurde klarer: Nervenzellen, die Funktionen des Nervengewebes repräsentieren, gelten als morphologische Individualitäten, sie bestehen aus zwei verschiedenen Zelltypen, den Gliazellen und Neuronen und stellen einfach gebaute, abgegrenzte und differentielle Elemente mit einer Mikroarchitektur dar. Sie setzen sich im Einzelnen aus dem Zellkörper und verschiedenen Fortsätzen zusammen: den Dendriten bzw. Binnenverbindungsstellen, den Axonen bzw. Ausgangsstellen und den Synapsen bzw. Übertragungsstellen. Zusätzlich sind sie mit einem Aktionspotential, d. h. einer energetisch-elektrischen Ladung ausgestattet, die durch »physikalische Ereignisse der Umgebung« angeregt wird und

---

159 In jüngster Zeit werden auch die Erregungsbahnen, sog. Trajektorien als Grundeinheit angesehen, s. V. Braitenberg und A. Schüz: Anatomy of the Cortex. Statistics and Geometry, Berlin, Heidelberg, New York 1991, zitiert nach: O. Breidbach: Die Materialisierung des Ichs. Zur Geschichte der Hirnforschung im 19. und 20. Jahrhundert, a. a. O., S. 376.

die Funktion erfüllt, Informationen zur Weiterverarbeitung und Entschlüsselung durch die Nervenzellenbahnen zu leiten.[160] Als differenzierte Elemente stellen Nervenzellen sozusagen das Vokabular zur Beschreibung der Hirnvorgänge dar.

Mit den Nervenzellen als Vokabular haben die Hirnvorgänge rhetorisch Ähnlichkeit mit einer elementaren Sprache, deren Grundvoraussetzung ebenfalls differentielle Elemente sind.[161] Folgerichtig werden sie sowohl was ihre Architektur als auch ihr Beziehungsgefüge angeht, wie eine Sprache beschrieben. So ist die Rede von der »Kommunikation der Nervenzellen« untereinander (...), von ihrer »Verzweigungstextur« oder davon, daß in Nervenbahnen Umformungen, Umschriften oder eine »Übersetzung« von Reizen stattfindet. In ähnlicher Weise wird die Nervenerregung mit sprachlich-rhetorischen Mitteln identifiziert: Informationen und Signale werden per Verknüpfungsmuster und Repräsentationen weitergeleitet, Nervenerregung wird »verstärkt« oder »reduziert«, und speziell bei visuellen und motorischen Nervenzellen des Gehirns wird Selektivität als ein wichtiger Reizverarbeitungsmechanismus notiert. Als Sprache, bzw. Schriftmetaphern, werden aber auch die Verfahren des Neuroimaging tituliert, sie heißen buchstäblich: CTG, MRT, PET, d. h. Graphien und Schriften.[162] Und schließlich wird auch das problematische Verhältnis von Körper/Gehirn-Geist, das Verhältnis von physisch und psychisch, von den Vertretern der Identitätstheorie erkenntnistheoretisch als Übersetzungsproblem zwischen zwei Sprachen, beispielsweise zwischen einer chemischen Sprache und einer Umgangssprache benannt und als Beziehung zwischen H_2O = Wasser verschriftlicht. Die rhetorische Auffassung der Nervenzellen als eine Sprache ist also unübersehbar.

Doch ungeachtet der expliziten Benennungen realisieren Vertreter der Neurowissenschaft kaum diese Einordnung der eigenen Praxis. Außer bei Vertretern des funktionalistischen Ansatzes, die auf die Relationalität der Nervenzellenvorgänge hinweisen und betonen, daß diese durch ihre Beziehungsaspekte und ihr Verrechnungsgeschehen wirken und von hochentwickelten Rechenmaschinen, der Turingmaschine, erzeugt werden (deren Konstruktionen selbst wieder Sprache, formale Sprache zugrunde liegt), findet die Auffassung von den sprachlichen Grundbedingungen in den Neurowissenschaften jedoch kaum Berücksichtigung.[163]

---

160 E. R. Kandel, J. H. Schwartz, Th. M. Jessel (Hg.): Neurowissenschaften, a. a. O., S. 22–24.
161 F. de Saussure: Grundfragen der Allgemeinen Sprachwissenschaft, Berlin 1967, S. 123f.
162 Das gleichbleibende T steht für Tomographien. Wörtlich verstanden werden hier Schriften von Schichten des Hirns vorgelegt.
163 Siehe dazu O. Breidbach: Konturen einer Neurosemantik, in: G: Rusch, S. J. Schmidt, O. Breidbach (Hg.): Interne Repräsentationen, a. a. O., S. 9–39.

Wir wollen hier innehalten und genauer nach der Beziehung zwischen der Sprache der Nervenzellen und ihrer subjektiven Artikulation fragen, da wir darin eine Gemeinsamkeit zwischen Neurowissenschaft und Psychoanalyse erblicken. Wir wollen aber auch betonen, daß die Nervenzellensprache, die Sprache des Gehirns mit ihrem »Klick«-Vokabular, keine Mitteilungs- oder Beschreibungssprache, keine semantische Bedeutungssprache, sondern nur eine formale Sprache sein kann.

An dieser Stelle sind wir bei der Debatte angekommen, ob Maschinen denken können, bzw. ob das Hirn mit der Hardware eines Computers und die subjektiven Phänomene von Ich und Bewußtsein mit dessen Software vergleichbar sind. Die Debatte gilt mittlerweile als abgeschlossen und ihr Fazit lautet, daß die Analogie zwischen Hirn und Computer unzutreffend ist. Auch hier ist das Hauptargument – neben den Einwänden, in denen die fehlende sinnliche Konkretisation der Maschinenvorgänge (z. B. Damasio), ihre fehlende Offenheit (Edelman) oder die Vernachlässigung des semantischen Aspekts (Köck) bemängelt werden –, daß Computern, weil sie auf der Grundlage einer formalen Sprache operieren, die Erlebnisfähigkeit fehle (Popper). Erlebnisfähigkeit gilt durchgängig als ein Hauptmerkmal des Personalen und als die Grundbedingung dafür, daß Subjektivität überhaupt artikuliert werden kann.[164]

Ungeachtet solcher Einwände bleiben wir jedoch bei der Auffassung, daß die Allgemeinheit der sprachlichen Basis die Annahme des Subjektiven nicht ausschließt. Sie ist im Gegenteil für ein Verständnis des singulär Psychischen keineswegs hinderlich, sondern kann zu den Artikulationsbedingungen des singulär Subjektiven grundsätzlich hinzugezählt werden. Wir präzisieren, inwiefern das der Fall ist. Wie bereits gezeigt, werden die Nervenzellen und die Architektur des Nervengewebes sprachlich interpretiert und wird die sprachliche Basis der Theorie des Nervensystems insbesondere durch die bildgebenden Verfahren der Neurowissenschaft bestätigt. Die sprachliche Basis der Neurophysiologie ergibt sich also durch ihre Verfahren, durch die Apparatetechnik, mit der Hirnforscher ihre Einsichten in das Innenleben der Gehirnvorgänge gewinnen. Sie ergibt sich weiterhin durch die Tatsache, daß Computertomographen auf der Grundlage dieser hochkomplexesten aller Rechenmaschinen, der Turingmaschine, aufbauen und die Bedingungen dieser Apparate mathematische Operationen von größter

---

164 K. J. Popper, J. C. Eccles: Das Ich und sein Gehirn, a. a. O., S. 256; s. dazu M. Pauen: Illusion und Freiheit, a. a. O. A. Engels führt außerdem die geringere Veränderbarkeit der Computernetzwerke gegenüber der hohen Plastizität der neuronalen Netzen an. Sie sorge dafür, daß beim Gehirn der »Gebrauch« die Struktur präge (A. Engels: Die biologischen Wurzeln des Geistes. Herausforderungen der modernen Hirnforschung, in: St. Iglhaut, Th. Spring (Hg.): Zwischen Nanowelt und globaler Kultur. Science und fiction. Ausstellungskatalog, Berlin 2003, S. 69). Als weitere Kriterien für subjektive Zustände werden angeführt: bewußte Absichten, Überzeugungen und Glaubenszustände.

Komplexität darstellen und unweigerlich Schrift sind. »Das digitale Bild ist das modulare Produkt von gespeicherten Daten, die ihrerseits auf einem Code basieren. Die Ziffern, die nach mathematischen Operationen zur graphischen Erscheinung kommen, sind die materielle Grundlage dieser Technologie«.[165] Ohne diese universale Syntax der technischen Verfahren ist Neurophysiologie nicht zu denken und diese, ihre wissenschaftstheoretische Bedingung, liegt jeder klinischen oder experimentellen Forschung der Neurophysiologie zugrunde. Diese Grundlage muß prinzipiell in Betracht gezogen werden, auch dann, wenn von Subjektivität die Rede ist.

Objektives Ich – Versteinerte Subjektivität

Das Nervensystem des Gehirns tritt also auf der Basis einer formalen Sprache in Erscheinung. Allerdings wäre es ein Irrtum, es deshalb mit Sprache gleichzusetzen. Denn die Hirnvorgänge selbst bilden keine formale Sprache. Weder ist das Gehirn mit der Hardware eines Computers identisch, noch sind die Nervenzellenvorgänge mit dem Bewußtsein oder dem Ich kongruent. Die computerisierte Formalsprache vermittelt, genau betrachtet, nur die Einsichten in das Interaktionspotential des Nervengewebes, in Vorgänge also, die ansonsten verborgen, unterbelichtet oder unbewußt bleiben würden.[166] Genauer gesagt, die Computertomographien erzeugen eine Schrift, die eine ansonsten unlesbare Dimension überzieht und lesbar macht. Die formale Schrift der Tomographen kann darum als ein Diskurs des Realen betrachtet werden, jenes Realen, das, wie Freud anmerkte, selbst immer unerreichbar bleiben wird.[167]

Greifen wir angesichts der Idealtypik dieser Sprache noch einmal die Frage auf, wie damit subjektive, mentale, psychische Zustände ausgedrückt werden können. Denn: müssen diese nicht doch auf andere Art und Weise als durch

---

165 H. Badakhshi: Body in numbers, a. a. O. Funktionalismus, Systemtheorie, Informationstheorie ziehen hier gleich, s. H. Lyre: Informationstheorie. Eine philosophisch-naturwissenschaftliche Einführung, München 2002.

166 Die Beschreibung kommt strukturell der Definition von subjektiv als unzugänglich nahe.

167 Das Argument, formale Sprache sei nur idealtypisch und nicht subjektiv, trifft nicht den Kern der Debatte. Eher ist es so, daß das Reale des Gehirns überhaupt nur aufgrund der formalsprachlichen Darstellungen in Erscheinung tritt, es also nur eingekleidet in formale Sprachstrukturen sichtbar wird. Mit anderen Worten: Auch die scheinbar unabhängigen Gehirnvorgänge haben mit Forschersubjekten zu tun, mit solchen, die sich Gedanken über das Gehirn, die Natur bzw. das Reale gemacht haben, die darüber spekuliert und ihre Theorien aufgestellt haben, damit es beschreibbar und berechenbar, exakt verstehbar und sichtbar wird. Insofern aber die Forschersubjekte das Gehirn bzw. Reale, nicht selbst geschaffen haben, kann die formale Computer- oder Nervenzellensprache genauer als eine Sprache verstanden werden, die die Natur und das Reale der Subjekte überhaupt erst freisetzt. Sie setzt es frei, indem sie es überlagert, überzieht und überdeckt. Mit anderen Worten: Sie ist eine symbolische Sprache. Vgl. dazu Teil 2, Das Unbewußte als Maschine.

formale, objektive, syntaktische Strukturen beschrieben werden? Muß Subjektives nicht doch durch Semantik, durch konkrete, sinnliche oder historische Gegebenheiten, Konventionsbildung oder Beobachterwissen bestimmt werden? Und muß man nicht doch der konstruktivistischen Kritik am »linguistischen Relativismus«, der Sprachautonomie beipflichten?

Die Bedenken sind nicht von der Hand zu weisen, schließlich hat Mentales nicht nur eine Syntaxstruktur, ist Subjektivität keine allgemeine Größe und die formale Ebene der Maschinen ganz offensichtlich weder menschlich, noch selbstreflexiv, sondern im Gegenteil buchstäblich selbst-vergessen. Anders formuliert: sie ist unbewußt.[168] Trotzdem liegt in der Syntax der Nervenzellen ein System, läuft darin eine Logik und laufen Gesetzmäßigkeiten ab. Psychoanalytiker wie Lacan sind deshalb der Meinung, daß menschliche Individuen und Maschinen Ähnlichkeiten aufweisen, sich am Punkt der Ichbildung sogar ähnlich seien. Zumindest von der Tatsache der Spaltung zwischen Ich und Denken her sind sie gleich, sind Maschinen-Individuen nicht anders als menschliche Individuen. Wo sie denken, ist beide Male kein personales Ich: »Ich denke, wo ich nicht bin, also bin ich, wo ich nicht denke«.[169] Gleichwohl geben die Verkopplungen, Relationen und Logiken der Abläufe Aufschluß über ein darin eingeschriebenes Subjekt, über ein Subjekt, das vorübergehend sogar abwesend sein kann. Nicht einmal ein konkret anwesender Beobachter, der das Vokabular der Nervenzellensprache als »Lesen« oder »ein Gespräch führen« beschreibt, der es interpretiert und konkret Sinnliches einführt und damit die personale Ichebene und ein Subjektives schafft, ist für das Auftauchen eines Ichsubjekts notwendig. Ichzustände müssen nicht per se personal subjektiv sein und sind nicht zwangläufig ein 1.-Personen-Phänomen. Selbst ohne Beobachter gibt es ein Ich, ein objektives Ichzeugnis allerdings. Beispielsweise eines, wie es der Rosetta Stein repräsentierte, bevor ihn Jean Francois Champollion in der Wüste entdeckte.

Das Beispiel ist berühmt: Der Hieroglyphenstein, eine Basaltstele in der Wüste, zeigte über die Zeiten hinweg die Präsenz von Ichen, obwohl deren konkrete Subjektivität mit den Zivilisationen, die den Stein geschaffen hatten, schon seit Jahrtausenden untergegangen war. Konkret trat die der Stele eingeschriebene Subjektivität erst wieder in Erscheinung, als J. F. Champollion 1821 ihre Entzifferung gelang. Erst von da an gab es wieder ein konkretes Subjekt, war das versteinerte Ichsubjekt wieder sichtbar geworden. Es hatte auftauchen

---

168 Die Nervenzellensprache läßt sich auch deshalb unbewußt nennen, weil sie sich selbst nicht mitzählen kann. Sie ist im Gegenteil die Voraussetzung dafür, daß sich die Subjekte selbst überhaupt zählen können, d. h. Identität annehmen, auf einen Nenner kommen und interagieren.

169 J. Lacan: Subversion des Subjekts oder die Vernunft seit Freud, in: ders.: Schriften II, a. a. O., S. 43.

können, weil Champollion bei seiner Untersuchung nicht davon ausgegangen war, daß sich die eingravierten Zeichen an ihn selbst als Leser und Ichsubjekt richteten – schließlich verstand er die Zeichen nicht – sondern weil er annahm, daß sich die Hieroglyphen, die demotischen Schriftzeichen und griechischen Buchstaben aufeinander bezogen und aufgrund ihrer Interrelationalität Bedeutung besaßen.[170] Hinter dem Hieroglyphenstein steckte für den Forscher ein Subjekt, weil er die Zeichen als Signifikanten erkannte. »Und genau das ist es, worum es beim Verhältnis des Subjekts zum Feld des Anderen geht. Das Subjekt entsteht dann, wenn auf dem Feld des Anderen ein Signifikant auftaucht«.[171]

Die Frage stellt sich nun, ob es sich mit den Bildern der Computer- und Magnetresonanztomographen möglicherweise ähnlich wie mit dem Hieroglyphenstein verhält? Sind auch diese Bilder nicht doch mehr als reine Wiedergaben eines Stücks realer Natur, sind sie nicht herrenlose Konzepte von Seele, Icheinheiten ohne Subjekt? Bilder, denen so lange das Subjekt fehlt, bis ein Neurophysiologe den Bildschirm betrachtet und die Kurven, Amplituden und baumartigen Graphiken als Interferenzen und Nervenzelleninteraktionen versteht, auch wenn er nicht sofort versteht, was sie sagen? Sind sie also nur so lange nichtssagende Bilder, bis sich einer zum nicht-verstehenden Leser ermannt und unterstellt, daß sie untereinander in Beziehung stehen? Und kann allein durch diese Unterstellung aus dem bewußtlosen Maschinen-Ichbild schon ein nennenswertes Subjekt entstehen?[172]

Ich denke, nein. Unter dem Vorbehalt, das Computerbild als ein aus einer Folge von Eingabe- und Ausgabesymbolen, d. h. einer formalen Sprache

---

170 Siehe D. R. Hofstadter: Gödel, Escher, Bach. Ein Endlos geflochtenes Band, Stuttgart 1985, S. 176–178.
171 J. Lacan: Die Vier Grundbegriffe der Psychoanalyse. Das Seminar XI, Olten 1978, S. 208.
172 Siehe N. Haas: Die Wirklichkeit der Hysterie, in: N. Haas, R. Nägele, H. J. Rheinberger: Liechtensteiner Exkurse II: Was wäre Natur?, Eggingen 1995, S. 331. Ein Beispiel dafür, wie Signifikanten unterstellt werden, bietet eine Mutter, die aus dem Lallen ihres Neugeborenen Sinn und Bezug heraushört. In dem berühmten »fort-da« Spiel Freuds sind es die Erwachsenen, die den Artikulationen, dem »a« und »o« des Kindes, den Sinn von »fort und da« unterstellen, weil sie darin eine Beziehung zur fortgegangenen Mutter vermuten. Bei all ihrer Unterstellungsleistung sind es aber – der Akzent ist von Bedeutung – trotzdem nicht die Erwachsenen alleine, die damit das Kind zum Ichsubjekt erheben. Zum Subjekt wird das Kind vielmehr durch zweierlei: einerseits durch die Annahme der Erwachsenen, andererseits durch die Relationen der sprachlichen Absonderungen. Das »Unbewußte ist der Diskurs des Anderen«. Es sind also Beziehungskonfigurationen – maschineller oder menschlicher Natur – und Andere, die diese heraushören, die dem Subjekt seine Matrix geben. Keinerlei konsensueller oder semantischer Kontext ist dazu nötig. Im Unterschied zum Beobachter bei Maturana, der auch außerhalb der Systemoperationen steht und ebenfalls konstruiert und interpretiert, greifen also Erwachsenen bei Lacan, sofern sie sich als große Andere bewähren, in das Systemgeschehen einschneidend ein. Es kommt hinzu, daß sie in ihrer Alterität dabei so radikal wirken, daß sie als Teil eines Nicht-Organischen, Toten fungieren. Dazu bes. Kapitel: Triebe und Unbewußtes. Stichwort: Die Leblosigkeit am Trieb.

zusammengesetztes Ichbild zu betrachten, kann man es zwar als Ausdruck von symbolischer Ordnung und Zeugnis von Subjektivität verstehen. (Die Hirnforschung gibt im Prinzip – größtenteils ungewollt – das neueste Beispiel für das kopflose, azephale Geschehen, das auch Erzeugung von symbolischer Ordnung heißt.) Trotzdem wird aus dem Maschinenbild des Hippocampus noch kein Es-Subjekt werden.[173] Um nämlich aus den Bildern der symbolischen Datenfolgen die Singularität eines Subjekts auftauchen zu lassen, ist ein weiterer Umstand unabdingbar: Es bräuchte dazu den Blick für das eigene Nicht-Wissen, die Abdunklung des Gesichtsfeldes (Skotom) für das die Psychoanalyse den Namen des Unbewußten bereithält. Ohne einen Begriff dafür tritt selbst auf dem Bildschirm desjenigen Hirnwissenschaftlers, der sich der Interpretierbarkeit seiner Daten bewußt ist, nur die Subjektivität eines Objekts in Erscheinung, eines Subjekts also, das die Neurowissenschaften ausschließlich von Außen her erfassen.

Von den Qualia zur Subjektivität des Unbewußten

Indessen stellt sich die Frage, ob der Vergleich zwischen der Software und den geistproduzierenden Hirnvorgängen möglicherweise nicht doch eine verborgene Gemeinsamkeit zwischen Neurowissenschaft und Psychoanalyse aufdeckt. In diesem Zusammenhang erweist sich ein Experiment als aufschlußreich. In den sechziger Jahren versuchte Joseph Weizenbaum den Unterschied zwischen beiden Vorgängen mit einem sprachsimulierenden Computer zu demonstrieren.[174] Dieser Computer mit dem Namen »Eliza« sollte einen Psychiater simulieren und war mit Regeln und einigen Satzmustern ausgestattet, mit denen er auf Schlüsselworte von Versuchspersonen reagierte. So konnte er z. B. auf die schriftlich eingegebene Aussage einer Patientin, »Männer sind alle gleich«, nach genaueren Angaben fragen. Er forderte sie auf, Beispiele zu nennen, bat, nach entsprechendem Stichwort, über die Familie zu erzählen und äußerte Mitgefühl: »Es tut mir leid zu hören, daß sie deprimiert sind«. Weizenbaum, der mit seinem Sprach-Analyse-Programm die Theorie der Künstlichen Intelligenz kritisieren wollte und dabei vor allem die Tatsache hervorhob, daß mentale Vorgänge nicht pure Symbolverarbeitungen darstellen oder sich per Computer abbilden lassen, mußte entgegen der eigenen Absicht feststellen, daß der automatisierte Psychiater sowohl von den Psychiatern, die damit die Automatisierung der Psychotherapie für gekommen hielten, begrüßt wurde, als auch von einigen

---

173 W. Leuschner, St. Hau, T. Fischmann: Couch – Labor – Experimentelle Erforschung unbewußter Prozesse, a. a. O., S. 827.
174 H. Lyre: Informationstheorie, a. a. O., S. 127–128.

Versuchspersonen, die auf ihn emotional reagierten.[175] Der Computer in der Rolle des Arztes wurde von den Versuchspersonen tatsächlich als ein Ich wahrgenommen. Im Anschluß an die philosophische Erklärung von Subjektivität als Phänomen des erlebenden Ichs läßt sich hier also festhalten, daß die formal-objektive Ebene nicht auszuschließen scheint, daß ein Hörer oder Leser ichhafte Phänomene wahrnimmt. Die Auffassung, wonach die Computersprache objektivistisch und darum nicht menschlich subjektiv ist, bzw. Mentales, Psychisches im Unterschied zur 3. Person des Objektiven immer ein 1.-Personen-Phänomen ist und sich unweigerlich phänomenal darstellt, scheint offensichtlich zu kurz gegriffen. Die Auffassung von Subjektivität als Ausdruck des erlebenden Ich der 1. Person läßt sich offenbar nicht aufrechterhalten. Soweit zum formalen Aspekt des Subjekts in den Neurowissenschaften.

In einem gänzlich anderen Kontext, nämlich vor dem Hintergrund der Bedingungen des psychischen Apparats, haben auch Psychoanalytiker wie Freud und Lacan darauf hingewiesen, daß subjektive Zustände und Ichempfindungen nicht ohne formale Voraussetzung zustande kommen. Sie berichten etwa von Triebschicksalen, bei denen das Ich keine subjektgebundene Größe darstellt, sondern als ein Objekt auftritt und seine Objektivität dem Ichempfinden keinen Abbruch tut (Perversion). Sie weisen des weiteren darauf hin, daß das Bewußtsein eine Größe darstellt, die in vorderster Linie von Wahrnehmungsfunktionen gesteuert wird. An einer materialistischen Bewußtseinsdefinition ist deshalb aus psychoanalytischer Sicht nichts auszusetzen. Psychoanalytiker bestreiten sogar die Auffassung, daß das Ich-Bewußtsein ausschließlich selbstreflexiv ist oder gar einen höheren, kortikalen Zustand bedeutet. Vor allem aber betrachten sie es im Gegensatz zu den meisten Philosophen wie die Neurowissenschaftler als nicht konstitutiv personal gebunden. Aus psychoanalytischer Sicht dient das Bewußtsein dem Subjekt nur als ein Spannungszustand, der die Funktion eines Steuerungsmechanismus erfüllt. Es läßt sich also festhalten, daß die Objektivität der Nervenzellenvorgänge kein Einwand gegen ein Ichsubjekt im Sinne der Psychoanalyse darstellt. Daß Neurowissenschaften und Psychoanalyse dennoch nicht dasselbe Subjekt im Blick haben, dafür spricht indes ein anderer Faktor.

Betrachten wir noch einmal das Beispiel des Computerprogramms »Eliza«. Für die Versuchspersonen fiel der Unterschied zwischen der Subjektivität der

---

175 J. Weizenbaum: Die Macht der Computer und die Ohnmacht der Vernunft, Frankfurt am Main 1977, S. 14ff. Das Szenario paßt zu Searles Chinesisches-Zimmer-Argument, mit dem Searle demonstrieren wollte, daß Computer wohl denken, aber kein Bewußtsein davon haben. Nach Einschätzung von Pauen übersieht er dabei den Kontext der Sprachsituation ebenso wie die Flexibilität und Lernfähigkeit eines Lebewesens gegenüber dem Computer (M. Pauen: Grundprobleme der Philosophie des Geistes, a. a. O., S. 149f.). Entscheidend ist auch, ob nach den Ursachen vom Mentalem, Psychischem gesucht wird oder von der Wirkungsseite ausgegangen wird.

Maschine und der eines Psychiaters offensichtlich nicht ins Gewicht. Die Ergebnisse der maschinellen Symbolverarbeitung reichten für sie aus, um den Computer als Subjekt wahrzunehmen. Ihr Eindruck hing unter anderem von einem nicht meßbaren und nicht berechenbaren Faktor ab. Genauer als im Beispiel des Hieroglyphensteins wird im Computerbeispiel »Eliza« erkennbar, daß die Beobachter einer Täuschung erlagen, als sie dem Sprachcomputer ein Ich zuschrieben. Einer Täuschung, die sich auf die Isomorphie, strukturelle Gleichartigkeit von Maschine und Menschen, bzw. Leblosem und Lebendigem bezieht. Diese Täuschung findet ihre Erklärung in dem Umstand, daß der Eindruck von Subjektivität, gleichgültig worauf bezogen, grundsätzlich von der Vorstellung eines Subjekts abhängt, ja sogar in einem Anderen entsteht. Soll heißen: Analytiker-Mensch oder -Maschine, beide können für sich genommen zwar als Icheinheiten in Erscheinung treten, ohne dabei zunächst selbst als subjektiv bezeichnet werden zu können. Subjektivität gewinnen Mensch wie Maschine erst in der Wahrnehmung eines Anderen, in der Wahrnehmung eines Forschersubjekts wie Champollion es war oder der von Versuchspersonen, die mit ihren Unterstellungen von Subjektivität ihrem Gegenüber entgegentreten. Die Annahme liegt also nahe, daß an der Herstellung von Subjektivität eine Dimension mitwirkt, die Ähnlichkeit mit den Vorgängen besitzt, wie sie das Unbewußte hervorbringen.[176] Unsere Lektüre der Freudschen Metapsychologie wird im folgenden Teil hierzu genauere Hinweise geben.

Vor der genaueren Erörterung dieses Mechanismus des Psychischen sollen zunächst einige Einschätzungen von Neurowissenschaftlern und Psychoanalytikern zu ihrem wechselseitigen Verhältnis erörtert und an zwei Beispielen geprüft werden, welchen Gewinn sich Psychoanalytiker von den Neurowissenschaften erhoffen.

---

176 H. Lyre spricht vom nicht-propositionalen Wissen (H. Lyre: Informationstheorie, a. a. O., S. 172). Vgl. auch das Kapitel: Das Unbewußte als Automat.

Kapitel 6

Rezeption der Neurowissenschaft in der Psychoanalyse

Ein Überblick über die Rezeption der Neurowissenschaft zeigt, daß Psychoanalytiker die neue Nachbardisziplin höchst unterschiedlich beurteilen. Ihr Urteil schwankt zwischen kategorischer Ablehnung wegen Unvereinbarkeit und einem offenen Plädoyer für die Integration der Disziplinen.

So trifft man auf Stellungnahmen wie die von J. A. Miller, dem ehemaligen Direktor der Ecole de la Cause Freudienne, der aufgrund des Nichtwissens des psychischen Subjekts keine Möglichkeit für eine Zusammenarbeit beider Disziplinen sieht, da das »azephale« Subjekt des Unbewußten jeglichen Absolutheitsanspruch der Hirnwissenschaft auf Wissen unterlaufe.[177] Man trifft auf solche wie die des französischen Analytikers P. Fedida, der die psychischen Mechanismen zwar biologisch versteht, gleichwohl Validierungen und Verifikationen, wie sie in den Neurowissenschaften üblich sind, ablehnt, da sich Symptome und Kur in der Psychoanalyse auf Sprache und Übertragung stützten und ausschließlich metaphorischer Mittel bedienten.[178] Oder man begegnet einer Position wie der des englischen Analytikers M. Pines, der ganz ähnlich bei Freud zwar eine neuromechanische Auffassung der Psyche anzutreffen vermeint und dennoch deren theoretischen Status unterstreicht: »Freuds Neuronen sind theoretisch Neuronen«.[179] Ähnlich äußert sich auch der Wiener H. Leupold-Löwenthal, wenn er das metapsychologische Konzept des Seelenlebens eher als ein Konstrukt und eine psychologische Hypothese denn als klinischen Empirismus des zentralen Nervensystems versteht.[180] Man

---

[177] Die hier wiedergegebenen Stellungnahmen liegen zwar schon einige Jahre zurück, können aber auch weiterhin als beispielhaft angesehen werden. J.-A. Miller, R. H. Etchegoyen: Silence Broken, Interview von J. C. Stagnaro und D. Winterbert, in: Revista Argentina de Psichiatria VII, 26, 1996, S. 260–274.

[178] J. Proust, P. Fedida: La psychanalyse a-t-elle fait son temps? in: Le Mondes des Débats, Septembre 1999, S. 24–25.

[179] M. Pines: Neurological Models and psychoanalysis«, in: G. Guttmann, I. Scholz-Strasser (Hg.): Freud and the Neurosciences, Wien 1998, S. 47.

[180] H. Leupold-Löwenthal: Freud as a Neurologist, in: G. Guttmann, I. Scholz-Strasser (Hg.): Freud and the Neurosciences, a. a. O., S. 46.

stößt aber auch auf gänzlich entgegengesetzte Einschätzungen wie die von H. Etchegoyen. Nach Ansicht des ehemaligen Präsidenten der IPA ist mit den Neurowissenschaften durchaus die Möglichkeit zur Validierung der Freudschen Hypothesen gegeben. Ob Ödipuskomplex oder Subjekt des Unbewußten, beide Hypothesen ließen sich mit entsprechenden Hirnfunktionen korrelieren und wiesen damit auf die Möglichkeit einer »Versöhnung« der Disziplinen hin.[181] Von der Möglichkeit einer gegenseitigen Annäherung gehen mittlerweile immer mehr Autoren aus. Zum Teil sehen sie trotz des unübersehbaren klinischen Paradigmenwechsels und der Einführung einer neuen metaphorischen Sprache keinen epistemischen Widerspruch in den Konzepten von Neurowissenschaft und Psychoanalyse; würdigen sogar die vermeintliche prophetische Weitsicht Freuds, der viele der erst später nachweisbaren Erklärungsmodelle psychischer Phänomene antizipiert habe.[182] Generell erwarten sie sich vom Austausch mit den Neurowissenschaften fruchtbare Anstöße für die Weiterentwicklung der psychoanalytischen Methode.[183]

Sofern Neurowissenschaftler Freud überhaupt noch einer Erwähnung für wert halten, versprechen sie sich aus der Verbindung von Neurobiologie, Kognitionsforschung und Psychoanalyse eine neue Wissenschaft, die »Psycho-Neurowissenschaft« zu begründen. Namentlich der Neurobiologe G. Roth ist der Überzeugung, daß Freuds Grundannahmen durch die Ergebnisse der Neurobiologie endlich ihre empirische Fundierung gefunden hätten oder, wo das noch nicht der Fall sei, es nur eine Frage der Zeit sei, bis fehlende »genetische, hirnanatomische und hirnphysiologische Korrelate« gefunden würden. Die Neurobiologie, so sieht es auch K. Grawe, ist in der Lage, der Psychotherapie die Grundlegung zu verschaffen und ihr damit »wichtige Hinweise zu ihrer Optimierung« zu liefern.[184]

Wir wollen uns im folgenden zwei Vorschläge zur Integration von Psychoanalyse und Neurowissenschaften näher ansehen, bei denen sich nebenbei zeigen wird, wie entscheidend es ist, welchem Lager sie entstammen. Denn wo im ersten Vorschlag der Psychophysiologin M. Koukkou und des Neurophysiologen

---

181 Auch der Neurologe O. W. Sacks hält den Anschluß von Psychoanalyse und Neurowissenschaften für uneingeschränkt möglich. Siehe O. Sacks: Sigmund Freud. The Other Road, in: G. Guttmann, I. Scholz-Strasser (Hg.): Freud and the Neurosciences, a. a. O., S. 21.
182 G. Guttmann, I. Scholz-Strasser (Hg.): Preface, ebd., S. 9.
183 M. Leuzinger-Bohleber, Allgemeine Vorbemerkungen, in: M. Leuzinger-Bohleber, W. Mertens, M. Koukkou (Hg.): Erinnerung von Wirklichkeiten, Psychoanalyse und Neurowissenschaften im Dialog. Bd. 2, Folgerungen für die Psychoanalytische Praxis, Stuttgart, 1998, S. 13; W. Leuschner, St. Hau, T. Fischmann, Experimentelle Erforschung unbewußter Prozesse, in: Psyche, Sonderheft 9/10, 1998, S. 825.
184 G. Roth: Fühlen, Denken, Handeln. Wie das Gehirn unser Verhalten steuert, a. a. O., S. 430–441, 432. K. Grawe: Neuropsychotherapie, Göttingen, Bern,Toronto 2004.

D. Lehmann die Neurophysiologie unübersehbar den Rahmen absteckt, wird im Modell des Neurophysiologen M. Solms, der gleichzeitig Psychoanalytiker ist, die psychoanalytische Ausrichtung ungleich deutlicher.

Das Zustandswechselmodell von Martha Koukkou und Dietrich Lehmann

Zusammen mit dem klinischen Neurophysiologen Dietrich Lehmann hat die griechische Therapeutin und Psychophysiologin M. Koukkou ein Theoriemodell entwickelt, das die Konzepte von Psychoanalyse und Neurowissenschaft zu einem Alternativmodell vereinigen soll: das sogenannte »Zustandswechselmodell«.[185] Ausgangspunkt dieses Modells ist die Organisation der Hirnfunktionen, sein Ziel die Erfassung menschlichen Verhaltens auf allen Ebenen, motorisch, kognitiv, sensorisch wie psychisch und emotional. Das Modell geht den unterschiedlichen Ausgangsdisziplinen entsprechend von der Grundannahme aus, daß: erstens alle Hirnprozesse, Gedächtnisleistungen, Erinnern, Vergessen usw. vom momentanen funktionellen Hirnzustand abhängen und zweitens alle Gedächtnisrepräsentationen durch Repräsentationen der Kindheit koordiniert werden. Theoretischer Hintergrund ist dabei die Systemtheorie für komplexe lebende Systeme. Diese beruht auf der Annahme, daß Interaktionen zeitabhängig sind, also nur in einer spezifischen Zeitspanne stattfinden, ansonsten entsprechende Funktionen für immer inaktiv bleiben. Auch das lebende System »Mensch« erklärt sich nach Ansicht der Verfasser auf diese Weise. Menschliches Verhalten komme einerseits durch dynamische Beteiligung, andererseits unter Einwirken von externen und internen Realitäten zustande und entwicke sich erst mit der Zeit auf allen psychologischen oder biologischen Integrations- und Komplexitätsebenen. Im lebenden System sei jedes Verhalten darüber hinaus

---

185 M. Koukkou, D. Lehmann: Ein systemtheoretisch orientiertes Modell der Funktionen des menschlichen Gehirns und die Ontogenese des Verhaltens, in: M. Koukkou, M. Leuzinger-Bohleber, W. Mertens (Hg.): Erinnerung von Wirklichkeiten. Psychoanalyse und Neurowissenschaften im Dialog, Bd. 1, Stuttgart 1998, S. 287–415; dies.: Die Pathogenese der Neurose und der Wirkungsweg der psychoanalytischen Behandlung aus der Sicht des ›Zustandswechsel-Modells‹ der Hirnfunktionen, in: M Leuzinger-Bohleber, W. Mertens, M Koukkou (Hg.).: Erinnerung von Wirklichkeiten, Bd. 2, a. a. O., S 162–195. Mit dem Ansatz wird ein Beziehungsmodell beschrieben, auf das nach A. Hamburger schon seit längerem zugearbeitet wurde. Etwa von A. Lorenzer und seinem Modell des szenischen Verstehens, ebenso wie von der Interaktionsanalyse und den kommunikationstheoretischen Weiterführungen der Psychoanalyse (R. Heim, D. Flader, W.-D. Grodzicki, K. Schröter). Die Neuropsychologie habe, schreibt zumindest A. Hamburger, den interaktiven Ansatz nur weiter ausgearbeitet und als überprüfbar bewiesen, s. A. Hamburger: Narrativ und Gedächtnis. Psychoanalyse im Dialog mit den Neurowissenschaften, in: M. Koukkou, M. Leuzinger-Bohleber, W. Mertens (Hg.): Erinnerung von Wirklichkeiten, a. a. O., S. 244.

als Summe des im Gehirn erworbenen Wissens zu verstehen und werde durch den sogenannten Kommunikationskreis, bzw. den Informationsfluß zwischen Umgebung, sensorischen Rezeptoren, Verarbeitungssystemen, Gedächtnisspeichern und Koordinationssystemen geregelt.[186] Tragende Säulen des Modells von Koukkou/Lehmann sind neben den biologischen, psychologischen und biographischen Zuständen sodann Verhalten und Wissen, wobei alle Zustände als Ergebnis der Hirnfunktionen bewertet werden und zwar dergestalt, daß auch Bedeutung als ein Konstrukt des Gehirnzustands, d. h. als im Neocortex generiert verstanden wird.

Am Phänomen der Individualität schält sich für die Verfasser ein weiterer Aspekt der zerebralen Organisation heraus: der Entwicklungsaspekt. Herausbildung von Individualität brauche Zeit, weshalb allgemeine Gedächtnisfunktionen sowie individuelles Gedächtnisvermögen daran teil hätten. Zeit ist aber auch zur Herausbildung des zerebralen Kommunikationssystems nötig, dessen Entwicklung erst mit einem bestimmten Komplexitätsniveau abgeschlossen ist, nämlich dann, wenn das Gedächtnis Abstraktionen und Symbolisierungen ausführen kann oder, psychoanalytisch gesprochen, wenn der Übergang von der präverbalen zu verbalen Phase stattgefunden hat.

Als einprägsame Zeugnisse neokortikalen Funktionierens nehmen schließlich Emotionen zentralen Raum im »Zustandswechselmodell« ein. Nicht anders als die höheren kognitiven Leistungen gelten Emotionen zunächst als Ergebnis von erworbenem Wissen und sollen ebenfalls nur durch Interaktion mit der Umgebung erzeugt werden. Andererseits werden sie als »unabtrennbare Teile der subjektiv wahrnehmbaren Aspekte«, von Gedanken, Phantasien und Entscheidungen verstanden. Emotionen und Phantasien treten nach Auffassung der Verfasser dabei ausschließlich verkoppelt auf und sind als Teil eines Einheitsgebildes bestehend aus Affekten und Vorstellungen zu verstehen.[187] Weil Emotionen überdies weder spezifischen Hirnregionen zuzuordnen sind, noch von Hormonen produziert werden, sondern interaktiv zustande kommen, gelangen die Verfasser außerdem zu dem Schluß, daß Emotionen nicht universal und gleichförmig sein können und es keine, wie die Freudsche Psychoanalyse behauptet, »angeborenen Aggressionen« geben könne,

---

[186] »Es handelt sich also um einen Kreiszusammenhang, in dem jede Funktionseinheit gleichzeitig Anfang des nächsten Schrittes und Ende des vorherigen ist. Damit ist gemeint, daß das lebende System nicht auf Informationen wartet, sondern sie aktiv beschafft« M. Koukkou, D. Lehmann, »Ein systemtheoretisch orientiertes Modell der Funktionen des menschlichen Gehirns und die Ontogenese des Verhaltens«, a. a. O., S. 304f.

[187] Vgl. dazu Teil 2. Der Trieb, der im diametralen Gegensatz zu der Idee von Einheit, die Affekte und Vorstellungen für Koukkou/Lehmann bilden, psychoanalytisch von ihrer Entkoppelung spricht.

»die als Wünsche oder Phantasien das dynamische Unbewußte produzieren«.[188]

Ungeachtet ihrer Kritik an der psychoanalytischen Triebtheorie halten die Verfasser dennoch an der Verbindung zur Psychoanalyse fest, wobei ihnen das Konzept der Automatisierung, insofern es durch seine Starre und Zwanghaftigkeit Ähnlichkeiten mit dem Wiederholungszwang aufweist, als Bindeglied zwischen psychoanalytischer und neurowissenschaftlicher Praxis dient. Therapiebegleitende Neuroforschung habe außerdem nachgewiesen, daß Psychotherapie Zustandswechsel des Gehirns erzeuge, etwa neue assoziative Verbindungen wecke, alte Verbindungen auf ein höheres Komplexitätsniveau hebe, Blockierungen beseitige und eine funktionelle Anpassung, ein »Update«, des Arbeitsgedächtnisses herzustellen vermag.[189]

Einige Implikationen dieses Modellvorschlags

Im Focus der Verfasser steht das lebende System »Mensch« und dessen »gesundes Überleben«. Dieses Ziel sehen sie grundsätzlich im Entwicklungsgedanken der Psychoanalyse verwirklicht, erkennen es seiner Tendenz und Bedeutung nach vor allem aber im Zusammenhang der neuronalen Reifungsvorgänge. Neuronal verstanden, könne die Tatsache der Entwicklung nämlich nur auf ein einziges Ziel zulaufen: auf das des Überlebens.

Entwicklung, sofern sie denn zwangsläufig stattfinde, könne ihrer Tendenz nach jedenfalls nicht, wie die psychoanalytische Theorie behaupte, von interpsychischen Konflikten bestimmt sein. Die Entwicklung der zerebralen Funktionen demonstriere im Gegenteil, daß der Organismus auf Gesunderhaltung und, wie die Autoren betonen, auf Wohlbefinden abziele. Gleichzeitig entgeht den Verfassern nicht, daß Letzteres selten erreicht wird. Zur Erklärung des Mißverhältnisses führen sie an, daß Wohlbefinden von der Qualität der Kommunikation abhänge. Nur wenn Kommunikation »echt« sei und Informationen adäquat bewertet würden, sei dieses Ziel erreichbar. Ideologien und Fehlinterpretationen über die menschliche Natur und die Evolution des Gehirns, wie sie etwa das Gehirn-Geist-Problem suggerierten, verhinderten indessen seine Realisierung. Grundsätzlich stehe aber fest, daß die Ursache von Konflikten weder, wie noch von Freud angenommen, im phylogenetischen Wissen, noch in »krankmachenden« Trieben, sondern einzig und allein in der inadäquaten Kommunikation

---

188 M. Koukkou, D. Lehmann: Hirnfunktionen – Neurose – Psychoanalyse, a. a. O., S. 172. Wie auch andere Hirnwissenschaftler, wie beispielsweise A. R. Lurija, O. Sacks oder A. R. Damasio, gehen die Verfasser davon aus, daß es weder rein emotionale, noch rein kognitive Prozesse gibt.

189 M. Koukkou, D. Lehmann, »Ein systemtheoretisch orientiertes Modell der Funktionen des menschlichen Gehirns«, a. a. O., S. 361–369.

zwischen Eltern und Kindern liege. Mit großer Entschiedenheit distanzieren sich Koukkou/Lehmann vom Konflikt- und Triebmodell der Psychoanalyse und verweisen auf die Grenzen der psychoanalytischen Erkenntnis. Denn:»Eine Fülle von empirischen Daten und klinischen Beobachtungen zeigt, daß das (...) Kind bei der Geburt keine Triebenergien mit sich (bringt), die zu ›primären‹ Konflikten mit der sozialen Umgebung führen könnten.«[190] Letztendlich gilt für sie die Sentenz von H. Kohut, daß der Mensch nicht zum Konflikt geboren ist.[191]

Um dieser Einsicht gerecht zu werden, müsse aber, so die Autoren, mit den destruktiven und ideologisierenden Fehlinterpretationen, d. h. an erster Stelle der Trennung zwischen Körper/Gehirn, bzw. Geist/Seele Schluß gemacht und stattdessen ein einheitliches Menschenbild aufgestellt werden. Einen Anfang dazu sehen die Verfasser mit einem Modell gemacht, das einerseits die um die Triebtheorie verkürzte psychoanalytische Entwicklungstheorie aufgreift, andererseits die Neurowissenschaften mit ihrer Auffassung des einheitlichen, in seinem Verhalten von Gehirn und Nervensystems bestimmten Individuums berücksichtigt. Vor dem Hintergrund eines einheitlichen Menschenbildes könnte sich der Zusammenschluß von Psychoanalyse und Neurowissenschaft schließlich als produktiv herausstellen.

Halten wir gleichwohl einige Aspekte fest, die das Zustandswechselmodell von M. Koukkou und D. Lehmann problematisch erscheinen lassen:

1. Wie die neurowissenschaftlichen Theorien baut das Modell auf dem systemischen Ansatz auf, wobei es zunächst nicht die Gegebenheit von Konflikten bestreitet, sie aber zu außengesteuerten Wissenskonflikten erklärt und als fehlgeleitetes Wissen, als »Maladaptationen von Wissen« disqualifiziert.[192]
2. Im Sinne der Identitätstheorie stellen für die Verfasser Körper und Seele, Gehirn und Psyche zwei Seiten ein und derselben Medaille dar und fassen sie Psychisches als Wirkung des komplexen, neuronalen Funktionszusammenhangs auf. Gegenstand ihres Modells ist damit kein Subjekt mehr, geschweige denn ein Subjekt des Unbewußten, sondern das lebende Funktionssystem »Mensch«, das aufgrund seiner evolutionsmäßigen Verwandtschaft das Ziel aller Lebewesen teilt und wie jedes neuronale

---

190 Ebd., S. 372.
191 Eine Einsicht, der man nur zustimmen kann, wenngleich man sie weniger zweckgerichtet interpretieren sollte, nämlich dahingehend, daß die richtigen Konflikte geschaffen werden müssen, damit sich das Seelenleben entfaltet. Vgl. H. Kohut: Die Heilung des Selbst, Frankfurt am Main 1977.
192 M. Koukkou, D. Lehmann, Ein systemtheoretisch orientiertes Modell, a. a. O., S. 369. Konstruktivistische Systemtheoretiker wie Varela weisen wiederum darauf hin, daß auch Konflikte Funktionen erfüllen, sie können die Zirkularität eines Systems durchbrechen. (F. J. Varela: Autonomie und Autopoiese, a. a. O., S. 128).

Verhalten nach Überleben strebt. Der Entwurf eines »Menschenbildes«, in dem das Individuum als psychobiologische Einheit und Teil der Natur erscheint, ist von daher nur die Konsequenz des Zustandswechselmodells von Koukkou/Lehmann.

Mark Solms – Die Anatomie des Unbewußten

Wir wollen uns nun einem weiteren Kombinationsvorschlag zuwenden, der methodisch ebenfalls identitätstheoretisch argumentiert, die psychoanalytische Perspektive auf den ersten Blick indessen nicht einzugrenzen scheint: der »Anatomie des Unbewußten« von Mark Solms.[193] Solms stellt seine Erörterung zunächst unter dieselben Prämissen wie Freud, der im »Abriß« erklärte, daß uns vom Seelenleben nur zwei Endpunkte bekannt seien, zum einen das Wissen vom »körperliche(n) Organ und Schauplatz desselben, das Gehirn (Nervensystem)« und zum anderen unsere unmittelbar gegebenen, aber lückenhaften Bewußtseinsakte, zwischen denen keine direkte Beziehung bestünden.[194] Mehr Daten stünden dem Seelenforscher nicht zur Verfügung, weshalb er zur Vervollständigung der psychischen Reihen auf die somatischen und physischen

---

193 M. Solms: Auf dem Weg zu einer Anatomie des Unbewußten, in: M. Koukkou, M. Leuzinger-Bohleber, W. Mertens (Hg.): Erinnerung von Wirklichkeiten, Bd. 1, a. a. O., S. 416–461.
194 Mark Solms: Zur Integration von Psychoanalyse und Neurowissenschaften, Teil 1: Die neurowissenschaftlichen Wurzeln der Psychoanalyse, in: Forum der Psychoanalyse 9, 3, 1998, S. 193–202; ders. Teil 2: Die Syndromanalyse psychischer Funktionen, Forum der Psychoanalyse, 9, 1, 1999, S. 58–70. »Von dem, was wir unsere Psyche (Seelenleben) nennen, ist uns zweierlei bekannt, erstens das körperliche Organ und Schauplatz desselben, das Gehirn (Nervensystem), andererseits unsere Bewußtseinsakte, die unmittelbar gegeben sind und uns durch keinerlei Beschreibung näher gebracht werden können. Alles dazwischen ist uns unbekannt, eine direkte Beziehung zwischen beiden Endpunkten unseres Wissens ist nicht gegeben« (S. Freud: Abriß der Psychoanalyse, Frankfurt am Main 1960, S. 9). Weiter: »Diese bewußten Vorgänge bilden aber nach allgemeiner Übereinstimmung keine lückenlosen, in sich abgeschlossenen Reihen, so daß nichts anderes übrigbliebe, als physische oder somatische Begleitvorgänge des Psychischen anzunehmen, denen man eine größere Vollständigkeit als den psychischen Reihen zugestehen muß, da einige von ihnen bewußte Parallelvorgänge haben, andere aber nicht. Es liegt dann natürlich nahe, in der Psychologie den Akzent auf diese somatischen Vorgänge zu legen, in ihnen das eigentlich Psychische anzuerkennen und für die bewußten Vorgänge eine andere Würdigung zu suchen. Dagegen sträuben sich nun die meisten Philosophen sowie viele andere und erklären ein unbewußt Psychisches für einen Widersinn. Gerade das ist es, was die Psychoanalyse tun muß, und dies ist ihre zweite fundamentale Annahme. Sie erklärt die vorgeblichen (!) somatischen Begleitvorgänge für das eigentlich Psychische, sieht dabei zunächst von der Qualität des Bewußtseins ab.« (...) Dieser Schritt ist höchst bedeutungsvoll, denn »während man in der Bewußtseins-Psychologie nie über jene lückenhaften, offenbar von anderswo abhängigen Reihen hinauskam, hat die andere Auffassung, das Psychische sei an sich unbewußt, gestattet, die Psychologie zu einer Naturwissenschaft wie jede andere auszugestalten.« Ebd., S. 18–19. (Ausrufezeichen E.S.)

Begleiterscheinungen des Psychischen angewiesen sei.[195] Solms stellt des weiteren fest, daß Freud einerseits einräumte, daß seine Psychologie zwar den realen seelischen Sachverhalt nicht erreichen würde – »(...) alles, was wir neu erschlossen haben, (müssen wir) doch wieder in die Sprache (!) unserer Wahrnehmung übersetzen (...), von der wir uns nun einmal nicht frei machen können«. »Das Reale bleibt immer unerkennbar« –, daß er sie aber andererseits an die allgemeinen Naturwissenschaften anschließen wollte. Gleichwohl sei ihm bei der wissenschaftlichen Ausarbeitung ein fataler Fehler unterlaufen. Nicht nur habe er die ursprüngliche Neurologie des psychischen Apparats über Bord geworfen, sondern er habe die Theorie vor allem mit der Verlagerung des Psychischen ins Unbewußte von den physikalischen Wissenschaften entfernt und definitiv in die wissenschaftliche Isolierung gebracht. Aufgrund der Vorstellung vom Unbewußten, die »ausschließlich aus vom subjektiven Bewußtsein abgeleiteten Daten und Schlußfolgerungen« gewonnen sei, könnte daher »unser psychologisches Modell des Seelenlebens nicht mit den enormen Fortschritten verknüpft werden, die sich in unserem Verständnis seines objektivierbaren Anteils, nämlich vom Gehirn (oder Nervensystem)« ergeben haben.[196] Die Psychoanalyse habe den Anschluß an die Forschungen verpaßt, die inzwischen ein solides Verständnis der organischen Basis der Psyche vorgelegt hätten. Heute jedoch, meint Solms, sei dieser Fehler wieder rückgängig zu machen und die Psychoanalyse habe eine neue Chance bekommen, da es mittlerweile eine Wissenschaft gibt, die das Verständnis der organischen Basis des Bewußten und der Psyche erweitert hat: die Methode der dynamischen Lokalisation von A. R. Lurija.[197]

Lurijas Methode veranschauliche den Zusammenhang des psychischen Modells mit den anatomischen Gehirnstrukturen auf überzeugende Weise und stelle vor allem klar, daß die organische Basis der Psyche dynamisch und als Gesamtheit aller Nervenzellenverbindungen des Gehirns zu verstehen sei.[198] Diese Übereinstimmung demonstriert Solms an verschiedenen Aspekten der Ichausbildung: an Wahrnehmung, Sprechen und Hören.

---

195 S. Freud: Abriß der Psychoanalyse, a. a. O., S. 52 (Hervorhebung E. S.); s. das Kapitel: Das Unbewußte.
196 M. Solms: Auf dem Weg zu einer Anatomie des Unbewußten, a. a. O., S. 422.
197 A. R. Lurija: Das Gehirn in Aktion. Einführung in die Neuropsychologie, Hamburg 1992.
198 Lurija hat damit dem Bedeutungswandel im Verständnis von »anatomisch«, bzw. »somatisch« vorgearbeitet. »Anatomisch-somatisch« wird heute als Gesamtheit aller Nervenzellenverbindungen des Gehirns einschließlich ihrer Aktivitätsabhängigkeit verstanden. Wir haben schon auf die neue, physikalische Definition von »materiell« hingewiesen und betont, daß sie methodisch bedeutsam und als naturwissenschaftliche Annahme eines einheitlichen Wirkungszusammenhangs der Phänomene zu verstehen ist. Dennoch ist das Psychische keineswegs nur durch seine Dynamik definiert. Verdrängung, Übertragung und Unbewußtes sind nicht davon zu trennen.

Sprechen und Hören in der Ichausbildung

Der Zusammenhang zwischen Ich, Sprechen und Hören ist ein frühes Thema der Freudschen Psychoanalyse. Solms bezieht sich hierbei auf die 2. Topik, auf jenes spätere Modell des psychischen Apparats, in dem das Ineinandergreifen der psychischen Systeme Ich und Es, Wahrnehmungsbewußtsein und Vorbewußtes veranschaulicht ist. Auffällig an dem bekannten Schaubild des Modells ist die dem Ich einseitig aufsitzende »Hörkappe«, die noch aus der alten Neuroanatomie stammt. Diese Hörkappe hat bei Freud eine doppelte Bedeutung, zum einen weist sie auf die Nachbarschaft des Ichs zur Sprachzone hin, zum anderen schlägt sie eine Brücke zur Neuroanatomie.[199] Solms ist nun der Meinung, daß die heutige Neuroanatomie und Physiologie den 1923 von Freud postulierten Zusammenhang untermauern könne. Sie habe nämlich entdeckt, daß die Wahrnehmung der Außenwelt in den zwei Hirnhälften unterschiedlich verlaufe: In den posterioren rechts-hemisphären Zonen wird das Wahrgenommene in seiner Dinghaftigkeit repräsentiert, während es in den korrespondierenden links-hemisphären Zonen verbal repräsentiert wird. Anders gesagt, im Gedächtnissystem wird linksseitig stärker nach audioverbalen Qualitäten repräsentiert.[200] Neurophysiologen scheinen damit die Bedeutung zu bestätigen, die dem Hören und Sprechen in der Psychoanalyse bescheinigt wird. Dies dergestalt, als sie sogar Detailfunde Freudscher Sprachtheorie zu bestätigen scheinen, etwa daß Dingqualitäten nach sprachlichen Regeln, bzw. logisch-grammatikalischen Regeln organisiert werden oder die symbolische Umschrift von Objektvorstellungsverknüpfungen durch audioverbale Verbindungen transkribiert werden. Sogar bei der Bildung des Selbst kommt nach Auffassung moderner Hirnforschung dem Hören und Sprechen eine größere Bedeutung als den visuell räumlichen Wahrnehmungen zu, weil sich das Sprachverständnis über das Nachsprechen herausbildet und Sprechen wie ein Aspekt des eigenen Selbst, d. h. wie ein äußeres Objekt behandelt wird. Und da schließlich Sprechen und Sprache insgesamt stärker verinnerlicht werden als visuelle Bilder oder kinästhetische Wahrnehmung, kann nach Solms die Neurophysiologie schließlich auch die einzigartige Aufgabe bestätigen, die Sprache für das selbstreflexive Denken übernimmt.

Der Aufbau der Gedächtnissysteme bestätigt die Bedeutung von Sprache zusätzlich. Auch dabei werden Informationen aus der sensomotorischen Peri-

---

199 Freud vergleicht das Ich mit dem Hirnmännchen der alten Anatomen. Vgl. Das Ich und das Es, in: S. Freud: Stud. Ausg. Bd. III, Frankfurt am Main 1975, S. 293–294. Vgl. C. Borck: Visualizing Nerve Cells and psychical Mechanisms. The Rhetoric of Freud's Illustrations, in: G. Guttmann, I. Scholz-Strasser (Hg.): Freud and the Neurosciences, a. a. O., S. 80.
200 M. Solms: Auf dem Weg zu einer Anatomie des Unbewußten, a. a. O., S. 450ff., s. auch C. Borck: Visualizing Nerve Cells and psychical Mechanisms. The Rhetoric of Freud's Illustrations, a. a. O., S. 57–86.

pherie auf einer genetisch reiferen Stufe enkodiert, werden Informationen in symbolischen Wortvorstellungen strukturiert und konkrete Dingvorstellungen auf einem höheren Abstraktionsniveau umkodiert.[201] Die Ähnlichkeit mit psychischen Vorgängen ist bemerkenswert, zumal die präfrontale Umkodierung zeitlich mit der großen Verdrängungswelle zu Beginn der Latenzzeit zusammenfällt. Es sieht also tatsächlich so aus, als ob die sprachliche Umorganisation die neurophysiologische Grundlage der kindlichen Amnesie darstellt und der neurophysiologische Vorgang als organische Basis eines psychischen Phänomens betrachtet werden kann. Noch eine weitere Beobachtung soll nach Solms die psychoanalytischen Postulate belegen. Die Beobachtung nämlich, daß bei den posterioren, symbolischen Transkriptionen eine ökonomische Umwandlung zustande kommt, die in der Folge die Funktion eines Reizschutzes erfüllt. Diese Schutzfunktion, die mit der sprachlichen Kodierung einhergeht, werde, so Solms, selbst noch auf der tiefsten Ichebene spürbar, nämlich da, wo logisch-grammatische und präpositionale Sprachcodes die Triebregungen binden.[202] Neurophysiologen scheinen damit buchstäblich zu bestätigen, daß Worte gegenüber der Tat eine Kulturleistung bedeuten.

Ein weiteres Beispiel demonstriert die Korrelation zwischen neuroanatomischen Gegebenheiten und psychoanalytischen Hypothesen. Es geht um das sogenannte »Arousalsystem« und seine Korrelation mit der »Es«-Instanz.

Arousalsysteme sind Systeme, die neuroanatomisch im limbischen Lobus lokalisiert werden und als verantwortlich für den Zustand des Gehirns gelten. Sie sorgen für den kortikalen Tonus, d. h. die Belebtheit, Wachheit und Aufmerksamkeit des Gehirnzustands und werden in dieser Funktion von verschiedenen Quellen unterstützt: von den endogenen Zyklen des Hypothalamus, die die angeborenen biologischen Rhythmen vermitteln (z. B. die Schlafzyklen), von chemischen Körperprozessen und angeborenen Verhaltensautomatismen (wie dem Kau- und Kopulierverhalten) sowie von der Außenwelt, die als physiologische Basis der Aufmerksamkeitsvorgänge dient und die tonischen Besetzungen der Wahrnehmungssysteme und des Bewußtseins besorgt.[203] Im Zusammenspiel von Innen und Außen übernehmen die Arousalsysteme damit entscheidende Funktionen. Psychoanalytisch scheinen sie vor allem deshalb aufschlußreich, weil sie Zustandsveränderungen und Erfahrungen von Befriedigungszuständen des Organismus steuern. Solms beschreibt den Vorgang dergestalt, daß die Neuronen des Arousalsystems zunächst »den Aktivitätszustand der nach Außen gerichteten Neuronen modulieren«, deren Entladungsraten und -schwellen anheben oder senken«, dabei die Bewußtseinsstufe beeinflussen und Funktionen

---

201 M. Solms: Auf dem Weg zu einer Anatomie des Unbewußten, a. a. O., S.453–461.
202 Ebd., S. 454–55, 429.
203 Ebd., S. 429ff.

wie Orientierung, Vigilanz und Aufmerksamkeit verändern.[204] Auf diese Weise ergebe sich der Fall, daß ein Bedürfnis, das ohne Befriedigungsobjekt geblieben sei, Anstoß zu einer Gedächtnisaktivierung gebe. Je nach Aufmerksamkeitsbesetzung und nach Repräsentation in den Wahrnehmungs- und Gedächtnissystemen erkenne der Organismus bestimmte äußere Stimulationsmuster wieder, stelle Assoziationen mit früheren »Erfahrungen von Befriedigung« her und zwar auch mit Bedürfnissen, die ohne Befriedigungsobjekt geblieben seien.[205] Die Nähe zur Freudschen Metapsychologie scheint nicht erzwungen. Solms These lautet dementsprechend: Die kortikalen Aurousalprozesse sind das physiologische Korrelat der psychischen Energie, mit ihnen hat ein grundlegendes metapsychologisches Prinzip, nämlich die Libido, seine neurophysiologische Entsprechung gefunden.

Insofern auf ähnliche Weise noch andere Konzepte wie Verschiebung und Verdichtung, Ersatzbildung oder der Primärprozeß ihre neurophysiologischen Entsprechungen finden, kommt Solms schließlich zu der These, daß die funktionelle Einheit des Gehirns als somatische Entsprechung des »instinktiven« (!) Pols der Psyche aufzufassen sei, als das anatomische und physiologische Korrelat der psychischen Es-Instanz.[206] Für den Psychoanalytiker, der auch Neurowissenschaftler ist, hat sich Freuds lang gehegte Hoffnung auf den Fortschritt der Naturwissenschaften schließlich also erfüllt, denn die Libido kann jetzt biochemisch untersucht werden, »sie ist in den somatischen Prozessen bestimmter Körpergewebe fest verankert«. »Die aufsteigenden Arousalsysteme sind das große Reservoir der Libido.«[207]

Kritik

Solms Versuch, eine Korrelation zwischen Psychoanalyse und Neurowissenschaft herzustellen, ist auf Anhieb eine gewisse Sympathie nicht zu verweigern, anerkennt er doch im Unterschied zu Koukkou/Lehmann sowohl die Freudsche Triebtheorie als auch die Bedeutung von Sprechen und Sprache und bekräftigt deren vielfache Wirkungen: Sprache sorgt für die Umorganisation von Erfahrungen, strukturiert präverbale Informationen, arbeitet Triebregungen um und ist wesentlich an der Bildung des Ichs beteiligt. Gleichwohl grenzt Solms die Tragweite von Sprache deutlich ein, nämlich dahingehend, Aspekt des eigenen Selbst zu sein. Sprache stellt zwar eine menschliche Besonderheit dar, bleibt

---

204 Ebd., S. 439.
205 Ebd., S. 441.
206 Ähnlich G. Guttmann: From the Sum of Excitation to the Cortical DC Potential, in: G. Guttmann, I. Scholz-Strasser (Hg.): Freud and the Neurosciences, a. a. O., S. 26.
207 M. Solms: Auf dem Weg zu einer Anatomie des Unbewußten, a. a. O., S. 441, 457–458.

dabei aber eine kortikale Funktion wie andere auch. Solms Auffassung des Sprechens ist dementsprechend funktional: Sprechen ist reines Ich-Sprechen. Die Botschaften, die die Subjekte vom Anderen empfangen sind nur Kopiervorlagen, gut zum Nachsprechen und zur Entwicklung des eigenen Sprechens. Sprache als ein Aspekt des Selbst, ist kein fremdes Drittes, keine Dimension, unter der die Subjekte leiden, der sie sich unterwerfen, die sie führt, die ihr Fluch und ihr Entzücken ist. Für Solms, ähnlich wie für Lurija, spricht Es nicht. Sprache ist und bleibt vielmehr eine Funktion, sie dient als Medium der Analyse und Verallgemeinerung, als Mittel der Symbolisierung und Abstraktion, hat aber nicht den Stellenwert einer eigenständigen, autonomen Dimension.

Im Unterschied dazu vertritt Solms eine Auffassung des Verhältnisses von Körper und Psyche, die zutreffender erscheint. Als Psychoanalytiker setzt er sich das Ziel, die Gefahr der Reduktion von Psyche auf die somatischen Grundlagen zu vermeiden und reduziert eher den Körper auf die Psyche als Psyche auf Körper, da ein Körper nur durch das Wahrnehmungssystem erfaßt werden kann. Trotzdem führt er – gut identitätstheoretisch – psychische Funktionen auf Muster zerebralen Funktionierens zurück und betrachtet die funktionelle Einheit des Gehirns als somatische Entsprechung der Psyche, als das anatomische und physiologische Korrelat des Psychischen. Für Solms ist diese Korrektur der Freudschen Metapsychologie notwendig, da Freud die »somatische Perspektive« fälschlicherweise – wenngleich aus forschungsmethodischen Mängeln seiner Zeit – aufgegeben hat, sie aber konstitutiv zur psychoanalytischen Theorie hinzugehört: »Es ist meine Überzeugung, daß uns das Gehirn, ähnlich wie unsere Wahrnehmungsakte, eine zweite ›Leuchte im Dunkel der Tiefenpsychologie‹ liefert.«[208]

An dieser Stelle liegt eine gravierende epistemische Fehlinterpretation des Verfassers vor, der wir in den folgenden Kapiteln unsere Position entgegenstellen, daß Freuds Abkehr vom Somatischen beileibe kein Defizit, sondern im Gegenteil ein unverzichtbarer Bestandteil der psychoanalytischen Theorie ist. Wie viele Theoretiker der Psychoanalyse will Solms aber den vermeintlichen Schaden reparieren und das Defizit beheben, das mit Freuds Abkehr vom Somatischen wissenschaftlich entstanden sein soll. Solms will die Lücke zwischen den Bewußtseinsdaten und dem Körper, in der Freud das Unbewußte ansiedelt, schließen und das Reale, das für Freud als unerkennbar gilt, ans Tageslicht ziehen.

Mißlich ist dabei nur, daß das Unbewußte für ihn so ganz seine Bedeutung verloren hat, weil es nicht mehr wie für Freud zwischen den Diskursen und konstitutiv im Unerkennbaren liegt. Für Freud jedoch gehören die Einschränkungen der Aufnahmefähigkeit unserer Sinnesorgane unwiderruflich zur Auffassung

---

208 Ebd., S. 425.

des Unbewußten dazu: »Wir sehen, daß wir alles, was wir neu erschlossen haben, doch wieder in die Sprache unserer Wahrnehmungen übersetzen müssen, von der wir uns nun einmal nicht freimachen können. Aber dies ist eben die Natur und Begrenztheit unserer Wissenschaft. Es ist, als sagten wir in der Physik: Wenn wir so scharf sehen könnten, würden wir finden, daß der anscheinend feste Körper aus Teilchen von solcher Gestalt, Größe und gegenseitiger Lagerung besteht. Wir versuchen unterdes, die Leistungsfähigkeit unserer Sinnesorgane durch künstliche Hilfsmittel aufs äußerste zu steigern, aber man darf erwarten, daß alle solche Bemühungen am Endergebnis nichts ändern werden.«[209]

Vor dem Hintergrund der von Freud behaupteten Unzugänglichkeit des Unbewußten drängt sich der Schluß auf, daß Solms' Versuch, Psychoanalyse und Neurowissenschaft somatisch anzunähern und die Psychoanalyse damit in den zeitgenössischen Wissenschaftskanon einzubinden, als epistemisch verfehlt angesehen werden muß. Angesichts der Konstitutionsbedingungen des psychoanalytischen Diskurses, seiner grundlegenden Trennung vom medizinisch-somatischen Wissen und dem Körperobjekt, bedeutet die »Anatomie des Unbewußten« einen klaren Rückfall hinter die Erfindung der Psychoanalyse! Freudsche Metapsychologie führt im Gegenteil vor Augen, daß der Körper bei aller dynamischen Umformulierung nicht in direkter Korrelation mit dem Psychischem repräsentiert wird und von einer positiven Korrelation zwischen Körper und Psychischem grundsätzlich nicht die Rede sein kann.[210] Freudsche Psychoanalyse legt im Gegenteil ihren grundsätzlichen Widerspruch gegen jegliche empirische, naturalistische oder rohe »Seinsform« ein, wie dynamisch und methodisch avanciert diese auch immer definiert sein mag. Das Interesse von Psychoanalytikern an den Neurowissenschaften kann deshalb nicht darin bestehen, die nun nennbaren anatomisch-somatischen Begleitumstände des unbewußt Psychischen aufzudecken und Freuds spekulative Annahmen zu verifizieren.

In ganz ähnlichem Sinne distanzieren sich mittlerweile Neurowissenschaftler zunehmend selbst von der Korrelation neurodynamischer Vorgänge mit kognitiven Phänomenen und psychischen Entitäten. Hirnwissenschaftler selbst räumen ein, daß es im Grunde fraglich ist, wie eine spezielle Hirnleistung auf eine kognitive Funktion hin untersucht werden kann:

»Wir haben hervorragende Forschung an einzelnen Zellen. Aber es gibt nur ganz wenige Labors auf der Welt, die untersuchen, wie Zellverbände miteinander interagieren. Dazu hat man noch gar keine realistische Theorie. Die Modelle müssen erst noch entwickelt werden«; ja, schlimmer, »wir müssen erst mal

---

209 S. Freud: Abriß der Psychoanalyse, a. a. O., S. 52.
210 Vgl. Teil 2 und 3.

herausfinden, welche Fragen wir überhaupt stellen sollten. Wir brauchen einen Test, der in verschiedenen Labors und mit den verschiedenen Verfahren eingesetzt wird, so daß man die Ergebnisse wirklich vergleichen kann. Eine solche Aufgabe zu finden, etwa im Bereich der Sprache, ist ungeheuer schwierig. Wie definiert man überhaupt eine spezielle Hirnleistung, die man untersuchen kann? Das Problem ist bislang total unterschätzt worden, und deswegen dümpelt die Forschung auch mehr oder weniger vor sich hin«.[211] Gut zehn Jahre später wiederholt David Pöppel die Bedenken seines Kollegen und Namensvetters und macht damit deutlich, daß trotz der enormen Fortschritte in den Neurowissenschaften dieser Stillstand nicht überwunden ist.[212]

Im folgenden zweiten Teil der Arbeit wollen wir uns mit der Freudschen Metapsychologie beschäftigen. Wir gehen davon aus, daß eine Auseinandersetzung zwischen den Disziplinen nur auf der Grundlage allgemeingültiger Hypothesen, wie sie Metapsychologie liefert, sinnvoll sein kann.

Zuvor wird es jedoch in einem Exkurs um einen historischen Wendepunkt im Seelendiskurs gehen, um die Wende von der Seele zum Seelenorgan, an deren Ende Freud und die Psychoanalyse ihren Platz einnehmen.

---

211 E. Pöppel, Antworten vorhanden – Frage gesucht (Interview), in: Focus Extra 2/95, S. 7.
212 D. Pöppel auf der Tagung der Humboldt-Universität zu Berlin 16.–17.12.2004 (eigene Mitschrift).

Medizingeschichtlicher Exkurs:
Von der Seele zum Seelenorgan

Der Streit um den Zugang zur Seele ist keineswegs neu und die aktuellen Debatten um die Neurowissenschaft stellen mitnichten ein Novum unserer Zeit dar. Nach einer langen philosophischen Vorgeschichte wird vielmehr bereits Ende des 18. Jahrhunderts um den Zugang zur Seele gestritten. Damals ging es um den Versuch des Anatomen und Physiologen Soemmering eine Verbindung von Hirnanatomie und transzendentaler Philosophie zu schaffen, was von Kant mit Verweis auf die Unterschiedlichkeit der beiden Zugänge zur Seele auf das Entschiedenste abgewiesen wurde – anatomisch-physiologisches Wissen über die Seele und philosophische Erkenntnisse seien, meinte der Philosoph, verschiedene Gegenstände. Kants Wort trifft weiterhin ins Zentrum der Debatte, auch wenn man knapp 200 Jahre später in der Philosophie der Meinung ist, der Graben zwischen Medizin und Philosophie könne geschlossen werden. Ende des 18. Jahrhunderts jedoch bewirkte die Debatte, daß sich die Diziplinen fortan auseinanderentwickelten, Gegenstand der Medizin wurde das Organ der Seele, das Gehirn, während die Philosophie weiterhin der Seele zugewandt blieb. Im 18. Jahrhundert wird die Physiologie von einer wahren Lokalisationswut ergriffen und das Organ der Seele jetzt buchstäblich unter die Lupe genommen. Das bisher Immaterielle und Unzugängliche der Seele gerät zunehmend in den Blick. Seele wird zum »Seelenorgan« und wird verräumlicht. Und während die Philosophie ihr Interesse an der Seelenlehre seitdem an die neu gegründete Psychologie abgegeben hat, erfuhr das Wissen über den Körper im Gegenzug einen mächtigen Aufschwung. In der Anatomie beginnt man, Gehirne zu präparieren, nimmt Vivisektionen an Tieren vor und faßt das Gehirn nun insgesamt als zerlegbar auf.

Unter diesen Bedingungen verändert sich die Sicht auf Seele und Geist von Grund auf; statt der Seele gibt es nun seelisch-geistige Vermögen und Funktionen, das Gehirn wird der Sitz der Seele.[213] Damit hat die Zerebralisierung der Seele begonnen, in deren Verlauf sich die Seele von einem metaphysischen, theologisch verstandenen Prinzip zu einem materiellen und physiologischen verwandelt. Am Ende dieser Entwicklung steht ein neues Subjekt und mit ihm eine neue anthropologische Definition, die überwiegend auf materieller Basis beruht.

---

213 M. Hagner: Homo cerebralis. Der Wandel vom Seelenorgan zum Gehirn, Berlin 1997, S. 10 und 33–39.

Vier Faktoren unterstützen nach O. Breidbach diese Entwicklung: das Sichtbarwerden des ehedem Immateriellen der Seele; die Partialisierung der unteilbaren Seele; die Verschleifung der Vorstellung von normalen und pathologischen Phänomenen sowie die Entdeckung der Bioelektrizität und Dynamik der Hirnfunktionen.[214]

Die Partialisierung des Gehirns und der Verlust der Kommandozentrale

Federführend bei der Auflösung der ehedem einheitlichen »Kommandozentrale« Seele ist Ende des 18. Jahrhunderts der Wiener Arzt Franz Joseph Gall (1758–1828). Gall kommt an der Stelle Bedeutung zu, wo er einen Zusammenhang zwischen Persönlichkeitsmerkmalen und den Hirnorganen postulierte und individuelle Verhaltensbesonderheiten auf entsprechende Eigentümlichkeiten des Schädelbaus und die funktionelle Gehirnorganisation zurückführte. So war er z. B. der Meinung, daß hervorstechende Augen auf ein gutes Gedächtnis hindeuten oder sich ein musikalisches Talent am Schädelbau ablesen lasse. Die Phrenologie, Schädellehre nimmt ihren Anfang. Gall verband sie mit einer Konzeption des anatomischen Hirnaufbaus, der zufolge die Hirnrinde Ausgangsort bestimmter, sich in die Nervenorganisation fortsetzender Faserstrukturen sein sollte, die unterschiedlichste Empfindungen und Funktionen steuerten. Er legte seine Auffassung in einer ersten, aus 35 »phrenologischen Organen« bestehenden Merkmalskarte des Gehirns nieder, in der Triebe, wie der Geschlechtstrieb, der Verheimlichungstrieb oder Bautrieb, Erkenntnisvermögen, wie der Gegenstandssinn, Farbensinn oder Tatsachensinn, Denkvermögen, wie das Vergleichungsvermögen oder das »Schlußvermögen«, verzeichnet waren.[215] Eine erste physiologische Maschine mit gesetzmäßigen Funktionen schien entworfen, die sich allerdings, wie Breidbach einschränkt, so lange nicht durchsetzen konnte, solange die Seele noch den Körper beherrschte.[216] Erst mit Galls Gegenspieler Flourens und seiner These, daß »alle Wahrnehmungen, alle Willensäußerungen (...) denselben Platz in diesen (zerebralen) Organen ein(nehmen), und die Fähigkeit, etwas wahrzunehmen, sich etwas vorzustellen, etwas zu wollen, (...) im Grunde eine einzige Fähigkeit (ist)«, d. h. mit der späteren Äquipotentialtheorie, löste sich der traditionelle Kontext auf, war die »Kommandostelle im Seelenorgan« abgeschafft und gab es nun unabhängig

---

214 O. Breidbach: Die Materialisierung des Ich. Zur Geschichte der Hirnforschung im 19. und 20. Jahrhundert, Frankfurt am Main 1997, z. B. S. 68, 112f., 242f.
215 Ebd., S. 82; M. Hagner: Homo cerebralis, a. a. O., S. 89ff., E. R. Kandel, J. H. Schwartz, Th. M. Jessel (Hg.): Neurowissenschaften, a. a. O., S. 7.
216 O. Breidbach: Die Materialisierung des Ich, a. a. O, S. 68.

voneinander bestehende Seelenfunktionen.[217] Erst mit dieser Zerstückelung und Partialisierung entsteht das moderne Konzept der Seele. Gall steht am Anfang einer Entwicklung, die zu einer Subjektdefinition überleiten wird, in der das Subjekt statt über seine metaphysische und theologische Vergewisserung nun über seine Leidenschaften, Neigungen und Fähigkeiten bestimmt wird. Denn wo das Geistig-Seelische auf eine physiologische Basis reduziert ist, kann von Unsterblichkeit der Seele nicht mehr die Rede sein. Seele ist vielmehr zum Gegenstand der wissenschaftlichen Forschung degradiert. Das ehemals gottnahe Prinzip, das bei Platon noch analog zum Kosmos aufgebaut war, ist zu einem aus funktionellen Differenzen bestehenden Ordnungsgeschehen verwandelt. Dennoch war der alte Nimbus der Seele auch damit nicht gänzlich verloren. Er wurde weitergetragen von dem Organ und Ort, der ehedem die Seele beherbergte. Das Gehirn gewann an Bedeutung. Vom Sitz der Seele wandelte es sich zum Medium zwischen ausgedehnter und denkender Substanz und schließlich zu einem hochkomplexen Organ, dem zwar jeder Anschein von Göttlichkeit abhanden gekommen ist, dessen göttlicher Abglanz aber im Erschauern über seine Manipulierbarkeit spürbar bleibt.

Gall hat diesen Paradigmenwechsel vorbereitet und die ganze Wut seiner Zeit darauf zu spüren bekommen: 1801 wurde er mit kaiserlichem Vorlesungsverbot belegt und geriet, aus Wien vertrieben, im französischen Exil in Vergessenheit. Das 18. Jahrhundert war für den materialistischen Vorstoß noch nicht empfänglich, es ächtete die Reduktion von Geist und Seele auf materielle Strukturen noch als gottloses Denken und witterte darin eine Gefahr für die Würde und Moral des Menschen, sofern es die Reduktion des »edlen Organs« nicht auf so drastische Weise zurückwies wie Hegel, der formulierte: Wenn der Geist, nichts anderes als eine anatomische Struktur ist, wenn er materiell reduzierbar ist, dann bedeutet das nur das eine, dann ist Bewußtsein nichts als »Pissen«.[218]

Gut vierzig Jahre später, 1847, führte die Wiederholung des Hegelschen Diktums (durch C. Vogt) zu erneuten Protesten und erregte den »Göttinger Materialismusstreit«. Auch hier war der Streitpunkt, daß »die Gedanken in demselben Verhältnis etwa zu dem Gehirne stehen, wie die Galle zu der Leber und der Urin zu den Nieren«.[219] Zwanzig weitere Jahre, 1872, lebte dieselbe materialistische Position noch einmal mit der Rede von Du Bois-Reymond »Über

---

217 E. R. Kandel, J. H. Schwartz, Th. M. Jessel: Neurowissenschaften, a. a. O., S. 8.
218 Hegel: Phänomenologie des Geistes, Hamburg 1952, S. 254. Beobachtung der Beziehung des Selbstbewußtseins auf seine unmittelbare Wirklichkeit; Physiognomik und Schädellehre, zitiert nach O. Breidbach: Die Materialisierung des Ich, a. a. O., S. 67, s. dazu später Oskar und Cécile Vogt und Lenins Hirn, in: ebd., S. 296.
219 C. Vogt: Physiologische Briefe für Gebildete aller Stände, Stuttgart, Tübingen 1847, zitiert bei: M. Hagner, Homo cerebralis, a. a. O, S. 261. Der Göttinger Materialismusstreit wurde zugunsten des Physiologen Carl Ludwig entschieden.

die Grenzen des Naturerkennens« auf und provozierte den sog. »Ignorabimus-Streit«.[220] Jetzt war die Zeit für das materialistische Denken reif geworden und der Auffassung von Seele in physikalischen Begriffen stand nichts mehr im Wege. Selbst Freud, der auf der Eigenständigkeit des Psychischen beharrte, wich zeit seines Lebens von dieser Auffassung nicht ab.[221]

Galls Vorstoß in Richtung eines anatomisch bestimmbaren Seelenorgans war jedoch nicht nur aus ethischen Erwägungen auf Skepsis gestoßen. Ende des 18. Jahrhunderts regte sich auch von Medizinerseite her Widerspruch. Hier allerdings waren die Gründe ganz anderer Natur. Die neuen Physiologen, allen voran der französische Physiologe Pierre Flourens, kritisierten hauptsächlich die methodischen Mängel der anatomischen Lokalisierungspraxis und setzten dieser die Erfolge ihrer neuen experimentellen Untersuchungsmethoden entgegen. Mithilfe von Tierexperimenten und Vivisektionen war es Flourens gelungen, Galls Behauptung von der Totalpartialisierung des Gehirns zu revidieren und den Beweis für die Existenz von drei Hirnarealen und Hauptfunktionen des Gehirns zu liefern, die jede für sich als Einheit funktionierten: Hirnhemisphäre, Stammhirn und Kleinhirn. Allerdings waren die Methoden dieser Forschung selbst nicht unumstritten. Zum einen trafen sie wegen ihrer »grausamen und unproduktiven Verstümmelungen« auf erhebliche moralische und ethische Einwände,[222] zum anderen wurde ihre Aussagekraft für den menschlichen Organismus angezweifelt. Und in der Tat waren die Methoden und Läsionsexperimente der jungen Physiologen, in denen lebenden Versuchstieren die Schädeldecke abgehoben und die Hirnhaut entfernt wurde, ganze Hirnbereiche per Skalpell abgetrennt, Chemikalien wie Terpentinöl oder Opium auf die Hirnoberfläche gegossen wurden[223], Nägel durch die Schädeldecke eingeschlagen, Einschnitte in die Hirnmasse von lebenden Hunden vorgenommen wurden,[224] Nerven abgeschnürt, die Hirnhaut lebender Tiere elektrisch gereizt wurde, an Grausamkeit kaum zu überbieten und waren doch durchweg gängige Methoden zur Identifizierung von zerebralen Mechanismen. Der Kontroverse um das Seelenorgan tat die Grausamkeit der Verfahren dennoch keinen Abbruch, sie weitete sich vielmehr zum Methodenstreit aus: So konkurrierten in der Medizin bald zwei Methoden um die Bestimmung des Menschen als Seelenwesen, die Neuroanatomie und die

---

220 E. du Bois-Reymond: Über die Grenzen des Naturerkennens, Leipzig 1872, zitiert in: M. Wegener: Von Neuronen und Neurosen, a. a. O., S. 192.
221 Die Emotionalität der Reaktionen läßt sich nachvollziehen, wenn man sich die aktuelle Diskussion um die Hirnforschung vergegenwärtigt. Die Diskussion um die ethischen Aspekte der neuen medizinischen Möglichkeiten und die Debatte um die Deutungskompetenz des Geistig-Psychischen ist nur eine Neuauflage der mit Gall begonnenen Kontroverse.
222 M. Hagner: Homo cerebralis, a. a. O., S. 117.
223 O. Breidbach: Die Materialisierung des Ich, a. a. O., S. 100.
224 Ebd., S. 58.

Neurophysiologie. Während die alte anatomische Methode trotz Einwänden – »Gall ist roh empirisch und unphilosophisch« – ihre Nähe zur Philosophie behauptete, verschrieb sich die physiologische Experimentalmethode fortan dem Bemühen, menschliche Eigenschaften psychophysiologisch zu erforschen.[225]

Aufhebung der Grenzziehung zwischen normalen und pathologischen Phänomenen

In der Auffassung von der Vergleichbarkeit von normalem und pathologischem Material war Galls Beitrag zur Hirnforschung allerdings unbestritten.[226] Gall hatte sich methodisch das Ziel gesetzt, nicht nur das Funktionieren der gesunden, sondern der gesamten menschlichen Natur im Gehirn zu entschlüsseln. Zu diesem Zweck ließ er Totenmasken und Büsten vermessen, untersuchte Menschen und Tiere »im gesunden und kranken Zustande«[227] und ertastete unterschiedslos die Schädel von Kriminellen und Kretins, von Professoren und Zuchthäuslern, um damit sein »System zur Lokalisierung allgemeingültiger geistiger Funktionen« zu beweisen.[228] Die bis dahin strikt verteidigte Grenze zwischen krank und gesund, normal und pathologisch, begann sich aufzulösen. Die Pathologie wurde gleichbedeutend mit dem Experiment: »Die Pathologie des Nervensystems ist nichts anderes als auf den Menschen angewandte Experimentalphysiologie«, schreibt 1841 F. Magendie.[229] Ein neuer Schritt in der Hirnforschung war getan. Bis ins 18. Jahrhundert hinein wäre er undenkbar gewesen. Denn daß die göttliche Seele krank sein könnte, galt lange Zeit als so unvorstellbar, daß schon der Gedanke einer Gotteslästerung gleichkam. Erstmals Voltaire gab – wenn auch als singuläre Stimme – zu bedenken, daß die Seele von sich aus verrückt oder krank sein könnte und nicht einfach falsch lokalisiert oder unsachgemäß behandelt, womit er die Idee der unsterblichen Seele bestritt.[230] Mit der anatomischen Methode und insbesondere der Experimentalphysiologie veränderte sich der Blick auf die Seele in diese Richtung weiter. Der Deutungsbereich der Medizin dehnte sich aus, erst die

---

225 M. Hagner: Homo cerebralis, a. a. O., S. 116–118.
226 Zum Thema Normal-Pathologisch, s. E. Seifert: Ist normal pathologisch? Freuds Abkehr von der medizinischen Sicht des Leidens, in: M. Heinze, Ch. Kupke, Chr. Kurth (Hg.): Das Maß des Leidens. Klinische und theoretische Aspekte seelischen Krankseins, Würzburg 2002, S. 297–306.
227 F. J. Gall: Philosophische medizinische Untersuchungen über Natur und Kunst im kranken und gesunden Zustand des Menschen, Wien 1791, zitiert in: M. Hagner: Homo cerebralis, a. a. O., S. 95–96.
228 O. Breidbach: Die Materialisierung des Ich, a. a. O., S. 80–81.
229 F. Magendie, in: M. Hagner: Homo cerebralis, a. a. O., S. 230.
230 Voltaire: Folie, in: ders.: Oeuvres complètes, Bd. 2, Oeuvres philosophiques, Paris 1827, S. 2353–2354.

Seele, dann das Seelenorgan wurden zu medizinischen Objekten, zunächst eines der Physiologie, dann des neuen Zweigs der Medizin, der Psychologie. Die Erinnerung an die dunkel dämonische Seite der lebensvermittelnden antiken Seele wurde nur noch von der romantischen Naturphilosophie und dann von der Psychoanalyse bewahrt.

Elektrisierbarkeit und Dynamik der Seele

Ein Baustein des neuen Gehirn-Seele-Diskurses und dessen neuer Subjektdefinition war die Entdeckung der Elektrisierbarkeit des Gehirns, der Bioelektrizität. Diese ist eine jener umwälzenden Entdeckungen des 18. Jahrhunderts, die das mechanistische Weltbild auf ungeahnte Weise veränderten. Lazzaro, Spallanzani und die elektrischen Fische, Benjamin Franklin und das elektrische Gastmahl, Aldani und der enthauptete Hund, dessen elektrisierter Kopf den Eindruck machte, als sei das Leben in ihn zurückgekehrt, Leopold Nobili und der elektrisierte Frosch, Galvani, Albrecht von Haller und der Abbé Nollet, sie alle waren beteiligt an der Suche nach dem allgemeinen Lebensprinzip, der allgemeinen Lebenskraft und entdeckten auf je verschiedene Weise, daß der Organismus Elektrizität produziert und überträgt.[231] Die Leidenschaft der Forscher an der Erprobung des revolutionären Phänomens der Bioelektrizität soll nicht selten grenzenlos gewesen sein. So schreckten sie nicht davor zurück, sich mit dem Galvanisierungsapparat neben der Guillotine aufzustellen, um unmittelbar nach der Enthauptung mit der Untersuchung der Elektrizitätsströme des Gehirns der Verurteilten zu beginnen und damit die Frage zu klären, ob der abgetrennte menschliche Kopf noch Sensibilität und Bewußtsein oder Schmerzempfindung verspürt. 1803 kam es in diesem Zusammenhang zu der aufsehenerregenden Experimentalveranstaltung mit den Mitgliedern der hingerichteten Schindlerbande: Nach Schädeleröffnung wurden die beiden »Hirnhälften bis zum grössten Umkreise des Marks weggenommen. Die negative Kette wurde auf die eine, die positive auf die andere Hirnhälfte angebracht und die grosse Flasche entladen. Auf die ersten Schläge entstanden starke Bewegungen in den Muskeln der Nase, des Mundes und der Backen. Auf die folgenden Schläge sah man aber mehrmalen Bewegungen in den Muskeln des ganzen Gesichtes«.[232] Die »fürchterlichen Experimente« wurden verboten, diesmal durch Friedrich Wilhelm III. in Preußen. Doch die Tatsache der elektrischen Erregbarkeit des Gehirns und der Nerven war unabweisbar. Das Geistige schien sich vom Materiellen kaum

---

231 O. Breidbach: Die Materialisierung des Ich, a. a. O., S. 51, 52, 55, 59; M. Hagner, Homo cerebralis, a. a. O., S. 189.
232 Zitiert nach M. Hagner, ebd., S. 187.

noch zu unterscheiden.[233] Wobei, wohlgemerkt, das Materielle schon hier als Elektrizitätserregung aufgefaßt wurde und nicht mehr nur mit der Ausdehnung eines Körpers zusammenfiel.

Auf der Grundlage der bioelektrischen Nervenkraft entwickelte sich die Neurophysiologie weiter und die Elektrizität wurde schon bald nicht mehr als eine spezifische Eigenschaft des Hirngewebes aufgefaßt, sondern als eine Funktion, die aus der Gesamtheit der Hirnreaktionen resultiert.[234] Galls Lokalisationstheorie der einzelnen Hirnorgane war endgültig überholt.

Die elektrischen Experimente der neuen Physiologen, namentlich von Friedrich Leopold Goltz, Charles Bell, Francois Magendie sowie Gustav T. Fritsch und Eduard Hitzig, sorgten in der zweiten Hälfte des 19. Jahrhunderts dann für die konsequente Weiterentwicklung dieses Ansatzes. Einen Meilenstein dazu stellte vor allem 1869 der Beitrag von F. L. Goltz »Zur Lehre von den Funktionen der Nervencentren des Frosches« dar, in dem Goltz seine – auf immer noch überaus grausame Art, nämlich durch Schnitte in die Schädeldecke und Zerstörung einzelner Hirnareale – gewonnene Entdeckung der Reflexbewegungen im Rückenmark des Frosches festhielt. Als Gewährsmann hatte sich Goltz u. a. auf Carlo Matteucci berufen können, der 1845 die Existenz der tierischen Elektrizität am Froschbeinmuskel nachgewiesen und gezeigt hatte, daß in den Muskelströmen von Fröschen und Säugern, einschließlich des Menschen, tatsächlich Elektrizität fließt. In einer weiteren Arbeit, »Über den Sitz der Seele des Frosches« (1869), bekräftigte Goltz die Annahme der vergleichenden Forschung, wonach die Formen der Hirnbildung bei unterschiedlichen Wirbeltieren von gemeinsamer Art sind und als Varianten eines einheitlichen Grundtypus betrachtet werden können.[235] Freud wird wenig später, 1882, in seiner Arbeit über das Nervensystem des Flußkrebses von derselben Grundannahme ausgehen, einer Annahme, an der auch heutige Neurobiologen noch festhalten.[236]

Goltz' Suche nach dem Seelenorgan des Frosches stellte indes noch eine andere Erkenntnis in Aussicht. Mit der Schlußfolgerung, daß der Frosch keine Seele haben könne, wenn er trotz Abtragung des Großhirns noch Bewegungen ausführt, war jedoch der Weg zur Reflexphysiologie gewiesen. Die Bewegungen des Frosches seien, wie es nun hieß, als vom Rückenmark kodierte reflektorische Bewegungen aufzufassen. Von Seele könne aber nur dann sinnvoll gesprochen werden, wenn die Bewegungserscheinungen so verwickelt seien, daß ein rein

---

233 O. Breidbach: Die Materialisierung des Ich, a. a. O., S, 55; M. Hagner: Homo cerebralis, a. a. O., S. 189. Zu den »fürchterlichen Experimenten« der jungen Physiologen auch G. Th. Fechner: Elemente der Psychophysik Bd. II, Leipzig 1860, S. 403–405ff. und S. 422, 449.
234 Breidbach: Die Materialisierung des Ich, a. a. O., S. 56.
235 Ebd., S. 102–103, S. 152–154, S. 104.
236 Etwa G. Roth: Das Gehirn und seine Wirklichkeit, a. a. O., S. 33f.

maschineller Ablauf nicht mehr vorstellbar sei. In diesem Sinne hatte der hirnlose Forsch keine Seele, da seine Bewegungen wie einfache Reflexvorgänge aussahen. Seele, schreibt Goltz zusammenfassend, ist eine Reflexhemmung, ist die Summe der Selbstregulierungen eines lebenden Organismus. Im 19. Jahrhundert ist Seele eine pragmatische Hilfskonstruktion geworden, bevor sie Ende des Jahrhunderts in der Psychoanalyse das Feld des Unbewußten besetzt.[237]

Weiterentwicklung der Reflexidee

Goltz war auf die Reflexvorgänge im Bewegungsablauf des Frosches gestoßen. Eine differenziertere Sicht darauf wurde erst möglich, nachdem Ch. Bell und F. Magendie die funktionelle Verbindung zwischen den peripheren Nerven und dem Rückenmark entdeckt hatten. Insbesondere Bells Untersuchungen korrigierten die noch von der Spirituslehre her abgeleitete Vorstellung vom Nervensystem als Anordnung kleiner, mit Flüssigkeit oder Fluidum gefüllter Röhrchen und bewiesen, daß das Nervensystem ein funktionelles Geschehen darstellt, in dem die Nerven je nach Funktion motorisch oder sensorisch arbeiten. Nachdem R. Remak 1838 die funktionelle Organisation der Nerven-Rückenmarks-Gehirnverbindung beim Ochsen und M. Hall wenig später den dreiteiligen Reflexbogen beim Frosch nachgewiesen hatte, stand unbestritten fest, daß das Gehirn die Sprache des Reflexbogens versteht und sie sogar modulieren kann.[238] Die Idee des Gehirns als Reflexmaschine war geboren. Der Lokalisationsstreit zwischen Hitzig, Fritsch und Goltz auf dem Londoner Medizinerkongreß (von 1881) und die Demonstration des Hundes ohne Großhirn (Goltz), der immer noch Laufbewegungen ausführen konnte, also reflexhaft agierte, warfen dann die Frage nach den Steuerungsfunktionen auf. Reflexverhalten und Lokalisierung von Steuerungsfunktionen schienen zusammenzugehören.[239]

---

237 O. Breidbach: Die Materialisierung des Ich, a. a. O., S. 106. Das heißt auch, daß in der Reflextheorie die Seele abgeschafft ist. Vgl. Teil 3, Neurologische Vorzeit. Exkurs: Franz Anton Mesmer.
Tatsächlich faßt Freud alle psychischen Bildungen als Abwehrmechanismen von Störungen auf, s. z. B. Metapsychologische Ergänzungen zur Traumlehre, in: S. Freud: Stud. Ausg. Bd. III, Frankfurt am Main 2000, S. 171–195. Vgl. auch die Definition der Triebschicksale, die samt und sonders Abwehrbildungen sind. Teil 2: Triebe.
238 M. Hagner: Homo cerebralis, a. a. O., S. 273; O. Breidbach: Die Materialisierung des Ich, a. a. O., S. 159. R. Remak wies anhand von Präparaten des Rückenmarks von Ochsen nach, daß die Nervenfasern Auswüchse der Ganglienzellen sind. Er beschrieb damit erstmals die Existenz von Strukturen, die heute als Axone bekannt sind (dazu auch O. Breidbach: Nervenzellen oder Nervennetze? Zur Entstehung des Neuronenkonzepts, in: E. Florey, O. Breidbach (Hg.): Das Gehirn – Organ der Seele?, Berlin 1993, S. 81–126, hier S. 88).
239 O. Breidbach: Die Materialisierung des Ich, a. a. O., S. 110–111.

Trotzdem war die These vom Gehirn als eine Reflexmaschine auch in dieser Auffassung nicht unumstritten. So warnte der Neuroanatom und Entwicklungsbiologe W. His Ende des 19. Jahrhunderts davor, das Nervensystem nach dem Vorbild des Telegraphensystems als ein geschlossenes System aufzufassen, in dem das Gehirn als ein Ensemble von Kontaktstellen mit Nervenzellen als bloßen Schaltstellen fungiere.[240]

Eine differenzierte Sicht schien geboten. Die elektrotherapeutischen Experimente von Hitzig (1874) trugen zur weiteren Klärung der Vorgänge bei: Sie stellten klar, daß eine kortikal ausgelöste Bewegung zwar reflektorisch geschieht und sich von der Hirnrinde zur Körperperipherie fortsetzt, daß aber die kortikale Erregung nicht ausreicht, um eine Bewegung auszuführen. Hitzig fand heraus, daß ein Körperglied erst dann in Bewegung versetzt wird, wenn die Hirnrinde eine Meldung über den zweckmäßigen Gebrauch des Körperglieds erhält, d. h. wenn die Vorstellung des entsprechenden Körperglieds aufgerufen wird. Bewegung und Vorstellung schienen topographisch zusammenzugehören, erst die gleichzeitige Erregung von Bewegung und Vorstellung schien imstande zu sein, eine Bewegung auszulösen, befand der Berliner Arzt und Forscher.[241]

Die Fortschritte in der Hirnphysiologie waren also beachtlich. Dennoch ließ sich ein gewisses Maß an Unsicherheit nicht übersehen. So beklagte der deutsche Physiologe C. Eckhart:

»Erhebend ist es freilich nicht, sich sagen zu müssen, daß wir zur Zeit nicht die mindeste Vorstellung, ja nicht einmal Ahnung davon haben, wie physische Bedingungen ein Etwas erzeugen, das physischen Folgen so absolut unähnlich ist und fremd aussieht. Hier kommt sich wirklich der Mensch fremd vor.«[242] Wie dem auch sei, mit der Einsetzung der vier Faktoren: dem Sichtbarwerden der ehedem immateriellen Seele, der Zerlegung ihrer ehemaligen Unteilbarkeit, der Aufhebung der Grenze zwischen Normalem und Pathologischem und schließlich der Entdeckung der Elektrisierbarkeit und Dynamik der Hirnfunktionen, sind die Grundzüge der neuen Seelenauffassung benannt. Die Auffassung von der zerebralisierten Seele ist definitiv begründet.

Nach diesem historischen Überflug stehen wir in der Mitte des 19. Jahrhunderts und befinden uns mitten im Boom des Lokalisationsgedankens. Das Gehirn als materielles und funktionelles Substrat der Seele ist beschlossene

---

240 Ebd., S. 169.
241 M. Hagner: Homo cerebralis, a. a. O., S. 278, 274. In seinem Vergleich von organischen und hysterischen Lähmungen Quelques considérations sur une étude comparative des paralysies motrices organiques et hystériques von 1893 bezieht sich Freud wohl auf diesen Zusammenhang. Zuvor hatte schon Charcot die Enervierung von Vorstellungen als Auslöser von Hysterie geltend gemacht, s. Kapitel 4 dieser Arbeit zur Hysterie.
242 C. Eckhard: Experimentalphysiologie des Nervensystems, Gießen 1867, zitiert in: M. Hagner: Homo cerebralis, a. a. O., S. 266.

Sache. Wer fortan Seele sagt, schreibt M. Hagner, sagt Hirn. Und wer sich fortan mit der Seele beschäftigt, stößt unweigerlich auf die Physiologie. Ende des 19. Jahrhunderts entwickelt sich dieser Zweig der Medizin gegenüber der philosophisch orientierten Anatomie zur führenden Wissenschaft der damaligen Zeit. Die Architektur und Struktur des Nervensystems wird weiter erforscht werden und neben dem Experiment gewinnt erneut die Pathologie an Bedeutung; sie wird als eine »auf den Menschen angewandte Experimentalphysiologie« betrachtet (Magendie). In diesem Zusammenhang richtet sich das Interesse nunmehr auf die Hirnstörungen, weil diese, wie Hughlings Jackson erklärt, ein »experimentum naturae« darstellen und »natürlichen Vivisektionen« vergleichbar sind.[243] Wegen der methodischen Schwierigkeiten bei der Übertragbarkeit von Tierexperimenten auf den Menschen geht die Suche nach einem passenderen Untersuchungsobjekt weiter. Als neue, vielversprechende Forschungsdomäne empfehlen sich nun die Sprachstörungen, da sie die Untersuchung zentraler Funktionen der Hirnrinde ermöglichen. An dieser Stelle sind wir bei Freud angekommen und stehen vor einer neuen Wende in der Auseinandersetzung um das Verhältnis von Gehirn und Seele.

---

243 Ebd., S. 273.

Zweiter Teil

Freuds Metapsychologie

Kapitel 1

»Zur Auffassung der Aphasien« (1891)

Unter den Neurophysiologen seiner Zeit, deren Thema die Aphasien sind, nimmt Freud eine besondere Position ein. Im Gegensatz zu ihnen ist die Forschung an den Sprachstörungen für Freud nicht vorrangig auf zerebrale Lokalisierung ausgerichtet, sondern konzentriert sich von Anfang an auf den Gegenstand der Sprache als solchen. Aus der Beschäftigung mit den sprachlichen Pathologien wird sich daher auf Umwegen die neue Lehre von der Seele und vom Unbewußten herausbilden, aus den Überlegungen zum sprachlichen Mechanismus der Aphasien der Seelenapparat, der psychische Apparat.

Unterstützt wird diese Entwicklung durch den Umstand, daß Freud 1891, dem Jahr der Veröffentlichung der Aphasieschrift, schon nicht mehr ausschließlich neurologisch arbeitet. Zwar kann er zu diesem Zeitpunkt bereits auf die stattliche Anzahl von 25 neurologischen Publikationen verweisen, u. a. über die »Spinalganglien des Flußkrebses« sowie über die seinerzeit wie auch heute noch dominierende Typenlehre.[244] Auch arbeitet er nach wie vor an neuroanatomisch wegweisenden Techniken, etwa neuen Präparations- und Färbemethoden zur Isolierung der Nervenzellen.[245] Aber wie engagiert und avanciert Freud sich auf diesen Feldern auch bewegt, 1891 gilt sein Interesse doch nicht mehr ausschließlich der Neuropathologie und Physiologie. Zum Zeitpunkt der Veröffentlichung der Aphasiestudie hat er sich bereits neuen Fragen zugewandt. Seine Reise nach Paris von 1885 hat erste Spuren hinterlassen und Charcots Einfluß wird bereits deutlich spürbar. Ein Ergebnis ist die Übersetzung des dritten Bandes der »Leçons sur les maladies du système nerveux«, der »Vorlesungen über die Krankheiten des Nervensystems«, auf die 1888 die Übersetzung von H. Bernheims »De la suggestion et de ses applications à la thérapeutique« mit dem Titel: »Die Suggestion und ihre Heilwirkung« folgt. Das Thema des »Hypnotismus« gewinnt an Bedeutung.

---

244 Vergleich des Aufbaus tierischer Nervensysteme mit Rückschlüssen auf das menschliche Nervensystem.

245 An Präparationsmethoden zur Isolierung von Nervenzellen arbeiteten auch die späteren Nobelpreisträger C. Golgi und R. Cajál, s. E. R. Kandel, J. H. Schwartz u. a. (Hg.): Neurowissenschaften, a. a. O., S 25.

Betrachten wir aus diesem Grund einen Text, in dem ein Jahr vor der Aphasie-Studie diese neue Methode dargestellt wird: die »Psychische Behandlung (Seelenbehandlung)«.[246] Vor dem Hintergrund dieses Textes stellt sich der Eindruck ein, daß in Freuds Abhandlung der Sprachstörungen im Unterschied zu den bisherigen neurologischen Darstellungen des Gegenstands ein neuer Ton mitschwingt. Ein Ton, den Freud aus den Charcotschen Hypnosen herausgehört hat und mit dem er das Thema der psychoanalytischen Beziehung anklingen läßt. Kaum vernehmbar durchzieht er die dem Anschein nach rein naturwissenschaftliche »Auffassung der Aphasien«.

Der Text über die »Seelenbehandlung« beginnt mit einer offensichtlich unwissenschaftlichen Assoziation, nämlich mit der Erinnerung an die Zauberkraft der Worte: »Wir beginnen nun auch den ›Zauber‹ des Wortes zu verstehen. Worte sind ja die wichtigsten Vermittler für den Einfluß, den ein Mensch auf den anderen ausüben will; Worte sind gute Mittel, um seelische Veränderungen bei dem hervorzurufen, an den sie gerichtet werden, und darum klingt es nicht länger rätselhaft, wenn behauptet wird, daß der Zauber des Wortes Krankheitserscheinungen beseitigen kann, zumal solche, die selbst in seelischen Zuständen begründet sind.«[247]

Die Beobachtung der Hysterie vor Augen, erinnert Freud daran, daß es Kranke gibt, »bei denen sichtbare und greifbare Zeichen des Krankheitsprozesses weder im Leben noch nach dem Tode aufzufinden sind«[248], die man darum als Krankheiten »sine materia« einzustufen habe. Bei diesen Krankheiten zeige sich deutlich der »Ausdruck der Gemütsbewegungen« und der »Affekte« auf den Körper,[249] imponiere die »Ablenkung der Aufmerksamkeit« und werde das traditionelle wissenschaftliche Verhältnis vom »Leiblichen und Seelischen«, das einseitig vom Leiblichen ausgehe, fragwürdig. Freud erklärt, daß es auch ein »seelisches Entgegenkommen« gibt.[250] Der Weg zeichnet sich ab, auf dem sich die Psychoanalyse zu einer eigenständigen, nicht mehr rein naturwissenschaftlichen Disziplin entwickeln wird. Ironischerweise baut diese Entwicklung auf den Erfahrungen der sich klar naturwissenschaftlich verstehenden Charcotschen Klinik auf, bei der Freud miterlebte, wie die als objektiv verstandene, verbale Suggestion, das »Einreden« des Meisters, wider Willen subjektive Wirkungen auf den Körper der Probanden entfaltete. Freud

---

246 S. Freud: Psychische Behandlung (Seelenbehandlung), in: ders.: Schriften zur Behandlungstechnik, Stud. Ausg. Ergänzungsband, Frankfurt am Main 1975, S. 17–35.
247 Ebd., S. 26.
248 Ebd., S. 18.
249 Ebd., S. 20.
250 Ebd., S. 22.

fährt fort, »daß allen seelischen Einflüssen, (...) etwas Unberechenbares anhaftet«.[251]

Das Thema »Sprache« ist damit in doppelter Weise vorbereitet. Als Neuroanatom teilt Freud das allgemeine Interesse an den zerebralen Vorgängen, als Schüler von Charcot ist ihm die Macht der in der Hypnose gesprochenen Worte vertraut. In der Aphasiestudie überkreuzen sich diese verschiedenen Einsichten. Sprache wird ein wahrer Schatz für den Psychoanalytiker, auch wenn dieser erst später begrifflich gehoben wird und erst spätere Theoretiker der Seele, wie Lacan, formulieren: »Das Unbewußte ist strukturiert wie eine Sprache«.

Einschätzung der Arbeit

So wegweisend die Studie über die Sprachstörungen geworden ist, so wenig bedeutsam erschien sie Freud selbst, so daß er sie von der Veröffentlichung in den *Gesammelten Werken* mit dem Hinweis ausnahm, sie zähle zu seinen neurologischen, nicht den psychologischen Schriften.[252] Das Urteil seiner Nachfolger lehnt sich an diese Selbsteinschätzung an. Während ein Autor wie O. Mannoni die Aphasie-Arbeit sogar »zu den nutzlosen Anstrengungen jener Epoche« rechnet, »eine Verbindung zwischen der Neurologie und der Psychologie herzustellen«,[253] hebt E. Stengel die Bedeutung für die damalige Neurologie heraus und findet hier psychoanalytische Begriffe in rein anatomischer Bedeutung begründet.[254] In ähnlicher Weise beurteilt auch L. Binswanger die Studie als zwar entscheidend für die Entwicklung der Psychoanalyse, schätzt sie jedoch nur als Vorbedingung für einen auch später rein neurologischen Sprach-/Seelenapparat ein.[255] Im Unterschied dazu unterstreichen Autoren wie E. Jones und S. Bernfeld die Kontinuität im Denken Freuds,[256] sind aber unterschiedlicher Meinung hinsichtlich der Frage, worin diese bestehe, ob Freud der Tradition des 19. Jahrhunderts entsprechend das Sprachvermögen überwiegend biologisch betrachtet und ihm erst »nachträglich seine psycholo-

---

251 »Die Rede des Hypnotiseurs, welche die beschriebenen zauberhaften Wirkungen äußert, heißt man die Suggestion« (ebd., S. 30).
252 Obgleich die Arbeit mehr suggestiv als ausgeführt gewesen sei, will Freud mit größerer Wärme daran beteiligt gewesen sein, s. J. Fehr: Das Unbewußte und die Struktur der Sprache. Studien zu Freuds frühen Schriften, Dissertation. Zentralstelle der Studentenschaft Zürich 1987.
253 O. Mannoni: Sigmund Freud, Hamburg 1971, S. 18.
254 E. Stengel: Die Bedeutung von Freuds Aphasiestudie für die Psychoanalyse, Psyche 8, 1954, S. 17–24.
255 L. Binswanger: Freud und die Verfassung der klinischen Psychiatrie, in: ders.: Ausgewählte Vorträge und Aufsätze, Bd II, Bern 1955, S. 16.
256 E. Jones: Leben und Werk von S. Freud, Bd. I, Bern, Stuttgart, Wien 1978, S. 254.

gische Ausdeutung« verleiht (S. Goeppert)[257] oder es nicht doch von Anfang psychologisch beurteilt (P. Vogel),[258] so daß mit der Aphasie-Arbeit, wie es dann W. Leuschner formuliert, die Psychoanalyse in ihrer Embryonalgenese gegeben wäre.[259] Letzterer Auffassung schließt sich, wenngleich mit anderer Akzentsetzung, der Sprachwissenschaftler J. Fehr an, der die Studie vor allem als Ausdruck von Freuds Ambivalenz zwischen dem Neurologischen und Psychologischen begreift. Mit dem Thema der sprachlichen Verknüpfungen distanziere sich der Autor der Aphasie-Arbeit erstmalig von der naturwissenschaftlichen Betrachtung von Sprache als Produkt eines zerebralen Apparats und beginne den Diskurs zu buchstabieren, an dessen Ende das Unbewußte stehe.[260] In Freuds Aphasie-Arbeit kündige sich ein »Sprachapparat« an, der »von den genaueren anatomischen Lageverhältnissen absieht und nur die Beziehungen der einzelnen Elemente der Sprachassociationen darstellen soll«, womit er als Vorläufer des psychischen Apparats betrachtet werden könne.[261]

Die Aphasie-Schrift

Sehen wir uns die kleine, gut 100 Seiten umfassende Schrift näher an, in der sich der ehrgeizige junge Freud mit den »besten Köpfen der deutschen und fremdländischen Neuropathologie« (Lichtheim, Kußmaul, Meynert und Wernicke) anlegt, aber im Hinblick auf seine wissenschaftliche Anerkennung scheitert.[262] Diese Schrift, die nicht auf eigenen Beobachtungen beruht, hat nach A. Lorenzers Einschätzung den Charakter einer Positionsbestimmung und kann als ein erster, grundlegender Orientierungsversuch verstanden werden.[263]

Freud beginnt mit einer Kritik an Wernickes »aphasischem Symptomenkomplex« und dessen besonderer Lokalisationsidee. Wernicke hatte die Auffassung vertreten, daß die Lokalisation von Sprachstörungen auf elementarste psychische

---

257 S. Goeppert: Die Funktion der Sprache in Freuds Zur Auffassung der Aphasien, in: K. R. Eissler, S. Freud, S. Goeppert, K. Schröter: Aus Freuds Sprachwelt und andere Beiträge, Bern, Stuttgart, Wien 1972, S. 36.
258 P. Vogel: Zur Aphasielehre Sigmund Freuds, in: Monatsschrift für Psychiatrie und Neurologie, 128, Basel, New York 1954.
259 W. Leuschner: Einleitung zu S. Freud: Zur Auffassung der Aphasien. Eine kritische Studie, Frankfurt am Main 1992, S. 9–10.
260 J. Fehr: Das Unbewußte und die Struktur der Sprache, a. a. O., S. 56–57.
261 Vgl. dazu auch Freud: Die Traumdeutung, Stud. Ausg. Bd. II, Frankfurt am Main 2000, S. 512: »Wir wollen ganz beiseite lassen, daß der seelische Apparat, um den es sich hier handelt, uns auch als anatomisches Präparat bekannt ist, und wollen der Versuchung sorgfältig aus dem Wege gehen, die psychische Lokalität etwa anatomisch zu bestimmen.«
262 S. Freud: Zur Auffassung der Aphasien. Eine kritische Studie, Frankfurt am Main 1992.
263 A. Lorenzer: Die Sprache, der Sinn, das Unbewußte. Psychoanalytisches Grundverständnis und Neurowissenschaft, Stuttgart 2002, S. 93.

Funktionen wie die Funktionen der Sinneswahrnehmungen begrenzt werden müsse. So könne etwa eine Gesichtswahrnehmung nur am zentralen Ende des Optikus lokalisiert werden oder eine Gehörwahrnehmung nur im Akustikus der Hirnrinde; alles weitere, etwa die »Verknüpfung verschiedener Vorstellungen zu einem Begriff«, sei lediglich eine Leistung der Nervenfaserbahnen der Assoziationssysteme: Die Hirnrinde ist eine riesige Vorratsstätte von gespeicherten Empfindungseindrücken und Erinnerungsbildern. Freud, sich demgegenüber auf Lichtheims Konzept der Sprachstörungen berufend, erklärt Wernickes eingeschränkte Konzeption von Lokalisation und Leitungsaphasie für inakzeptabel, da sie die Erklärung der Funktion des spontanen Sprechens, die Paraphrasie vernachlässige. Freuds Interesse an den Wortverwechslungsstörungen wird spürbar und man bemerkt, wie sie schon hier mit »derjenigen Wortverwechslung und Wortverstümmlung« identifiziert werden, »die der Gesunde bei Ermüdung, bei geteilter Aufmerksamkeit, beim Einfluß störender Affekte an sich beobachten kann«.[264] Dabei versteht Freud die Paraphrasie nicht als ein Zeichen enzephalitischer »Verworrenheit« oder als intellektuelles Defizit, sondern faßt sie als ein funktionelles Symptom auf, als ein Zeichen verminderter Leistungsfähigkeit des Sprachassoziationsapparats. Das Thema der »Psychopathologie des Alltagslebens« und des »Witzes« ist angelegt. Die »unter pathologischen Bedingungen auftretenden sogenannten »Paraphrasien« machen bereits 1891 den Eindruck einer, wie es 10 Jahre später heißt, Vorstufe für »das beim normalen Menschen beobachtete Versprechen«.[265]

Freuds nächste Frage gilt sodann der »psychischen Dignität« der Sprachzentren, in der er der Vermutung Ausdruck verleiht, die Zentren könnten Vorratsstätten von verschiedenartigen, motorischen wie sensorischen Erinnerungsbildern sein. Die Warnung ergeht, das »physiologische Substrat der Seelentätigkeit« nicht in der Funktion eines Gehirnteils suchen zu wollen. Innovativ für die Zeit verficht Freud im Gegenteil die These des »zellulären Konnektivismus«, geht vom solidarischen Aufbau des zerebralen Nervensystems aus und betont die Verschiedenartigkeit der psychischen Bedeutungen zerebraler Prozesse gegenüber dem Physiologischen. Wernickes und Lichtheims Auffassung der sogenannten »transcortikalen motorischen Aphasie«[266] als einer Form der Leitungsaphasie, hält er entgegen, daß diese Störung nicht allein durch die Unterbrechung einer Bahn entstehe, vielmehr auch durch Läsionen anderer Art, etwa durch Tumor, Trauma, Blutung oder Erweichung.[267]

---

264 S. Freud: Zur Auffassung der Aphasien, a. a. O., S. 52.
265 S. Freud: Zur Psychopathologie des Alltagslebens, in: ders.: Ges. Werke IV, S. 61.
266 Aphasiker, die von dieser Form der Aphasie betroffen sind, können nicht mehr spontan sprechen, verfügen weiterhin aber über die Fähigkeit, Gehörtes nachzusprechen.
267 Ebd., S. 62–65.

In diesem Sinne lautet das erste Fazit der Aphasiestudie: »Der Sprachapparat verfügt über einen solchen Reichtum an symptomatischen Ausdrucksweisen, daß wir von ihm allein erwarten könnten, daß er nicht nur die Lokalität, sondern auch die Natur der Läsion durch die Art und Weise der Funktionsstörung verraten wird«.[268] Die Hoffnung scheint damit berechtigt, ausgehend von den Sprachstörungen auf Prozesse im Sprachapparat selbst schließen zu können und Sprachstörungen nicht anatomisch, sondern durch Veränderung des funktionellen Hirnzustands erklären zu können, etwa durch verminderte Erregbarkeit der Nerven oder andere nicht-materielle Schädigung. Möglicherweise reagiert der Sprachapparat sogar auf nicht-destruktive Läsionen. Freud gewinnt erste Distanz zu den Erörterungen der Läsionspsychologie und nähert sich einer psychologischen Auffassung von Sprache.[269]

Ein Fall von amnestischer Aphasie deutet auf neue Ursachenfaktoren hin – funktionelles Moment und Einwirkungszeit der Sinneseindrücke. Ein 27jähriger Mann hatte sich infolge eines Sturzes von der Treppe eine Schädelfraktur zugezogen und war auf dem rechten Ohr vollständig taub geworden. Geruch, Geschmack und der Gesichtssinn waren ihm dabei teilweise verloren gegangen, vor allem aber war er nach der Verletzung worttaub geworden. Zwar konnte er noch zusammenhängend sprechen, indifferente Redeteile, auch Zeitwörter und Beiwörter ohne Schwierigkeiten gebrauchen, fand hie und da auch ein Substantiv, stockte aber bei den meisten und half sich durch indifferente Umschreibungen: »Dingsda«. Obwohl er Objekte erkannte, fand er keinen Namen dafür.[270] Freud, der sich in seinen Überlegungen an der Auffassung orientiert, wonach in der amnestischen Aphasie die Elemente des Sprachapparats, nämlich Klangbild und Objektbild, auch in ihrer zeitlichen Abfolge von Bedeutung sind, legt eine Umformulierung der These von H. G. Grashey vor, die besagt, daß in der Sprache »Objektbild und Klangbild (...) einander nicht Teil für Teil (entsprechen)«: »Vom Worte ›Pferd‹ entspricht z. B. der Klang ›P‹ keinem Teil vom Objekte ›Pferd‹; das Klangbild muß erst fertig geworden sein, ehe es eine Beziehung

---

268 Ebd., S. 68.
269 Diese Distanzierung wird mit dem Vergleich zwischen organischen und hysterischen Läsionen in Quelques considérations sur une étude comparative des paralysies organiques et hystériques fortgesetzt (S. Freud, Ges. Werke, Bd. I, London 1952, S. 39–55). Die Distanzierung von der Läsionsätiologie begründet überhaupt einen wesentlichen Unterschied zwischen dem neurophysiologischen und dem psychoanalytischen Zugang.
270 S. Freud: Zur Auffassung der Aphasien, a. a. O., S. 74. Der Fall erinnert an die neurologischen Geschichten von O. Sacks: Der Mann, der seine Frau mit einem Hut verwechselte, Hamburg 1990; vgl. auch A. R. Lurija: Der Mann, dessen Welt in Scherben ging. Zwei neurologische Geschichten, Hamburg 1992.

auf das Objekt erfahren kann«.[271] In der amnestischen Aphasie scheint genau dies nicht gelungen, die Assoziation des Objektbilds mit dem zugehörigen Klangbild scheint wegen zu kurzer Einwirkungsdauer nicht zustande gekommen zu sein. Die Untersuchung der Erregung im Zentrum der Klangbilder führt zu der Feststellung, daß diese in der amnestischen Aphasie nicht ausreichend vorhanden ist, weshalb auch das Zentrum nicht mehr leitungs- und leistungsfähig zu sein scheint. Darüber hinaus erhärtet sich ihm die Beobachtung vom kompensatorischen Reagieren der Sprachzentren bei nicht direkt destruktiven Läsionen. Die Erörterung schließt mit dem Hinweis, daß die Pathologie der Sprachstörungen die normalen Funktionen des Spracherwerbs wiederhole. Das Thema der allgemeinen Sprachentwicklung ist vorbereitet.

Nächstes Thema ist Th. Meynerts »korticozentrische Lehre« und dessen Auffassung von der Lokalisation von Vorstellungen in den Nervenzellen, den »nervösen Elementen«, wie sie auch der Meynert-Schüler C. Wernicke vertrat. Auch hier verschiebt Freud die Perspektive. Wo Th. Meynert die These von der dominanten Stellung des Großhirns, des Kortex verfocht und behauptete, das gesamte Hirn und der gesamte Körper seien nur Hilfsorgan und Anhängsel der Großhirnrinde, setzt Freud dieser Auffassung zwei anatomische Befunde entgegen, mit denen er wenig später in der auf französisch erscheinenden Abhandlung »Quelques considérations...« die Unterscheidung zwischen den organischen und hysterischen Paralysen herausarbeiten wird: die Beobachtung der sogenannten »Faserreduktion« durch »graue Massen«, d. h. der bei Eintritt ins Rückenmark eintretenden Reduktion der Anzahl der Nervenfasern sowie die Entdeckung, daß zwischen Körperperipherie und Hirnrinde keine direkten Bahnen liegen.[272] 1891 ergibt der Befund, daß im spinalen Grau, in den subkortikalen Nervenleitfasern, eine lückenlose Abbildung des Körpers stattfindet, die jedes Segment der Muskulatur und der Extremitäten punktgenau festhält, während die kortikale Repräsentation der Körperperipherie dagegen lückenhaft ausfällt und nur durch ausgewählte Fasern vertreten wird. Ein topisch ähnliches Bild des Körpers kommt aus diesem Grund in der Hirnrinde nicht zustande, das zerebrale Körperbild ist vielmehr in »Umordnung« geraten oder, wie es auch heißt, die Hirnfasern enthalten die Körperperipherie

---

271 S. Freud: Zur Auffassung der Aphasien, a. a. O., S.77–78. U. Hock wendet gegen die Nicht-Entsprechung ein, es sei schlicht unsinnig, daß Wort und Ding sich nicht deckten, denn es gebe nur Ähnlichkeiten zwischen Dingen bei Unähnlichkeit ihrer Namen (Beispiel: Zwillinge) oder aber umgekehrt Ähnlichkeit zwischen den Namen bei gleichzeitiger Unähnlichkeit der evozierten Dinge. Beispiel: Bank, die einmal eine Sitzgelegenheit, das andere Mal ein Kreditinstitut ist. Hock übergeht hierbei – ganz und gar harmonisch denkend – Freuds Überlegungen über den unveränderlichen Teil des Psychischen, das Ding an sich (U. Hock: Das Unbewußte Denken. Wiederholung und Todestrieb, Frankfurt am Main 2000, S. 88).
272 S. Freud: Zur Auffassung der Aphasien, a. a. O., S. 92f.

»wie ein Gedicht das Alphabet enthält, in einer Umordnung, die anderen Zwecken dient, in mannigfacher Verknüpfung der einzelnen topischen Elemente, wobei die einen davon mehrfach, die anderen gar nicht vertreten sein mögen«.[273] Das Thema der Verknüpfung ist eingeführt. Es wird im Verlauf der Ausarbeitung der psychoanalytischen Theorie zunehmend an Bedeutung gewinnen.[274]

So ungewöhnlich Freuds Vergleich zwischen Poesie und Nervenzellenverknüpfungen ist, so bezeichnend ist er gleichwohl für die psychoanalytische Ausrichtung auf »Sprache«: Denn so wie ein Gedicht nicht allein deswegen eine Bedeutung hat, weil es aus Buchstaben besteht, sondern, so J. Fehr, einzig aufgrund der je besonderen Konfiguration, zu der sie sich zusammenfügen, so ergibt sich nach der Zeichentheorie auch die Bedeutung der Nervenfasern vor allem aus ihren Verknüpfungsmustern. Die »Umordnung« läßt also etwas Neues, eine neue Dimension hervortreten, die im Alphabet und im Aufbau der Nervenzellen selbst nicht vorhanden war.[275] Mit dem Stichwort der »Umordnung« ist schon 1891 eine Ebene erreicht, die über den manifesten Ausdruck hinaus auf immanente Beziehungen abzielt. Die Analogie zwischen Poetik und den Nervenzellenverknüpfungen rückt aber noch ein anderes Thema in den Vordergrund, das Verhältnis von Psychischem und Physiologischem, das hier ebenfalls als ein sprachliches verstanden wird.

Vor diesem Hintergrund betrachtet müssen die Meynert-Wernickeschen Ansichten über die Lokalisation der nervösen Elemente, der Nervenzellen, tatsächlich als unhaltbar bezeichnet werden. Das gleiche gilt für Wernickes Umformulierung, wonach nur die einfachsten psychischen Elemente, die Sinneswahrnehmungen, in Nervenzellen lokalisiert sein sollen. Freud wendet ein, eine Nervenfaser könne wohl nicht an einem Ende ein physiologisches Gebilde darstellen und am anderen ein psychisches. Dies bedeute eine unhaltbare Verwechselung von zwei gänzlich unähnlichen Dingen, von Zelle und Vorstellung, bzw. Psychischem und Physischem. Eingedenk der Warnung von J. Hughlings Jackson vor der Verwechslung des Physischen mit dem Psychischen stellt er eine neue Lösung des Problems in Aussicht:[276] Nicht die Nervenzellen sind das Korrelat der Vorstellung, das Gegenstück einer Vorstellung ist vielmehr die Energiebesetzung, die Erregung oder Dynamik der Vorstellung. Diese, von einer

---

273 S. Freud: Zur Auffassung der Aphasien, a. a. O., S. 95.
274 Siehe dazu besonders das folgende Kapitel über den »Entwurf« und über das Unbewußte.
275 Auch die moderne Neurophysiologie geht davon aus, daß sich Bedeutung erst durch die Verknüpfungsmuster ergibt. Siehe Teil 1, Abschnitt: Bewußtsein, Bedeutung. Bei Freud bekommt das Thema der Umordnung trotzdem eine andere Richtung, es weist in Richtung des Unbewußten.
276 Ebd., S. 99.

bestimmten kortikalen Stelle ausgehende und sich über die ganze Hirnrinde erstreckende Erregungsausbreitung ist das einzig lokalisierbare Element.[277]

Im Lokalisationsstreit nimmt Freud damit eine Zwischenstellung ein. Einerseits bestreitet er die Lokalisation psychischer Funktionen in fest umrissenen Gehirnarealen und zieht mit der Annahme der funktionellen Schädigungen eine neue Art von Läsionen in Erwägung. Andererseits hält er an der Lokalisationsidee fest, lokalisiert aber nicht mehr Funktionen in Arealen der Großhirnrinde, sondern beschränkt das Lokalisieren auf die dynamische Seite einer Vorstellung und ersetzt so eine topische Vorstellungsweise durch eine dynamische. 1900 in der *Traumdeutung* wird es dazu genauer heißen: »Wir ersetzen hier (...) eine topische Vorstellungsweise durch eine dynamische; nicht das psychische Gebilde erscheint uns als das Bewegliche, sondern dessen Innervation.«[278]

Freuds neue Lokalisationsidee hat unsere Suche nach der Bestimmung des Psychischen deutlich weitergebracht. Denn wenn die Lokalisation psychischer Funktionen in fest umrissenen Hirnarealen noch auf körperlich-materielle Zustände schließen ließ, wird jetzt deutlich, daß das physiologische Korrelat einer psychischen Größe, der Vorstellung für die kommende Psychoanalyse, vor allem die Erregung oder Dynamik ist. Das Physische der sich anbahnenden Psychoanalyse ist nur mehr in einem dynamischen, nicht mehr in einem statischen Sinne zu begreifen. Dabei sind das physiologische Korrelat einer Empfindung und die Empfindung selbst, wie es zunächst noch ganz im Sinne des Psychophysischen Parallelismus heißt, genau genommen »zwei Namen, mit denen wir verschiedene Ansichten desselben Prozesses belegen. Wir wissen aber, daß beide Namen von einem einheitlichen und unteilbaren Prozeß abstrahiert sind. Wir können keine Empfindung haben, ohne sie sofort zu assoziieren; mögen wir die beiden begrifflich noch so scharf trennen, in Wirklichkeit hängen sie an einem einzigen Vorgang (...)«.[279] Doch ungeachtet dieses Votums für den Psychophysischen Parallelismus wird in der Aphasie-Studie die Forderung nach »näherem Eingehen auf die Abgrenzung zwischen der physiologischen und der psychologischen Betrachtungsweise und eine(r) gesonderte(n) Bestimmung von Nervenzellen und deren Korrelat, der Vorstellung« erhoben. Bereits vor dem offiziellen Auftakt der Psychoanalyse in der *Traumdeutung* zeigt sich damit, wie Freud zur physiologisch dominierten Psychologie auf Distanz geht und sich einem neuen, dem psychoanalytischen, Kausalitätsgedanken annähert.

1891 bleibt das alles allerdings noch in Andeutungen begriffen. Freud hegt zu diesem Zeitpunkt explizit noch die Vermutung: »Die Kette der physiologischen Vorgänge im Nervensystem steht ja wahrscheinlich nicht im Verhältnis der

---

277 Ebd.
278 S. Freud: Die Traumdeutung, a. a. O., S. 578.
279 S. Freud: Zur Auffassung der Aphasien, a. a. O., S. 100.

Kausalität zu den psychischen Vorgängen. Die physischen Vorgänge hören nicht auf, sobald die psychischen begonnen haben, vielmehr geht die physiologische Kette weiter, nur daß jedem Glied derselben (oder einzelnen Gliedern) von einem gewissen Moment an ein psychisches Phänomen entspricht.« – »Das Psychische«, so heißt es weiter, »ist somit ein Parallelvorgang des Physiologischen, (›a dependent concomitant‹).«[280]

Wir fassen zusammen: Obwohl das Thema der Sprachstörung in der Aphasie-Studie noch nicht explizit psychologisch abgehandelt ist, gilt Freuds Aufmerksamkeit bereits den psychologischen Voraussetzungen der Sprache.[281] Im Unterschied zu den lokalisierenden Aphasietheoretikern seiner Zeit legt er die erste Spur zu einer dynamischen und deutlich relationalen Auffassung. Auf dieser Grundlage wird sich Sprache in der Psychoanalyse zu einer Dimension entwickeln, die keine instrumentelle Funktion mehr erfüllt, die mehr als ein Mitteilungssystem ist und grundsätzlich mehr darstellt, als ein dem Sprecher beliebig verfügbares Mittel. Der erste gewichtige Schritt zur Unterscheidung von der traditionell neurologischen Sprachauffassung ist getan. In der Psychoanalyse werden Lokalisationen nur noch den Hintergrund darstellen, vor dem sich die allgemeinen, spekulativen Darstellungen der Metapsychologie abheben.[282]

Freuds Auffassung vom Sprachapparat

Über einen Fall von Wortschwerhörigkeit – »Die Kranke (...) war in ihrer Sprache vollkommen ungestört und dabei gleichfalls in hohem Grade worttaub, ohne taub zu sein« – wird Freud auf eine neue Form der Sprachstörung aufmerksam, bei deren Erklärung sich die Funktionsbedingungen des Sprachapparats als ausschlaggebende pathogene Ursache erweisen.[283] Der Fall zeichnet sich u. a. durch die erste Anwendung des kurz zuvor noch umstrittenen Prinzips der pathologischen Tiefenanalyse aus, mit dem Freud Rückschlüsse von den pathologischen Sprachstörungen auf das normale Funktionieren des Sprachapparats zieht. Auf diese Weise schält sich ein Sprachapparat – zunächst noch auf organischer Basis – heraus, dessen Veränderungen in Aufbau und Funktion die manifesten Sprachstörungen hervorbringt und der in

---

280 Ebd., S. 98.
281 S. Goeppert: Die Funktion der Sprache in Freuds »Zur Auffassung der Aphasien«, a. a. O., S. 14–15.
282 Siehe dazu C. Borck: Visualizing Nerve Cells und Physical Mechanisms. The Rhetoric of Freud's Illustrations, in: G. Guttmann, I. Scholz-Strasser: Freud and the Neurosciences, a. a. O., S. 57, 86.
283 S. Freud, zur Auffassung der Aphasien, a. a. O., S. 113.

der Folge das psychoanalytische Modell des psychischen Apparats ergeben wird.[284]

Die entscheidende Wende im Aphasiediskurs wird jedoch mit der angekündigten Trennung von Psychologischem und Anatomischem eingeleitet: »Dabei wollen wir die psychologische und die anatomische Seite des Gegenstandes möglichst voneinander trennen«.[285] Zum ersten Mal in der Medizingeschichte wird die Aphasie als ein autonomer Gegenstand betrachtet. Wo nämlich in der physiologischen Betrachtung der Sprachstörungen bis Mitte des 19. Jahrhunderts Neuronanatomie und Psychologie noch eng verbunden waren, sich diese Verklammerung (angeregt durch Neurophysiologen wie Meynert, Exner, Wernicke) dann zugunsten des Anatomisch-Physiologischen aufzulösen begann und das Psychologische selbst anatomisch und physiologisch wurde, macht sich Freud nun von diesen Vorgaben frei und erklärt die Psychologie zu einem eigenständigen Gebiet, das über andere Einheiten gebietet als die Anatomie: »Für die Psychologie ist die Einheit der Sprachfunktion das ›Wort‹.«[286] Freud baut an einer eigenständigen Psychologie, deren Bausteine die Wörter sind. Für die Freudsche Psychologie sind Wörter gleichwohl keine einfachen Elemente, sie setzen sich vielmehr aus komplexen Vorstellungen zusammen, genauer gesagt aus vier verschiedenen Elementen: aus dem »Klangbild«, dem »Bewegungsbild«, dem »Schriftbild« und dem »Lesebild«. Alle Bestandteile sind gleichermaßen am gelingenden Sprachvollzug oder aber an dessen Scheitern, der Sprachstörung, beteiligt. Sprachverlust, Pathologie und normale Sprachfunktion gehen Hand in Hand. 1891 folgen auf dieser Grundlage Überlegungen zur Sprachentwicklung, die die Annahmen über den Bau des Sprachapparats und die neue Sprachauffassung untermauern. Dabei wird offenkundig, daß Sprache für Freud nicht nur eine Funktion kortikaler Areale darstellt und nicht nur ein beliebiges psychisches Phänomen mit instrumentellen Eigenschaften ist. In Freuds Sprachauffassung kündigt sich, zugespitzt formuliert (Fehr), eine Auffassung von Sprache als »Sprache des anderen« an. Der Keim zu dieser Auffassung wird 1891 gelegt, im »Entwurf« von 1895 wird er bald darauf zum ersten Mal aufgehen.[287] Die Aphasie-Studie nimmt durch das Zusammenspiel der Wortelemente darauf Bezug: »Wir lernen die Sprache der anderen«, indem wir das Klangbild mit den

---

284 S. Goeppert: Die Funktion der Sprache in Freuds »Zur Auffassung der Aphasien«, a. a. O., S. 23. »Der Sprachapparat hat die Ausdehnung des Organs«, bzw. »enthüllte sich uns also als ein zusammenhängendes Stück Rindengebiet in der linken Hemisphäre zwischen den Rindenendigungen« (S. Freud: Zur Auffassung der Aphasien, a. a. O. S. 147).
285 S. Freud, a. a. O., S. 117.
286 W. Leuschner: Einleitung zu S. Freud: Zur Auffassung der Aphasien, a. a. O., S. 21; S. Freud, Zur Auffassung der Aphasien, a. a. O., S. 117.
287 Ebd., S. 118; s. J. Fehr: Das Unbewußte und die Struktur der Sprache, a. a. O., S. 56.

Innervationen der Sprachorgane zusammenbringen; wir lernen Sprache verstehen durch Nachsprechen, wobei die »Überbestimmtheit« des Sprechens auffällt; lernen Lesen durch das regelhafte Verknüpfen von Wortinnervation und Wortbewegungsvorstellungen und Schreiben, indem wir die visuellen Buchstabenbilder mit dem motorischen Innervationsbild der Hand verknüpfen. »Das Wort ist also eine komplexe, aus den angeführten Bildern bestehende Vorstellung, oder anders ausgedrückt, dem Wort entspricht ein verwickelter Assoziationsvorgang, den die aufgeführten Elemente visueller, akustischer und kinästhetischer Herkunft miteinander eingehen«.[288] Soweit die Zusammensetzung des Grundbausteins der neuen Psychologie, des Wortes.

Hinsichtlich der Bedeutung des Wortes unterstreicht Freud sodann, daß diese erst durch die Verknüpfung zwischen der Wort und Objekt-, bzw. Sachvorstellung zustande komme. Die Idee, die von Lichtheim und Grashey her bekannt ist und besagt, daß Wortklang- und Sprachbewegungsbilder nur durch ihre Beziehung zu Begriffen ausdrucksfähig und verstehbar werden, gewinnt an Kontur: Eine Objektvorstellung ist ähnlich der Wortvorstellung eine vielgestaltige Konstruktion, ein Assoziationskomplex, der sich aus unterschiedlichen Vorstellungen zusammensetzt, aus visuellen, akustischen, taktilen und kinästhetischen.

Ihre besondere Bedeutung liegt in der Offenheit des sie konstituierenden Vorstellungskomplexes, der sich deutlich von dem Komplex der Wortvorstellung abhebt, welcher durch seine Elemente umfassend und abschließend bestimmt wird. Freud, der sich an dieser Stelle von J. St. Mill inspirieren läßt, wonach die ein Ding qualifizierenden Sinneseindrücke unabschließbar und potentiell unendlich sind, geht über den englischen Empiristen hinaus und stellt nun der Offenheit der Objektvorstellung die zentrale Bedeutung des Klangbilds im Wortvorstellungskomplex gegenüber:[289] »Die assoziative Tätigkeit des akustischen Elementes steht im Mittelpunkte der gesamten Sprachfunktion«.[290] Eine Wortvorstellung, so seine These, wird erst über das Klangbild mit einer Objektvorstellung verknüpft oder ein Wort wird erst durch die Vermittlung des Klangbilds zum Bewegungsbild, Schrift- und Lesebild.[291] Die »talking cure« kündigt sich an, die, wenngleich durch Wernickes sensorische Aphasie inspiriert, eine eigenständige Konzeption darstellt.[292] Doch Freud beläßt es

---

288 S. Freud: Zur Auffassung der Aphasien, a. a. O., S. 121f.
289 Ebd., S. 122.
290 Ebd., S. 135.
291 W. Leuschner: Einleitung zu S. Freud: Zur Auffassung der Aphasien, a. a. O., S. 26; P. Vogel: Zur Aphasielehre Sigmund Freuds, a. a. O., S. 259.
292 Schon Wernicke war die besondere Funktion des Klangbilds im normalen Spracherwerb aufgefallen, er hatte auch beobachtet, daß das Klangbild zur Nachahmung des Gehörten anregt und das Nachsprechen vorbereitet. Ebenso war er der These nachgegangen, daß das Wort von

nicht dabei. Anders als Wernicke begreift er das Klangbild nicht mehr als einfaches zerebrales Element des Akustikus, sondern bescheinigt ihm eine zentrale Stellung im Zusammenspiel zwischen Objektvorstellung und Wortvorstellung. Das Klangbild avanciert zum Scharnier zwischen beiden.[293] Erinnern wir uns nebenbei daran, daß ein Neurophysiologe wie M. Solms 100 Jahre später den neuroanatomischen Beweis für exakt diese Funktion des Klangbilds vorgelegt haben will, wobei er, wie sich nun zeigt, das in der Aphasiestudie etablierte, Latenz versprechende Prinzip der beziehungsbildenden Umordnung wieder rückgängig macht.[294]

Mit der Offenheit der Objektvorstellungen und der Rolle des Klangbilds sind jedenfalls die Grundlagen des Freudschen Sprachapparats gelegt und die ersten psychologischen Akzente der Auffassung von Sprache gesetzt.[295] 1891 ist diese Auffassung bereits so ausgereift, daß wir ihr noch 24 Jahre später in der Schrift über das »Unbewußte« in unveränderter Form als ein Unterscheidungskriterium zwischen »bewußt« und »unbewußt« wiederbegegnen werden.

Halten wir abschließend fest, daß mit den unterschiedlichen Repräsentationsweisen von Sprache – der akustischen für die Wortvorstellungen, der visuellen für die Objektvorstellungen – gleichzeitig topologische Unterschiede verbunden sind. Wo immer in der Freudschen Theorie später ein visuelles Moment auftaucht, etwa im Kastrationskomplex, ist damit impliziert, daß Vorgänge der Objekt-/Dingebene im Spiel sind.[296] 1915 wird dies noch ergänzt durch

---

allen Bestandteilen hauptsächlich das Klangbild nachahmt. Neben der Funktion der Klangbilder im Komplex der Symptome betont Wernicke zudem ihre Bedeutung im normalen Sprecherwerb: Das Kind lernt buchstabieren, indem es die optischen Sinneseindrücke des Buchstabens mit einem Klangbild in Beziehung setzt. Es lernt schreiben , indem es das optische Sinnesbild des Buchstabens nachahmt. Ein Buchstabe vereinigt also Klangbild und optisches Sinnesbild. Spracherlernen ist also schon für Wernicke in erster Linie eine Nachahmung des Gehörten. Der Buchstabe ahmt aber nicht das Gesichts- oder Tastbild nach (C. Wernicke: Der aphasische Symptomencomplex, a. a. O., S. 24, 28, 29).
293 S. Freud: Zur Auffassung der Aphasien, a. a. O., S. 122. Die Bedeutung des Klangbilds entspricht der der Aufmerksamkeit im Entwurf. Es spielt ebenso eine wichtige Rolle im »Witz«, in der »Psychopathologie des Alltagslebens« oder in den Skizzen des psychischen Apparats (S. Freud: Das Ich und das Es, in: ders.: Stud. Ausg. Bd. III, a. a. O., S. 293).
294 Siehe Teil 1, Neurowissenschaft, Solms.
295 Ihre Bedeutung wird allerdings von verschiedenen Autoren unterschiedlich bewertet. So hängt für Vogel die symbolische Beziehung der Sprache an der Rolle des Klangbilds, während sich für Leuschner die subjektive Symbolisierungsfunktion aus der Offenheit der Objektvorstellungskomplexe ergibt, mit der die Sprache von der direkten Mitteilungsfunktion befreit sein soll.
296 In der Sexualtheorie ist das visuelle Moment leitend, nie das taktile. Im Kastrationskomplex heißt es: Das Mädchen hat den genitalen Unterschied gesehen und zieht seine Schlüsse daraus, es das Genital, das Objekt, nicht hat. Der Junge hat es ebenfalls gesehen, verleugnet aber seine Wahrnehmung. Es steht hier also das Visuelle, das Sichtbare des Organs zur Debatte, womit sich ergibt, daß der Kastrationskomplex neben seiner strukturellen Dimension ein unbewußter Objektkomplex ist. Ein Komplex der, wie Freuds Stichwortgeber J. St. Mill schreibt, nur den »Anschein eines

die Systemunterscheidung zwischen Unbewußtem und Bewußtem, wodurch erhellt, daß visuell konnotierte Vorgänge Objekt- und Dingbezüge unbewußter Natur zur Sprache bringen.

Die Verbindung zwischen Wort- und Objektvorstellung

Über die Lektüre der Sprachstörungsliteratur kam Freud 1891 zur Hypothese eines Sprachapparats und entwickelt im Anschluß daran eine Neueinteilung der Aphasien. Freud unterscheidet: 1. Die verbale Aphasie mit einfacher Assoziationsstörung zwischen den Elementen der Wortvorstellung, in der die Verbindung zwischen Schriftbild, Bewegungs- und Klangbild unterbrochen ist und in der ein Aphasiker zwar spontan spricht, aber nicht mehr schreiben kann oder aber Worte versteht, ohne sie sprechen zu können, bzw. schreibt und nicht mehr sprechen kann. 2. Die asymbolische Aphasie, bei der die Verbindung zwischen Wort und Objektvorstellung unterbrochen ist, so daß der Aphasiker zwar noch imstande ist, Wörter aufzunehmen und zu hören, sie aber nicht mehr mit Objektvorstellungen in Verbindung bringen kann. 3. die sogenannte agnostische Aphasie, die als Störung im Erkennen von Gegenständen definiert wird und impliziert, daß sprachliche Leistung eine Erkenntnisleistung ist, die nicht nur im richtigen Gebrauch der Objekte besteht. Der Fall einer Kranken, deren Sprachschatz auf einen einzigen Rest, »je ne veux pas«, beschränkt war, illustriert diese Art von Störung. Bei der Kranken war das Erkenntnisvermögen bis auf die taktile Wahrnehmung so stark eingeschränkt, daß sie den behandelnden Arzt nur noch dann wahrnahm, wenn er ihren Puls fühlte. Bei Berührung arbeitete ihr Erinnerungsvermögen so normal, daß sie sogar den Namen des Arztes nennen und sich auch fehlerlos mit ihm unterhalten konnte. Ließ der Arzt hingegen ihre Hand frei, war er für sie unerreichbar und sprachlich nicht mehr erkennbar geworden.[297] Sprachliche Objekterkenntnis unterhält offensichtlich, so Freuds Folgerung, Verbindungswege, die nicht allein über die visuelle, sondern auch über die taktile Seite der Objektassoziationen verlaufen. Ein anderer Fall bestätigte diesen Zusammenhang. In diesem Fall war es der Name des Objekts, der dem Kranken entfallen war, er nannte es »Brille« statt »Kerze«, obwohl er seine Funktion umschreiben konnte und auch beim Abtasten mit geschlossenen Augen schnell die richtige Bezeichnung fand. Obwohl er über einen intakten Sprachapparat verfügte und

---

Dings« zustande bringt und als unbewußter Ding-Komplex aufgrund seiner Unabschließbarkeit vor Probleme stellt.
297 S. Freud: Zur Auffassung der Aphasien, a. a. O., S. 123–124.

adäquate Wortverbindungen über die taktilen Objektassoziationen herstellte, waren seine optischen Objektassoziationen fehlerhaft. Der Fall bekräftigt den Grundsatz, daß »die Gesichtsbilder die hervorragendsten wichtigsten Bestandteile unserer Objektvorstellungen sind« und sich die Schädigungen in den Sehgebieten nachhaltig auf die Erkenntnisleistung der Sprachfunktion auswirken.[298]

Die Voraussetzungen der psychoanalytischen Sprachauffassung werden deutlicher: Sprechen und Hören, psychologisch verstanden, beruhen nicht auf einer Adäquation, Angleichung zwischen Objekt und Vorstellung, sondern kommen nur durch Annäherung, »homoiosis« von Wort- und Objektvorstellung zustande. »Die Verbindung von Wort- und Objektvorstellung (ist) der erschöpfbarste Teil der Sprachleistung (...), gewissermaßen ihr schwacher Punkt«, denn Wortvorstellung und Objektvorstellung entsprechen einander nicht![299]

Das Sprachthema wird alsdann in verschiedenen Richtungen fortgesetzt: Es geht über in die Erörterung unterschiedlicher Formen von Zusammensetzungen und Auflösungen der Wortassoziationsaspekte – im kindlichen Spracherwerb sowie den Rückbildungsregeln der Sprachdekomposition[300] – und mündet ein in die Unterscheidung zwischen den verbalen und asymbolischen Sprachstörungen mit Läsionen und den funktionellen Sprachstörungen ohne organische Läsionen. Freud beginnt ein Schema zu entwerfen, »das von den genaueren anatomischen Lageverhältnissen absieht und die Beziehung der einzelnen Elemente der Sprachassoziation darstellt.«[301] Die Erörterung bekräftigt noch einmal die Feststellung, daß »im Mittelpunkt der Sprachfunktion (...) die assoziative Tätigkeit des akustischen Elements steht«, oder, wie es 1923 dann heißen wird: »Das Wort ist doch eigentlich der Erinnerungsrest des gehörten Wortes.«[302]

---

298 Ebd., S. 125; vgl. hierzu auch Charcots Fall des gebildeten Kaufmanns, in dem eine visuelle Störung kompensiert wird (J. M. Charcot: Lecons sur les maladies du systéme nerveux, in: ders.: Oeuvres Complètes, Vol. III, Paris, 1887, S. 155).
299 S. Freud, Zur Auffassung der Aphasien, a. a. O., S. 127.
300 1891 fällt Freud u. a. auf, daß die in den Sprachstörungen ausgefallenen Assoziationsrichtungen denen beim Sprachlernen eingeschlagenen Assoziationen entsprechen. Allgemeine Übereinstimmungen zwischen den Rückbildungswegen beim Sprachverlust und dem Entwicklungsverlauf beim Spracherwerb sind damit vorgezeichnet. Wobei die Dissolutionsregel, auf die sich Freud bezieht, einerseits von Hughlings Jackson stammt, andererseits weiter zurück auf Ribot verweist. Sie besagt, daß eine früh gewonnene Assoziationsanordnung widerstandsfähiger ist als eine relativ jung erworbene.
301 Ebd., S. 126; s. Anatomisches Schema des Sprachassoziationsfeldes. Diese Trennung, wie sie 1891 zwischen anatomischer Lokalität und psychischem Sprachapparat eingeführt wird, bleibt auch in der weiteren Theorie bestimmt. Sie ist grundlegend für die Auffassung des Psychischen.
302 S. Freud: Das Ich und das Es, a. a. O., S. 290.

Zusammenfassung

Fassen wir die Besonderheiten der Freudschen Studie über die Aphasien zusammen:
1. Ganz im Sinne der Neurophysiologie seiner Zeit orientiert sich Freud zunächst an der organischen Grundlage des Sprachapparats. Er versteht Sprechen und Sprache als sekundäre Funktionen, die den anatomischen Apparat überlagern, ihm organisch sozusagen aufgepfropft sind. Sprechen bedeutet dabei von Anfang an eine Umordnung, zunächst nur der primär bestehenden Rindenbezirksfunktionen.
2. Freud bestreitet anfangs nicht die Lokalisationsidee der Sprachstörungen, lockert jedoch die Eins-zu-Eins-Verbindung von Sprachapparat und Rindengebieten. Darüber hinaus weist er die psychologischen Apriori des Wernickeschen Aphasiekonzepts zurück und betont die »den Zentren der Sprache zugeschriebene, besondere psychische Dignität«.[303]
3. Im Unterschied zu Charcot, der auf der Grundlage seiner Hypnoseexperimente ebenfalls eine rudimentäre Sprachtheorie aufstellte, steht für Freud sodann fest, daß die Verbindungswege im zerebralen Aufbau der Sprache nicht allein individuell ausgeprägt sind, sondern außerdem auf allgemein präferierten Verbindungen beruhen, so daß es »allgemeingültige Auszeichnungen« einzelner Assoziationsverbindungen gibt.[304] Ein gesetzmäßiger Ablauf der Sprachbahnen deutet sich an.[305]

---

303 S. Freud: Zur Auffassung der Aphasien, a. a. O., S. 56.

304 In seinen Hypnoseexperimenten hatte Charcot vorzugsweise mit Wortsuggestionen experimentiert und darauf aufbauend selbst eine rudimentäre Sprachtheorie aufgestellt. Diese Sprachtheorie zeichnet sich allerdings dadurch aus, daß darin assoziative Verknüpfungen unterschiedslos nach allen Seiten hin möglich scheinen. So führt Charcot beispielsweise den Umstand, daß ein Aphasiker ein Sprachfunktionselement wie etwa die visuellen Assoziationsbahnen präferiert, auf dessen ganz individuelle Einübung der Sprache zurück und erklärt die Organisation der Sprachelemente rein vom kontingenten, individuellen, sozialen Hintergrund her oder erklärt sie durch Heredität und Konstitution bestimmt. Vgl. dazu noch einmal das Beispiel des gebildeten Kaufmanns mit dem bemerkenswerten visuellen Gedächtnis. Charcot hatte kein Ohr für die akustischen Elemente, er war ein Objektneurologe, ging »ex visu« vor. Vgl. P. Vogel: Zur Aphasielehre Sigmund Freuds, a. a. O., S. 261. Zu Charcots Sprachauffassung, s. auch J. Gasser: Aux origines du cerveau moderne. Localisations, langage et mémoire dans l'œuvre de Charcot, Paris 1995. Siehe ferner: Teil 3, Abschnitt: Aphasie und Sprachvorstellung bei Charcot.

305 Lacan macht darauf aufmerksam, daß Freuds Assoziationsthese nicht als neuroempirischer Assoziationismus zu verstehen ist. »Bei allen Aphasien, die verursacht werden durch rein anatomische Verletzungen des Zerebrums, das den genannten Funktionen das mentale Zentrum gibt, verteilen sich die Ausfälle, sowie es um die Produktion von Bedeutung geht, offensichtlich auf die zwei Abhänge des signifikanten Effekts dessen, was wir hier Buchstabe nennen.« J. Lacan: Funktion und Feld des Sprechens und der Sprache in der Psychoanalyse, in: ders.: Schriften I, Frankfurt am Main 1975, S. 73ff. sowie ders.: Das Drängen des Buchstaben im Unbewußten, in: ders.: Schriften II, Olten, Freiburg 1975.

4. Avanciert für seine Zeit, stellt Freud darüber hinaus die noch heute in der Neurophysiologie geltende Theorie des »Konnektivismus« auf, d. h. die Annahme, daß der Sprachapparat auf einem zusammenhängenden Rindengebiet beruht, in dem alle Sprachareale miteinander in Verbindung stehen. Speziell dieses relationale Kriterium wird sich in die Bestimmung von Sprache eintragen und die psychoanalytische Auffassung von Sprache als eine wesentlich auf Beziehungen beruhende Dimension begründen. 1891 klingt auf diese Weise erstmalig ein genuin Psychisches an, auch wenn dieses unbestreitbar noch der Neurophysiologie der Zeit untergeordnet bleibt und es den »Entwurf«, dann die *Traumdeutung* mit der Traumrhetorik braucht, bis es als eigenständige Instanz aufgestellt ist und die hirnphysiologischen Aspekte endgültig in den Hintergrund gedrängt sind. In der *Auffassung der Aphasien* ist das alles angelegt. Dennoch distanziert sich Freud Ende des 19. Jahrhunderts grundsätzlich noch nicht von der Neurowissenschaft. Noch 1898 drückt er seine Position vielmehr dahingehend aus: »Ich bin (...) gar nicht geneigt, das Psychologische ohne organische Grundlage schwebend zu erhalten. Ich weiß nur von der Überzeugung aus nicht weiter, weder theoretisch noch therapeutisch, und muß also mich so benehmen, als läge mir nur das Psychologische vor. Warum mir das nicht zusammengeht, ahne ich noch gar nicht«.[306] Das Unbewußte, dieses »missing link«, liegt noch in weiter Ferne. Doch der Weg zur psychologischen Auffassung der Sprache ist mit der sprachimmanenten Auffassung der Sprachstörungen bereits beschritten.[307] Damit und mit der beständigen Warnung vor der Verwechslung zwischen Anatomischem und Psychologischem, bzw. mit der Betonung der Vorstellung als einer eigenständig psychologischen Dimension sowie der dezidierten Erklärung von »der allseitigen Assoziationsmöglichkeit zwischen den Elementen der Sprachfunktion« unterscheidet sich Freuds *Auffassung der Aphasien* klar von der seiner Vorgänger.[308]

Nicht zuletzt muß das breit angelegte Thema der Paraphrasien als ein Vorläuferthema von »Witz« und Unsinnslust betrachtet werden. Es liegt damit nahe, Freuds Studie über die Aphasien nicht mehr als eine rein naturwissenschaftliche Abhandlung aufzufassen. Freud hat vielmehr begonnen, »den Stuhl des Arztes (...) um neunzig Grad vom Patienten wegzudrehen, um ihn einem virtuellen Körper zuzukehren, nämlich der sprachlich erfaßten Vorstellung«.[309] So gesehen

---

306 J. M. Masson (Hg.): Sigmund Freud, Briefe an Wilhelm Fließ 1887–1904, Frankfurt am Main 1986, Brief vom 22.09.1898, S.357–358.
307 Wegen der Beziehungslosigkeit von Wort- und Objektvorstellungen.
308 S. Freud, Zur Auffassung der Aphasien, a. a. O., S. 143.
309 W. Leuschner, Einleitung zu S. Freud, Zur Auffassung der Aphasien, a. a. O., S. 27.

ist Sprache bei Freud von Anfang an kein ausschließlich neuroanatomischer, physiologischer Vorgang mehr, fungiert nicht nur als eine höhere kortikale Funktion, als rein individuelles psychisches Produkt oder ein dem Sprecher beliebig verfügbares Medium.[310] Mit Freuds Betrachtung der Aphasien ist vielmehr die Zauberkraft der Worte in die Wissenschaft zurückgekehrt.[311] Sprache kündigt sich als eine Dimension an, die in ihrem Aufbau zusammenhängend, relational ist, in der Zusammensetzung ihrer Grundelemente, der Worte, hingegen unzusammenhängend bis unbestimmt. Insgesamt läßt sie eine Tendenz zur Unsinnigkeit erkennen.[312] Eine rein naturwissenschaftliche Definition von Sprache ist das nicht mehr, auch wenn sie 1891 noch unter dem methodischen Diktat des Psychophysischen Parallelismus steht und die Theoretisierung durch das Unbewußte noch auf längere Zeit aussteht.

---

310 Ebd.; s. J. Fehr: Das Unbewußte und die Struktur der Sprache, a. a. O., S. 54.
311 Ebd., S. 37.
312 Der Unsinn der Lust kommt durch die nicht mit der Wortvorstellung zusammenhängende Objektvorstellung ins Spiel.

Kapitel 2

Freuds »Entwurf einer Psychologie« von 1895

Das Thema der Bahnung wird im »Entwurf« fortgeführt und vertieft. Freuds Absicht und Ziel ist es dabei, einen psychischen Apparat zu entwickeln, vor dessen Hintergrund die einzelnen psychischen Leistungen (Wahrnehmen, Erinnern, Denken und Urteilen) sowie eine erste Neurosentheorie ihren Platz haben. Mit der Annahme des Apparats wird auch das Subjekt zum Thema, das im Kontext des Apparats bereits nicht mehr als ein harmonisches, in sich geschlossenes – theologisches, naturphilosophisches oder vitalistisches – Seelenwesen figuriert, sondern in Gestalt seiner grundlegenden Entfremdung.

Unter den Freudschen Texten nimmt der »Entwurf« wissenschaftstheoretisch eine besondere Stellung ein. Der Text stellt, wie M. Wegener detailliert herausgearbeitet hat, das Herzstück der Briefe dar, die der junge Freud von 1890 bis 1905 an den Berliner Freund, den Hals-, Nasen- und Ohrenarzt Wilhelm Fließ zu schreiben beginnt und die als Freuds eigene Analyse gelten können.[313] Die in diesen Briefen artikulierte Verschränkung von Persönlichem und Theoretischem wird die psychoanalytische Theorie fortan prägen und ihren einzigartigen Stellenwert als »Junktim« von Theorie und Praxis bestimmen. Freuds eigene Haltung zum »Entwurf« ist indes zwiespältig. Er distanziert sich von ihm wenig später – ähnlich wie auch von Fließ – so ausdrücklich (»mir erscheint es als eine Art von Wahnwitz«[314]), daß der Text lange Zeit ein verworfenes und fragmentarisches Werk bleibt und von den Herausgebern der *Gesammelten Werke* erst 1987 in den Nachtragsband aufgenommen wird.[315] Schon E. Jones sprach nur unter Vorbehalt von dem Text, bewertete ihn als einen letzten, verzweifelten Versuch, sich an die Sicherheit der Gehirnanatomie zu halten, der im Grunde unfruchtbar war.[316] Erst im Zuge der neurologischen Debatte der sechziger und siebziger Jahren regte sich neues Interesse und begann man den

---

313 M. Wegener: Neuronen und Neurosen, Der psychische Apparat bei Freud und Lacan. Ein historisch-theoretischer Versuch zu Freuds Entwurf von 1895, München 2004; N. Haas: Freuds »Entwurf« ein Schreibspiel, in: N. Haas, R. Nägele u. a.: Im Zug der Schrift, München 1994. S. 59–74.
314 Brief vom 01.05.1898, s. M. Wegener: Neuronen und Neurosen, a. a. O., S. 17.
315 S. Freud: Entwurf einer Psychologie, in: ders.: Ges. Werke. Nachtragsband, Frankfurt 1987, S. 385.
316 E. Jones: Das Leben und Werk von Sigmund Freud, Bern-Stuttgart-Wien 1978, Bd. I, a. a. O., S. 443.

»Entwurf« als die in Vergessenheit geratene epistemische Grundlage der Psychoanalyse zu begrüßen, als ein erstes, präzises neurologisches Modell psychischer Prozesse, das für das Verhältnis zwischen Psychoanalyse und Neurologie vielversprechend zu sein schien.[317] Nichtsdestotrotz fallen die Einschätzungen zu diesem »Urtext« der Psychoanalyse widersprüchlich aus. G. Gutmann hält beispielsweise den Anspruch des »Entwurfs« auf Etablierung einer universellen Sprache für alle psychischen Prozesse für unangemessen,[318] A. Métraux versteht ihn als Ergänzung, nicht aber als neurologisches Fundament der psychologischen Neurosentheorie und M. Pines betont die mehr theoretische denn neurologische Bedeutung der Schrift.[319] D. Linke und C. Borck hingegen sehen die Sprache der Nervenzellen als begrifflich im Grunde inexistenten Code an und W. Leuschner schließlich verweist auf den besonderen Charakter der Freudschen Physiologie, die damals, wie allgemein üblich, nicht streng naturwissenschaftlich war.[320]

Im Gegensatz zu diesen u. a. Auffassungen wird der »Entwurf« hier als ein Vorentwurf von zentralen psychoanalytischen Theoremen, von Libidotheorie, Verdrängungstheorie, Ichauffassung sowie den psychischen Mechanismen des Primärvorgangs und Sekundärvorgangs herausgestellt. Es soll jedoch betont werden, daß sich seine Bedeutung nicht in einer begrifflichen Vorläuferschaft erschöpft, noch mit dem Hinweis zu erledigen ist, daß viele der verwendeten Begriffe mehr oder weniger in Gebrauch waren.[321] Denn trotz aller Anbindung an den Szientismus seiner Zeit ist der »Entwurf« das »Grundgemäuer der Psychoanalyse«. Er ist ein Text, der auf einzigartige Weise den wissenschaftstheoretischen Standort der Psychoanalyse markiert, ihre epistemische Position

---

317 Vgl. K. Pribram, M. Gill: Freud's Project reassessed, London 1976, S. 16, zitiert nach A. Métraux: Metamorphosen der Hirnwissenschaft. Warum Sigmund Freuds »Entwurf einer Psychologie« aufgegeben wurde, in: M. Hagner (Hg.): Ecce Cortex. Beiträge zur Geschichte des modernen Gehirns, Göttingen 1999, S. 75.

318 G. Guttmann: From the Sum of Excitation to the Cortical DC Potential. Looking Back a Hundred Years, in: G. Guttmann, I. Scholz-Strasser (Hg.): Freud and the Neurosciences. From Brain Research to the Unconscious, Wien 1998, S. 23–35.

319 M. Pines: Neurological Models und Psychoanalysis, in: G. Guttmann, I. Scholz-Strasser (Hg.): Freud and the Neurosciences, a. a. O., S. 47–56; D. Linke, Discharge, Reflex, Free Energy and Encoding, ebd., S. 103–108; C. Borck: Visualizing Nerve Cells und Psychical Mechanisms. The Rhetoric of Freud's Illustrations, ebd., S. 57–86. Linke greift die Schrift vom Energiekonzept her auf, Borck von der Seite der Vorstellung.

320 W. Leuschner: Einleitung zu S. Freud: Zur Auffassung der Aphasien, a. a. O., S. 21. Leuschner macht darauf aufmerksam, daß die Physiologie Ende des 19. Jahrhunderts als eine »Klammerdisziplin« zwischen Neuroanatomie und Psychologie stand und die Kluft zwischen Neuroanatomie und Psychologie zu überbrücken versuchte.

321 So findet sich der Begriff der Bahn etwa bei Th. Meynert und S. Exner, ist das Homöostasemodell und der Begriff des anderen Schauplatzes von Fechner entdeckt worden, die Unterteilung der Vorstellungskomplexe von E. Mach und stammt die Idee der elektrophysiologischen Hintergründe zweifelsohne aus der Helmholtzschule.

zwischen zwei Wissensformen, dem szientistischen Wissen von Helmholtz und Brücke einerseits und dem Wissen vom »anderen Schauplatz« des Unbewußten andererseits.[322] In den folgenden Jahren wird Freud diese Position der Psychoanalyse zwischen der Wissenschaft einerseits und der Logik des Unbewußten andererseits ausarbeiten.[323] Der »Entwurf« stellt einen ersten Versuch dazu dar. Nicht zuletzt stellt er aber auch einen Text dar, in dem eine tiefe moralische Erfahrung spürbar wird, weshalb es laut Lacan »in der Psychologie nichts (gibt), das mehr wert wäre als Freuds ›Entwurf‹.«[324]

Der Aufbau des Apparats

Der Text beginnt mit zwei »Hauptsätzen«, unter die Freud seine Darstellung der folgenden »naturwissenschaftlichen Psychologie« stellt. Der erste Hauptsatz begründet die Tendenz, daß der psychische Erregungsvorgang eine fließende Quantität darstellt, die den allgemeinen Bewegungsgesetzen unterliegt und vor allem einer Tendenz zur Abfuhr, dem Trägheitsprinzip folgt. Der Einfluß der allgemeinen Reflexphysiologie wird spürbar, ohne allerdings die quantitative Auffassung restlos erklären zu können. Denn mit der Hypothese der Trägheitstendenz der Erregungsvorgänge ist für Freud das selbstgesteckte Ziel der widerspruchsfreien, anschaulichen Darstellung einer wissenschaftlichen Psychologie von Anfang an hinfällig geworden. Widerspruchsfreie Theorie und Trägheitsprinzip passen in der Psychoanalyse nicht zusammen, sie lassen den Anspruch der neu zu entwerfenden Theorie auf Allgemeingültigkeit scheitern. Dennoch stellt sie keinen epistemischen Fehlgriff dar, markiert vielmehr das epistemische Vorzeichen, unter dem die Dynamik der psychischen Vorgänge zu betrachten sein wird. Die dem Trägheitsprinzip gehorchenden psychischen Erregungsvorgänge sind jedoch auch deshalb kein reines Reflexgeschehen, weil sie auf Vorstellungen verweisen, denen mit einfacher Erregungsabfuhr nicht beizukommen ist. Diese Vorstellungen lehnen sich an die »überstarken Vorstellungen« der Hysteriker an, die durch ihre »Sonderbarkeit« auffallen – »uns als Emporkömmlinge, Usurpatoren, daher als lächerlich« erscheinen – und allgemein von der Erfahrung »unbeherrschbarer Quantitäten« zeugen. Freud sieht sich mit Vorstellungen von »tyrannischem Charakter« konfrontiert, die das Subjekt okkupieren, es gefangen halten und sich als grundlegend unkon-

---

322 J. Lacan: Die Ethik der Psychoanalyse, Seminar VII, Weinheim, Berlin 1986, S. 20.
323 N. Haas: Freuds »Entwurf« – Ein Schreibspiel, a. a. O., S. 68ff.; M. Wegener: Neuronen und Neurosen, a. a. O., S. 175ff.
324 J. Lacan: Die Ethik der Psychoanalyse, a. a. O., S. 49 und 54.

trollierbare Quantitäten darstellen.[325] Ausgehend davon läßt sich dieser erste Hauptsatz, bzw. die aus den überstarken Vorstellungen gewonnene Abfuhrtendenz, nicht mit einer wissenschaftlich alsbald überalterten Reflextheorie erklären. Er erschöpft sich auch nicht in der Beobachtung zufälliger neuropathologischer Erscheinungen, vielmehr ist er als ein Zeugnis von den Erfahrungen der »Not des Lebens« zu verstehen, als ein Zeugnis, das Freud zur Grundlage der ethischen Erfahrung der Psychoanalyse machen wird.

Die Trägheitstendenz des Apparats

Thema des zweiten Hauptsatzes des »Entwurfs« ist die Materialität der Elemente des psychischen Apparats. Freud schließt sich wissenschaftlich dabei dem Grundsatz von Du Bois-Reymond an, wonach im Organismus keine anderen Kräfte wirksam sind als die gemeinen physikalisch-chemischen und die Analyse der Lebenserscheinungen auf nichts als Bewegung und Materie zurückgeht. In ähnlicher Weise soll mit den Neuronen, diesen Bausteinen der naturwissenschaftlichen Psychologie, nun der psychische Apparat im szientistischen Sinne konstruiert sein: Neuronen sind distinkte und gleich gebaute Teilchen, sie sehen Trägern, Energiespeichern und Leitern ähnlich. Sie machen die Psychologie des »Entwurfs« deswegen aber nicht zu einer anerkannten physikalistischen Disziplin. Nicht allein das Trägheitsprinzip spricht dagegen. 1895 gewinnt für Freud – wie schon zuvor in der Aphasie-Schrift, wo er die Auffassung der Nervenzellen als Vorratsstätten psychischer Vorstellungen in Frage stellte – der Unterschied zwischen den physischen und psychischen Vorgängen zunehmend an Bedeutung. Dieser Unterschied findet sich an verschiedenen Stellen angesprochen, etwa da, wo Breuer in den »Studien über Hysterie« einräumt, daß die Gehirnanatomie die neue Psychologie nicht legitimieren könne, sondern psychische Vorgänge stets in der Sprache der Psychologie zu behandeln seien. Breuer fährt fort: »Wenn wir statt ›Vorstellung‹ ›Rindenerregung‹ sagen wollten, so würde der letztere Ausdruck nur dadurch einen Sinn für uns haben, daß wir in der Verkleidung den guten Bekannten erkennen und die ›Vorstellung‹ stillschweigend wieder restituieren. (...) Jener Ersatz der Termini scheint eine zwecklose Maskerade«.[326]

Sehen wir uns den Aufbau des Apparats nun näher an:

Nach der allgemeinen Quantitätsthese und der Definition der materiellen Träger, den Neuronen, arbeitet der Apparat mit zwei Klassen von Neuronen:

---

325 S. Freud: Über Hysterie (Dreiteiliger Vortrag), in: ders.: Ges. Werke. Nachtragsband, a. a. O., S. 334 und 347. J. Lacan: Die Ethik der Psychoanalyse, a. a. O., S. 38.
326 J. Breuer: Theoretisches, in: S. Freud: Ges. Werke. Nachtragsband, a. a. O., S. 244 und 247–248 Anm. 1.

– mit an der Außenperipherie des Organismus liegenden leeren Neuronen, die Quantitätsströmung völlig durchlassen, nur vorübergehende Vernetzungen zustandebringen und »unveränderlich wie ein Wellenschlag« aussehen und
– mit besetzten Neuronen, die mit Widerständen, den sogenannten Kontaktschranken versehen sind, die die Eigentümlichkeit besitzen, endogene Quantität aufzuspeichern und das eigentlich psychische System der ψ-Neuronen darstellen.[327]

Auf der Grundlage dieser zwei Neuronenklassen skizziert Freud zwei Systeme eines Apparats, die zu den genannten Verbindungen fähig sind, nennt das erste durchlässige System das φ-System und das zweite undurchlässige, das ψ-System. Ergänzt werden die beiden Systeme durch ein drittes System der Wahrnehmungsneuronen, ω-System genannt, mit dem zusammen der psychische Apparat dann seine Leistungen ausführen und die Funktionen von Wahrnehmen, Erkennen, Denken, Urteilen, Wünschen, Träumen usw. zustande bringen soll.[328]

Die Bahnungsidee

Schon in der Aphasieschrift hatte Freud die für seine Zeit revolutionäre Idee des Konnektivismus verfochten, d. h. die Idee der allgemeinen Verbindungen der Sprachzentren im zerebralen Nervensystem. Im »Entwurf« wird die Idee der umgreifenden Bahnung vorangetrieben, wobei im Unterschied zur Aphasie-Studie nun auch Beobachtungen aus der eigenen neuropathologischen Praxis mit einfließen. Auffällig ist dabei, wie die Beschreibungen an die seinerzeit in Entwicklung begriffene Physik elektrischer Schaltkreise angelehnt sind, wozu Breuer mit den in Elektrizitätsmetaphern ausgedrückten Affektvorgängen das erste Beispiel gibt, dabei von Anfang an klarstellend, daß die technische Referenz allein als Analogie und nicht als Identitätsaussage zu verstehen ist: »Wir hätten uns eine zerebrale Leitungsbahn nicht wie einen Telephondraht vorzustellen, der nur dann elektrisch erregt ist, wenn er fungieren, d. h. hier: ein Zeichen übertragen soll; sondern wie eine jener Telephonleitungen, durch welche konstant ein galvanischer Strom fließt und welche unerregbar werden, wenn dieser schwindet. – Oder, besser vielleicht, denken wir an eine vielverzweigte elektrische Anlage für Beleuchtung und motorische Kraftübertragung; es wird von dieser gefordert, daß jede Lampe und jede Kraftmaschine durch einfaches Herstellen eines Kontaktes in Funktion gesetzt werden könne. Um

---

327 Neurophysiologisch betrachtet wären das die Synapsen.
328 S. Freud: Entwurf einer Psychologie, a. a. O., S. 403.

dies zu ermöglichen, zum Zwecke der Arbeitsbereitschaft, muß auch während funktioneller Ruhe in dem ganzen Leitungsnetze eine bestimmte Spannung bestehen, und zu diesem Behufe muß die Dynamomaschine eine bestimmte Menge von Energie aufwenden. Ebenso besteht ein gewisses Maß von Erregung in den Leitungsbahnen des ruhenden, wachen, aber arbeitsbereiten Gehirnes«.[329] Ganz ähnlich Freud, wenn er empfiehlt, seine Hypothesen in dem Sinne zu verstehen, »wie es die Physiker mit der Annahme strömenden elektrischen Fluidums tun«.[330]

Doch im »Entwurf« geht es nicht allein um das Phänomen der zerebralen Verbindungen und deren unterschiedliche Ausführungen. Thema ist hier vor allem die Möglichkeit der Bahnungsverbindungen an sich. Das Novum der Freudschen Konzeption liegt, um es zu betonen, nicht in der Annahme einer vorstellbaren Gedächtnis- und Speicherungsinstanz, die schon von anderen Autoren, etwa Charcot aufgestellt worden ist. Weder die Annahme des Gedächtnissystems, noch die damit beginnende Aufweichung des Reflexschematismus sind das Neue am $\varphi\psi\omega$-Apparat. Im »Entwurf« geht Freud weitaus grundsätzlicheren Überlegungen nach. Er öffnet die »black-box« des Reflexschemas und rückt das Prinzip der Verbindungen an sich ins Zentrum der Aufmerksamkeit. Freud nennt das Prinzip beim Namen, sieht es in einer eigentümlichen Art von Verbindungen bestehen, den sogenannten »Kontaktschranken«, den verbindenden Verbindungswiderständen.[331] Mit diesem Verbindungsprinzip soll die Tendenz der Bahnungen selbst in Fällen größter Komplexität sichergestellt werden. Unter der Voraussetzung des Prinzips der Kontaktschranken dienen die Bahnungen im »Entwurf« nämlich weiterhin der Quantitätsregulierung, d. h. sie leiten Quantität in Verzweigungen ab und halten sie in Verkettungen fest. Freudsche Bahnungen dienen damit der Ersparung von Besetzungen, bzw. der Primärfunktion. Über die Kontaktwiderstände werden Schwellen zwischen den Neuronensystemen eingeführt, die dafür sorgen, daß in ψ nur ein bestimmtes Quantitätsmaß, nur ein gewisser »Quotient« von den φ-Außenneuronen aufgenommen wird: »*Quantität* in φ drückt sich also aus durch *Komplikation* in ψ.«[332] Eine erste Andeutung des späteren Verdrängungsmechanismus ist gemacht und vermittelt schon hier einen Eindruck davon, daß für Freud psychische Leistung an das Differenzierungsvermögen gebunden ist.[333] Die Richtung

---

329 J. Breuer: Theoretisches, a. a. O., S. 252. Vgl. zur »Medientransposition« als Bedingung der Möglichkeit – auch – von Psychoanalyse F. Kittler: Aufschreibesysteme 1800–1900, München ⁴1985, S. 330f.
330 S. Freud: Die Abwehrneuropsychosen, in: ders.: Ges. Werke. Bd. I, a. a. O., S. 74.
331 M. Wegener: Neuronen und Neurosen, a. a. O., S. 107.
332 S. Freud: Entwurf einer Psychologie, a. a. O., S. 407.
333 Auch für Freud ist die Seele also ein Hemmungsgeschehen, wenn auch nicht eine Reflexhemmung. Vgl. dazu den medizingeschichtlichen Exkurs.

dazu hatten die ersten Hysteriepatientinnen gewiesen, bei denen Freud zum ersten Mal die Rolle der Abwehr als pathogener Kraft auffiel und er erkannte, daß diese allein über »die Entstehung des hysterischen Zwanges« befindet. Er fährt fort: »Man darf ohne weiteres in diesem Widerstand gegen B das Maß des *Zwanges* sehen, den A ausübt, und darf glauben, daß man die Kraft, welche seinerzeit B verdrängt hat, hier neuerdings bei der Arbeit sieht.«[334] Vom pathogenen Fall auf die normalen Vorgänge schließend, ergibt sich im »Entwurf« dann die Schlußfolgerung, daß stets nur ein bestimmtes Reizmaß Zugang zum ψ-System findet, oder positiv und mit Lacan formuliert, ein bestimmtes »Maß des Realen« in ψ immer erhalten bleibt, sich nicht abschütteln läßt.[335] Dieses Maß des Realen ist es dann auch, das über alle pathologischen Verhältnisse hinaus für den Zwang zur Assoziation verantwortlich ist. Assoziationen nehmen ihren Ausgang grundsätzlich von diesem in ψ erhaltenen »Maß des Realen«. Die neue Annahme des in den Kontaktwiderständen enthaltenen Bahnungs- bzw. Verbindungsprinzips wird sich bewähren und in unterschiedlichen Gestalten bis zur Aufstellung der Urverdrängungshypothese (1915) beibehalten werden.[336]

Doch der Bahnungsbegriff ist vielschichtiger. Unverkennbar sind darin Spuren noch anderer Denktraditionen eingeschrieben, Spuren des physikalischen Denkens der Helmholtzschule, des Assoziationismus von Hume, Locke, Berkeley und speziell des Assoziationsgesetzes von J. St. Mill.[337] Ebenso findet sich darin die Spirituslehre von Descartes wieder wie auch der seinerzeit dominierende klinische Assoziationismus von Binet und Charcot. Speziell Binets Entdeckung, daß ein Zufallsereignis in der Kindheit, eine frühzeitige infantile Fixierung, psychisch wirksame Kräfte entwickeln kann, hat darin Eingang gefunden.[338] Soweit zu einigen der Konturen des Bahnungsbegriffs, der einerseits

---

334 S. Freud: Entwurf einer Psychologie, a. a. O., S. 442.
335 Die Quantität »Q« wird hier als Reales aufgefaßt; s. dazu J. Lacan: Das Ich in der Theorie Freuds und in der Technik der Psychoanalyse, Seminar II, Olten 1980, S. 141.
336 Das Prinzip ist auch in der Verschränkung zwischen Sexualtrieb und Todestrieb wiederzufinden.
337 Vgl. K. R. Popper, J. Eccles: Das Ich und sein Gehirn, München 1982, S. 241.
338 Die These stammt aus einem seinerzeit berühmten Fall von kindlichem Wäschefetischismus. Binet erklärte sein Zustandekommen auf die Weise, daß eine sexuelle Erregung und eine Wahrnehmung (die der Mutter mit einer Nachthaube) zusammengefallen sein mußten (A. Binet: Etudes de psychologie experimentale: le fétichisme dans l'amour, Paris 1888, S. 64–65, 80). Der Assoziationismus der Assoziationspsychologie war nach der Absetzung der Hereditätstheorie die führende Theorie, die von Meynert und Exner unterstützt wurde (H. F. Ellenberger: Die Entdeckung des Unbewußten, Bd. II, Bern 1973, S. 658). In den Drei Abhandlungen wendet Freud gegen Binets Auffassung von der determinierenden Wirkung des zufälligen Ereignisses ein, daß hinter der Erinnerung an das erste Auftreten des Fetischs eine untergegangene Phase der Sexualentwicklung liegen müsse und der Fetisch nur eine Deckerinnerung darstellen könne (S. Freud: Drei Abhandlungen zur Sexualtheorie, Stud. Ausg. Bd. V, Frankfurt am Main 2000, S. 64, Anm. 3).

wegen seiner Aussagen zum Verhältnis von Physischem und Psychischem, von Körper und Geist/Seele von Bedeutung ist, zum anderen wegen seiner Definition des Grundprinzips des psychischen Apparats, der grundsätzlichen Abfuhrbewegung der psychischen Vorgänge.

Betrachtet man abschließend die Artikulation des Bahnungsbegriffs unter strukturellen Gesichtspunkten, erscheint sie als ein besonderes Stück einer Artikulationsbewegung. Mit J.-F. Lyotard läßt sich sagen, daß mit dem Bahnungsbegriff eine Artikulation formuliert wird, die paradoxerweise mit einer Desartikulation ansetzt, in der die Bewegung eines Entzugs auf den Begriff gebracht wird.[339]

Wir wollen nun die Abhängigkeit der Neuronenbahnen von den ökonomischen Faktoren des Lust-/Unlustprinzips betrachten und anschließend die Leistungen des sogenannten Apparats untersuchen.

Primärvorgang und Sekundärvorgang

Unter dieser Bedingung des Entzugs steht und arbeitet der psychische Apparat und erbringt seine Leistungen. Freud faßt das unterschiedliche Verhalten des Nervensystems unter dem Namen des Primärvorgangs und des Sekundärvorgangs zusammen und hält fest: Während die Primärfunktion der ursprünglichen Tendenz des Nervensystems nach Quantitätsabfuhr, nach Abfuhr von »Qη«, nachgibt, ist dem Sekundärvorgang durch die »Not des Lebens« ein Quantitätsvorrat zugewiesen, den er irgendwie zu bewältigen hat. Auf diese Weise ergeben sich im ψ-System die vielfachen Verzweigungen, die das Differenzierungsvermögen des Sekundärvorgangs ausmachen. Auffällig ist hier, wie Freud seine Einteilung in zwei Klassen von Nervenzellen, ihre Vorgänge und Funktionen, ausschließlich topisch begründet. Denn nicht die Natur der Nervenzellen ist für das unterschiedliche Funktionieren des Nervensystems verantwortlich, die Nervenzellen, so die Beobachtung, sind selbst nicht empfindungsfähig, sie haben vielmehr einen »monotonen« Charakter. In Anbetracht der Tatsache, daß die an der Außenperipherie des Körpers ankommenden Reize von größerer Intensität als die endogenen Reize sind – die φ-Neuronen empfangen größere Energiemengen aus der Außenwelt und sind nicht gegen die Außenwelt abgeschlossen, die ψ-Neuronen sind hingegen von Anfang an durch die φ-Neuronen gedämpft und erhalten aus dem Körperinneren zudem nur Reize von niedrigerem Energieniveau – ergeben sich die Funktionsunterschiede der Nervenzellen hauptsächlich durch ihr unterschiedliches Milieu. »Die Wesens-

---

339 J.-F. Lyotard: Emma, in: H. U. Gumbrecht, K. L. Pfeiffer (Hg.): Paradoxien, Dissonanzen, Zusammenbrüche, Frankfurt am Main 1991, S. 671–705.

verschiedenheit ist durch eine Schicksals- und Milieuverschiedenheit ersetzt«.[340] 1920 bekräftigt Freud den Gedanken, daß die exponierte Lage des Bewußtseinssystems Einfluß auf das Verhalten der Neuronen ausübt: »Die Stellung des Systems zwischen Innen und Außen und die Verschiedenheit der Bedingungen für die Einwirkung von der einen und der anderen Seite werden maßgebend für die Leistung des Systems und des ganzen seelischen Apparats«.[341] Freuds Erklärung der Nervenfunktionen durch Lage und Milieuverschiedenheit wird, wie in Teil 1 gezeigt, von der Neurowissenschaft bestätigt, so daß man hier eine Verbindung von Psychoanalyse und Neurowissenschaft vermuten könnte, wenn denn die Logik der Freudschen Systeme tatsächlich die des Nervensystems wäre. In *Jenseits des Lustprinzips* wird Freud den Zusammenhang zwischen der Topologie des Systems und den Besonderheiten seines Erregungsablaufs jedoch als »spekulativ« bezeichnen und einräumen: »Wir bemerken dann, daß wir mit diesen Annahmen nichts Neues gewagt, sondern uns der lokalisierenden Hirnanatomie angeschlossen haben, welche den Sitz des Bewußtseins in die Hirnrinde, in die äußerste, umhüllende Schicht des Zentralorgans verlegt«.[342] Im Gegensatz zu den Hirnanatomen seiner Zeit, für die das Bewußtsein eine zu vernachlässigende Größe war, muß, wie Freud bereits 1895 hinzufügt, die psychologische Betrachtung aber weiter reichen und nach den Ursachen der Bewußtseinsbildung gefragt werden: Warum besitzt das Individuum Kenntnis von seinen Zuständen, warum empfindet es und kann sich überhaupt seiner bewußt werden? Zur Beantwortung dieser Frage genügt es nicht, das Bewußtsein ausschließlich über seine quantitativen Funktionsleistungen zu erklären. Freud vermag sich nicht mit einer mechanistischen Erklärung zufrieden zu geben, ebensowenig wie er die subjektiv-physiologische Seite des psychischen Geschehens als ausreichende Erklärung betrachtet. Er sieht sich vielmehr genötigt, das Bewußtsein qualitativ zu erklären und macht sich daran, die »bekannten Eigenschaften des Bewußtseins durch parallel veränderliche Vorgänge in den ω-Neuronen«, wie es heißt, zu »decken«.[343] Dabei stellt er eine Verknüpfung mit den Erregungen filternden Wahrnehmungsleistungen fest, die von zeitlichen Abläufen mitbestimmt wird. Über Wahrnehmung sowie seinen zeitlichen Charakter vermittelt das Bewußtsein nicht mehr allein Quantitäten, es stellt vielmehr eine Leistung dar, die auch Qualitäten liefert.[344]

---

340 S. Freud: Entwurf einer Psychologie, a. a. O., S. 398; ders.: Jenseits des Lustprinzips, in: Stud. Ausg. Bd. III, Frankfurt am Main 1975, S. 238.
341 S. Freud: Jenseits des Lustprinzips, a. a. O., S. 238.
342 Ebd., S. 234.
343 S. Freud: Entwurf einer Psychologie, a. a. O., S. 403.
344 Ebd., S. 402–403, s. dazu auch die Anschreibung des W-Bw Systems in der Traumdeutung und Lacans Definition des materialistischen Bewußtseins in der Psychoanalyse.

Der Bau des Nervensystems ist nun vollständig und mit ihm ist ein Apparat konstruiert, der äußere Quantität in Qualität verwandelt. Dem Grundprinzip des Apparats, der ursprünglichen Abfuhrtendenz, ist vollauf Genüge getan, denn »der Reflexvorgang bleibt das Vorbild auch aller psychischen Leistungen«. Er bleibt selbst dann noch erhalten, wenn das Reflexmodell längst verabschiedet ist.[345] Die Grundpfeiler dieses Apparats, mit denen zum ersten Mal in der Geschichte der Seele nun auch dem Raum psychologische Aspekte zugeschrieben sind, werden durch die gesamte Theorie der Psychoanalyse hindurch bestehen bleiben.[346]

Lust-/Unlustempfindungen

Wir kommen nun zu dem, wie es 1920 heißt, »dunkelsten und unzugänglichsten Kapitel des Seelenlebens«, zu den Lust-/Unlustempfindungen.[347] Der »Entwurf« führt sie im Zusammenhang mit der Quantität der Erregung als Empfindungen von Systembesetzungen ein und nennt Lust die Empfindung einer Quantitätsverringerung, Unlust die Empfindung ihrer Steigerung. Die vage Erinnerung an Fechners Proportionalitätsgesetz zwischen Reiz und Empfindung stellt sich ein, ist im Freudschen Sinne jedoch dahingehend zu korrigieren, daß jetzt weniger der Zusammenhang von zwei Größen als der zeitliche Faktor des Maßes der Verringerung oder Vermehrung für die Lust-/Unlustempfindung ausschlaggebend werden.[348] An der Tendenz des Apparats hat sich durch die Aufnahme der Bewußtseinsleistung nichts grundlegend geändert. Denn mit der

---

345 S. Freud: Die Traumdeutung, a. a. O., S. 514. Das Reflexmodell ist das Vorbild aller psychischen Leistungen. Die Annahme eines Verarbeitungsmechanismus widerspricht ihm jedoch von Anfang an, ebenso wie die Annahme der Erinnerungsspuren, des Gedächtnisses.
346 Vgl. S. Freud: Das Ich und das Es, Stud. Ausg. Bd. III, Frankfurt am Main, S. 293, sowie die 31. Vorlesung in: Neue Folge der Vorlesungen zur Einführung in die Psychoanalyse, Stud. Ausg. Bd. I, a. a. O., S. 515–516. Die Anordnung des ω-Systems wird später zum W-Bw System verändert, und die Systeme werden räumlich wie zeitlich definiert. Vgl. S. Freud: Die Traumdeutung, a. a. O., S. 513–523. Das modifizierte W-System liefert dem Bewußtsein weiterhin mannigfaltige sinnliche Qualitäten. Der Entwurf widerspricht der neurologischen Bewußtseinsdefinition also hauptsächlich vom topologischen Argument her. Hinsichtlich des Wahrnehmungsbezugs, der Quantität und des Zeitfaktors der Nachträglichkeit weisen die Bewußtseinsauffassungen ansonsten zunächst kaum Unterschiede auf. Vgl. Teil 1.
347 S. Freud: Jenseits des Lustprinzips, a. a. O., S. 217–218.
348 G. Th. Fechner: Elemente der Psychophysik, 2 Bde., Amsterdam 1964 (Nachdruck der Ausgabe Leipzig 1860). Fechners Psychophysischer Parallelismus ist im Gegensatz zur Version von E. Mach monistisch konzipiert. Fechner geht zunächst von der Ausdehnung der Seele aus, begreift die Seele als eine Einheit, die eine Mannifaltigkeit in sich einschließt und versteht sie als das verknüpfende Prinzip der körperlichen Wechselzustände. Körper und Seele stehen für ihn sodann in einer erfahrungsmäßigen Beziehung und sind untrennbar miteinander verbunden. Um den Zusammenhang zu veranschaulichen, verwendet Fechner hier den Vergleich mit den zwei Seiten des

Lust-/Unlustempfindungen ist die Beschreibung des Bewußtseins nur erweitert worden und der primären Trägheitstendenz in keiner Weise widersprochen. Zehn Jahre später, in der *Traumdeutung*, kann Freud den Ort der Abfuhrtendenz dann genauer bestimmen und situiert ihn am motorischen Ende des Apparats, wo sich auch der Zugang zur Motilität befindet.[349]

Der Bau des Nervensystems ist vollendet, es zeigt sich indes, daß das psychische System ψ darin von zwei Seiten durch Quantitäten bedrängt wird: von der Außenwelt, aus der es exogene, durch φ gedämpfte Neuronenerregungen empfängt, vom Körperinnern her, aus dem es endogene, durch keine φ-Filter gedämpfte Neuronenerregungen empfängt.[350] Die erst 1915 begrifflich entwickelten Triebe zeichnen sich ab. Im Innern von ψ stößt Freud aber schon jetzt auf den Antrieb, der fortan alle psychische Tätigkeit an die »Not des Lebens« binden wird.

Kreises: Wie die konkave und die konvexe Seite des Kreises sind Körper und Seele unmöglich von einem Standpunkt zugleich zu erblicken. Je nach Standpunkt erblickt man die eine oder die andere Seite. In derselben Weise sind Körper und Seele in der Sache eins, erscheinen aber von zweierlei Standpunkten als verschieden. Daß Fechner mit dieser Version des Psychophysischen Parallelismus dennoch nicht einfach der aktuell in der Neurowissenschaft vertretenen Identitätstheorie zuzurechnen ist, zeigt sich daran, daß für ihn, auch im Unterschied zu Mach, die Verschiedenheit nicht allein vom Standpunkt, sondern auch von dem, der ihn einnimmt, abhängt. Neben dem objektiven, physikalischen Maß kommt also für Fechner noch der subjektive Standpunkt hinzu. Allerdings ist Fechner auch wegen seiner religiösen und panpsychischen Weltauffassung kein moderner Identitätstheoretiker. Er betreibt jedoch keine Metaphysik, blickt nicht hinter die Welt der Erscheinungen und fragt nicht nach dem Träger des Psychischen. Vielmehr notiert er das Verhältnis zwischen Körper und Seele als ein mathematisches Funktionsverhältnis, bzw. quantitatives Abhängigkeitsverhältnis zwischen Empfindungen und Reizen. In diesem Sinne versteht er Seele nicht einfach als Folgewirkung körperlicher Bewegung, auch nicht als eine kausal vom Körper abhängige Größe, sondern postuliert ein Maß der Seele und geht von einem Zuordnungsverhältnis zwischen psychischen und physiologischen Vorgängen aus. Allerdings wird das Psychische dann doch mit dem physischen Maß gemessen, so wie man eben »den Raum mit der Elle mißt« (Bd. I, S. 57). Freud hat Fechner als den einzigen Forscher gewürdigt, dessen Konzepte für die psychoanalytische Theorie relevant geworden sind: sein Begriff des anderen Schauplatzes, die Quantität, das Stabilitätsgesetz, die Schwelle, das Unbewußte. Bei der Auffassung des Unbewußten zeigt sich jedoch – neben ihren unterschiedlichen Auffassung von der Quantität, die für Fechner, wie gesagt, meßbar für Freud dagegen eine ganz und gar nicht meßbare Größe darstellt – eine der großen Differenzen zwischen beiden Forschern. Denn während für Freud das Unbewußte der Schlüssel zur Realität des Psychischen wird, hält es Fechner für gänzlich unwirksam: »Wie kann etwas wirken, was nicht ist?« (Bd. II, S. 438). Das Unbewußte ist für Fechner nur ein »negativer Bewußtseinswerth« (Bd. II, S. 441). Zu Fechner, s. M. Riepe: Freud und Fechner, Zur Rekonstruktion eines Paradigmenwechsels, in: Chr. Tholen, G. Schmitz, M. Riepe (Hg.): Übertragung – Übersetzung – Überlieferung. Episteme und Sprache in der Psychoanalyse Lacans, Bielefeld 2001, S. 343–370.

349 S. Freud: Die Traumdeutung, a. a. O., S. 517.
350 S. Freud: Entwurf einer Psychologie, a. a. O., S. 410.

Die Rede vom Apparat

Entscheidend für alle späteren Auffassungen vom Seelenleben ist aber die Rede vom Apparat. Eigentümlicherweise spricht Freud in seiner »allgemeinen Psychologie« nicht von der Seele, sondern nähert sich dem Seelischen weitgehend über den Begriff des Apparats an. Die Konsequenzen dieser Rede sind gewaltig. Denn unter dem Titel des Apparats wird die Seele unverkennbar aus der angestammten philosophisch-theologischen Tradition herausgelöst und mit dem physiologischen Nervenapparat in Zusammenhang gebracht. Gleichwohl wird dieser Apparat des Seelischen, insofern er nicht auf den lebenden Gesamtorganismus »Mensch« bezogen wird, damit nicht neurophysiologisch begründet. Mit Freuds Rede vom Apparat wird vielmehr eine Spaltung zwischen Seele und Subjekt eingeführt, die besagt, daß die Seele nicht – wie gemeinhin angenommen – dem Subjekt innewohnt. Mit der apparathaften Seele entwickelt Freud die Topologie einer Subjektivität, die vor allem im Gegensatz zur neurophysiologisch-systemischen Verschleifung von Subjekt und Seele logisch eine Eigenexistenz führt und ausschließlich an der Oberfläche des Organismus zu finden ist.[351] Das beweist sich an der punktuellen Verbindung zwischen Apparat und dem System von Wahrnehmungsempfindung und Bewußtseinsqualität und wiederholt sich im ψ-System und seiner flüchtigen Verschaltung zwischen den endogenen Reizen und dem Restorganismus.[352] Die Psyche im »Entwurf« ist weitgehend vom Körper isoliert und abgekoppelt.

Freuds Rede vom Apparat bringt im Grunde nichts Neues. Im Prinzip knüpft er damit nur an das Maschinendenken des Körpers vom 17. Jahrhundert an, setzt sich wegen der neuen geistigen Vorzeichen gleichzeitig aber davon ab. Denn wo bei Descartes oder LaMettrie die Maschine des Körpers noch in ein theozentrisches Weltbild eingebettet war, gilt das nach Darwins Entthronung des gottgleichen Menschen für den psychischen Apparat des Freudschen Subjekts schon lange nicht mehr. Die ideengeschichtlichen Vorzeichen der Freudschen Apparatevorstellung gehören, darauf weist M. Wegener hin, in den Zusammenhang der im 19. Jahrhundert einsetzenden Experimentalisierung des Lebens und sind erst im Kontext der aufkommenden Apparatemedizin dieser Zeit richtig eingeordnet.[353] Es ist bekannt, daß Freud diese Apparatemedizin in der

---

[351] S. Freud: Jenseits des Lustprinzips, a. a. O., S. 217ff.; s. Kapitel 4. Das Unbewußte. Abschnitt: Das autonome Unbewußte und der Automatismus der Seele.
[352] Die Außenwelt wird nur in Teilen »verkostet« und die Innenwelt ist nicht minder schwer als die Außenwelt wahrnehmbar. Vgl. den Abschnitt: Das Ich.
[353] Siehe H.-J. Rheinberger, M. Hagner (Hg.): Die Experimentalisierung des Lebens. Experimentalsysteme in den biologischen Wissenschaften, Berlin 1993, zitiert nach M. Wegener, Neuronen und Neurosen, a. a. O., S. 21.

Salpêtrière kurz vor der Abfassung des »Entwurfs« kennenlernte und er bei den spektakulären Hypnoseexperimenten Charcots miterlebte, wie mit Menschen umgegangen wurde, als wären sie Maschinen.[354] In Freuds apparathafter Auffassung vom Seelenleben sind auch davon Spuren erhalten. Dennoch bleibt die Rede vom Apparat im Zusammenhang mit der Seele irritierend und verlangt nach einer Erklärung.[355] Sagen wir mit Lacan, daß mit dieser Rede die Dimension eines Allgemeinen, Nicht-Individuellen am Menschen herausgehoben wird, die Dimension von etwas, was das seit dem cartesischen »Cogito« Subjektivste, nämlich die Seele, partiell wieder entsubjektiviert.[356] Darüber hinaus wird durch die Identifizierung der Seele mit dem Apparat offenkundig, daß nun auch der Körper in der Seele an Raum gewinnt. Als Apparat verstanden, bringt die Freudsche Seele unverkennbar materielle, körperliche Spuren mit sich. Seele besitzt eine körperliche Ausdehnung, eine Ausdehnung, die allerdings, wie es wenig später in der *Traumdeutung* heißt, ausschließlich virtuell zu verstehen ist: »(...) daß wir uns das Instrument, welches der Seelenleistung dient, vorstellen wie etwa ein zusammengesetztes Mikroskop, einen photographischen Apparat u. dgl. Die psychische Lokalität entspricht dann einem Orte innerhalb eines Apparats, an dem eine der Vorstufen des Bildes zustande kommt. Beim Mikroskop und Fernrohr sind dies bekanntlich zum Teil ideelle Örtlichkeiten, Gegenden, in denen kein greifbarer Bestandteil des Apparats gelegen ist«.[357] Es kann also festgestellt werden, daß die Seele selbst als ein virtueller Körper in Erscheinung tritt; dabei wird sie gleichzeitig von solchen konkret-körperlichen Spuren durchzogen, wie sie das Befriedigungserlebnis hinterläßt.

Das Befriedigungserlebnis

Mit den φ-, ω- und ψ-Systemen ist die Ausrüstung des Apparats komplett, sein innerer Motor ist mit dem Lust-/Unlustprinzip und dessen Trägheitstendenz umfassend benannt. Dennoch ist von der inneren Logik her eine weitere Bedingung nötig, damit der Apparat seine Leistungen erfüllen kann, damit er denken, erinnern und urteilen, träumen, wünschen und vor allem die Realität erkennen kann. Diese Bedingung wird durch zwei initiale Erlebnisse hergestellt,

---

354 Vgl. Teil 3: Neurologische Vorzeit – Auf dem Weg zum Unbewußten. Für Charcot waren seine hysterischen Patientinnen ebenso automatenhaft wie Maschinen, weil er ihre Suggestibilität negierte.
355 Die Rede vom Apparat ist auch deshalb irritierend, weil damit der Reflexschematismus beibehalten zu sein scheint.
356 Siehe J. Lacan: Das Ich in der Theorie Freuds und in der Technik der Psychoanalyse. Seminar II, a. a. O., S. 63, 95, 99; s. M. Wegener: Neuronen und Neurosen, a. a. O., S. 33.
357 S. Freud: Die Traumdeutung, a. a. O., S. 512–513.

die keinen entwicklungspsychologischen, sondern spekulativ-fiktiven Charakter haben: das Befriedigungserlebnis und das Schmerzerlebnis.[358] Beide Erlebnisse können als Bausteine der Grundkonstruktion des Apparats betrachtet werden, die aufgrund ihres spekulativen Charakters erneut dazu beitragen, daß Freuds »allgemeine Psychologie« keine widerspruchfreie Theorie ergibt und einer naturwissenschaftlichen Psychologie nicht Genüge tut. Sehen wir uns die Fiktion des Befriedigungserlebnisses genauer an:

Ausgangspunkt ist ein energetisch geladener Zustand des Apparats voller Spannung, der nach Abfuhr verlangt und dazu auf eine bereitliegende Nervenbahn, die Bahn der sogenannten »inneren Veränderung« zurückgreift, in seiner Aktion wegen der anhaltenden Zufuhr endogener Reize zunächst aber erfolglos bleibt. Veränderungen im Zustand des Apparats werden erst möglich, nachdem ein Eingriff aus der Außenwelt den Quantitätsspannungszustand für eine Weile beseitigt hat, d. h. wenn Nahrungszufuhr und Nähe des Sexualobjekts in einer »spezifischen Aktion« zusammengekommen sind und sowohl Innen- wie Außenwelt verändert haben.

Die Anonymität der Freudschen Darstellung ist bemerkenswert. Denn das kleine Wesen, der hilflose Säugling, kommt im »Entwurf« erst in den Blick, nachdem Freud den Zustandswechsel des Apparats notiert hat. Auch später in der Traumdeutung wird das nicht anders sein, auch da gilt Freuds vorderstes Interesse dem Zustand des Apparats, folgt erst danach die Darstellung des menschlichen Organismus und zuletzt der Zustand des Individuums, des Kindes.[359] Die Deutung, daß der Psychismus dem Menschenwesen ursprünglich nicht inhärent ist und das kleine Individuum erst ein Verhältnis zu seinem, bzw. *dem* Psychismus gewinnen muß, scheint also naheliegend. Aber Freud stellt nicht nur eine Rangfolge in der Bildung von Psychismus und Organismus auf, er geht auch der Frage nach, wie das Verhältnis zu dem isoliert stehenden Apparat überhaupt gewonnen wird. Hierbei verweist er auf die Sprache, genauer, die »Bahn der Verständigung« und betrachtet sie als die Bahn, über die das initiale Befriedigungserlebnis seinen Weg nimmt. Wie man sieht, ist das Verhältnis zwischen Individuum und psychischem Apparat zu Beginn des Lebens nicht im Lot. Doch man erinnert sich, daß ein ähnliches Ungleichgewicht dem Apparat von Anfang an mit der Trägheitstendenz innewohnt. Nun aber wird deutlich, daß der menschliche Organismus insgesamt unfähig scheint, sich selbständig im Gleichgewicht zu halten und die zur Spannungsabfuhr benötigte Aktion herbeizuführen. Organismus und Apparat verfügen über keine eigenen Mittel

---

358 Freud selbst spricht von der »Fiktion« des Befriedigungserlebnisses (S. Freud, Formulierungen über die zwei Prinzipien des psychischen Geschehens, in: ders.: Stud. Ausg. Bd. III, Frankfurt am Main 2000, S. 18, Anm. 4).

359 S. Freud: Die Traumdeutung, a. a. O., S. 538–539.

dazu. Weder eine gute Natur, noch Informationen aus dem Körperinneren, d. h. Instinktverhaftung, noch eine angeborene Introspektionsfähigkeit greifen hier sekundierend ein. Seele und Organismus befinden sich nicht in Harmonie. Unmißverständlich hebt Freud seine jeder neurologischen Auffassung widersprechende Überzeugung hervor, daß der psychische Apparat disharmonisch arbeitet und über keine überlebenssichernden Mechanismen verfügt. Aus Freudscher Sicht kann der Psychismus nur sehr eingeschränkt als ein biologisches System aufgefaßt werden. Selbst in dem in der Sprache der Neurologie verfaßten »Entwurf« erweist sich Psyche als ein System, das darwinistisch-evolutionäre Zielsetzungen unverkennbar durchkreuzt. Die rätselhaften, »überstarken Vorstellungen«, das Trägheitsprinzip und die Not des Lebens sowie die Hilflosigkeit des kleinen Individuums machen aus dem psychischen Apparat ein System, das nicht auf Selbstherstellung beruht, nicht autopoietisch funktioniert, sondern von einer grundlegenden Mangelhaftigkeit markiert ist. Auch die Hilfestellung der anderen kann das Trauma des Apparats nicht restlos beseitigen und bringt keine reibungslosen Anschlußoperationen zustande. Auf dem Gebiet des Psychischen findet der Mechanismus der systemkonstruierenden Selbsterhaltung darum wenig Anhaltspunkte.[360]

Im letzten Schritt seiner Überlegungen kommt Freud auf die Hilflosigkeit und Abhängigkeit des Kindes von fremder Hilfe zu sprechen. Er nennt Mittel und Wege, durch die das Kind aus seiner Hilflosigkeit herausfindet: Die organisch verankerte »Sekundärfunktion der Verständigung« und die Sprachbahnen sind es, durch die sich die Not des Lebens wenden läßt. Doch anders als für Neuropsychologen kommt diese Wendung für Freud nicht allein durch die sprachliche Verständigungsfunktion zustande. Zwar teilt das Kind über die sprachliche Abfuhrbahn den anderen seine Hilflosigkeit mit und sichert damit sein Überleben, dennoch ist dabei mehr im Spiel als Überlebenssicherung, mehr als Verständigung und sprachliche Kommunikation. Sprechen, so beobachtet Freud im »Entwurf«, ist nämlich immer auch an die Erregungen von Lust und Unlust gebunden. Diese Lust-/Unlusterregungen sind es denn auch, die beim Sprechen nicht abzuschütteln sind und sich in vielerlei Hinsicht bemerkbar machen: sie hinterlassen ihre Spuren in der Bahn der Verständigung und beeinflussen das Sprechen des Kindes auch für die Zukunft. Die sprachliche Verständigung ist also nicht von der Wahrnehmung von Unlust und Lust zu trennen. Aus diesem Grund mag Sprechen in der Psychoanalyse zwar kognitive Funktionen erfüllen, stellt jedoch genau verstanden eine Leistung dar, die weniger auf den Verstand als auf Lust und Unlust reagiert. So gibt es von Anfang an Objekte, »die einen schreien machen«, weil sie Schmerz erregen, und gibt es

---

360 Vgl. dazu das nächstes Kapitel über die Triebe.

andererseits Objekte, die wie der »Nebenmensch« konstant befriedigende Laute von sich geben und so in Erinnerung bleiben. »Es braucht nun nicht viel, um Sprache zu erfinden«.[361]

Bedeutung des Befriedigungserlebnisses

Das Befriedigungserlebnis dient als der Motor, der den psychischen Apparat in Gang setzt und ihm seine besondere Ausrichtung verleiht. Zugleich vermittelt es einen Eindruck davon, wie der Lebensanfang des Subjekts in der Perspektive der Psychoanalyse aussieht.[362] Zu Beginn seines Werdens ist das Menschenwesen prekären Erfahrungen ausgesetzt, Erfahrungen von Abstoßung und Anziehung und – wie noch zu zeigen ist – tendenziell psychotischem Erleben. Sehen wir uns den Ablauf des Befriedigungserlebnisses daraufhin genauer an. Nachdem der psychische Apparat des hilflosen Kindes – vermittelt über die Bahn der Verständigung und durch Hilfe des Nebenmenschen – im günstigen Fall die spezifische Aktion zur Spannungsabfuhr eingeleitet hat, wendet sich die Situation: der störende Reiz wird aufgehoben und die Erfahrung von Befriedigung stellt sich ein. Diese erste Erfahrung wird die Wahrnehmung aller späteren Bedürfniszustände dauerhaft prägen. Taucht nämlich in Zukunft ein neues Bedürfnis auf, wird es von nun an mit dem Erinnerungsbild des ersten Befriedigungserlebnisses oder, wie in den Hysteriegeschichten, in denen die Erfahrung von Unlust überwogen hat, mit dem ersten Schmerzerlebnis assoziiert werden.[363] Eine Erinnerungsspur ist gelegt, die von jedem sich neu anbahnenden Bedürfnis aktiviert werden wird. Aus dem unlustvollen Spannungszustand des Apparats, dem Ungenügen des Organismus und der Hilflosigkeit des kleinen Menschenwesens ist eine psychische Regung geworden. Eine Regung, die sich zusammensetzt aus dem Erinnerungsbild der Wahrnehmung des ersten Befriedigungserlebnisses und der Tendenz zur Wiederherstellung der ursprünglichen Befriedigungssituation. 1895 und vor allem 1900 gibt Freud dieser psychischen Regung den Titel »Wunsch«, nennt die Reste der beiden Erlebnisarten, von Befriedigung und Schmerzerlebnis, Affekte und Wunschzustände und erklärt, daß sie als zwangsartige, imperative Regungen zu verstehen seien, insofern sich aus dem Wunschzustand eine Attraktion und aus dem Schmerzerlebnis eine Abneigung gegen die erneute Besetzung des Erinnerungsbildes ergebe.[364] Die primäre Abwehr, die spätere Verdrängung,

---

361 S. Freud: Entwurf einer Psychologie, a. a. O., S. 410 und 457.
362 Ebd., S. 411.
363 Ebd., S. 539.
364 »Sie hinterlassen zwangsartige Motive für den Q Ablauf«, Wunsch heißt die Summation der Quantitätsspannung, Affekt dessen Entbindung (ebd., S. 414). Die Argumentation verläuft noch ganz im Sinne der Reflextheorie.

ist vorformuliert. Um es zu wiederholen: Diese ersten psychischen Regungen entstehen aus einer dem Apparat eigenen Beschädigung, aus der grundlegenden, traumatischen Beschädigung des Apparats selbst.[365]

Bereits in dem frühen Text von 1895 fällt auf, daß Freud bei der Konstruktion des Apparats im Zustand des ersten Befriedigungserlebnisses mit Spekulationen arbeitet. Die naturwissenschaftliche Zielsetzung der »allgemeinen Psychologie« erweist sich damit erneut als hinfällig und der ursprüngliche Anspruch auf Verallgemeinerbarkeit und Wissenschaftlichkeit ist aufs Neue zum Scheitern verurteilt. So ist es nicht überraschend, daß Freuds kausale Zuschreibungen unter wissenschaftstheoretischen Gesichtspunkten als unhaltbar (A. Grünbaum) und das physikalische Geschlossenheitspostulat der Neurowissenschaft als nicht erfüllt beurteilt werden (Maturana). Berücksichtigt man darüber hinaus den aufklärerischen Anspruch der Psychoanalyse, so mag die Einführung der Logik des Spekulativen tatsächlich als ein Rückfall ins Mythische bezeichnet werden (R. Schlesier).[366] Dennoch wird Freud seine Konstruktionen psychischer Vorgänge immer wieder mit mythischen Begriffen begründen, sei dies in Form von Urphantasien, Urszene oder Ursprungstheorien. Jedes Mal wird er damit aufs Neue bestätigen, daß mit der psychoanalytischen Theorie keine widerspruchsfreie Theorie zu realisieren ist und Ansprüche auf eine empirische oder auch historische Wahrheit in der Psychoanalyse grundsätzlich fehlgehen.[367] Dennoch besitzt das Spekulative seine Logik, da damit der traumatischen Beschädigung des Apparats eine, wenn auch fiktive, Grenze gesetzt wird. Noch ein weiterer Aspekt des Befriedigungserlebnisses ist in dieser Hinsicht aufschlußreich. In den frühen Kuren mit seinen Hysterikerinnen hatte Freud beobachtet, daß die Übertragung eine »falsche Verknüpfung« darstellt und im Grunde nichts weiter als eine delirante Besetzung der Person des Analytikers bedeutet.[368] Derselbe Mechanismus taucht nun auch auf der Apparateebene auf, wo der Apparat ausgehend von der Berührung mit der traumatischen Beschädigung im ψ-System auf kürzestem Weg das Erinnerungsbild wiederherzustellen versucht

---

365 N. Haas: Freuds »Entwurf« – Ein Schreibspiel, a. a. O., S. 64.

366 Vgl. dazu R. Schlesier: Konstruktionen der Weiblichkeit bei Sigmund Freud, Frankfurt am Main 1981, ebenso die erkenntnistheoretische Kritik von A. Grünbaum: Die Grundlagen der Psychoanalyse. Eine philosophische Kritik, Stuttgart 1988 sowie Teil I: Die Postulate der systemischen und konstruktivistischen Neurowissenschaften. Ferner J. A. Schülein: Die Logik der Psychoanalyse, a. a. O. sowie P. Fuchs: Das Unbewußte und Systemtheorie. Die Herrschaft der Verlautbarung und die Erreichbarkeit des Bewußtseins, Frankfurt am Main 1998.

367 An der spekulativ-fiktiven Beschreibung des Anfangs gemessen, kann Wahrheit nur Wahrscheinlichkeitscharakter besitzen, nicht aber auf Ereignisse bezogen sein.

368 Eine Tatsache, die die sogenannten Hypnotherapien, das Neurolinguistisches Programm, Familientherapien und in besonderem Ausmaß die Familienaufstellung völlig ignorieren, wenn sie auf das »bio-feedback« durch den Therapeuten oder Hypnotiseur setzen, mit dessen Hilfe die authentische Wahrheit der Empfindungen des Probanden ans Licht befördert werden soll.

und dabei die Tendenz zu erkennen gibt, auf sich selbst zurückzufallen. Da im System des Psychischen aber Wunsch und Wahrnehmung nicht zur Deckung kommen, läuft diese Art der Selbstreflexivität tendenziell auf ein Halluzinieren hinaus. Es läßt sich also sagen, daß dem Psychismus energetisch nichts näher liegt als das psychotische Delir. Die Notwendigkeit eines umleitenden Systems wird erkennbar, eines Systems, das zwischen Wahrnehmung, Erinnerungsbild und Vorstellung unterscheidet und zweckmäßige Besetzungen ermöglicht. Damit dies zustande kommt, bedarf es einer guten Besetzung des Ichs. Oder in der Sprache des »Entwurfs«, es bedarf einer in ω erfolgten Abfuhrnachricht, die an ψ weitergegeben und dort von einem Ich, das psychische Primärvorgänge hemmt und Realitätszeichen einrichtet, aufgegriffen wird, auf daß schließlich zwischen einem Erinnerungsbild und einer Wahrnehmung unterschieden werden kann.[369]

Wahrnehmung und Ding

Wie gezeigt, lautet eine Entdeckung der Neurophysiologie, daß beim Akt der Wahrnehmung ein Objekt aufgrund bestimmter selektiver Mechanismen in Ereignisse umgewandelt wird, die von den Sinnesorganen des Nervensystems aufgenommen und anschließend über zerebrale Instanzen und Vorgänge koordiniert werden. Trotzdem stellt die Erklärung der Wahrnehmungsidentifizierung die Neurowissenschaft immer noch vor Schwierigkeiten, weshalb möglicherweise die psychoanalytische Erklärung des Wahrnehmungsvorgangs hier weiterhilft. Auch Freud geht zunächst davon aus, daß Wahrnehmung weder über die Summierung von Nervensignalen, noch über deren komplexe Verschaltung zusammengesetzt ist, sondern im wesentlichen einen selektiven Vorgang darstellt, der über bestehende Erinnerungsbilder zustande kommt. Freud erklärt die Wahrnehmungsidentifizierung jedoch nicht allein mit der regulativen Rolle der Erinnerungsbilder oder einer anderen mehr oder weniger rätselhaft bleibenden Integrationsleistung des Gedächtnisses. Aus dem neurologisch verfaßten »Entwurf« geht hervor, daß Erinnerungsbilder vielmehr eine besondere Organisation aufweisen, wodurch Wahrnehmungen erst angestoßen werden. Es muß zudem an die bereits bekannten Komplexe der Aphasieschrift erinnert werden, die sich nun aber nicht auf den Aufbau von Sprechen und Sprache beziehen, sondern auf die Objekterkenntnis, genauer, die Erkenntnis des »Nebenmenschen«. Und insofern für Freud analysieren zerlegen heißt, ist auch die Wahrnehmung von Objekten ein analysierbarer, zerlegbarer Vorgang. Sie zerfällt genau genommen in zwei Bestandteile: einen, wie es heißt, konstanten Teil, der Identitäten festhält (Neuron a) und einen zweiten Teil, der Verschiedenheiten und wechselnde

---

369 S. Freud: Entwurf einer Psychologie, a. a. O., S. 417.

Besetzungen registriert (Neuron b). Der erste Teil wird das »Ding« genannt, der zweite dessen Tätigkeit, Eigenschaft oder Prädikat.[370] Im Hinblick auf das Hauptbefriedigungsobjekt des Subjekts, den Nebenmenschen, ergibt sich damit die folgende Unterteilung: »So sondert sich der Komplex des Nebenmenschen in zwei Bestandteile, von denen der eine durch konstantes Gefüge imponiert, als *Ding* beisammenbleibt, während der andere durch Erinnerungsarbeit *verstanden*, d. h. auf eine Nachricht vom eigenen Körper zurückgeführt werden kann.«[371]

Bei der Objektwahrnehmung kommen damit zusammen: zum einen körperliche Mitteilungen, Züge von Ähnlichkeit, eine Handbewegung oder Mimik, ein eigenes Schmerzerleben, ein Erleben der Körpergrenzen, zum andern ein Bestandteil, der für die dinghafte Registrierung von Objekten verantwortlich ist. Die Idee der psychischen Spaltung ist geboren.[372]

Das Ding

Gleichwohl stellt das »Ding« die Interpreten des »Entwurfs« vor ein Rätsel. Nach Freud fungiert es als das Differenzelement zwischen Wunschobjekt und Wahrnehmungsobjekt, als der Rest des Wahrnehmungsobjekts, der dem aus zwei Bestandteilen bestehenden Wunschbild in der Regel nicht entspricht. Es ist das Element, auf das – angetrieben vom Erinnerungsbild – das Lustprinzip zusteuert und von dem es seinen Anstoß zur Umbildung erfährt. Freud wählt ein Beispiel: Das prototypische Wunschbild des kleinen Säuglings wäre die »Mutterbrust und ihre Warze in Vollansicht«, sein tatsächliches Wahrnehmungsbild entspräche hingegen der Seitenansicht der Brust. Wunsch- und Wahrnehmungsbild weichen hier empfindlich voneinander ab, müssen aber, um Besetzungsabfuhr zu ermöglichen und einen Rückfall ins Halluzinieren zu vermeiden, in Übereinstimmung gebracht werden.[373]

Freuds Rekonstruktion dieses Vorgangs zeigt indes, daß das Wunsch-Ding nur in Verbindung mit bestimmten Ersatzbildungen in Erscheinung tritt und nur über ein Substitut repräsentiert werden kann. Das Ding wird stets in einem anderen Objekt repräsentiert, das seinerseits dadurch zur »Dignität des Dings«

---

370 Ebd., S. 423. Vgl. dazu »Das Unbewußte« von 1915, wo es an einer Stelle heißt, daß die unbewußte Ding-, Sachvorstellung des Objekts tausendfach verknüpft sei (S. Freud, Das Unbewußte, in: ders.: Stud. Ausg. Bd. III, S. 209–210).
371 S. Freud: Entwurf einer Psychologie, a. a. O., S. 426–427.
372 Für den hilflosen Säugling stellt der Nebenmensch ein Befriedigungsobjekt dar und ist gleichzeitig erster Anderer, Fremder, d. h. er ist auch das erste feindliche (!) Objekt. Zum Thema Lust, vgl. S. Freud: Der Witz und seine Beziehung zum Unbewußten, Stud. Ausg. Bd. IV, Frankfurt am Main 2000, S. 179–180.
373 S. Freud: Entwurf einer Psychologie, a. a. O., S. 424.

aufrückt.³⁷⁴ Freuds Auffassung des Differenzdings ist damit unverkennbar an der Sinneswahrnehmung orientiert. Das Ding, dieser »fremde Term«, dieser unveränderliche Bestandteil am Wahrnehmungsobjekt »Nebenmensch«, ist stets in einen sinnlichen Bezug eingelassen. Dieser Umstand bewahrheitet sich auch im Hinblick auf das Wahrnehmungsurteil von Lust-Ich und Real-Ich, wo das Ding im Zusammenhang mit dem verlorenen Objekt eingeführt wird.³⁷⁵ Genauer gesagt, wo es als ein mythisches Objekt erscheint, als ein Objekt, das nie gewesen ist und dessen Verlust erst im Wiedergefundenen bemerkt wird. Es ist ein Objekt, auf das man erst gestoßen sein muß, um danach suchen zu können. Denn das Ding selbst war nie da, wird allerdings, wo es nur berührt wird, umstandslos halluziniert. Das Ding existiert, wie es im »Entwurf« auch heißt, immer nur »in der Erwartung«.³⁷⁶ Freud spricht auf unterschiedliche Weise von dieser eigenartigen Beschaffenheit des Dings. Während er im »Entwurf« die wahrnehmungsbedingte Unerreichbarkeit des Dings mit der halluzinatorischen Ausrichtung des ψ-Systems und des psychischen Apparats in Verbindung bringt und, energetisch begründet, von der Unmöglichkeit, es zu finden, ausgeht, bezeichnet er das Dingobjekt im Zusammenhang mit dem Trieb als das variabel genannte Triebobjekt. In allen Fälle gilt jedoch, daß Wahrnehmung im Psychischen von der Existenz eines Dings angetrieben wird, das immer nur halluziniert werden kann: Mit dem Ding ziehen Unsicherheit und Zweifel in die Wahrnehmung ein. Das macht die Annahme des Dings freilich keineswegs falsch, macht sie auch nicht zwangsläufig metaphysisch, beschreibt lediglich die spezielle Ausrichtung des psychischen Apparats. Soll heißen, mit dem Ding des Wahrnehmungskomplexes wird eine Konzeption von Psyche vorgestellt, die auf der Grundlage einer Negativität oder Ortlosigkeit operiert. Oder psychologischer gesprochen: Mit dem Ding wird die Existenz eines Ortes im Psychismus behauptet, der kein Ereignisort ist, keine Gegenständlichkeit besitzt, keinen Inhalt hat und an dem kein Geschehen thematisiert wird. Das Ding formuliert vielmehr die Annahme, daß es im psychischen Apparat einen

---

374 J. Lacan: Die Ethik der Psychoanalyse, a. a. O., S. 85, 126, 136.
375 Das Ding entscheidet darüber, ob das primär Wahrgenommene in der Vorstellung wiedergefunden wird oder nicht. Die Vorstellung braucht dabei keine Entsprechung in der Realität aufzuweisen. Das außen befindliche Objekt ist sogar unerheblich, es braucht nicht einmal zu existieren (S. Freud: Die Verneinung, in: ders.: Stud. Ausg. Bd. III, a. a. O., S. 375, s. dazu auch E. Seifert: Was will das Weib, a. a. O., S. 21–24).
376 Psychoseerfahrungen zeigen, von welch existentieller Bedeutung die Orientierung an der Welt der Wünsche ist. Sie zeigen, daß Wunschorientierung Halt gibt, machen aber auch deutlich, wie schwer der Wunschzustand triebökonomisch zu halten ist. Dennoch sind Halluzinationen für Freud nicht nur pathologische Zustände, sondern schlichte Notwendigkeit. Vgl. in diesem Zusammenhang auch die Debatte zwischen Charcot und Bernheim um den Stellenwert der Halluzination, ob sie als echt oder als pathologisch zu gelten hat. Näheres dazu: Teil 3. Charcot.

Ort gibt, der leer bleibt, an dem nichts geschehen ist, an dem nicht gesprochen, nicht verführt und nicht geschlagen wurde; einen Ort, der nicht inhaltlich besetzt ist, dessen Leere gleichwohl traumatische Wirkung entfaltet. Soviel zur Deutung des Dings, das auf paradoxe Weise die psychische Organisation reguliert, sie als ein ausgeschlossenes Inneres regiert, als fremder Term ohne Indizes. Der Begriff des Unbewußten als topologische Größe ist angekündigt.

Es stellt sich nun die Frage, wie dieses Ding des »Entwurfs«, diese vorgestellte Differenz von Wunsch- und Erinnerungsbild, einzuordnen ist. Liegt es philosophisch auf der Linie des Substanz-Akzidenzproblems und ist als Inbegriff aller Prädikate, Akzidentien und Vergleichsmöglichkeiten aufzufassen oder sollte man es kantianisch als Ding an sich verstehen, als nach Abzug aller Prädikate selbständig übrigbleibender Rest, als ein der Wahrnehmung entzogener Rest? Freuds Brückenschlag zwischen Ding und Sinneswahrnehmung gibt den entscheidenden Hinweis und stellt die gänzlich unmetaphysische Begründung dieses Bausteins der frühen Psychoanalyse unter Beweis.

Im »Entwurf« wie in den entsprechenden späteren Texten fällt nämlich auf, daß Freud im Unterschied zu späteren Konzeptionen des Dings (Lacan) den unbedingten und verlorenen Bestandteil der Wahrnehmung streng an der Sinneswahrnehmung ausrichtet. Es läßt sich daher sagen, daß Freud bei der Konstruktion des Dings als der Agnostiker operiert, als den er sich selbst bezeichnete und als solcher bereits den Apparat konstruiert, der entgegen allem Anschein so gänzlich unmetaphysisch ist.[377] Es ist aber auch möglich, daß er hierbei Vorarbeiten des »radikalen Metaphysikkritikers« Ernst Mach aufgreift.[378] Die Ähnlichkeit zwischen dem Empfindungskomplex von Mach und Freuds Dingauffassung ist jedenfalls frappierend und dürfte wohl dazu beitragen haben, daß der Begriff des Dings bei Freud so bemerkenswert unmetaphysisch ausfällt.[379] So ist die Zerlegung des Empfindungskomplexes auch ein Thema in Machs *Analyse der Empfindungen*. Nach Mach gliedert sich der Empfindungsvorgang

---

377 Dazu exemplarisch die unterschiedlichen Interpretationen des Traums von Irmas Injektion, einerseits von Freud, Die Traumdeutung, a. a. O., S. 135 und andererseits von Lacan, Das Ich in der Theorie Freuds, Seminar II, a. a. O., S. 204. Lacans Interpretation des Dings trägt unverkennbar metaphysische Züge, man darf allerdings nicht übersehen, daß sich der metaphysische Zug des frühen Lacan mit der späteren Mathematisierung des »Entwendeten Briefes« wieder verliert (dazu E. Seifert, »Freud – Lacan, ein deplaziertes Verhältnis«, Vortrag am 13.10.2000 im »Psychoanalytischen Salon«, Berlin).

378 Autoren wie K. R. Popper und A. Lambertino sind allerdings gegenteiliger Ansicht. Sie verstehen Freud durchgängig mechanistisch und antimetaphysisch. Freud setzt sich jedoch schon aufgrund der Annahme des Unbewußten – vor der Mach geradezu warnt und die er ausschließlich als einen Aufmerksamkeitswechsel versteht – radikal vom Positivismus ab. Siehe A. Lambertino: Psychoanalyse und Moral bei Freud, Bonn 1994, S. 102.

379 Lacans Auffassung des Dings ist in der *Ethik der Psychoanalyse* entwickelt, er bringt es dort in Zusammenhang mit dem weiblichen Begehren, besonders dem Begehren von Antigone. Die

in Komplexe von veränderlichen und beständigen Komponenten und läßt eine Art des Beständigen, also des Dings erkennen, die in Freuds Dingauffassung unschwer wiederzufinden ist. In diesem Sinne heißt es bei Mach, daß die allgemeinste Art des Beständigen nicht notwendigerweise absolut und statisch auftreten müsse, sondern auch in der Form von Beziehungen und Verbindungen bestehen könne. Beständigkeit, Invarianz, Konstanz könne auch im Begriff einer Verbindung impliziert sein: »So scheint uns das magnetische Eisen, das wir immer sehen, so oft wir hinblicken wollen, als der beständige Träger der magnetischen Kraft, die erst wirksam wird, sobald ein Eisenstückchen hinzutritt, von welchem wir nicht so unvermerkt absehen können, wie von uns selbst«.[380] Dennoch ist Freud kein Positivist und selbst im »Entwurf« geht es ihm nicht um die Erklärung von sinnlichen Tatsachen. Gänzlich anders als bei Mach führt das Ding bei Freud daher wieder zum mythischen Wunschobjekt zurück und orientiert, angetrieben vom Lustprinzip, die Suche nach dem bestmöglichen Befriedigungsobjekt. Freuds Ding als ein Fremdes und konstant Widerständiges begründet also nicht positiv stichhaltige Wahrnehmungseindrücke, sondern behauptet im Gegenteil die Präsenz und Existenz der Welt der Wünsche, bzw. des Wunschobjekts an sich. Und weil dieses Wunschobjekt, wie das Befriedigungserlebnis zeigte, nicht von dem hilfreichen Anderen zu trennen ist, leitet es schließlich zur Realität des Nebenmenschen über. Allgemeiner gesagt, mit dem Ding im Hintergrund des Wunschobjekts kommt bei Freud eine Auffassung von Realität ins Spiel, die nur in Form von Teilung und Spaltung wahrnehmbar ist. Wunschobjekt und Ding geben einen Hinweis auf die Wahrnehmungsmodalität psychischer Realität. Sie weisen darauf hin, daß Realität mit der Erfahrung von Fremdheit und Andersheit einhergeht, bzw. Realität nur als ein Fehlendes konstituiert wird: »Was wir Dinge nennen, sind Reste, die sich der Beurteilung entziehen.«[381] Freuds Dingentwurf erhebt dieses einzigartige Realitätskonzept der kommenden Psychoanalyse zum Thema. Er bringt die paradoxe Erkenntnis

---

Heldin der antiken Tragödie, die hier das sublimierte weibliche Objekt repräsentiert, erhebt durch ihre Sublimierung das Objekt zur Dignität des Dings (J. Lacan: Die Ethik der Psychoanalyse, a. a. O., S. 88). Zur Interpretation des Dings bei Lacan, vgl. auch A. Juranville: Das lacanianische Ding, in: ders.: Der psychoanalytische Diskurs nach Lacan, Zürich 1994; H. D. Gondek, P. Widmer (Hg.): Ethik und Psychoanalyse. Vom kategorischen Imperativ zum Gesetz des Begehrens: Kant und Lacan, Frankfurt am Main 1994; Ph. Despoix: Das Schöne und das Ding. Heidegger und Lacan über Sophokles Antigone, in: E. Seifert (Hg.): Perversion der Philosophie. Lacan und das unmögliche Erbe des Vaters, Berlin 1992.

380 E. Mach: Beiträge zur Analyse der Empfindungen, Jena 1886, S. 156–157. Mach bezeichnet das Beständige und die von ihm unterhaltenen Beziehungen begrifflich auch als Gesetze. In diesem Sinne legt da der Affe, der Insekten jagt, sich aber vor der gelb und schwarz gefleckten Fliege hütet, Beständigkeit an den Tag (ebd., S. 147).

381 N. Haas: Freuds »Entwurf« – Ein Schreibspiel, a. a. O., S. 71; S. Freud: Entwurf einer Psychologie, a. a. O., S. 429.

zum Ausdruck, daß Realität für das Subjekt als etwas funktioniert, das von der Realität abzieht. In seiner Dingkonzeption stellt Freud, so N. Haas, das grundlegende Verhältnis des Menschen zur Realität unter Beweis und zwar als ein Verhältnis, das das Subjekt vor aller Verdrängung leitet und das Realität immer als prekäre Realität ausweist.[382]

Das Ich

»So sind wir ganz unerwartet vor das dunkelste Problem gelangt, die Entstehung des ›Ich‹.«[383] Mit der Wunschanziehung und Neigung zur Verdrängung hat Freud (in ψ) eine Organisation von festen, konstanten Besetzungen aufgestellt, der er den Namen »das Ich« gibt. Dieses Ich zeigt dieselbe Zusammensetzung wie der Nebenmensch, es ist unterteilt in wechselnde und bleibende Anteile. Nach energetischer Erklärung kommt es durch den Umstand zustande, daß das Lustprinzip zweierlei Besetzungen speichert: einerseits die Befriedigungsbesetzungen und andererseits die wegen der unvermeidlichen Unlust- und Schmerzerlebnisse sich einstellenden Hemmungen. Die Hemmungsfunktion ist von außerordentlichem Nutzen. Sie erlaubt nämlich, das Maß der anfänglichen Unlustentbindung zu reduzieren, sie beispielsweise durch Seitenbesetzungen oder Bahnungen zu zerstreuen, zu verzweigen oder auch nur zu komplizieren. Sie mildert die ursprüngliche Tendenz zur »primären Abfuhr« und erzeugt auf diese Weise ein durch konstante Besetzungen stabil gewordenes Ich. Gleichwohl ist diese Stabilität im Verhältnis zur Außenwelt und Innenwelt tendenziell gefährdet, weil der Aufbau des psychischen Apparats auch im Ich seine Spuren hinterläßt.[384] Ähnlich wie das Außenobjekt verfügt auch das Ich über keinerlei Evidenzen, sind ihm weder von seiten der Innenwelt noch von der Außenwelt Gewißheiten mitgegeben. Das Ich ist deshalb zur Deutung psychischer Phänomene, von Empfindungen und Gefühlen, genötigt, es muß sie nach Analogie äußerer Vorgänge deuten. Gefühle als Beweise für die Wahrheit des Selbstbewußtseins stehen hier nicht zur Verfügung. Das Ich, das sich selbst am nächsten scheint, bedarf vielmehr selbst der Interpretation. Die Verunsicherung geht so weit, daß Freud den inneren psychischen Vorgängen sogar jede Evidenz abspricht, denn »das Unbewußte ist das eigentlich reale Psychische, uns nach seiner inneren Natur so unbekannt wie das Reale der Außenwelt und uns durch die Daten des Bewußtseins ebenso unvollständig gegeben wie die Außenwelt durch die Angaben unserer Sinnesorgane«.[385] Um sich Sicherheit

---

382 Vgl. J. Lacan: Die Ethik der Psychoanalyse, a. a. O., S. 60, 69.
383 S. Freud: Entwurf einer Psychologie, a. a. O., S. 459.
384 J. Lacan: Die Ethik der Psychoanalyse, a. a. O., S. 40–41.
385 S. Freud: Die Traumdeutung, a. a. O., S. 580.

zu verschaffen, ist das Ich deshalb gezwungen, in die Außenwelt zu gehen, sie zu erproben, abzutasten, ihre äußeren Reize zu »verkosten«. Doch sein Ungenügen wird auch hier schnell offensichtlich und die Verwerfung der meisten Außenweltreize wird nicht lange auf sich warten lassen. Die Lage, die schon durch das Dingobjekt und die von ihm ausgehende Halluzination erschwert wurde, bleibt also für die Instanz, die das Individuellste und Persönlichste anzeigen sollte, weiterhin unsicher. Dennoch darf der Bezug zur Außenwelt nicht aufgegeben werden. Ein Entzug an Halluzination ist notwendig. Er wird auf dem Weg einer »Entziehung«(!), einer Privation, des Ichs von sich selbst realisiert – in Wiederholung und Erwartung und im Kontakt mit dem verlorenen Ding.[386] Der Schrei des Säuglings, den Freud im »Entwurf« heraushörte, ist am Anfang der Ichbildung ein frühes Zeugnis dieser Privation: »Das ist es nicht!«

Das »proton pseudos«, die Selbstlüge des Ichs

Doch die prekäre Lage wird durch die Selbstlüge, das »proton pseudos« des Ichs, zusätzlich verunsichert. Freud veranschaulicht dies im II. Teil des »Entwurfs« anhand eines frühen Falls von Hysterie, dem Fall von »Emma«. Sehen wir uns ihre Situation genauer an: Emma kann noch als Erwachsene nicht allein in den Kaufladen gehen. Ihrer Erinnerung nach ist sie dort als 12jährige von einem Angestellten – wahrscheinlich ihres Kleides wegen – ausgelacht worden. Unter dem Druck der Hypnose, auf der Couch, kommen ihr Erinnerungen an die Szene. Sie erinnert sich an eine zeitlich weiter zurückliegende Episode, in der sie als Kind an einem ähnlichen Ort Opfer eines kleineren sexuellen Attentats wurde, das sie bis heute als Erwachsene beeinträchtigt. Soweit die Entstehungsgeschichte von Emmas Schreckaffekt.

Freuds Deutung des Falls, die noch ganz im Zeichen der Verführungstheorie steht, ist bereits von dem besonderen psychischen Zeitmechanismus inspiriert, der 1895 unter dem Titel »Vorzeitigkeit in der Sexualentbindung« und später als Theorie der Nachträglichkeit in der Psychoanalyse grundlegende Bedeutung angenommen hat.[387] In diesem Kontext erscheint Emmas hysterischer

---

386 N. Haas macht darauf aufmerksam, wie unlogisch die Korrektur der Herausgeber an dieser Stelle des Entwurfs ist. Statt von »Entziehung« ist hier von der »Erziehung« des Ichs die Rede (N. Haas: Freuds Entwurf – Ein Schreibspiel, a. a. O., S. 72).

387 J. M. Masson (Hg.): Sigmund Freud, Briefe an Wilhelm Fließ 1887–1904, a. a. O., Brief vom 06.12.96. Auf die Bedeutung der Nachträglichkeit hat wesentlich Lacan hingewiesen. Das Theorem findet jedoch nicht überall die gleiche Anerkennung. So scheint es für die Herausgeber der Gesammelten Werke durch die wenig später formulierte Theorie der infantilen Sexualität mehr oder weniger erledigt zu sein.

Schreckaffekt als nachträgliches Verständnis eines Erlebnisses, das zur Zeit des eigentlichen Erlebens bedeutungslos geblieben war. Erst die Erinnerung hat einen Affekt erweckt, »den sie als Erlebnis nicht mitgebracht« hat.[388] Ein traumatisches Erleben hat eine Erregung erweckt, die zur Zeit ihres Vorkommens, weil unverstanden, ohne Bindung geblieben war, sich gleichwohl als Erinnerungsspur niederschlagen hat. Ein späteres Erlebnis hat die erste Spur – ohne sie zunächst bewußt zu machen – wiedererweckt und zu der Affektentbindung geführt, die beim ersten Erleben nicht möglich gewesen war. Emmas Symptom besteht also genau genommen darin, daß die erste Erlebnisspur über keine Darstellungsmöglichkeiten verfügte, weder Bilder noch Vorstellungen hinterließ, weder Richtung noch Adressaten besaß und als psychische Niederschrift unleserlich blieb. Anders gesagt, die Spur, die das Schreckerlebnis einschrieb, blieb eine »Präsenz ohne Repräsentation«.[389] Weil der psychische Apparat jedoch ohne Bilder und Vorstellungen nicht den passenden Weg zur Lustbefriedigung findet und die spezifische Aktion zur Befriedigung nicht einleiten kann, hat sich in Emmas Fall ein unökonomischer Weg der Lustbefriedigung ergeben. Triebbefriedigung ist auf Darstellung angewiesen, damit eine angemessene Ersatzbildung für das fehlenden Dingobjekt entwickelt werden kann. In Emmas Fall schien Freud, der die Verführungstheorie noch nicht revidiert und die *Drei Abhandlungen* noch nicht geschrieben hatte, die Ersatzbildung erst mit den Veränderungen der Pubertät gekommen. Die Macht der Phantasie und die »spontanen Äußerungen der kindlichen Sexualität« sind noch unentdeckt.[390] 1895 nimmt der psychische Apparat noch hauptsächlich über die »Entwicklung des zweiten Sexualitätsschubs« die zur Wahrnehmung des anderen Geschlechts notwendige Differenzierung an. Ohne diese Differenz wäre die erste Erregungsspur völlig dem Vergessen anheimgegeben und müßte sich im Symptom unaufhörlich wiederholen. Soviel zu den Bedingungen, unter denen Freud die Entwicklung der Sexualität im »Entwurf« betrachtet.

Wir können daraus das Fazit ziehen, daß Emmas Ich eine gefährdete Instanz darstellt. Eine Instanz, die gefährdet ist, weil sie im Schatten der Nachträglichkeit steht und es zur Zeit der ersten Schreck-, Unlustempfindung noch kein Ich gibt, das Lust und Unlustempfindungen überhaupt hätte registrieren können.[391] Streng genommen stellt Emmas Schreckerleben ein Analogon zur

---

388 S. Freud: Entwurf einer Psychologie, a. a. O., S.447–448.
389 J.-F. Lyotard: Emma, a. a. O., S. 688. Vgl. hierzu auch die Debatte zwischen Laplanche und Lacan in Kapitel 4: Das Unbewußte.
390 Vgl. S. Freud: Weitere Bemerkungen über die Abwehr-Neuropsychosen von 1896, in: ders.: Ges. Werke. Bd. I, London 1952, S. 385, Zusatz 1924.
391 J.-F. Lyotard: Emma, a. a. O., S. 695f. In der neurowissenschaftlichen Literatur ist ebenfalls von dem sich erst nachträglich einstellenden Ichgefühl die Rede, die Beobachtung wird aber rein zeitlich verstanden.

ersten Wunschspur dar und muß als ein mythischer Erregungsvorgang vor jeglicher Qualitätsempfindung aufgefaßt werden, bzw. als Wirken einer grundlegenden Verdrängung.[392] 1915 wird Freud sie die »Urverdrängung« nennen. Am Anfang gibt es immer nur etwas, das es logisch gesehen, nicht geben kann. In der mythisch bleibenden, unsagbaren Vorzeit des Seelenlebens gibt es, wie es J.-F. Lyotard formuliert, nur Übererregung oder eine »Affekt-Phrase«, die besagt, »daß etwas (hier und jetzt) *da* ist und daß dieses etwas *nichts* ist«.[393]

Die Konsequenzen für das Ich sind wahrhaft gewaltig: Das spätere Ich, das ein unlustvolles Erleben erinnert, täuscht sich im Grunde über seinen ersten Zustand, es stellt eine falsche Behauptung auf und macht sich einer »Falschaussage« schuldig. Das Ich täuscht sich in seinem Urteil über sich selbst, da die nicht repräsentierte, rein quantitative Erregung, der Affekt, wo er aus seiner nichtssagenden Präsenz herausgehoben wird und den Anschein eines real erlebten Affekts annimmt, als Affekt immer nur halluziniert ist. Hinsichtlich ihrer Präsenz ist die Artikulation der persönlichen Instanz darum eine Lüge. Das Ich ist ein Pseudos, »proton pseudos«, notiert Freud in Anspielung auf die »Erste Analytik« von Aristoteles.[394]

Die Diagnose lautet daher, daß Emma nicht allein in den Kaufladen gehen kann, weil sie unter dem Schrecken eines Erlebnisses leidet, das es so, wie sie es später empfindet, nicht gegeben hat. Emma leidet an der als Gewalt erfahrenen Nichtdarstellbarkeit des Anfangs des Seelenlebens, sie krankt an der Wiederholung des Vergessens der ersten Unlust. Erst durch die Darstellung dieser nichtssagenden Erregung wird sie aus ihrem Schrecken herausfinden.[395]

Zusammenfassung:
Der »Entwurf« – mehr als eine Sinnesphysiologie

Freuds Absicht war es, eine allgemeine Psychologie für Naturwissenschaftler zu schreiben. Dazu konstruierte er einen Apparat, den psychischen Apparat, skizzierte seine Leistungen, Wahrnehmen, Denken, Erinnern, Träumen, bestätigte diese durch die Erfahrungen der Psychopathologie und verallgemeinerte sie im Hinblick auf die Vorgänge des normalen Seelenlebens. An der dabei entstandenen Psychologie fallen erstaunliche Ähnlichkeiten mit heutigen neurophysiologischen Theorien auf, die zu der Annahme verleiten könnten, der »Entwurf« stelle ein neurologisches Modell psychischer Prozesse dar. Tatsächlich

---

392 Ebd., S. 686.
393 Ebd., S. 689.
394 Freud bezieht sich hier auf Aristoteles: Erste Analytik, II, 18 66a 16.
395 J.-F. Lyotard: Emma, a. a. O., S. 686. Lacan nennt in Encore, Seminar XX, Weinheim, Berlin 1986, S. 65, das Phänomen im Zusammenhang mit dem Genießen »ne cesse pas de ne pas s'écrire«.

Zusammenfassung: Der »Entwurf« – mehr als eine Sinnesphysiologie

imponieren Freuds neurophysiologische Bezüge auch im Detail. So spricht Freud von Reizmengen und Quantitäten, bezeichnet die Sinnesorgane und φ-Neuronen als Reizdämpfer, betrachtet die Integrationsleistung der Nervenzellen als ein Indiz für die Gedächtnisbildung oder faßt das Ich als ein neuronales Besetzungsprodukt auf, das in seiner Realität vom Individuum stets mit einer zeitlichen Verspätung registriert wird.[396] Freuds Neuronen operieren nach einem Selektionsmechanismus, wie ihn auch Neurowissenschafter kaum anders beschreiben, und auch Freuds Auffassung des Wahrnehmungsvorgangs ist kaum von neurobiologischen Beschreibungen des Kognitionsprozesses zu unterscheiden. Die Gesetze der »allgemeinen Psychologie« und der Neurologie scheinen kompatibel, daher scheint es auf den ersten Blick auch gerechtfertigt, den »Entwurf« als ein neurologisches Modell psychischer Prozesse zu betrachten. Es ist nicht unwahrscheinlich, daß Freud ein solches Ziel selbst angestrebt hat. Doch selbst wenn es so war, hat er es wissenschaftlich nicht erreicht. Denn das Projekt der »allgemeinen Psychologie« scheiterte, sein wissenschaftlicher Anspruch wurde nicht eingelöst und das Interesse am neurologischen Modell der Psyche ging – erst bei Freud selbst, dann bei seinen Nachfolgern – schließlich verloren. Im Zuge der aktuellen Neurowissenschaft wurde es jedoch neu belebt, da es der mittlerweile drängenden epistemischen Schwäche der Theorie Abhilfe zu versprechen schien und der Psychoanalyse eine neue wissenschaftliche Legitimierung verhieß.

An dieser Stelle setzen wir mit umgekehrtem Vorzeichen ein: Wir sind der Auffassung, daß es gerade das wissenschaftliche Scheitern des »Entwurfs« ist, das der Psychoanalyse ihre besondere wissenschaftliche Bedeutung verleiht. Die »allgemeine Psychologie« scheiterte nämlich aus gutem Grund: Freud war mit dem ψ-Apparat auf jene besondere Wunschmaschine gestoßen, die beim Sprechwesen alles Streben nach Gleichgewicht und Überleben, Homöostase und Harmonie unterläuft und allen Verallgemeinerungen eine Grenze setzt. Während der Arbeit mit seinen Neurotikern war ihm aufgefallen, daß unser Wissen über »das Menschentier«, das sich auf die Couch legt, aufgrund von zwei Tatsachen keine verallgemeinerbaren Aussagen zuläßt: durch die Übertragung und die Verdrängung.[397] Traumatische Beschädigung und Übererregung auf der Ebene des Apparats einerseits und Verdrängung und Übertragung beim Individuum andererseits, manifestieren sich, so Freud weiter, im normalen wie pathologischen Fall darüber hinaus in Gestalt von Delir und Halluzinationen. Vor dem Hintergrund dieser Entdeckungen kommen wir zu der Auffassung, daß der »Entwurf« nicht einfach wegen epistemischer Mängel fehlschlug, das Scheitern

---

396 Vgl. hierzu das Libetexperiment zu Bewußtsein und Willensfreiheit in: M. Pauen: Grundprobleme der Philosophie des Geistes. Eine Einführung, Frankfurt am Main 2001, S. 293ff.
397 Vgl. N. Haas: Freuds »Entwurf« – Ein Schreibspiel, a. a. O., S. 50–74.

des »Entwurfs« ist vielmehr ein Hinweis auf den besonderen, epistemischen Status der Psychoanalyse. Wenngleich eher implizit als explizit, ist er auf doppelte Weise niedergelegt: im Anspruch des Wissens von den psychischen Abläufen auf Wissenschaftlichkeit einerseits wie in der gleichzeitig nichtwissenschaftlichen Demonstration dieses Wissens andererseits. Angesichts dieses Spagats zwischen Wissenschaft und Nicht-Wissenschaft gehen wir mit Lacan davon aus, daß Freuds »Entwurf« eher ein »armseliger Beitrag an Sinnesphysiologie« darstellt und die eigentliche Bedeutung dieser Schrift paradoxerweise gerade durch ihr epistemisches Scheitern gekennzeichnet ist.

Im Gegensatz zu den genannten Auffassungen finden wir im »Entwurf« also nicht die vergessene neurologische Grundlage der Psychoanalyse wieder, sondern sehen uns mit Vorgängen konfrontiert, die wissenschaftlich nicht verallgemeinerungsfähig sind, weil sie das Besondere des Subjekts garantieren. Dies entdeckt und auf den Begriff gebracht zu haben, stellt nach Lacan Freuds tiefste ethische Erfahrung dar. Mit ihr hebe sich der »Entwurf« von allem ab, was es bisher an Psychologie gegeben habe.

Kapitel 3

»Triebe und Triebschicksale« (1915)

»Triebe und Triebschicksale« vertiefen den Einblick in die Arbeitsweise des psychischen Apparats, die von Bindung und Trauma gekennzeichnet ist. Es ist ein schwieriger Text, einer, der sich mehr als andere Freudsche Texte dem direkten Verständnis verweigert. Manches davon ist nachvollziehbar, so die Behauptung, daß der Trieb einer jener Grundbegriffe sei, wie sie in der Wissenschaft unentbehrlich sind, daß er mit einem mathematischen Axiom auf einer Stufe stehe oder auch, daß er im Leben der Individuen unterschiedliche Entwicklungen durchmache. Das meiste an diesem Freudschen Text ist jedoch rätselhaft. Hier verspricht insbesondere die Interpretation von Lacan eine Lösung und auch die Texte von P. Ricoeur, J. Laplanche oder O. Marquart erweisen sich als aufschlußreich, wenngleich sie an Freuds Diktum, wonach wir auf keinem Gebiet des Psychischen so sehr im Dunkeln tappen wie in der Trieblehre, nichts grundlegend ändern, »die Trieblehre ist sozusagen unsere Mythologie«.[398]

Ich möchte im folgenden ein weiteres Stück dazu beitragen, das Dunkel des Triebbegriffs aufzuhellen und lege den Akzent entsprechend unserer Ausgangsfrage nach dem Verhältnis von Soma und Psyche, Körper und Seele auf das Verhältnis des Triebs zum Körper, bzw. zum Biologischen. Denn, so der Ansatz, am Trieb wird pointiert, was Psyche überhaupt darstellt und leistet. Doch bereits hier ist Vorsicht angebracht, denn man ginge leicht in die Irre, wenn man vom Trieb tatsächliche Aussagen über Phänomene wie den Körper und die Seele erwarten wollte. Freud ist darin ganz deutlich: Erstens gibt es den Trieb nicht, der Begriff ist eine Hilfskonstruktion, er entspricht keiner Realität und zweitens muß man, wenn man dennoch mit ihm operiert, damit rechnen, daß auf der Ebene, auf der er erscheint, Körper und Seele keine Rolle spielen. Auf der Ebene des Triebs, der abstrakten und allgemeinen Ebene des psychischen Apparats, laufen nur Erregungen, Spannungen, Hemmungen und Verluste ab, laufen Musterbildungen, Verschiebungen und Verdichtungen. Wenn wir trotzdem von Trieb sprechen, müssen wir uns darüber im Klaren sein, es mit einem Vorstellungsrepräsentanten zu tun zu haben, einem psychischen

---

[398] S. Freud: Neue Folge der Vorlesungen zur Einführung in die Psychoanalyse, 32. Vorlesung, in: ders.: Stud. Ausg. Bd. I, Frankfurt am Main 2000, S. 529.

Gebilde, das eine Repräsentanzfunktion gegenüber dem Körper erfüllt, wie man sie möglicherweise mit der Funktion eines Diplomaten vergleichen kann, der sein Land nach Außen vertritt.[399] Über den Trieb läßt sich auch darum schwer sprechen, weil er ein metapsychologischer Begriff ist. Wie gezeigt, sah bereits der »Entwurf« eine Ebene vor, auf der vom Aufbau des Seelenlebens, des psychischen Apparats und seiner Arbeitsweise die Rede war. Mit und auf dieser Ebene, der späteren Metapsychologie, formuliert Freud theoretische Aussagen und erhebt einen Allgemeinheitsanspruch, der über die Beobachtung pathologischer Phänomene von Hysterie und Neurose und die dazu gehörige klinische Theorie hinausgeht, da er auch die normalen Vorgänge des Seelenlebens mit einbezieht. Nach dem »Entwurf« führt »Triebe und Triebschicksale« aufs Neue vor, wie die Vorgänge des Psychismus allgemeinen vorzustellen sind.

Metapsychologie

Freud verwendet den Begriff der Metapsychologie erstmals 1896 im Briefwechsel mit W. Fließ und verbindet damit die Absicht, verallgemeinerbare Aussagen und theoretische Annahmen zu Aufbau und Arbeitsweise des psychischen Apparats im pathologischen wie normalen Fall aufzustellen.[400] Thema ist weiterhin das Körper-Seele-Verhältnis, das nun auf der Ebene der Fiktion und allgemeiner Organisationsprinzipien abgehandelt wird. Ursprünglich auf zwölf Aufsätze angelegt, sind von der Metapsychologie nur fünf Arbeiten realisiert worden:[401] »Das Unbewußte«, »Die Verdrängung«, »Triebe und Triebschicksale«, »Das Ich und das Es« sowie »Metapsychologische Ergänzungen zur Traumlehre«; die übrigen Arbeiten gelten als verloren oder ungeschrieben. 1915 bringt Freud die Aufgaben der Metapsychologie auf den Punkt: Metapsychologisch heißt eine Darstellung, wenn sie Vorgänge des psychischen Apparats in dreierlei Hinsicht beschreibt, in ihren dynamischen, topischen und ökonomischen Beziehungen.[402] Gleichwohl kann Freud seinen Vorbehalt gegenüber der Metapsychologie nicht verhehlen, möglicherweise weil er selbst der Ansicht war, das Ziel eines zusammenhängenden Systems, in dem die Teile lückenlos zusammenpassen und die Begriffe die nötige wissenschaftstheoretische Konsistenz aufweisen, nicht erreicht zu haben. So nennt er die Metapsychologie einmal »das Fundament«

---

399 J. Lacan: Die Vier Grundbegriffe der Psychoanalyse. Seminar XI, Olten 1978, S. 232.
400 J. M. Masson (Hg.): Sigmund Freud, Briefe an Wilhelm Fließ 1887–1904, a. a. O., Brief vom 10.03.1898, S. 329–330. In dem Brief ist von der Erwartung die Rede, eine Psychologie zu begründen, die im Unterschied zur klassischen Bewußtseinspsychologie hinter das Bewußtsein führt.
401 Vgl. dazu C. Schmidt-Hellerau: Lebenstrieb und Todestrieb. Libido und Lethe, Stuttgart 1995, S. 15.
402 S. Freud: Das Unbewußte, in: ders. Stud. Ausg. Bd. III, Frankfurt am Main 2000, S. 140.

der Psychoanalyse, ein anderes Mal den »spekulativen Überbau«, von dem jedes Stück bei Bedarf ohne Schaden und Bedauern geopfert oder ausgetauscht werden könne.[403] Ingesamt macht die Metapsychologie daher den Eindruck eines eher instabilen Gebildes, bzw. um in einem anderen, von Freud gebrauchten Bild zu bleiben, den eines brüchigen Fundaments, das den Bau der Psychoanalyse nur unvollkommen trägt.

Rezeption der Metapsychologie

Daß die Freudsche Metapsychologie ein solides Fundament darstellt, davon geht denn auch kaum ein Kritiker aus. Auch die wohlmeinendsten unter ihnen sind der Auffassung, daß sie besser fundiert werden müsse. Noch in der Anfangszeit der Psychoanalyse hatte H. Hartmann (1927) – aufgrund der erwähnten Unsicherheiten – die Anlehnung der Psychoanalyse an die naturwissenschaftliche Psychologie empfohlen.[404] Im Zuge der Entwicklung der amerikanischen Ich-Psychologie unternahm Rappaport 1960 einen weiteren, vielbeachteten Versuch in Richtung einer stärkeren Verwissenschaftlichung, bzw. Normalisierung der Theorie. Er verband mit ihm interessanterweise die Forderung, eine ausgereifte allgemeine Theorie müsse mathematisch formulierbar sein, was aber bei der Metapsychologie Freuds nicht möglich sei, weil hier gültige Daten nicht von spekulativen unterschieden und keine eindeutigen Abhängigkeitsbeziehungen formuliert würden.[405] Rappaports Forderung nach Mathematisierbarkeit und überprüfbaren Daten hat ihre Gültigkeit nicht verloren, ist allerdings in der Mainstream-Psychoanalyse von der metapsychologischen Ebene auf die klinische Theorie verschoben worden, mit der Folge, daß das Kriterium der Exaktheit heute empirisch verstanden und auf empirisch überprüfbare Methoden bezogen wird.[406] Die Trennlinie zwischen Klinischer Theorie und Metapsychologie hat sich mit der Zeit grundsätzlich verschoben, wenn nicht sogar, wie J. A. Schülein meint, vollends aufgelöst, insofern von den präzisen Funktionszuweisungen, denen Freud die Metapsychologie unterwarf, nur noch wenig übrig geblieben ist.

---

403 S. Freud: Selbstdarstellung, in: ders.: Ges. Werke, Bd. XIV, S. 58.
404 H. Hartmann: Die Psychoanalyse als wissenschaftliche Theorie, in: Psyche 18, 1964, S. 445–474. Zwar geht nach Hartmann die Psychoanalyse von der Lebensgeschichte des Individuums aus, dennoch soll sie keine historische Disziplin sein. Das Ziel psychoanalytischer Untersuchungen sei es, Gesetzmäßigkeiten zu entdecken, die das Individuelle transzendieren. Damit das in der Theorie der Persönlichkeit möglich und Objektivität erreichbar werde, müßten Fallgeschichten und direkte Kinderbeobachtung zur Überprüfung der psychoanalytischen Hypothesen herangezogen werden. Siehe J. A. Schülein: Die Logik der Psychoanalyse. Eine erkenntnistheoretische Studie, Gießen 1999, S. 54ff.
405 Ebd., S. 63–76. Ferner C. Schmidt-Hellerau: Lebenstrieb und Todestrieb, a. a. O., S. 17–18.
406 Ebd., S. 75.

Psychologische Phänomene und Metapsychologie, die als Voraussetzungen zur Erörterung der Neurosentheorie gedacht waren, werden jedenfalls kaum noch unterschieden. Dieser Differenzverlust dürfte denn auch, wie man in Anschluß an C. Schmidt-Hellerau formulieren kann, für die Sackgassen und Irrtümer mancher aktuellen Psychoanalysediskussion sowie den desolaten Zustand der offiziellen Psychoanalyse verantwortlich sein.

Zwei Lager der metapsychologischen Kritik

Die Einschätzungen des wissenschaftstheoretischen Status der Metapsychologie lassen sich im Wesentlichen zwei Lagern zurechnen, dem hermeneutischen Lager einerseits und dem strikt naturwissenschaftlichen der »sciences« anderseits, zwischen denen vor allem in den 60er Jahren eine wissenschaftstheoretisch vielbeachtete Debatte ausfochten wurde.[407] Beide Seiten problematisierten die Freudsche Metapsychologie, führten aber unterschiedliche Gründe gegen sie ins Feld. So kritisierten die Hermeneutiker die Abstraktheit der Metapsychologie – »Metapsychology deals with the neurology und biology (...), while clinical psychoanalysis is a ›pure‹ psychology which deals with intentionality and meaning«[408] – und betrachteten wie M. Gill, R. Holt, G. S. Klein und R. Schafer die vermeintlich naturwissenschaftliche Methodologie in einem humanwissenschaftlichen Bereich als Zumutung schlechthin (da sie reduktionistisch verfahre, depersonalisiere und die Sicht auf den Menschen schlichtweg dehumanisiere). Die Unverträglichkeit von formalem und geisteswissenschaftlichem Denken konnte für die hermeneutischen Theoretiker nur auf die Abschaffung der Metapsychologie hinauslaufen. Auch die deutschen Hermeneutiker kamen mit dem berühmt gewordenen Urteil des »szientistischen Selbstmißverständnisses« von J. Habermas zu einem ähnlichen Schluß. Zwar ging Habermas noch davon aus, daß die Psychoanalyse eine Metatheorie brauche, vertrat aber, wegen Freuds vermeintlich unkritischer Neigung zum Positivismus und weil er das energetische Modell der Metapsychologie für verfehlt hielt, die Auffassung, daß nur eine Metahermeneutik dafür in Frage käme. Habermas' Einschätzung des abstrakten, energetischen Modells als konkret und phänomenal war damit ein weiteres Beispiel unter anderen für die Fehleinschätzungen der Metapsychologie, die nicht mehr – wie von Freud – als eine allgemeine symbolische Ebene verstanden wurde.[409]

---

407 Ebd., S. 18; ferner J. A. Schülein: Die Logik der Psychoanalyse, a. a. O., S. 86.
408 M. Gill, zitiert nach J. A. Schülein, a. a. O., S. 88.
409 J. Habermas: Erkenntnis und Interesse, Frankfurt am Main 1977, S. 262–332. Für die hermeneutische Sicht der Metapsychologie trat auch A. Lorenzer ein, genauer für die Metapsychologie als eine kritisch-hermeneutische Erfahrungswissenschaft. Lorenzer betonte allerdings – ähnlich wie

Eine Zwischenstellung zwischen Hermeneutik und Naturwissenschaft nimmt demgegenüber P. Ricoeur ein, der die hermeneutische Kritik durch sein Votum für einen Zusammenschluß von Sinn und Energetik in die Schranken weist. Für Ricoeur können die Tatsachen der Klinik und die psychologischen Reflexionen nur dann auf einen Apparat projiziert werden und sind nur dann innerhalb einer isolierten Psyche denkbar, wenn sie nicht allein auf den Sinn, sondern auf Sinn und Energetik zusammen bezogen werden.[410] Auch A. D. Rosenblatt und J. T. Thickstun, B. Rubinstein sowie von deutscher Seite H. Thomae und H. Kächele kritisieren die aus naturwissenschaftlicher Sicht mangelhafte Absicherung der Metapsychologie, ohne sie jedoch aufgeben zu wollen.[411] Psychoanalytische Theorie, so ihre Position, brauche eine Basis, nur dürfe diese nicht, wie in der vorliegenden Form, vage, widersprüchlich und unverständlich, sondern müsse solide und tragfähig sein.[412] Eine über das Psychologische hinausgehende Erweiterung ist schließlich das Anliegen von E. Peterfreund, für den die Metapsychologie um der Verläßlichkeit ihrer Daten willen nicht völlig von den Naturwissenschaften abgeschnitten werden kann. Den epistemischen Mängeln der Metapsychologie versucht Peterfreund durch den Anschluß an die biologische Informations- und Systemtheorie abzuhelfen, wobei er sich auf den Gedanken beruft, daß psychische Vorgänge jedweder Form zur allgemeinen Theorie lebender Systeme zählen und ihre basalen logischen Strukturen nicht von denen anderer biologischer Phänomene unterschieden sind.[413] Wir haben uns im Kontext der Neurowissenschaft bereits mit dieser Auffassung kritisch auseinandergesetzt und in diesem Zusammenhang mit dem »Alternativmodell« von Koukkou-Lehmann einen systemischen Vorschlag, der die Abschaffung der Triebtheorie zum Ziel hatte, zurückgewiesen. Die systemtheoretische und informationstheoretische Anschreibung psychischer Prozesse wird uns unter dem Stichwort

---

Gill, Rappaport und Thomae/Kächele – die Differenz zwischen Metapsychologie und klinischen Aussagen, wobei er sich bewußt war, daß beide Seiten einen unterschiedlichen wissenschaftlichen Status beanspruchen und über unterschiedliche Sprachen verfügen, über die Umgangsprache in der Klinischen Theorie, die Fachsprache in der Metapsychologie (A. Lorenzer: Die Wahrheit der psychoanalytischen Erkenntnis, Frankfurt am Main 1974, S. 170ff.).

410 P. Ricoeur: Die Interpretation. Ein Versuch über Freud, Frankfurt am Main 1974, S. 74.
411 Siehe J. A. Schülein: Logik der Psychoanalyse, a. a. O., S. 89–94 sowie C. Schmidt-Hellerau: Lebenstrieb und Todestrieb, a. a. O., S. 13–19. H. Thomae, H. Kächele: Wissenschaftstheoretische und methodologische Probleme der klinisch-psychoanalytischen Forschung, Teil I, Psyche 27, 1973, S. 205–236; Teil II, Psyche 27, 1973, S. 309–355.
412 Siehe auch A. Grünbaum: Psychoanalyse in wissenschaftstheoretischer Sicht, Konstanz 1987, ders.: Die Grundlagen der Psychoanalyse. Eine philosophische Kritik, Stuttgart 1988 und die von Grünbaum ausgelöste wissenschaftstheoretische Debatte in den achtziger und neunziger Jahren; ferner St. Pohl: Wissenschaftstheoretische und methodologische Probleme der Psychoanalyse. Eine Auseinandersetzung mit Grünbaums Psychoanalysekritik, Würzburg 1991.
413 Siehe C. Schmidt-Hellerau, a. a. O., S. 41–42ff.; sowie J. A. Schülein, a. a. O., S. 91.

»Maschinen-Analogie« im Kapitel über das Unbewußte noch näher beschäftigen. Es sei aber schon hier kurz angemerkt, daß die Systemtheorie, obwohl sie in den siebziger und achtziger Jahren vielversprechend aussah, schon damals nicht einhellig als Lösung begrüßt wurde. Namentlich Th. Plänkers insistierte auf der Differenz beider Theorieansätze mit dem Argument, daß trotz begrifflicher Ähnlichkeiten Lebensgeschichten nicht in Funktionsmodi umgedeutet werden könnten. Die Anlehnung an die Systemtheorie bringe wichtige Topoi der Psychoanalyse in Gefahr.[414] Dabei hatte Rubinstein bereits 1965 das vermeintlich veraltete Freudsche Energiekonzept der Metapsychologie mit der These umformuliert, daß die psychologische Theorie nicht unabhängig von der Neurophysiologie zu denken sei. Metapsychologische Begriffe würden auf neurophysiologische Ereignisse verweisen und müßten im Prinzip vollständig in biophysische und neurophysiologische Begriffe übersetzbar sein; wo dies nicht möglich sei, wäre die unzureichend formalisierte Metapsychologie dafür verantwortlich.[415]

Wir können also festhalten, daß Freuds energetische Formulierungen häufig als problematisch, weil wissenschaftlich veraltet, bewertet werden und durch neuere, beispielsweise neurophysiologische und informationstheoretische Begriffe ersetzt werden sollen. Diese Ersetzung scheint jedoch wegen der unzureichenden Formalisierung der Metapsychologie selbst nur eingeschränkt möglich.[416] Erinnern wir zum Zwecke der Präzisierung an dieser Stelle daran, daß Freud mit der Metapsychologie Vorgänge auf den Begriff bringt, die ohne direkte Entsprechungen mit psychologischen Phänomenen sind und allein die Bedeutung von Hypothesen und Funktionsgesetzen haben. Die Freudsche Metapsychologie stellt damit die Bedingung der Möglichkeit dar, daß psychische Phänomene und klinische Theorie überhaupt erst denkbar werden; sie liefert die theoretischen und konzeptuellen Voraussetzungen zur Erfassung psychische Phänomene. (Voraussetzungen, die, wie C. Schmidt-Hellerau zurecht unterstreicht, weder Praxisferne bedeuten, noch isoliert von psychischen Phänomenen bestehen.)[417]

Wir beschließen diese kurze Übersicht mit einem Votum für die Freudsche Metapsychologie, wobei wir uns der Einschätzung von C. Schmidt-Hellerau anschließen, daß sie in ihren Möglichkeiten noch längst nicht erschöpft ist.[418]

---

414 Th. Plänkers: Zum Verhältnis von Psychoanalyse und Systemtheorie, in: Psyche 40, 1986, S. 678–708.
415 B. B. Rubinstein: Psychoanalytic Theory and the Mind-Body-Problem, in: N. S. Greenfield, W. C. Lewis (Hg.): Psychoanalysis und Current Biological Thought, Madison, Milwaukee, S. 35–36, zitiert nach C. Schmidt-Hellerau, a. a. O., S. 39–40.
416 Ebd.
417 Ebd., S. 46.
418 Ebd., S. 56 und S. 424ff.

Der Text von 1915

Beginnen wir mit der Darstellung des Triebbegriffs und ziehen zu diesem Zweck den Freudschen Text von 1915 heran, einen Text, der vor erhebliche Schwierigkeiten stellt, zu dessen besserem Verständnis allerdings das »Basiswerk« der Trieblehre, die *Drei Abhandlungen zur Sexualtheorie* von 1905, zu Rate gezogen werden kann.[419]

In den *Drei Abhandlungen* finden wir eine erste Einführung in den Triebbegriff und begegnen einer Rede über den Trieb, die unvergleichlich konkret das Verhältnis des Triebs zum Körper abhandelt. Themen sind hier Phänomene der infantilen Sexualität wie Phantasien über den Körper und die Geburt, reale und phantasmatische Körpererfahrungen des Kastrationskomplexes und des Penisneids, die Umgestaltungen der Pubertät, die Geschlechtsdifferenzierung usw. Die *Drei Abhandlungen* greifen das Verhältnis des Triebs zum Körper in aller Konkretheit auf, ohne die Prinzipien der allgemeinen seelischen Organisation aus den Augen verlieren. Dabei wird klar, daß Trieb nicht Biologisierung heißen kann. Schon im Vorwort, sozusagen in einer Absichtserklärung, emanzipiert sich Freud von der Biologie und verkündet »die vorsätzliche Unabhängigkeit (der psychoanalytischen, E. S.) von der biologischen Forschung«[420]. Nichtsdestotrotz ist in den *Drei Abhandlungen* an vielen Stellen explizit vom Körper die Rede, beispielsweise wenn Freud nach den angeborenen, konstitutionellen Faktoren des Sexualtriebs fragt, also danach, ob man die sexuellen Objekte, Triebobjekte und Triebziele möglicherweise als angeboren verstehen müsse; oder wenn er fragt, ob die erogenen Zonen als natürliche Triebquellen anzunehmen seien, schließlich seien die Lippenzonen oder die Anusöffnung von Natur aus befriedigungsspendende Organe. Der Körper ist natürlich auch in Freuds wiederholt gestellter Frage impliziert, ob die Sexualspannung möglicherweise nicht doch auf angehäufte Sexualstoffe – die Hormone waren noch nicht entdeckt – zurückgeführt werden könnte. Freuds Hoffnung, die Wissenschaften der Biologie und Chemie könnten irgendwann das Rätsel der Sexualität entschlüsseln, ist bekannt. Sie ist allerdings mehr für die Person Freud als für die tatsächliche Biologisierung seiner Theorie bezeichnend. So werden denn auch die so verdächtig nach Biologisierung des psychischen Triebs klingenden Sentenzen dadurch eingeschränkt, daß für Freud der Körper dem sexuellen Triebreiz, dem »erogenen Reiz und seiner Qualität« untergeordnet ist und die Sexualtriebe nichts mit der Beschaffenheit des Körpers, wohl aber mit der Lustempfindung zu tun haben.[421]

---

419 S. Freud: Triebe und Triebschicksale, in: ders.: Stud. Ausg., Bd. III, a. a. O., S. 75–102.
420 S. Freud: Drei Abhandlungen zur Sexualtheorie, in: ders.: Stud. Ausg. Bd. V, Frankfurt am Main 1999, S. 44.
421 Ebd., S. 90.

Wir wollen es hier bei diesen Andeutungen zum Thema Biologisches und Körper belassen und gehen nun, zehn Jahre überspringend, auf die eigentliche Ebene der Metapsychologie über, nicht ohne jedoch zuvor einer Besonderheit der Freudschen Rede über den Sexualtrieb Beachtung zu schenken. In den *Drei Abhandlungen* führt Freud den Sexualtrieb irritierenderweise unter dem Vorzeichen der Perversionen ein, womit er jedoch den Sexualtrieb nicht pathologisieren will, sondern einen Hinweis über den Aufbau der Triebe gibt. So erklärt sich die Besonderheit, daß Triebe nicht als eine Gesamtstrebung auftreten, nie etwas Gegebenes, immer schon Bestehendes darstellen, sondern ein von Grund auf zusammengesetztes Gebilde sind. In der Freudschen Theorie ist der Sexualtrieb eine Montage, eine Zusammensetzung aus Einzelelementen, bestehend aus erogenen Zonen, oraler, analer oder phallischer Art, aus sexuellen Zielen, locker verbundenen Objekten, aus Lustempfindungen, die im höchsten Maße verschiebbar und flexibel sind und eine je verschiedene Entwicklung nehmen können. Diese Elemente stehen darüber hinaus im Spannungsfeld von zwei Trieben. 1905 werden sie Ich-, Selbsterhaltungstrieb und Sexualtrieb genannt. Die Perversionen führen vor, daß der Trieb nichts Natürliches ist. Lesen wir also »Triebe und Triebschicksale« vor dem Hintergrund der angeschnittenen Fragen.

Wir haben uns, wie gesagt, auf einen Ebenenwechsel gefaßt zu machen. Denn wenn bis 1905 der Geschlechtstrieb noch konkret auf der Ebene der infantilen Sexualität und pathologischen Phänomene abgehandelt wurde, so ist die Referenzebene 1915 die der Reize, genauer, der Nervenreize. Wir befinden uns auf der Ebene des psychischen Apparats, auf der es weder Perversionen noch kindlichen Autoerotismus oder Anallust gibt. Auf der Apparateebene ist alles Reiz, Aktion und Bindung. Wie schon zuvor grenzt sich Freud auch hier von der Biologie, bzw. der Physiologie ab und stellt, zunächst noch allgemein und fast unzulässig unspezifisch heraus,[422] daß sich der Körper diesem Trieb, dessen Bestimmung wir suchen, nicht entziehen kann, weil er aus dem Inneren des Organismus stammt und deshalb eine permanente, konstante Krafteinwirkung bedeute. Nebenbei führt Freud einen neuen Namen für den Trieb ein, er nennt ihn Bedürfnis und die Aktion, die ihn zielgerecht und zweckmäßig aufhebt, die Befriedigung. Darüber hinaus unterstellt er den Trieb einer biologischen Voraussetzung, die allerdings nichts mit einem materiellen Körper zu tun hat, sondern dem Begriff der Tendenz entnommen ist. Diese biologische Voraussetzung, bzw. Tendenz besagt, daß der Trieb alle Erregungen und Reize, die sich im Organismus angesammelt haben, abführen will. Die Vorstellung ist uns seit dem »Entwurf« gut bekannt, wir sind ihr dort unter dem Namen des

---

422 Auch die Physiologie kennt nämlich innere Reize. Die von Freud hier eingeführte Unterscheidung ist also im Grunde nicht haltbar.

Konstanzprinzips begegnet. Seitdem sind wir auf die Eigentümlichkeit des physiologischen Schemas gefaßt, daß Reizabfuhr im Psychismus nur mangelhaft zu bewältigen ist, Veränderungen in der Außenwelt unvermeidlich sind und der ganze Seelenapparat von den ihn bewegenden Vorgängen keine direkte Meldung erhält. Erfolge und Mißerfolge der biologischen Tendenz werden nur durch die Lust-/Unlustempfindungen bekannt. Und das Subjekt, das Individuum? Der Freudsche Text ist merkwürdig verhalten in seinen Auskünften über das Subjekt, ebenso wie über die Frage, auf welche Weise es mit den seelischen Vorgängen überhaupt in Berührung kommt. Erst gegen Ende des Textes deutet sich ein Zusammenhang zwischen dem Subjekt (Ich) und dem Nervensystem an. Im Hinblick auf die Lust-/Unlustempfindungen, durch direkte und indirekte Referenzen und eine Negativreferenz auf das Biologische, kommt Freud zu der Feststellung, daß der Trieb kein einfacher Körperreiz ist, sondern »der ›Trieb‹ (erscheint uns) als ein Grenzbegriff zwischen Seelischem und Somatischem, ein psychischer Repräsentant der aus dem Körperinnern stammenden, in die Seele gelangenden Reize, als ein Maß der Arbeitsanforderung, die dem Seelischen infolge seines Zusammenhangs mit dem Körperlichen auferlegt ist«.[423]

Die Definition scheint plausibel, erweist sich bei näherem Hinsehen jedoch als klärungsbedürftig. Denn was ist das für eine biologische Tendenz, die keinen biologischen Rhythmus hat, weil sie ja konstant genannt wird; was ist das für ein Körper, dem man sich nicht entziehen kann, der weder Tag noch Nacht kennt?[424] Hier scheint ein Körper ins Spiel zu kommen, der nicht den gesamten Organismus einschließt, sondern auf das Nervensystem begrenzt ist.[425] Ein Körper, so ein erster Deutungsversuch, der aus dem Grund auf das Nervensystem begrenzt ist, weil dieses dem Trieb – der eine bloße Fiktion ist, den es gar nicht gibt und der nichts Subjektives an sich hat, nicht vom Individuum, geschweige denn von einer Person spricht – aus dem Dunkel heraushilft. Soweit zunächst zu dem Verhältnis von Trieb und Körper.

Im nächsten Abschnitt seines Textes stellt Freud den Trieb in seinen Eigenschaften vor. Ein Trieb läßt vier Komponenten erkennen: Quelle, Ziel, Drang und Objekt. Sie repräsentieren wie die Triebquelle, die den somatischen Organvorgang bezeichnet, oder wie der Drang, der das motorische Moment, die Kraft oder das Maß an Arbeitsanforderung beschreibt, den Trieb im Seelenleben. Das Verhältnis zum Körper wird klarer: Der Trieb übersetzt Körpervorgänge ins Psychische, er ist eine Repräsentanz von Körpervorgängen.

---

423 S. Freud: Triebe und Triebschicksale, a. a. O., S. 85.
424 Siehe dazu J. Laplanche: Der Trieb und sein Quell-Objekt; sein Schicksal in der Übertragung, in: ders.: Die allgemeine Verführungstheorie und andere Aufsätze, Tübingen 1988, S. 122–147, und J. Lacan: Die Vier Grundbegriffe der Psychoanalyse, a. a. O., S. 173.
425 Ebd., S. 172.

Unter den Triebeigenschaften steht die Triebquelle nah auf der somatischen Seite. In den *Drei Abhandlungen* wurde deutlich, wie die erogenen Zonen, Lippen- oder Afteröffnung aufgrund ihrer Randlage zwischen Körperinnerem und Äußerem als sexuelle Zonen geradezu prädestiniert scheinen. Freud ist fast versucht, sie von den psychologischen Faktoren auszuschließen. Psychologischer ist dagegen das Triebziel, obwohl es eng mit der Triebquelle zusammenhängt. Das Triebziel ist erreicht, wenn der Trieb zur Ruhe gekommen ist, Befriedigung erreicht und die Erregung der erogenen Zonen aufgehoben worden ist.

Klar psychologisch und damit verwickelter ist auch das Triebobjekt. Hier gibt es keine erkennbare körperliche Anbindung mehr. Einerseits dient das Objekt dem Trieb als ein Mittel, sein Ziel, die Befriedigung zu erreichen und ist von daher für den Trieb unverzichtbar, andererseits ist es, wie die Beobachtung der kindlichen Sexualität zeigt, völlig unbedeutend. 1905 hatten insbesondere die Perversionen gezeigt, zu welchen »Herabsetzungen« das Triebobjekt in der Lage ist, so daß, frei nach Goethe, bereits ein »Halstuch ihrer Brust, ein Strumpfband ...« meine Liebeslust, bzw. einen Trieb, vollständig befriedigen können. Das Objekt ist also das Variabelste am Trieb und in höchstem Maße austauschbar. So ist beispielsweise der sexuelle Oraltrieb nicht unbedingt auf ein Nahrungs- oder Genußobjekt beschränkt, die Schokolade, Zigaretten, Droge oder das Paradebeispiel, die Brust. Dem Oraltrieb kann schon mit der Lektüre der Speisekarte oder dem Anschauen des Bildes einer begehrten Speise vollauf Genüge getan sein. Und selbst ein Symptom wie die Anorexie führt vor Augen, daß das Subjekt des Oraltriebs noch beim selbstzerstörerischsten Akt des Nicht-Essens im Genießen des Anderen schwelgt. Das Triebobjekt ist, wie gesagt, höchst variabel und austauschbar. Genau genommen muß es nach dem Triebziel, also nach seiner Eignung zur Befriedigung definiert werden. Weil sich aber die befremdliche Flexibilität des Triebs bis in seine Grammatik hinein bemerkbar macht, ist die Rolle des Objekts auch damit nicht erschöpfend dargestellt. Durchaus möglich nämlich, daß das Triebobjekt von einem Subjekt, z. B. vom eigenen Ich – wie im Autoerotismus – oder der eigenen Person – wie im Masochismus – besetzt wird, wie es in Freuds merkwürdiger Formulierung heißt. Möglich also, daß ein masochistisches Subjekt das Triebobjekt darstellt, um sich in dieser Triebobjektposition von einer anderen Person, dem Sadisten, quälen zu lassen. Getreu der Freudschen Definition: Das Objekt ist »die Person, von welcher die geschlechtliche Anziehung ausgeht«.[426] Der Fall zeigt, zu welchen Verdre-

---

[426] S. Freud: Drei Abhandlungen zur Sexualtheorie, a. a. O., S. 47; s. auch J. Lacan: Die Vier Grundbegriffe der Psychoanalyse, a. a. O., S. 204.

hungen die Elemente des Triebbegriffs, vor allem das Triebobjekt in der Lage sind – fast möchte man sagen, wie verdreht diese ganze Triebangelegenheit ist.

Erste Zusammenfassung

Dennoch schälen sich einige Gesichtspunkte heraus, nämlich:
- Das Triebobjekt ist nicht ursprünglich mit dem Trieb verknüpft, wir haben uns »die Verknüpfung des Sexualtriebes mit dem Sexualobjekt bisher als eine zu innige vorgestellt«[427] oder mit Ricoeur gesprochen: das Objekt ist für den Trieb kein psychologischer Führer.[428]
- Der Trieb ist ein komplexes Gebilde, das aus ökonomischen (Lust), topologischen (Ich- Wahrnehmungssystem) und dynamischen Elementen (Drang) zusammengesetzt ist, aus verschiedenen Einzeltrieben besteht, dem Oraltrieb, Analtrieb, genitalem Sexualtrieb.
- Hinsichtlich ihres Aufbaus und der seelisch-psychischen Abläufe sind die Einzeltriebe nicht voneinander unterschieden, sie sind, insofern sie Erregungsvorgänge darstellen, vielmehr von gleicher Qualität. Verschieden sind sie nur durch ihre Triebquellen.[429]

Der Trieb ist also ein in unterschiedliche Puzzleteilchen zerfallendes Gebilde, von denen wir bis jetzt einige Teile kennengelernt haben. Es gibt noch mehr davon.[430]

Freuds biologische Anleihe

Bevor wir uns den weiteren Elementen des Triebs zuwenden, ist ein Blick auf seine Entstehungsbedingungen angebracht. Wie kommt der Trieb in Gang? Der Trieb, zunächst der Sexualtrieb, entsteht, wie es in den *Drei Abhandlungen* heißt, durch Anlehnung an den Hunger, durch seine Verschaltung mit der

---

427 S. Freud: Drei Abhandlungen zur Sexualtheorie, a. a. O., S. 58.
428 P. Ricoeur: Die Interpretation, a. a. O., S. 133.
429 S. Freud: Triebe und Triebschicksale, a. a. O., S. 87; s. dazu auch die monotone Qualität der Nervenzellen, von der Freud im »Entwurf« spricht.
430 Mit Freud kann festgehalten werden, daß die einzelnen Teile der Triebkombination zu unterschiedlichen Zeiten kulturell unterschiedlich bewertet wurden. So schätzte die griechische Klassik die Aktivität des Triebvorgangs an sich, d. h. den Drang, wohingegen die westliche Moderne des 19. und frühen 20. Jahrhunderts diesen eher verurteilt und den Trieb erst durch das Objekt geadelt sieht. Möglicherweise sieht das heute schon wieder anders aus und gilt der Vorrang erneut der Aktivität des Triebs. Vgl. dazu M. Foucault: Sexualität und Wahrheit, II. Der Gebrauch der Lüste, Frankfurt am Main 1986.

Selbsterhaltungsfunktion:[431] »Es ist auch leicht zu erraten, bei welchen Anlässen das Kind die ersten Erfahrungen dieser Lust (der sexuellen Lust des Lutschens, E. S.) gemacht hat, die es nun zu erneuern strebt. Die erste und lebenswichtigste Tätigkeit des Kindes, das Saugen an der Mutterbrust (oder an ihren Surrogaten), muß es bereits mit dieser Lust vertraut gemacht haben.«[432]

Die Idee der biologisch-physiologischen Anlehnung ist bei Freud nichts Ungewöhnliches, Freud legt sie generell seiner Erklärung der Partialtriebe zugrunde. Beispielsweise dort, wo es heißt: »Die Afterzone ist ähnlich wie die Lippenzone durch ihre Lage geeignet, eine *Anlehnung* der Sexualität an andere Körperfunktionen zu vermitteln.«[433] Thema ist erneut die Beziehung zwischen Körper und Psyche, die auch in der Psychoanalyse zu den schwierigen Fragen zählt, zumal sie, wie Laplanche und Pontalis unterstreichen, bisher ungenügend herausgestellt worden ist.[434]

Wir wollen uns im folgenden dieser Analogie zuwenden und nach der Bedeutung der Selbsterhaltungsfunktion fragen. Zur Erklärung soll noch einmal das schon bekannte Befriedigungserlebnis herangezogen werden, in dem zum ersten Mal von der Anlehnung an die biologische Selbsterhaltungsfunktion, den Hunger, die Rede war. Als Subjekt dieses von Freud als mythisch verstandenen Erlebnisses hatten wir den hilflosen und in der Welt noch unorientierten Säugling angetroffen, der zwecks Befriedigung seines Hungerbedürfnisses an den Anderen, die Mutter appelliert und sie im Idealfall durch seine motorischen und sprachlichen Appelle auf sich aufmerksam macht. Seinen Anstrengungen war jedoch nur eingeschränkt Erfolg beschieden, da sich Hunger und Unlust nur vorübergehend abschaffen lassen. Es zeigte sich weiter, daß alle Details und Kombinationen dieses Vorgangs im Gedächtnis gespeichert bleiben und die Lust-/Unlustempfindungen noch des erwachsenen Individuums bestimmen. An der Anlehnung der Sexualtriebe an die biologische Selbsterhaltungsfunktion besteht also kein Zweifel. Dennoch wird Freuds These von einigen Autoren, namentlich von Laplanche, vehement in Frage gestellt. So stellt für Laplanche Freuds Ableitung der Sexualität den reinsten biologischen Idealismus dar (ähnlich beurteilt er die aktiv-energetische Triebdefinition von Lacan).[435] Zwar gilt auch für Laplanche durchaus im Freudschen Sinne, daß die Selbsterhaltungsfunktion »unter der Führung der großen *Funktion*« der Homöostase steht, daß

---

[431] S. Freud: Drei Abhandlungen zur Sexualtheorie, a. a. O., S. 47.
[432] Ebd., S. 88.
[433] Ebd., S. 92.
[434] J. Laplanche, J. B. Pontalis: Das Vokabular der Psychoanalyse, Bd. 1, Frankfurt am Main 1972, S. 71.
[435] J. Laplanche: Der Trieb und sein Quell-Objekt, a. a. O., S. 134–135. Für Laplanche dient die Vorstellung bei Freud nur als Aufhänger für energetische Besetzungen (Laplanche zu Lacan, s. S. 161ff.).

sie aufgrund der biologischen Frühreife zum Scheitern verurteilt ist und topologisch zum Ich zählt, gleichwohl sollen die Vorgänge des Selbsterhaltungstriebs nicht verdrängt werden und daher nicht am psychischen Konflikt teilnehmen. Für Laplanche erbringen sie im Gegenteil den Beweis für die Bedeutung des passiven Elements der Triebe. Gegenstand der Verdrängung könne nämlich nur der psychische Sexualtrieb sein. Dieser wird nun zwar auch bei Laplanche durch Anlehnung gebildet, die nun aber nicht biologisch ausfällt, sondern in der Urverführung Gestalt annimmt.[436] »Es ist in der Tat undenkbar, daß die Sexualität biologisch aus der Selbsterhaltung hervorgeht, (...).« »Das ist der höchste Grad, das nec plus ultra der Robinsonade (...)«; »Die einzige Wahrheit der Anlehnung ist die Urverführung.«[437] Soweit Laplanche zur Unverdrängbarkeit der Selbsterhaltungstriebe.

Laplanche's Position ist nicht unwidersprochen geblieben. Wie Freud unterstreicht Lacan die Anlehnung des Sexualtriebs an die biologischen Vorgänge, stellt deren energetische Qualität heraus und macht darauf aufmerksam, daß diese über die den körperlichen Organen eigene Energetik hinausgehe. So zeuge vor allem das Triebobjekt des Oraltriebs, dieses prototypische Bedürfnisobjekt des Triebs schlechthin von einer Aktivität, die an den Masochismus erinnere und vom Anspruch des Subjekts an den Anderen künde (*terme autrifié*). Der Oraltrieb sei deshalb nicht einfach dem Körperlich-Organischen zuzurechnen, er zähle vielmehr zum Seelischen.[438] Im Anschluß an Freuds Idee von der grundsätzlichen Aktivität der Triebe, betont Lacan die von Anfang an psychische Bedeutung des vermeintlich biologischen Brustobjekts.[439] Es entgeht ihm jedoch nicht, daß der Oraltrieb jenseits der Aktivität der Triebe ein Moment aufweist, das schlechterdings nicht als aktiv und nicht als sexuell affiziert verstanden werden kann. Auf dieser Ebene werden auch für Lacan Aneignungsvorgänge des Erhaltungstriebs spürbar, Vorgänge, die topologisch betrachtet, dem Ich zuzuschreiben sind, biologisch jedoch zwischen passiv und aktiv liegen.[440] Ihren »grammatischem Sinn«, so Lacan weiter, beweisen diese Vorgänge aber erst in der Hinwendung auf ein Außenobjekt. Soll heißen, erst ab der Position von

---

436 Aus diesem Grund integriert Laplanche die Urverführung in das erste Befriedigungs-, Brusterlebnis. Das Kind ist der Sexualität passiv ausgesetzt, Sexualität ist rätselhafte Botschaft; s. J. Laplanche: Trauma, Übersetzung, Übertragung und andere Über(Schwenglichkeiten), in: ders.: Die allgemeine Verführungstheorie und andere Aufsätze, a. a. O., S. 172.
437 J. Laplanche: Der Trieb und sein Quell-Objekt, a. a. O., S. 141–142. Vgl. Kapitel 4. Das Unbewußte.
438 J. Lacan: Die Vier Grundbegriffe der Psychoanalyse, a. a. O., S. 204–205.
439 S. Freud: Triebe und Triebschicksale, a. a. O., S. 96. An dieser Stelle schließt auch die Todestriebdiskussion an.
440 Der Gegensatz Aktivität-Passivität macht nur auf der Ebene des Biologischen Sinn (J. Lacan: Die Vier Grundbegriffe der Psychoanalyse, a. a. O., S. 199).

»lieben – geliebt werden« sind sie in ihrer Bedeutung zu erfassen.[441] Dieser Aspekt des Biologischen, ihre Passivität, wird durch die unvollkommene Leistungsfähigkeit der Selbsterhaltungsfunktion zusätzlich bekräftigt. Wie erwähnt, erfüllt die Selbsterhaltungsfunktion ihre Aufgaben nur unvollkommen, da sie nur vorübergehend Befriedigung und Entspannung zustande bringt. Sie kann die Scharte nicht auswetzen, die die Frühzeitigkeit der Geburt, die Prämaturation beim kleinen Individuum hinterlassen hat. Das biologische Defizit und seine Folge, die Hilflosigkeit, gehören deshalb zu den Bedingungen des Psychischen dazu; es sind die Vorzeichen, unter denen sich das kleine Wesen aus seiner Notlage herauswindet und ins Register des Psychischen hinüberwechselt.[442] Erst aus dem Widerstreit zwischen realer Befriedigung und dem partiell immer unbefriedigt bleibenden Hunger, von Sexualität und partiell versagender Selbsterhaltungsfunktion kann eine psychische Wunschregung werden. Freuds Analogie zwischen der Selbsterhaltung und dem Sexualtrieb führt also vor Augen, daß dem Trieb eine Grenze gesetzt ist. Eine Grenze, die durch das Ungenügen des Biologischen und das Versagen der Selbsterhaltungsabsicht gezogen wird. Es mag noch hinzugefügt werden, daß dieses Versagen nicht einfach Zerstörung bedeutet, sondern im Gegenteil einen konstruktiven Beitrag zur Triebkonstruktion leistet, eröffnet sich dem Subjekt doch gerade unter dieser Voraussetzung psychisch die Möglichkeit der Transgression; ebenso wie es dem Trieb von da aus offen steht, das Subjekt über die eigenen Bedingungen hinauszuführen. Wir wollen nun der Frage nach der Herkunft des Triebs nachgehen, um uns anschließend dem Triebdualismus zuzuwenden.

Autoerotismus

Die Bildung des narzißtischen Ichs und die frühe Stufe des Sexualtriebs belegen den angedeuteten Zusammenhang. Freud bezeichnet den Autoerotismus als Frühform des Sexualtriebs und die »psychische Ursituation«, in der zwei seelische Polaritäten zusammentreffen, die Polarität von Ich und Außenwelt sowie die von Lust-Unlust.[443] In den *Drei Abhandlungen* hatte er bereits wesentliche

---

441 Im Aneignungsvorgang des Oraltriebs wendet sich die Liebe auch nach innen, sie geht durch den Magen. Bei der Außenwendung hat man jemanden zum Fressen gern (S. Freud: Triebe und Triebschicksale, a. a. O., S. 96–99; J. Lacan: Die Vier Grundbegriffe der Psychoanalyse, a. a. O., S. 199).
442 Die hier anfallende Wendung an den Anderen ist nicht naturalistisch gemeint. Der Säugling wendet sich nicht an die Mutter als Person, vielmehr an die Mutter als großen, unmenschlichen Anderen. In unserem Kapitel zum Entwurf war bereits davon die Rede, daß die Hilflosigkeit zum Anstoß der psychoanalytischen Ethik wird.
443 S. Freud: Triebe und Triebschicksale, a. a. O., S. 97.

Charakteristika des Phänomens aufgezeigt, darunter, daß der Trieb im Autoerotismus nicht auf eine andere Person gerichtet ist, sich vielmehr am eigenen Körper befriedigt, wobei die Erinnerung an eine erlebte oder nur erinnerte Lust und das bekannte Vorbild des autoerotischen Lusterlebens, »das Saugen an der Mutterbrust« von besonderer Bedeutung sind.[444] Man sieht, wie die biologische Analogie auch in das Phänomen des Autoerotismus hineinspielt: »Die Sexualbetätigung lehnt sich zunächst an eine der zur Lebenserhaltung dienenden Funktionen an und macht sich erst später von ihr selbständig«.[445] Unser Interesse gilt 1915 jedoch nicht mehr dem psychologischen Phänomen des Autoerotismus, sondern dem Sexualtrieb als einem metapsychologischen Gebilde, in dem das Ich libidinös besetzt wird, eine Verknüpfung von Lust und Ich zustande kommt und sich die schon erwähnte Merkwürdigkeit eines nicht-triebhaften Anteils am Trieb einstellt. Diese Triebkombination läßt sich strukturell folgendermaßen beschreiben: Autoerotismus ist ein sexuelles Partialtriebgeschehen, in dem der Trieb sein Objekt am eigenen Körper und eigenen Ich findet. Als ein Partialtrieb erreicht der Trieb schon an einer Einzelstrebung Befriedigung und kann so von der Außenwelt als befriedigungsspendender Quelle absehen.[446] Die Triebbewegung im Autoerotismus ist also selbstreferentiell. Doch die Situation ist verwickelter als sie zunächst erscheint, denn obwohl der Trieb am Ich, der »eigenen Person«, sein Objekt findet, bleibt das Ich, wie im Befriedigungserlebnis zu sehen, doch auf die Objekte der Außenwelt angewiesen. Schon 1910 zollte Freud dieser Zweiseitigkeit Tribut, indem er zwei Triebe zugrunde legte, die Ich- und Selbsterhaltungstriebe sowie die Sexualtriebe, wobei er den einen, den Icherhaltungstrieben, die biologischen Funktionen zuwies, sie aber gleichzeitig mit den Sexualtrieben verknüpfte und als Teil von ihnen bezeichnete. Die Triebüberkreuzung hat weitere Konsequenzen. Von Anfang an stellt sich nämlich heraus, daß durch die Fixierung auf das erste Befriedigungserlebnis die Ichtriebe für den narzißtischen Urzustand des Autoerotismus eine einzige Störung bedeuten. Die weitere Ichentwicklung wird auf diese Komplikation zu reagieren haben, insofern nun verschiedene Ichformen nötig werden, um davon Distanz zu gewinnen (wobei das purifizierte Lust-Ich zunächst sein eigenes Kriterium einführt, nur gute Objekte introjiziert, schlechte dagegen ausstößt). Die biologische Anlehnung des Sexualtriebs ist also

---

444 S. Freud: Drei Abhandlungen zur Sexualtheorie, a. a. O., S. 88.
445 Ebd.
446 Was nicht heißt, daß das Kind im Autoerotismus kein Interesse an der Außenwelt hat, nur spielt sie für es libidinös keine Rolle. Das einzige Unterscheidungskriterium im autoerotischen Stadium betrifft nur die Güte des Objekts. Das heißt auf der Stufe des Autoerotismus, Real-Ichs oder Lust-Ichs muß das Objekt gut zur Befriedigung sein; vgl. J. Laplanche, J. B. Pontalis: Vokabular der Psychoanalyse, a. a. O., S. 79–83.

nicht zu bestreiten. Es erweist sich nun, daß sie für den Trieb eine Störung bedeutet und sich nicht einfach auf ein positiv Lebendiges bezieht. Die biologisch bedingte Störung nimmt Formen an, sie beeinflußt die Entwicklung des Ichs von Grund auf, insofern der narzißtische Zustand des kleinen Individuums durch die notwendig werdende Pflege der Anderen auf künstliche Weise verlängert wird. Gleichzeitig bedeutet diese Hemmung für das Real-Ich aber nicht nur eine Entwicklungsbremse.[447] Denn ohne die Periode der Hilflosigkeit und die Pflege von Außen käme es zu überhaupt keiner Ichentwicklung, zu keiner Entwicklung des Ichs vom narzißtischen Urzustand zum Lust-Ich.[448] Soweit der Zusammenhang.

Der Gedanke von den Erweiterungen des psychischen Apparats durch das biologisch bedingte Ungenügen ist zugegebenermaßen nicht neu. Freud hatte ihn schon im »Entwurf« angedeutet, in dem er zum ersten Mal an der Stelle der Hilflosigkeit auf die Veränderungen des psychischen Apparats stieß und erkannte, daß der unstillbare Hunger dem »Mund, der sich selbst küßt« – so Lacans Definition des Autoerotismus – den Weg zum Anderen überhaupt erst eröffnet. Doch um es zu wiederholen, hier wie dort bezeichnen die Selbsterhaltungstriebe kein Lebendig-Organisches und sind in keinem Fall naturalistisch zu verstehen. Freuds biologische Anleihe setzt im Gegenteil an der Stelle des Versagens des Organismus an, bzw. – psychologischer formuliert – an einem Organismus, der ausschließlich durch die Wirkung der vom Ich repräsentierten Verdrängung in Erscheinung tritt.[449] So betrachtet mögen sich bei Freud Sexualtrieb und Hungertrieb zwar überkreuzen und geht psychisch die Liebe immer noch durch den Magen, dennoch bleibt Freud theoretisch wie therapeutisch nicht bei der Lebendigkeit des Organismus stehen. Mit der Referenz der Triebe auf die Selbsterhaltungsfunktion wird vielmehr die Mangelhaftigkeit des Körpers zum Thema gemacht und – das ist das eigentlich Entscheidende daran – sie wird zum Angelpunkt einer psychoanalytischen Ethik erhoben. Entgegen allen philosophischen Ansätzen, die ihre Ethik auf den Grundsatz der Pflicht begründen, macht Freud aus der ursprünglichen Hilflosigkeit – und damit implizit aus der defizitären biologischen Ausstattung des Individuums – die Quelle der Moral und begründet darauf eine ganze Ethik der Psychoanalyse. Es läßt sich also festhalten, daß die biologische Analogie als die Grenze fungiert, von der aus das Lebendige sein Gesetz erhält.

---

[447] S. Freud: Formulierungen über die zwei Prinzipien des psychischen Geschehens, a. a. O., S. 21.
[448] S. Freud: Triebe und Triebschicksale, a. a. O., S. 97, Anm. 2.
[449] In diesem Sinne ist auch die Rede von der konstitutiven Desexualisierung zu verstehen, deren Rolle vor allem bei der weiblichen Sexualität für viele Mißverständnisse gesorgt hat.

Bedeutung des Autoerotismus
Mit dem Autoerotismus werden weitere Aspekte des Triebbegriffs deutlich:
- Der Trieb ist ein Partialgeschehen, das selbstreferentiellen Charakter hat, weil es zur Selbstbesetzung fähig ist: Triebquelle und Ziel fallen am Körper ineins.
- Biologische Mangelhaftigkeit, Hilflosigkeit und Beschädigung des psychischen Apparats zählen zu den Komponenten des Triebbegriffs.
- Im Versagen der Selbsterhaltungsfunktion liegt eine produktive Kraft, die den Psychismus erst entfaltet.
- Durch die Ambivalenz der Triebe und die biologische Hilflosigkeit an seinem Ursprungs ist der Trieb ein Gebilde, an dem Geschlossenheitsansprüche grundsätzlich abprallen.

Triebdualismus

Freud selbst hat die Trieblehre als »unsere Mythologie« bezeichnet und spricht von dem befremdenden, spekulativen und hypothetischen Charakter der Triebe.[450] Dieser Charakter ergebe sich aus der mangelhaften Beobachtbarkeit des Triebgeschehens und sei der ungenügenden Bildersprache der Psychologie geschuldet.[451] An den Darstellungsschwierigkeiten des Triebgeschehens ist mithin kein Zweifel, sie unterstreichen vielmehr den hypothetischen Charakter der Triebe und nötigen zu Vergleichen, wie etwa mit dem des platonischen Mythos.[452] Dennoch ist Freuds Triebbegriff ein klar umrissener Begriff, zumal mit dem Triebdualismus eine wichtige Präzisierung vorgelegt wird. Mit der dualistischen Anordnung der Triebe stellt Freud nämlich nicht einfach zwei Triebgruppen vor. Aus den Funktionen und Binnenbezügen der Triebe läßt sich vielmehr ablesen, daß der Dualismus auf einen internen Triebantagonismus verweist: das Gegeneinander von zwei unterschiedlichen Tendenzen des einzelnen Triebs. Diese Art des Dualismus beherrscht die psychischen Vorgänge von Anfang an. Es spielt deshalb keine Rolle, wie Freud ihn begrifflich faßt, ob er ihn noch, wie 1895 als zwei verschiedene Nervenzellenarten, als endogene und exogene Nervenzellen bezeichnet, als Gegensatz zwischen Ich/Selbsterhaltungstrieben und den Sexualtrieben oder, wie 1920 als Todestrieb und Sexualtrieb. Die Etikettierung – so unsere Behauptung – ändert inhaltlich nichts an der Sache. Metapsychologisch

---

450 »Die Trieblehre ist sozusagen unsere Mythologie« (S. Freud: Neue Folge der Vorlesungen zur Einführung in die Psychoanalyse, a. a. O., S. 529).
451 S. Freud: Jenseits des Lustprinzips, a. a. O., S. 268 u. ö.
452 Wegen der Darstellungsschwäche des Triebs greift Freud öfter auch zu Anthropomorphisierungen (S. Freud: Jenseits des Lustprinzips, a. a. O., S. 268).

zählt ausschließlich der Umstand, daß die psychische Auszeichnung des Triebs durch eine Kombination von zwei gegenläufigen Trieben, von Sexualtrieb und Ichtrieb, dem späterem Todestrieb getragen wird und ein einzeln für sich bestehender Trieb nicht existiert. Der Trieb ist immer ein Mit- und Gegeneinander von zwei Komponenten. Der Trieb ist streng genommen, wie es C. Schmidt-Hellerau formuliert, eine Trieb-Verdrängungs-Einheit.[453] Weil die Einführung des Todestriebs gleichwohl eine Pointierung des Dualismus bedeutet, soll die nominelle Entwicklung des Triebdualismus hier kurz aufgezeigt werden:

Bereits 1905 geht Freud vom Dualismus von Ichtrieben und Sexualtrieben aus und stellt diesen in Analogie zur »populären Triebunterscheidung von Hunger und Liebe«.[454] Er nimmt dabei an, daß die Sexualtriebe das Objekt besetzen, die Ichtriebe eher unbekannter Natur sind und im übrigen den Selbsterhaltungstrieben zuzurechnen seien. 1910 artikuliert Freud den nämlichen Gegensatz indirekt auf der Triebebene, wenn er von Trieben und Vorstellungen spricht, bzw. von der Unvereinbarkeit zwischen dem Ich und einzelnen Vorstellungsgruppen, die Isolierung sowie Unbewußtheit anstreben und nicht selten der Verdrängung anheimfallen.[455] Nach der Erweiterung des Sexualitätsbegriffs über die schiere Fortpflanzungsfunktion und die infantile Sexualität hinaus, insbesondere nach der Beobachtung, daß das »psychologische Ich« mehr als nur eine verdrängende, zensurierende Schutzinstanz darstellt, weil es auch Objekt der Liebe sein kann, kommt es 1914 dann zur Aufstellung des Gegensatzes von Ichtrieben und Objekttrieben.[456] Fortan fallen unter den Sexualtrieb die narzißtische Libido wie die Selbsterhaltungstriebe und werden die Ichtriebe und die Objekttriebe nun beide als libidinös verstanden. Aus dem Triebgegensatz sind jetzt libidinöse Ich- und Objekttriebe geworden, die im Destruktionstrieb in Erscheinung treten. Das Ich mit den Selbsterhaltungstrieben ist zu einem Teil libidinös, führt aber in Hinsicht auf den Haß-Liebe-Gegensatz der Objektliebe auch destruktive Aspekte mit sich.[457] Die Perversionen, die sadistischen und masochistischen Formen der Sexualität, hatten schon 1905 eine aggressive Tendenz erkennen lassen. 1920 verwandelt sich dieser Gegensatz dann in den von Lebenstrieb und Todestrieb.

Man sieht, wie der Triebgegensatz die Theorie von Anfang an durchzieht, ohne im Laufe der Jahre indes theoretisch klarer geworden zu sein. Im Gegenteil,

---

453 C. Schmidt-Hellerau: Lebenstrieb und Todestrieb, a. a. O., S. 224, 231.
454 S. Freud: Drei Abhandlungen zur Sexualtheorie, a. a. O., S. 260.
455 S. Freud: Die psychogene Sehstörung in psychoanalytischer Auffassung, in: ders.: Stud. Ausg. Bd. VI, Frankfurt am Main, S. 209. Schmidt-Hellerau begreift die Verdrängung als einen Beleg für den Triebdualismus und den Triebbegriff grundsätzlich als Element einer Triebverdrängungstheorie (S. 152–154).
456 S. Freud: Jenseits des Lustprinzips, a. a. O., S. 260 und 269 Anm.
457 Ebd., S. 262.

die Todestriebhypothese übertrifft mit ihrer Unbestimmtheit alles bisher Dagewesene. Mit dem Todestrieb erreicht die Spekulation ihren Höhepunkt und mehr denn je bleibt der Triebdualismus eine »Gleichung mit zwei Unbekannten«.[458] Doch, anders als seine Kritiker empfindet Freud das keineswegs als ein Defizit.

Spätestens an der Stelle des Todestriebs fällt auf, daß bisher ausschließlich vom Sexualtrieb die Rede war. Die Gründe dafür sind offensichtlich. Denn, wo der Todestrieb im Latenten wirkt, empfiehlt sich der Sexualtrieb, der mit seiner vordergründigen Aktivität das Tageslicht nicht scheut, geradezu prototypisch als Triebbegriff. Die Analogie zwischen dem Trieb und dem Biologischen macht denn auch am Todestrieb nicht Halt, sie taucht im Gegenteil sogar in vielfacher Gestalt wieder auf.[459] So vergleicht Freud den Todestrieb mit den physiologischen Phänomenen der Magenschleimhaut, die sich selbst verdaut, wählt den Vergleich mit dem Wachstum des Zellgewebes, das den Organismus zerstört oder analogisiert die konservative Natur der Triebe mit dem »dem belebten Organismus innewohnenden Drang zur Wiederherstellung eines früheren Zustands, welchen das Belebte unter dem Einflusse äußerer Störungskräfte aufgeben mußte, einer Art von organischer Elastizität oder einer Äußerung der Trägheit im organischen Leben«.[460] Daneben finden sich Vergleiche mit aus heutiger Sicht abstrusen Beispielen aus dem Tierleben: mit gewissen Fischen, die zur Laichzeit beschwerliche Wanderungen in weit entfernte Gewässer unternehmen, mit Zugvögeln auf Wanderflügen und Tatsachen der Embryologie, die ähnliche Tendenzen zur Wiederherstellung eines früheren Zustands erkennen lassen. Schließlich taucht auf der morphologischen Ebene der vielzitierte Vergleich mit den Weismannschen Einzellern auf, die sich ähnlich dem Trieb in eine sterbliche Hälfte, das Soma, und eine unsterbliche, das Keimplasma oder die Potentia unterteilen.[461]

Die biologischen Ableitungen machen vor dem Triebdualismus nicht Halt. Das lebende Einzelwesen diene eben zwei unabhängig voneinander existierenden und oft im Widerstreit liegenden Absichten: der Selbsterhaltung und der Arterhaltung, argumentiert Freud unter Berufung auf den Physiologen E. von Hering, der in der lebenden Substanz zwei gegenläufige Prozesse erkannte, die aufbauend-assimilatorischen und die abbauend-dissimilatorischen.[462] Trotzdem hat Freud keine physiologisch-biologische Begründung im Sinn, sondern sucht

---

458 Ebd., S. 266.
459 1905 hatte Freud schon erwogen, ob die Verdrängung etwa konstitutionell erklärt werden könne (S. Freud: Drei Abhandlungen zur Sexualtheorie, a. a. O., S. 142).
460 S. Freud, Neue Folge der Vorlesungen zur Einführung in die Psychoanalyse, 32. Vorlesung, a. a. O., S. 538; ders.: Jenseits des Lustprinzips, a. a. O., S. 246–247, 255.
461 Ebd.
462 S. Freud: Jenseits des Lustprinzips, a. a. O., S. 258–259.

nach einer Beschreibung des Psychischen, die im Gegensatz zum Physiologischen steht, wie es sogar 1933 in Referenz auf die Konkomitanzthese des Psychophysischen Parallelismus von Hughlings Jackson noch heißt, von der er sich inhaltlich seit 1915 längst verabschiedet hat.[463]

Bewertung der biologischen Analogie für den Todestrieb und den Triebdualismus

Mit dem ausdrücklichen Bezug auf den biologischen Hintergrund der Triebe drängt sich der Eindruck auf, die Trieblehre könnte körperlich, wenn nicht gar substantiell zu verstehen sein.[464] Demgegenüber muß betont werden, daß Freud weder den Sexualtrieb noch den Todestrieb materiell, stofflich oder gar substantiell verankern wollte. Beim Sexualtrieb galt Freuds Interesse vielmehr den Reizen, deren Vorgängen und »tätigen« Kräften, beim Todestrieb waren es dessen Tendenzen in Richtung Homöostase, Nirvana, Null. Mit dem Todestrieb kommt jedoch ein weiterer Aspekt ins Spiel: Der Trieb stellt sich nun verstärkt als eine Kombination von Tatsächlichem und Erdachtem, als ein Moment des Spekulativen heraus. Doch damit nicht genug, mit dem Triebdualismus beweist er sich außerdem als ein Ineinandergreifen von aktiven, fördernden und hemmenden Kräften. Ein Plädoyer für einen Biologismus des Lebendigen ist das alles nicht. Im Gegenteil, in *Jenseits des Lustprinzips* wird der Sinn der biologischen Anleihen klarer denn je:[465] Es ist die Ebene *vor* dem Biologischen, der Zustand des Leblosen vor dem Lebendigen, die hier den Ausschlag gibt. 1920 ist mit dem Todestrieb das Leblose am Trieb auf den Begriff gebracht und Freud stehen die Konsequenzen nun klar vor Augen:[466] Es gibt im Psychismus einen Zustand des Leblosen, mit dem alle Absichten des Lebewesens unterlaufen werden. Dieser Zustand widerspricht allen Annahmen, der menschliche Organismus könnte auf Wohlbefinden oder Anpassung ausgerichtet sein.[467] Freuds Todestriebhypothese weist vielmehr darauf hin, daß neben der Ebene des real biologischen Todes eine zweite Ebene des Todes existiert, die von eher symbolischer denn realer Bedeutung ist.[468] Das Lustprinzip ist nämlich in

---

463 S. Freud: Neue Folge der Vorlesungen zur Einführung in die Psychoanalyse, 32. Vorlesung, a. a. O., S. 529 und 536. Daneben gibt es mit Begriffen wie Anziehung und Abstoßung auch Anleihen bei der Physik.
464 K. R. Popper, J. C. Eccles: Das Ich und sein Gehirn, München 1982, S. 241.
465 Der Zustand des Leblosen war auch schon im Entwurf angesprochen worden – und zwar mit dem ersten Hauptsatz und der prekären, traumatischen Realität.
466 Siehe jedoch das Trägheitsprinzip des Entwurfs, bzw. die Tendenz zum Niveau = 0 (S. Freud, Entwurf einer Psychologe, a. a. O.; S. 390).
467 Vgl. im Unterschied dazu die Revision der Triebtheorie im Zustandswechselmodell von M. Koukkou und D. Lehmann, s. Teil 1.
468 Vgl. dazu J. Lacan: Kant mit Sade, in: ders.: Schriften II, Olten 1975, S.147–148.

zweierlei Hinsicht zu verstehen: zum einen ist es dem Gesetz der Homöostase unterworfen, wo es den energetischen Gleichgewichtszustand sichert (restitutiv), zum anderen verfolgt es die Tendenz in Richtung Nirvana, gegen Null (repetitiv).[469] Diese Verdopplung läßt sich mehrfach belegen: Denn wie anders sollen sich die Perversionen, Sadismus und Masochismus erklären lassen, wenn nicht als Tendenzen eines Leblosen, das sich zu Lebzeiten gegen das Leben und eigene Ich kehrt, wenn nicht als Auswirkungen des Todestriebs?[470] Wie anders soll man den Wiederholungszwang der Schreckneurose erklären? In der Todestriebhypothese werden diese und andere pathologische Formen verallgemeinert und zu Erscheinungen einer Entfremdung erklärt, die schon die kleinsten Subjekte affektiv zu spüren bekommen. In seinem berühmten Kinderspiel, dem »fort-da«-Spiel, hat Freud geschildert, wie das kleine Individuum – gänzlich anders als der Schreckneurotiker, der vergeblich um die Repräsentation eines traumatischen Erlebnisses ringt – die todestriebbedingte Entfremdung auf spielerische Weise umsetzt und dem ersten Gefühl, dem Haß, so eine erste Bahnung verschafft.[471] Doch wie das Ergebnis auch ausfallen mag, die Übersetzung des Leblosen in eine Repräsentation des Lebendigen muß in jedem Fall geleistet werden.[472]

Kehren wir jedoch zum Triebdualismus zurück und fragen nach seiner Einordnung. Freuds Triebdualismus hat die unterschiedlichsten Beurteilungen

---

469 J. Laplanche: Der Todestrieb in der Theorie des Sexualtriebes, in: ders.: Die allgemeine Verführungstheorie und andere Aufsätze, a. a. O., S. 190; S. Lacan: Das Ich in der Theorie Freuds und in der Technik der Psychoanalyse. Das Seminar II, Olten, 1980, S. 106.

470 Die Unterscheidung kommt allerdings selten vor, auch nicht bei O. Marquard, obwohl er im Triebbegriff die gefährliche Seite der romantischen Naturauffassung wiedererkennt und der Meinung ist, daß der Todestrieb das Konstanzprinzip als Selbstregulierung in Frage stellt. Nimmt man allerdings de Sade's Philosophie im Boudoir, findet man die Möglichkeit eines zweiten Todes eingeräumt. Justine, Juliette und die anderen Frauenopfer werden durch die ausgeklügelten sadistischen Praktiken des Marquis und seiner Gefährten biologisch nämlich nicht wirklich zerstört. Im Phantasma bleibt ihre Schönheit intakt, sind sie biologisch unantastbar, »comme si la biologie n'existe pas!« In den Perversionen wird das Jenseits des Lustprinzips real. Neben dem biologischen Tod des Individuums, geht es hier um den symbolischen Tod, mit dem das Subjekt über das Biologische triumphiert: entzauberte Triebnatur (O. Marquard: Transzendentaler Idealismus, Romantische Naturphilosophie, Psychoanalyse, Köln 1987. S.224–256); s. dazu J. Lacan, Kant mit Sade, a. a. O., S. 133–163; ferner S. Žižek, Liebe dein Symptom wie dich selbst!, Berlin 1991, S. 74–75.

471 N. Haas: Fort/da als Modell, in: D. Hombach (Hg.): Mit Lacan, Berlin 1982, S. 33–34.

472 Das Lustprinzip steht im Dienst des Todestriebs. Im Ödipuskomplex wird das Thema des Nicht-Lebendigen, Nicht-Naturhaften am Lebewesen Mensch sodann mit dem Kastrationskomplex ausgeführt. An der Stelle der Natur hält die Psychoanalyse grundlegend dagegen: Der Mensch ist nicht Herr im eigenen Haus. »Im Menschen entfernt sich die Natur von sich selbst und tritt sich gegenüber. (...) Die Unnatürlichkeit des Menschen (ist) eine natürliche«. Ganz anders die Wissenschaft. Für sie ist die Natur – die doch die Voraussetzung der Naturgesetze darstellt – möglichst auszuschließen (H.-J. Frey: Natürlichkeit, in: N. Haas, R. Nägele, H. J. Rheinberger (Hg.): Was wäre Natur? Liechtensteiner Exkurse II, Eggingen 1995, S. 126).

erfahren, er wurde als Eigenschaftsdualismus (O. Marquard), Wesensdualismus (K. R. Popper) oder, unter Berücksichtigung der ökonomischen Vorgänge, auch als »Benennung für Energiequellen des Individuums« (C. Schmidt-Hellerau) verstanden.[473] Letztere Auffassung scheint uns, weil sie Freuds Forderung nach der Trennung von Funktion und Tendenz nachkommt, der Beurteilung des Triebs am besten gerecht zu werden. Unter Berücksichtigung der energetischen Vorgänge stellte sich nämlich heraus, daß Triebe und Partialtriebe ihrem Aufbau und Ablauf nach gleichartig sind. Qualitativ gibt es keinen Unterschied zwischen den zwei Trieben. Ihr Unterschied ist anderweitig zu suchen, er liegt im unterschiedlichen Verhalten des Lustprinzips in den beiden Triebarten: So wird dem Lustprinzip im Sexualtrieb eine bestimmte Spannungstoleranz abgenötigt wird (Konstanzprinzip), während es im Todestrieb dem Nirvanaprinzip mehr oder weniger nachgibt (ganz im Suizid, mehr oder weniger in der Melancholie). Der vermeintlich qualitative Triebdualismus bewahrheitet sich also in Wahrheit als ein innerpsychischer, topischer oder systemischer Dualismus des psychischen Apparats. Er tritt in den Instanzen und Systemen auf, dem Ich und dem Es oder im Bewußtsein und dem Unbewußten. Beim Individuum manifestiert er sich – je nachdem wie die Polaritäten von Lust und Unlust, aktiv und passiv bewältigt wurden und wie sie mit einem Objekt, einem Ich- oder Außenobjekt verknüpft wurden – letztlich in Gestalt eines Affektgegensatzes. Der Fall des Melancholikers mit seinem Selbsthaß veranschaulicht den Sachverhalt: Der Melancholiker weiß, daß er eine geliebte Person verloren hat, weiß aber nicht, *was* er an ihr verloren hat. Bewußt betrauert er den Verlust des geliebten Objekts, unbewußt dagegen hegt er weiter seinen Haß auf es. Wissentlich und systemmäßig trennt er zwischen Liebe und Haß. Aus dieser Spaltung heraus überträgt er insbesondere den unbewußten Haß vom Objekt auf das Ich und wird melancholisch. Liebe und Haß, Sexual- und Todestrieb liegen in der Melancholie im Widerstreit und überkreuzen sich an den seelischen Polaritäten.[474]

Doch das Dilemma mit dem Trieb ist damit nicht aufgelöst. Der Trieb bleibt auch weiterhin ein kompliziertes Gebilde, das sogar je systematischer wir es zur Kenntnis nehmen, an Komplexität gewinnt und immer noch schwer vom Biologischen abzugrenzen ist. Die Untersuchung der Triebschicksale bringt hier möglicherweise eine Lösung.

---

473 Schmidt-Hellerau definiert ihn auch kybernetisch als Strukturentwicklungsprinzip von Integration und Differenz, s. C. Schmidt-Hellerau: Lebenstrieb und Todestrieb, a. a. O., S. 204ff.

474 In der Melancholie sind durch den Triebdualismus verschiedene Gegensätze miteinander verschränkt: der Gegensatz von Subjekt und Objekt sowie der im Objekt liegende Gegensatz von Lieben und Hassen, die Gefühlsambivalenz.

Triebschicksale

Freud spricht von den Schicksalen der Triebe und fügt mit dieser Wortwahl dem systemtheoretischen und kybernetischen Verschaltungsgeschehen des Triebs ein antik-tragisches Moment hinzu, das vor allem in einer Schrift wie dem Ödipuskomplex ausgeführt wird. Auf der Ebene des energetischen Geschehens ist dieses Schicksal auch über Richtung, Ziele und Wege des Triebs verhängt und macht deutlich, daß auch Triebkonstellationen nicht frei gewählt werden können.[475] Triebkonstellationen, Triebschicksale sind vielmehr das Resultat von unbewußten Konflikten und Abwehrvorgängen, die sich in die Lebensgeschichte eines Einzelnen eintragen.[476] Freud zählt namentlich vier Triebschicksale auf: das Schicksal der Verkehrung des Triebziels von aktiv in passiv oder die materiell inhaltliche Verkehrung von Lieben in Hassen, das der »Wendung gegen die eigene Person«, die Verdrängung und schließlich die Sublimierung. Sehen wir uns zunächst zwei davon, die »Wendung gegen die eigene Person« und die »Verkehrung ins Gegenteil« am Beispiel der Perversionen näher an:

Ähnlich wie im Autoerotismus 1905 führt Freud 1915 anhand der Perversionen die hohe Elastizität des Triebs vor Augen. Sie machen deutlich, daß die Grammatik des Triebs so flexibel ist, daß sie sogar die Vertauschung der Subjekt-Objekt-Positionen ermöglicht.

1914 hatte die Entdeckung des Narzißmus schon zu der Erkenntnis geführt, daß die Ich-Instanz keine subjekt- oder personengebundene Größe darstellt, sondern das Subjekt selbst, wegen der Spaltung des Seelenlebens, als Objekt des Sexualtriebs auftreten kann. Im Triebschicksal der »Verkehrung ins Gegenteil« greift Freud diese Merkwürdigkeit auf und konjugiert sie an den pathologischen Formen von Masochismus, Sadismus, Schaulust und Voyeurismus durch, an denen er gleich mehrere Verschaltungsebenen hervorhebt. Er betont, daß durch die Umschaltung der Objektebene und die Verwandlung von Aktivität in Passivität aus einem Sadismus und einer Schaulust Masochismus und Exhibitionismus entstehen können. Das Objekt des masochistischen und exhibitionistischen Triebs ist in diesem Fall die eigene Person geworden, das aktive Triebziel von quälen, schauen ist in ein passives verwandelt, das nun lautet: gequält, beschaut zu werden. Die Rolle des Subjekts ist zur Disposition

---

475 Hier drängt sich die Erinnerung an die »eherne Notwendigkeit« des Ödipuskomplexes auf.
476 Ob Triebschicksale für ein spezielles Naturverhältnis, nämlich das zur verzauberten, gefährlichen Natur stehen, wie O. Marquard andeutet, oder nicht eher die Verfaßtheit der Subjekte im Spätkapitalismus abbilden, wie H. Marcuse behauptet, wird im Zusammenhang dieser Arbeit nicht diskutiert (O. Marquard: Transzendentaler Idealismus, Romantische Naturphilosophie, Psychoanalyse, a. a. O., S. 236; H. Marcuse: Triebstruktur und Gesellschaft, Frankfurt am Main 1955).

gestellt. Sie wird im Triebgeschehen der Perversion von einer fremden Person, die klassischerweise als Objekt fungiert, übernommen. Eine fremde Person kann zum Subjekt des Triebgeschehens werden, wenn sie dem Ich nur aktiv dazu verhilft, das gewünschte passiv-masochistische Triebziel zu erreichen, – getreu der Formulierung, wonach das Subjekt die Person ist, von der die aktive Triebhandlung ausgeht.

Das Beispiel des Schautriebs ist vergleichsweise einfacher konstruiert. Als Vorstufe gilt auch hier wieder die autoerotische Besetzung des eigenen Körpers, wobei das Beschauen des eigenen Körpers, des eigenen Sexualglieds, den gesuchten Genuß verschafft. Nach Freud werden neben der Verwandlung des Objekts – sich selbst als fremdes Objekt beschauen – auch die Verwandlung des Triebziels – selbst als Sexualobjekt von fremder Person beschaut werden (Exhibitionismus) – sowie die inhaltlich-materielle Verkehrung maßgeblich. Wobei letztere mit der Erregungsambivalenz gegenüber dem Objekt, bzw. mit dem Wechsel von Liebe, Haß und Indifferenz spielt und in den Perversionen fast beliebig zwischen Ich und Außen, aktiv und passiv, Lust und Unlust flottiert. Die exakte Trennung dieser Polaritäten zählt zu den Leistungen der Ichbildung, über sie erhält der Trieb eine Grenze, – eine Grenze, die selbst nicht mehr triebhaft ist, sondern von der Liebe gezogen wird. Soweit zur Flexibilität der unterschiedlichen Polaritäten und Triebelemente, die an den Perversionen sichtbar werden.

Wenn wir jetzt noch einmal nach der Bedeutung der Perversionen für den Triebbegriff fragen, wird deutlich, daß damit ein wesentlicher Aspekt des Triebaufbaus ausgedrückt wird: Der Trieb ist ein Begriff, in dem, wie die Permutationsmöglichkeiten der Perversionen vorführten, die Position des Subjekts höchst variabel und austauschbar ist. Streng genommen ist er ein subjektloser Begriff. Diese Eigenart, seine subjektive Ortlosigkeit macht die Triebausstattung für die Subjekte ganz allgemein problematisch, besonders in den Perversionen erweist sie sich jedoch als eine unerträgliche Verunsicherung, die nur folgendermaßen kompensiert werden kann: Der Masochist versucht ihrer im Schmerz und in der Gewalt gegen sich selbst Herr zu werden. Der Exhibitionist findet Beruhigung, wenn er den eigenen Körper von einer Person, in deren Blick er Angst und Schrecken oder ein »Aufflackern der Scham« wiederfindet, beschauen läßt.[477] Festgemacht am anderen, bzw. durch Einschaltung eines realen anderen Subjekts oder durch eine Veränderung, Verfremdung seiner selbst, gelingt es, die Kreisbahn des Triebes zu schließen und die Subjektlosigkeit des Triebs schließlich noch mit einem Subjekt zu komplettieren.[478] Soweit zur

---

[477] J. Lacan: Die Vier Grundbegriffe der Psychoanalyse, a. a. O., S. 191f.
[478] Ebd., S. 186–188, S. 190–191.

Verschaltungs- und Permutationsstruktur des Triebs und zur Bedeutung der Perversionen für die grundlegende Subjektlosigkeit dieses metapsychologischen Gebildes, des Triebs.

Das Triebschicksal der Verdrängung

Betrachten wir abschließend das Triebschicksal der Verdrängung, das bemerkenswert eng am Triebbegriff ausgerichtet ist.[479] Wie eingangs den Trieb, so grenzt Freud auch den Verdrängungsbegriff zunächst vom äußeren Reiz ab, trägt seine biologischen Erwägungen an ihn heran – erörtert beispielsweise die Frage, ob die Verdrängung möglicherweise konstitutionell bedingt sei – und betont ihre charakteristische Konstanz, den »Daueraufwand der Urverdrängung«.[480] Im Unterschied zu den anderen Triebschicksalen, der Verkehrung ins Gegenteil und der Wendung gegen die eigene Person, setzt die Verdrängung gleichwohl auf einer höheren Komplexitätsstufe des psychischen Apparats an: ihr liegt bereits die »scharfe Sonderung« von bewußter und unbewußter Seelentätigkeit, der Systeme in Ubw und Bw zugrunde.[481] Darüber hinaus wird deutlich, daß an der Verdrängung nicht nur dynamische Vorgänge beteiligt sind. Mit der Verdrängung beweist sich der Trieb noch einmal als eine Kombination und Montage, als nicht einheitlich aufgebaut. Freud war auf diesen Umstand schon bei seinen Hysterikerinnen gestoßen, die ihm zeigten, daß eine hysterische Repräsentation aus einem Affektbetrag und einer mitwirkenden Vorstellung besteht, die beide zu getrennten Entwicklungen fähig sind. Vor diesem Hintergrund lautet die Erklärung des Verdrängungsschicksals nun wie folgt: Eine bewußte Vorstellungsrepräsentanz, beispielsweise eine Liebessehnsucht, wird verdrängt, weil sie über das erträgliche Maß hinausgehend Unlust verschafft. Während damit die Vorstellung zum Verschwinden gebracht wird, gilt das jedoch nicht für den sie begleitenden Affekt. Der Affektbetrag, seine Erregungsquantität bleibt im Gegenteil im Unbewußten fixiert und ist dort weiterhin wirksam, und zwar so nachhaltig, daß die Verdrängung nie zu einem Ende kommt, vielmehr von ständigem Nachdrängen aufrechterhalten wird.[482] 1915 bekräftigt Freud die Idee der dynamischen Konstanz durch die Annahme der Urverdrängung, von der er sich eine weitere Systemdifferenzierung erhofft.[483]

---

479 Als ein Vorläufer des Verdrängungsbegriffs kann die Kontaktschrankentheorie von 1895 gelten. Vgl. Kapitel 2, Freuds »Entwurf«.
480 S. Freud: Die Verdrängung, a. a. O., S. 107–118; ders.: Das Unbewußte, a. a. O., S. 140.
481 S. Freud: Die Verdrängung, a. a. O., S. 108.
482 Ebd., S. 109.
483 Wie die anderen Ursprungsableitungen der psychoanalytischen Theorie baut Freud auch die Urverdrängung auf einer paradoxen Logik auf, insofern er mit dem System Vbw, d. h. einer abge-

Mit der Annahme der Urverdrängung tritt auf der Ebene des wissenschaftlich gedachten Seelenapparats indes eine neue Unschärfe auf: Es werden Ursprungsfragen aufgeworfen und mythische Anfangsgründe berührt, die Freud, wie stets, mit einer Fiktion und paradoxen Konstruktion beantwortet.[484] Mittels der fiktiven und paradoxen Konstruktion der Urverdrängung wird nun die »Herstellung und Fortdauer« der Verdrängung sowie die »Annahme einer Gegenbesetzung« erklärt, »durch welche sich das System Vbw gegen das Andrängen der unbewußten Vorstellung schützt«.[485] Darüber hinaus gilt ihm die Verdrängung als kontinuierliches Geschehen, als Anknüpfungspunkt für das Wuchern der psychischen Abkömmlinge und als Anziehungspunkt sämtlicher Ersatzbildungen,[486] wodurch zugleich die Systemgrenzen klarer werden. In der Praxis ist Freud längst darauf vorbereitet, denn seine Hysterieanalysen hatten ihn längst gelehrt, daß im System »unbewußt« die motorischen Abfuhrwege blockiert sind und sich die Erregungsqualitäten in den Körperinnervationen und der Affektentwicklung ihre Auswege suchen.[487] Freud hatte beobachten können, wie die unbewußte Vorstellung demgegenüber eine Zwischenposition einnimmt und durch Abstoßung (vom Bewußtsein) und Anziehung (durch das Unbewußte) bestimmt wird.[488] Doch erst jetzt wird klar, daß sich das Verdrängungsgeschehen in allen Systemen des psychischen Apparats auf diese Weise abspielt: im motorischen System, wo es die Wortrepräsentationen oder die somatisch-motorischen Repräsentationen berührt (z. B. in Form von Sprachstörungen oder der Beinlähmung von Frl. Elisabeth von R.), im Wahrnehmungssystem, wo es eine Triebquelle oder eine Sachrepräsentation betreffen kann oder da, wo es um eine Empfindung, einen Affekt geht.[489] Den Variationsmöglichkeiten der Affektschicksale sind kaum Grenzen gesetzt, sie reichen von der totalen Unterdrückung der Affekte, die euphemistischerweise als »belle indifference« der Hysterie bezeichnet wird, über die Verdrängung der Haßregung in der Zwangsneurose

---

leitenden Gegenbesetzung, die logisch erst herzustellen ist, die Annahme der unbewußten Vorstellung erklärt, die er an sich voraussetzt (ebd., S. 109).

484 Siehe E. Seifert: Was will das Weib?, a. a. O., S. 9–54 (Kap 1: Vatermord und Weiblichkeit); J. Le Brun: Das Problem des Ursprungs in der Geschichte der Religion und bei Freud, in: Berliner Brief, 3–4, 2000, S. 20–32.
485 S. Freud: Das Unbewußte, a. a. O., S. 140.
486 Die Verdrängung wirkt wie der Urvater aus *Totem und Tabu*, der als Toter wirkmächtiger als zu Lebzeiten ist (S. Freud: Die Verdrängung, a. a. O., S. 112). Deshalb kann man auch sagen, daß an der Stelle der Verdrängung das Signifikantennetz anknüpft (ebd., S. 117).
487 S. Freud: Das Unbewußte, a. a. O., S. 146.
488 S. Freud: Die Traumdeutung, a. a. O., S. 523 Anm. 2.
489 Vgl. hier die Diskussion um die Sach- und Wortvorstellungen in Kapitel 4: Das Unbewußte; vgl. auch C. Schmidt-Hellerau: Lebenstrieb und Todestrieb, a. a. O. S. 215.

bis zu deren Verwandlung in Angst in den Phobien.[490] Die Praxis führte vor, daß der Affekt durch seine Schattenexistenz, sein »Wuchern im Dunkeln«, selbst dann noch aktionsfähig bleibt, wenn die Vorstellung längst aus dem Bewußtsein verschwunden ist, sogar intensiver als je zuvor. Es liegt also nahe, das Schicksal des Affektbetrags als den wichtigsten Teil des Verdrängungsgeschehens zu betrachten, wichtiger jedenfalls als das der Vorstellung.[491]

An dieser Stelle ist auf eine weitere Besonderheit der Triebentwicklung aufmerksam zu machen. Wir stellen hier erneut fest, daß der Triebbegriff wie die anderen Begriffe des Seelenlebens der bereits bekannten Tendenz in Richtung Spaltung folgt.[492] Diese Tendenz ergibt sich bereits aufgrund der Kombinatorik der Triebkomponenten, manifestiert sich aber auch in der unterschiedlichen Entwicklung von Affekt und Vorstellung. Affekt und Vorstellung driften nämlich nicht nur im pathologischen Fall auseinander, für Freud kann selbst im besten, im normalsten Fall von keinerlei naturwüchsigem Zusammenhalt zwischen ihnen die Rede sein. Am Begriff der Verdrängung findet die allgemeine Spaltungstendenz des Seelenlebens aufs neue Bestätigung.

Es scheint indes nicht abwegig, die Behauptung von der grundlegenden Trennbarkeit von Affekt und Vorstellung für die kritische Aufnahme des Trieb- und Verdrängungsbegriffs verantwortlich zu machen. Ein zentraler Einwand Ricoeurs richtet sich jedenfalls genau gegen diese Freudsche Annahme einer gesonderten Realität der Affekte.[493] Bemerkenswerterweise wird aber auch in der therapeutischen Literatur, die sich mit theoretischen Feinerörterungen nach Art der Philosophen in der Regel nicht beschäftigt, das Verhältnis von Affekt und Vorstellung mittlerweile als untrennbar erachtet. Verhaltenstherapie, Gestalttherapie und die sogenannten Hypnotherapien gehen jedenfalls völlig kommentarlos von dem vorgegebenen Zusammenhang von Affekt und Vorstellung aus und postulieren beispielsweise, daß wegen der »aktiven, formenden Kraft bedeutungsvoller Einheiten und der natürlichen Tendenz zur Einfachheit der Form« die Psyche »des Normalen« keine andere Zielsetzung erkennen lasse, als unabgeschlossene Situationen zur Vollendung zu bringen. Die sogenannten Hypnotherapien, das Neurolinguistische Programmieren, die verpönte, aber populäre Familienaufstellung, aber auch die Verhaltenstherapien denken die Entwicklung von Affekt und Vorstellungen offensichtlich nicht anders denn

---

490 S. Freud: Die Verdrängung, a. a. O., S. 114, S. 116–117.
491 Ebd., S. 114.
492 Ausnahme: die Libido. Für Freud gibt es nur eine Libido.
493 Für Ricoeur hingegen braucht ein Affekt immer eine Vorstellung zum Träger. Die Energetik ist nicht ohne Hermeneutik denkbar (P. Ricoeur: Die Interpretation, Frankfurt am Main 1974, S. 152, 156).

als eine naturwüchsige Verbindung.⁴⁹⁴ Der Begriff der Verdrängung und seine Implikationen scheinen also der strittige Punkt zu sein, an dem sich Vertreter von Psychoanalyse, Philosophie und den aktuellen Psychotherapien radikal voneinander unterscheiden. Das Thema ist von grundlegender Bedeutung, sind damit doch gleichzeitig divergierende erkenntnistheoretische Positionen verbunden. So versteht etwa C. Schmidt-Hellerau die Verdrängung in ihrer »formalisierten Trieb- und Strukturanalyse« als einen Teil des Triebschicksals, als einen dem Trieb immanenten Vorgang und bestimmt den Trieb als einfachstes kybernetisches Modell, als eine Trieb-Schalter-Verdrängungskette und argumentiert damit in einem naturwissenschaftlich-systemtheoretischen Zusammenhang. Demgegenüber macht Ricoeur als Hermeneutiker die Verdrängung dafür verantwortlich, daß wir uns immer unter bloßen Ableitungen bewegen und – vor allem mit der Urverdrängung – »immer nur im Mittelbaren, im Schon-Ausgedrückten, Schon-Gesagten« befinden, also in einem Motivations- und Sinnsystem.⁴⁹⁵ Schließlich wäre da noch unsere eigene These, der zufolge der Verdrängungsbegriff des Triebs auf einen realen Verlust hinweist, einen Verlust, wie ihn ein Lebewesen, weil es dem Geschlecht und damit dem Zugriff des individuellen Todes unterworfen ist, notwendigerweise zu erleiden hat. Eine Aussage, die weder der einen noch der anderen Ausrichtung zuzuordnen ist.⁴⁹⁶

Fazit zum Triebbegriff

Alles in allem steht damit fest:
- Freuds Triebbegriff ist kein »krankmachender und irreführender« Begriff, der durch empirische Daten diskreditiert wird.⁴⁹⁷
- Mit dem Triebbegriff geht keine einfache Biologisierung des psychischen Apparats, bzw. Seelenlebens einher, wenngleich das Verhältnis des Triebs zur Biologie vor ernstzunehmende Schwierigkeiten stellt.

---

494 F. S. Perls, R. F. Hefferline, P. Goodman: Gestalttherapie: Grundlagen, München 2004, S. 21. Vgl. auch J. Grinder, R. Bandler: Therapie in Trance, Neurolinguistisches Programmieren (NLP) und die Struktur hypnotischer Kommunikation, Stuttgart 1984. Ebenso F. W. Baade, J. Borck, S. Koebe, G. Zumvenne (Hg.): Theorien und Methoden der Verhaltenstherapie, Tübingen 1984.
495 P. Ricoeur: Die Interpretation, a. a. O., S. 151 und S. 160f.
496 Konsequent der Freudschen Ursprungslogik folgend, übersetzt Lacan die Hypothese des paradoxen Libidoentziehungsvorgangs der Urverdrängung in einen neuen kleinen Mythos, den Mythos der sogenannten Lamelle, mit dem er u. a. zeigen will, wie sich die Geschlechtlichkeit – um die es beim Trieb geht – im Feld des Subjekts auf einem Weg des Fehlens instauriert (J. Lacan: Die Vier Grundbegriffe der Psychoanalyse, a. a. O., S. 215). Daß das in der Urverdrängung anklingende Leblose keineswegs defizitär ist, führt das Freudsche Kinderspiel vor, in dem dem Subjekt auf der Grundlage des Todestriebs seine Beziehung zum Realen gelingt.
497 Vgl. Teil 1: Neurowissenschaft, das Alternativmodell von Koukkou/Lehmann.

– Freuds Triebmodell stellt mehr als ein veraltetes physikalisches Modell dar, mehr als eine 19.-Jahrhundert-Mechanik, es erweitert im Gegenteil die Hypothesen des psychischen Apparats und stellt eine Konstruktion unter Beweis, an der folgende Charakteristika zu betonen sind:[498]

Der Trieb ist kein natürlich zu nennendes biologisches Gebilde, er ist ein Grenzbegriff zwischen Somatischem und Psychischem.

Der Trieb ist ein künstliches, sprachlich-grammatikalisches Gebilde, das einerseits, weil auf sich selbst bezogen, als selbstreferentiell bezeichnet werden kann, andererseits »Kunde von Nirgendwo« gibt, von der stummen und sprachlosen Quantität des Seelenlebens, den unbeherrschbaren Quantitäten am Anfang des Lebens.

Zweckhaft um seiner selbst willen und geprägt von unbeherrschbaren Quantitäten, setzt der Trieb dynamische Prozesse in Gang und entfaltet in allen Systemen und auf allen Ebenen des psychischen Apparats Komplexität: auf der Wahrnehmungsebene, der motorischen und der dynamischen Ebene.[499]

Durch das Mitwirken der Ich-, Selbsterhaltungstriebe ergibt der Trieb eine zu einem Teil sinnlose und stumme Subjektivierung, eine »azephale« Repräsentation.[500]

---

498 C. Schmidt-Hellerau: Lebenstrieb und Todestrieb, a. a. O., S. 267–271; J. Lacan: Die Vier Grundbegriffe der Psychoanalyse, a. a. O.

499 Schmidt-Hellerau hat die Triebverschaltungen in ihrer ganzen Komplexität herausgearbeitet und ist den möglichen systemtheoretischen und kybernetischen Anschlüssen nachgegangen. Sie wertet dabei die Metapsychologie als Brückenschlag zur Neurophysiologie. Daß die kybernetische Analogie wegen der Rückkopplung mit der Theorie des Unbewußten nicht zutrifft, entgeht der Autorin allerdings.

500 Das Verhältnis von Körper und Seele wird höchst kontrovers interpretiert. Für Ricoeur und Laplanche ist auf je eigene Weise der Körper nicht verdrängter Körper, sondern Körper in Gefahr, gefährdeter Körper. Nach Ricoeur macht der Ich-Selbsterhaltungstrieb den Trieb zu einer Struktur, die der phänomenalen Subjekt-Objektrelation vorausgeht. Das Ich sei nicht das Subjekt, sondern das Objekt im Sinne einer variablen Funktion des Ziels. Der Trieb ist vom Subjekt und dem Objektbezug befreit (P. Ricoeur: Die Interpretation, a. a. O., S. 142–143). Laplanche dagegen bestreitet die Berechtigung, überhaupt vom Trieb als einem Grenzbegriff auszugehen. Der Trieb sei weder ein mythisches Wesen, noch eine biologische Kraft, noch ein Grenzbegriff. Die Beziehung des Triebes zum Körper und zu den erogenen Zonen sei überhaupt nicht vom Körper her zu verstehen. »Sie sind die Wirkungen der verdrängten Quell-Objekte auf den Körper, und zwar über und durch das Ich, welches zuallererst ein Körper-Ich ist und in welchem, auf ganz natürliche Weise, die erogenen Zonen zu Orten der Ballung und Organisation der Phantasien werden.« Das heißt hier spielt das Subjekt, und sei es noch so reduziert, keine Rolle (J. Laplanche: Der Trieb und sein Quell-Objekt, a. a. O., S. 142 und 143). Wo Ricoeur Quantität mit Sinnsuche kombiniert, schließt Laplanche den unbewußten, rätselhaften Signifikanten an den Sinn an. Dagegen beharrt Lacan auf dem unbeherrschbaren Rest, dem Leblosen, Toten im Trieb, der immer stumm bleibt, auch wenn er mitspricht. Dies zu den kleinen, gleichwohl folgenreichen Differenzen der Deutung des Freudschen Triebbegriffs. Vgl. weiter dazu die Kontroverse um das Unbewußte im nächsten Kapitel.

Der Trieb selbst hat keinen subjektspezifischen Ort. Eine Ausnahme stellen nur die Perversionen dar.

Subjektive Ortlosigkeit und Künstlichkeit machen den Trieb für das Subjekt zu einer Gefahrenquelle, bezeichnen gleichzeitig aber seine Produktivität. Mit dem Trieb kann sich das Subjekt von seinen Überlebenszwecken entfernen und es ist ihm die Möglichkeit eröffnet, seine biologisch-physiologischen Gegebenheiten zu transzendieren.[501] Als Triebwesen steht es dem Subjekt damit offen, sein Leben zu verwirken und/oder zu höchstem Entzücken zu gelangen.

Ein Parallelismus von Körper und Seele, ein psychophysischer Parallelismus läßt sich aus einem so gestalteten Begriff nicht mehr ableiten.

---

[501] Weil der Trieb das Lustprinzip über die – auf Homöostase eingerichteten und an den Selbsterhaltungstrieb angrenzenden – Partialtriebe hinaus forciert.

Kapitel 4

»Das Unbewußte« (1915)

Theorien des Unbewußten vor Freud

Der Begriff des Unbewußten taucht in den Schriften Freuds zum ersten Mal 1888 auf. In einer Anmerkung zu seiner Bernheim-Übersetzung erörtert Freud die Frage nach dem Zusammenhang einer mit Bewußtsein begonnenen und »unbewußt« fortgesetzten Verrichtung und deren Lokalisation im Nervensystem.[502] 1893, in der zusammen mit J. Breuer verfaßten »Theorie des hysterischen Anfalls« und wenig später in den »Vorläufigen Mitteilungen« erwägt er die Annahme einer »unbewußten« Intelligenz.[503] Freuds Begriffsverwendung hat Ende des 19. Jahrhunderts nichts Außergewöhnliches an sich, das Unbewußte war im Gegenteil ein gängiger Begriff, der vor allem adjektivisch in Gebrauch war. Dergestalt bezeichnete er die Leblosigkeit von Sachen im Gegensatz zu Personen, den Zustand von Menschen in Trance oder Koma oder gab an, daß eine Handlung ohne bewußte Absicht erfolgt war. »Unbewußt« war synonym für »nicht bewußt«. Erst der substantivische Gebrauch des Wortes, das »Unbewußte«, stellte die eigentliche Neuschöpfung dar, mit der Freud eine eigene wissenschaftliche Methode benannte und eine neue Wissenschaft zu begründen gedachte: »Ursprünglich die Bezeichnung eines bestimmten therapeutischen Verfahrens ist es jetzt auch der Name einer Wissenschaft geworden, der vom ›Unbewußt-Seelischen‹.«[504]

Dabei stellt Freud keinerlei Prioritätsansprüche an das »Unbewußte«, im Gegenteil, er verweist bei Gelegenheit selbst auf anderweitige Verwendungen des nunmehr substantivierten Begriffs. So in einem längeren Zusatz zur *Traumdeutung* von 1914, in dem er sich mit dem »pessimistischen« Philosophen E. v. Hartmann befaßt, der in seiner *Philosophie des Unbewußten* aus der Traumtätigkeit auf ein Unbewußtes schloß und einen gesetzmäßigen Zusammenhang zwischen Ideenassoziation und unbewußten Zielvorstellungen nachzuweisen suchte, wobei er sich allerdings noch ganz auf der Linie der

---

502 S. Freud, in: Bernheim: Die Suggestion und ihre Heilwirkung, Leipzig, Wien 1888, S. 116 Anm. 1.
503 S. Freud: Studien über Hysterie, in: ders.: Ges. Werke Bd. I, London 1952, S. 272.
504 S. Freud: Selbstdarstellung; in: ders.: Ges. Werke Bd. XIV, London 1948, S. 96.

romantischen Philosophie bewegte, den unbekannten Teil des Bewußtseins eng mit der Hirntätigkeit in Verbindung brachte und den Begriff der Seele insgesamt dem des Bewußtseins überordnete.[505] Zu den Vorläufertheorien des Unbewußten zählt Freud auch die Gedächtnistheorie von E. Hering, demzufolge Aussagen über das Gedächtnis zwangsläufig Aussagen über das Unbewußte implizieren. Die Konzeption des Unbewußten verdankt darüber hinaus der Philosophie von A. Schopenhauer wesentliche Anregungen. Sowohl die Todestriebhypothese als auch die Auffassung des Unbewußten als ein Lebloses gehen trotz aller Unterschiede explizit auf Schopenhauersche Gedanken zurück, ebenso wie der Schopenhauersche Wille als ein Vorläuferbegriff betrachtet werden kann.[506] Nietzsches Einfluß erstreckt sich schließlich auf so viele Motive der psychoanalytischen Theorie, daß Freud selbst Nietzsche »one of the first psychoanalysts« nannte.[507] So liegt eine Hauptinspirationsquelle des Freudschen Es bei Nietzsche, auch wenn dieser damit den unpersönlichen Aspekt des Geistes und das daran Naturnotwendige benennt. Mit Einschränkungen ist Freud auch der Fechnerschen Psychophysik verbunden und orientiert sich an gleich mehreren seiner Ideen und Konzepten – der topischen Auffassung des Seelenlebens, dem Begriff des anderen Schauplatzes, der Idee der Bewußtseinsschwellen u. a. m. Fechners Auffassung des Unbewußten als ein »negativer Bewußtseinswerth«, dem noch dazu keine Wirksamkeit zukommen soll – »Wie kann etwas wirken, was nicht ist?« – macht allerdings den Gegensatz beider Auffassungen deutlich.[508] Unter den Vorläufertheorien des Unbewußten ist außerdem die Psychologie von J. F. Herbart zu nennen, der vom dynamischen Charakter des Unbewußten sprach, Vorstellungen auf eine Affektgrundlage stellte, das Seelenleben dualistisch konzipierte und auch schon den Begriff

---

505 S. Freud: Die Traumdeutung, a. a. O., S. 506; vgl. dazu E. Jones: Das Leben und Werk von Sigmund Freud, Bd. I, Bern, Stuttgart, Wien 1978, 436–437; s. als Quellensammlung: L. Lütkehaus (Hg.): Dieses wahre innere Afrika. Texte zur Entdeckung des Unbewußten vor Freud, Frankfurt am Main 1989.

506 Der Unterschied zu Schopenhauer besteht in dessen abstrakter, nicht am Seelenleben des Einzelnen ausgerichteten Auffassung. S. Freud: Jenseits des Lustprinzips, in: ders.: Stud. Ausg. Bd. III, a. a. O., S. 258; S. Freud: Zur Geschichte der psychoanalytischen Bewegung, London 1946, S. 53; S. Freud: Eine Schwierigkeit der Psychoanalyse, in: ders.: Ges. Werke Bd. XII, London 1947, S. 12; vgl. auch A. Lambertino: Psychoanalyse und Moral bei Freud, Bonn 1994, S. 124.

507 Freud mündlich zu G. S. Viereck, in: A. Lambertino: Psychoanalyse und Moral, a. a. O., S. 123; s. auch S. Freud: Das Ich und das Es, in: ders.: Stud. Ausg. Bd. III, a. a. O., S. 292; zu Nietzsche und Groddeck: s. 31. Vorlesung, in: Vorlesungen zur Einführung in die Psychoanalyse, in: ders.: Stud. Ausg. Bd. I, a. a. O., S. 509. Nietzsches Einfluß zeigt sich auch im Drängen des Lustprinzips, in der Wiederholung des Immergleichen, der Vorstellung des Traums als Fortleben des archaischen Erbes im Menschen, in dem von Erinnerungen beeinflußten Gefühlsleben oder der Funktion des Schuldgefühls.

508 G. Th. Fechner: Elemente der Psychophysik, Leipzig 1860. Vgl. meine große Anmerkung in Kapitel 2: Freuds »Entwurf«.

der Verdrängung kannte. Herbarts Postulat einer gesetzmäßigen Grundlage der psychischen Vorgänge: »Psychische Vorgänge müssen (...) als Kraft und Quantität meßbar sein«, verweist denn auch auf Freuds spätere Konzeption.[509] Bei dem Psychologen und Philosophen Th. Lipps wiederum findet man die Behauptung von der Existenz unbewußter seelischer Vorgänge, die Idee, daß ein psychischer Vorgang nur als Vorstellung konzipiert werden könne sowie die Auffassung vom Bewußtsein als einem Sinnesorgan. Vor allem hat sich Lipps' Sentenz vom Unbewußten als Basis des psychischen Lebens eingeprägt: »Das Unbewußte ist der größere Kreis, der den kleineren des Bewußtseins in sich einschließt.«

Bei der Aufstellung des Begriffs vom Unbewußten hat sich Freud zweifellos noch an weiteren Autoren orientiert. Mit Sicherheit zählen dazu die Autoren der romantischen Naturphilosophie und der Transzendentalphilosophie, vor allem Fichte mit seinem Ich-Begriff und Schelling mit seiner Auffassung einer unbewußten Natur, die aufgrund ihres Begriffs der Anamnese über eine Theorie des Unbewußten verfügen, wenngleich dieser – wie O. Marquard herausgearbeitet hat – die Grundlage der Verdrängung fehlt, ohne die das Unbewußte kein Feld der Niederlagen, »verborgenen Wunden«, »Verlegenheiten« und »heimlichen Schlechtigkeiten« werden kann.[510] Soviel zu den Vorläufertheorien des Unbewußten und ihrem Einfluß auf Freud.

Trotz dieser und anderer Einflüsse ist der Freudsche Begriff spätestens da als eine Neuschöpfung zu begreifen, wo mit dem Unbewußten nicht mehr ein bloßer Gegensatz zum Bewußtsein, sondern ein autonomes Gebilde und eine Dimension mit eigenen Gesetzen bezeichnet wird.[511] Von daher wird auch verständlich, warum das Unbewußte in der Rezeption auf Ablehnung stoßen konnte oder, was häufiger geschah und weiterhin geschieht, warum es nominell anerkannt und gleichzeitig von Grund auf demontiert wird. Beispielhaft ist hierfür die Behauptung, daß ein unbewußt Seelisches begrifflich widersinnig erscheine und ein nicht gegenständliches Seelisches der Erkenntnis nicht zugänglich sei (Bumke). Von Seiten der Bewußtseinsphilosophie wird häufig eingewandt, daß das Unbewußte dem cartesianischen Postulat der Erkenntnistransparenz zuwiderlaufe und das Ideal der vollständigen Intelligibilität und der

---

509 Vgl. E. Jones: Das Leben und Werk von Sigmund Freud, Bd. I, a. a. O., S. 429–432.
510 »Dadurch, daß wir den Ursprung der sogenannten Begriffe a priori jenseits des Bewußtseyns versetzen, wohin für uns auch der Ursprung der objektiven Welt fällt, behaupten wir mit derselben Evidenz und dem gleichen Rechte, unsere Erkenntnis sey ganz und durchaus empirisch, und sie sey ganz und durchaus a priori. (...) Insofern wir uns dieses Producirens nicht bewußt sind, insofern ist in uns nichts a priori, sondern alles a posteriori«. Fichte zitiert nach: O. Marquard, Transzendentalphilosophie und Psychoanalyse, a. a. O., S. 98, S. 347–348, Anm. 84.
511 S. Freud: Die Traumdeutung, a. a. O., S. 580; zu Th. Lipps, s. auch L. Lütkehaus (Hg.): Dieses wahre innere Afrika, a. a. O., S.235ff.

Adäquatheit von Sache und Erkennen verletze. Die materialistische Psychologie kritisiert hingegen, daß es allein wegen der Abstraktheit und Unpersönlichkeit seiner Formulierung nicht zutreffend sein könne.[512]

Andererseits ist der Freudsche Begriff bei solchen Philosophen auf Zustimmung gestoßen, die sich selbst gegen die Bewußtseinsphilosophie wenden und das Unbewußte für unvergleichbar mit dem Bewußtsein halten. Zum Teil, weil sie darunter einen der Vernunfterkenntnis entzogenen Begriff, etwa ein Unbewußtes im Sinne einer theoretischen Vorannahme verstehen oder aber ein Unbewußtes, das als ein Hilfsfaktor im Dienste kausaler Erklärungen steht (Nyman), sofern sie es nicht als »Sammelpunkt von Leidenschaften und Unvernunft, von irrationalen Neigungen und dämonischen Mächten« ansehen (W. Windelband).[513]

In der Philosophie vom Anfang des 19. Jahrhunderts, so faßt C. E. Scheidt die Rezeption zusammen, ist das Unbewußte beinahe zu einem »passepartout«-Begriff geworden, in dem alle möglichen unbekannten Vorstellungen zusammengefaßt wurden, also vor allem der unterbelichtete Teilbereich des Bewußtseins, das Unbewußte als der aktuell der Aufmerksamkeit entzogene Teil des Bewußtseins – eine Auffassung, die, wie erwähnt, unter Neurowissenschaftlern zunehmend Anhänger gewonnen hat.[514]

Man darf wohl annehmen, daß diese und andere Reaktionen ihre Wirkung auf Freud seinerzeit nicht verfehlt haben. Und wenngleich Freud nicht im Einzelnen auf alle eingeht, so reagiert er doch speziell auf einen Einwand. In *Das Ich und das Es* äußert er sich zu der erwähnten Gleichsetzung vom Unbewußten mit dem Unmerklichen, den »petites perceptions« und weist deren Subsumierung unter das Bewußtsein entschieden zurück. Man verderbe sich damit die einzige Sicherheit im Psychischen und mache den gleichen Fehler, wie wenn man aus der Feststellung von verschiedenen Graden an Vitalität schließen wolle, daß es keinen Tod gebe und folglich alle Organismen für unsterblich halte.[515]

---

512 G. Politzer: Kritik der klassischen Psychologie, Köln 1974.
513 W. Windelband zitiert nach: C. E. Scheidt: Die Rezeption der Psychoanalyse in der deutschsprachigen Philosophie vor 1940, Frankfurt am Main 1986, S. 45, 47–50.
514 So spricht auch der Neurobiologe G. Edelman von unbewußten Mechanismen und bringt sie mit dem Aufmerksamkeitsphänomen in Verbindung (G. Edelman: Göttliche Luft, Vernichtendes Feuer, a. a. O., S. 207). Dabei ist ihm klar, daß die Auffassung des unbewußt Verdrängten als Wertesystem ethische Konsequenzen hat (ebd., S. 210). Zur Vorgeschichte des Unbewußten, vgl. auch G. Gödde: Traditionslinien des Unbewußten. Schopenhauer, Nietzsche, Freud, Tübingen 2005; M. Wegener: Unbewußt/Das Unbewußte, in: K. Barck, M. Fontius, D. Schlensted u. a. (Hg.): Ästhetische Grundbegriffe, Bd. VI, Stuttgart/Weimar, S. 202–240.
515 S. Freud: Das Ich und das Es a. a. O., S. 285–286 Anm. 2.

Zusammenfassende Charakterisierung des Freudschen Unbewußten und sein Verhältnis zum Bewußten bis 1915

Vor der genauen Darstellung des Freudschen Textes sollen zunächst summarisch die ersten Charakterisierungen des Begriffs bis 1915 und sein Verhältnis zum Bewußten betrachtet werden:[516] Ausgangspunkt der Freudschen Auffassung vom Unbewußten sind die »unbewußten seelischen Vorgänge«, das Unbewußte im adjektivischen Gebrauch, der beschreibende Begriff. Dieser leitet über zur systematischen Verwendung, zum Unbewußten in der substantivischen Form und entwickelt sich mit dem Kürzel Ubw zum topischen Gesichtspunkt. Mit der begrifflichen Entwicklung haben sich inhaltliche Veränderungen im Verhältnis zum Bewußtsein ergeben: Wo nämlich mit der adjektivischen Verwendung das Verhältnis zum Bewußtsein noch offen zutage lag und die Bezeichnung »unbewußt« gewissermaßen als ein Attribut des Verschwindens und Verdeckens firmierte (H. Ey), mit der latente Zustände versehen wurden, hat sich mit dem substantivischen Gebrauch die Bedeutung auf die Seite des Nicht-Gewußten verschoben und ist im topischen Gebrauch schließlich in Richtung des Autonomieanspruchs übergegangen.

Seit dem »Entwurf« und der *Traumdeutung* ist daneben bereits die besondere Beschaffenheit der unbewußten Vorgänge ein Thema. Mit der ersten topischen Darstellung sind ab 1900 deren Modalitäten deutlicher geworden und nun tritt auch die Zerlegung des Seelenlebens stärker hervor. Mit der Folge, daß neben dem Vorbewußten, vom Bewußtsein abgeschnitten und isoliert, nun das Unbewußte seinen Platz bekommt. Drei Instanzen, die des Bewußtseins (Bw), des Vorbewußten (Vbw) und des Unbewußten (Ubw), bestimmen jetzt das Seelenleben. Soweit die Linie bis zur ausgearbeiteten Auffassung des Unbewußten, das 1915 nicht mehr nur im Vergleich zur Bewußtseinspräsenz steht. Es sei angemerkt, daß die seelischen Vorgänge dabei insgesamt energetisch und dynamisch erscheinen und der dynamisch-energetische Aspekt an die topische Betrachtung angeschlossen ist.

Es bleibt noch zu erwähnen, daß die psychoanalytische Auffassung des Bewußtseins verglichen mit der des Unbewußten deutlich früher ausgearbeitet wurde. Im »Entwurf« wird das Bewußtsein als eine Zwischenlösung vorgestellt, die einerseits von der physiologisch-psychischen Auffassung einer mechanistischen Bewußtseinstheorie, andererseits von einer rein subjektivistischen Auffassung abgesetzt wird. Das Bewußtsein gilt Freud als die subjektive Seite eines Teils der physischen Vorgänge im Nervensystem, genauer als ein Phänomen zwischen Subjektivem und Objektivem. Vor allem in der *Traumdeutung* wird es zu einer Qualität des Psychischen und zu einer Wahrnehmungsfunktion, die

---

516 Vgl. P. Ricoeur: Die Interpretation, a. a. O., S. 127–132.

sinnliche Qualitäten mit sich führt, nämlich die der Lust-/Unlustempfindungen. Im Unterschied zu den anderen psychischen Systemen soll dem Bewußtseins zudem ein eigener Zugang zur Motilität zukommen. Nur das Bewußtseinssystem, so Freuds Beobachtung, bringe die eingegangenen Affekterregungen zur Abfuhr.[517] 1895 war bereits die Rede von der besonderen Verbindung des Bewußtseins zur Sprache, genauer zur Sprachbahn. 1915 wird dieser Zusammenhang dahingehend erweitert, daß die einzelnen Systeme mit den unterschiedlichen Aspekten der Sprache in Verbindung gebracht werden und das Bewußtsein durch seine eigentümliche Lage nun an die Oberfläche des psychischen Apparats gelangt.

Alles in allem erscheint das Bewußtsein in der Freudschen Metapsychologie unter mehreren Aspekten: Es ist ein topologisches Gebilde, ein System mit besonderen dynamischen Verhältnissen, ein inhaltlicher Lust-/Unlustempfindungsindex sowie eine Funktion der Sinneswahrnehmung. Der Unterschied zwischen dem System »Bewußtsein« und dessen psychischen Qualitäten, bzw. der Qualität der Bewußtheit ist damit eingeführt. Hinzuzufügen ist noch, daß – obwohl das Bewußtsein in keiner Gestalt als ein Index von Gewißheit verwendet wird – von einer Mißachtung oder gar Herabwürdigung des Bewußtseins bei Freud nichts zu verspüren ist.[518] Soweit summarisch zum Stand der Begriffsentwicklung des Unbewußten und des Bewußtseins bis 1915.

Lektüre des Textes von 1915

Wie »Triebe und Triebschicksale« aus demselben Jahr zählt »Das Unbewußte« von 1915 zu den großen metapsychologischen Texten Freuds. Der Text stellt im Vergleich zu allen früheren und späteren Ausführungen zum Thema die vollständigste und komplexeste Fassung dar, er bietet gewissermaßen die Zusammenfassung aller bisherigen Auffassungen. Quasi als Präambel zu dieser Schrift beginnt Freud mit einigen programmatischen Bemerkungen über die Verdrängung, mit denen er darlegt, daß eine aus dem Bewußtsein verschwundene Triebvorstellung, weil unbewußt geworden, weiter wirkt und das Unbewußte erst nach seiner Umsetzung ins Bewußtsein erkennbar ist. Direkte Existenznachweise seien hier nicht möglich. Dessenungeachtet werden im 1. Kapitel Beobachtungen angeführt, die für die Annahme der Existenz des Unbewußten sprechen, und es wird eine methodische Schlußfolgerung

---

517 Vgl. Freuds Skizzen im 7. Kapitel von Die Traumdeutung, a. a. O., S. 514–517.
518 Vgl. P. Ricoeur: Die Interpretation, a. a. O., S. 130. Dennoch fehlen dem Bewußtsein nicht die von Lambertino so genannten »spirituellen Momente«, Freuds Wertschätzung der Geistigkeit ist vielmehr unübersehbar (A. Lambertino: Psychoanalyse und Moral, a. a. O., S. 109).

gezogen: Erfahrungen von Gesunden und Kranken, Fehlhandlungen, Träume und psychische Symptome und vor allem die Effekte der hypnotischen und posthypnotischen Suggestion hätten schon lange vor der Psychoanalyse die Existenz und Wirkungsweise des seelischen Unbewußten »sinnfällig demonstriert« und zu Denkresultaten geführt, die ohne die Annahme eines Unbewußten unverständlich und zusammenhanglos geblieben wären.[519] Die Annahme des Unbewußten verspricht damit eine über die unmittelbare Erfahrung hinausführende Erklärung, sie ergänzt die ansonsten unvollständigen und lückenhaften Daten des Bewußtseins,[520] fungiert wie ein verborgenes Band zwischen den seelischen Akten, wie eine verborgene kausale Verbindung. Sie bietet außerdem die Möglichkeit, bewußte Vorgänge »zweckdienlich« zu beeinflussen. Freud erinnert an die hypnotischen Anordnungen eines Arztes und die Ausführungen von Versuchspersonen, ebenso wie an die Wirkungen der psychoanalytischen Kur. Beide Praktiken machten sich, auf indirekte Weise, die Möglichkeit des Unbewußten zunutze, Kontinuitäten herzustellen.[521] Erste phänomenale Belege für die Annahme der Existenz des Unbewußten sind vorgelegt.

Im nächsten Schritt trägt Freud seine Einwände gegen die Überschätzung des Bewußtseins vor. Er wendet sich gegen die »unhaltbare Anmaßung«, daß alles im seelischen Bewußtsein bekannt sein müsse und seelisch und bewußt per Definition identifiziert werden. Die konventionelle Gleichstellung des Psychischen mit dem Bewußten sei nicht zweckmäßig, urteilt Freud, »sie zerreißt die psychischen Kontinuitäten«.[522] Vor diesem Hintergrund beansprucht eine neue methodische Erkenntnis Aufmerksamkeit. 1915 kann Freud die »unlösbaren« Schwierigkeiten des bis dahin explizit vertretenen psychophysischen Parallelismus klar abschätzen: Die Psychologie komme darin zu kurz, hält er jetzt fest und das Gebiet des Psychologischen werde damit »entschädigungslos« beschnitten.[523] 1915 kann sich Freud vom psychophysischen Parallelismus verabschieden, weil er mit dem Unbewußten endlich das Bindeglied, das »missing link«, zwischen Körper und Seele gefunden hat. Die Suche nach Argumenten für die latenten Zustände des Seelenlebens geht nun in qualitativer Hinsicht weiter. Die Möglichkeit wird in Erwägung gezogen – aktuell ist sie wieder in der Neurowissenschaft maßgeblich –, die latenten Erinnerungen könnten Reste somatischer, also physiologischer oder chemischer Vorgänge sein. Freud weist diese Möglichkeit jedoch strikt zurück,

---

519 S. Freud: Das Unbewußte, in: ders.: Stud. Ausg. Bd. III, a. a. O., S. 125–127; ders.: Einige Bemerkungen über den Begriff des Unbewußten in: ders.: Stud. Ausg. Bd. III, a. a. O., S.27–37.
520 S. Freud: Das Unbewußte, a. a. O., 125, 126.
521 Ebd., S. 126; ders.: Einige Bemerkungen über den Begriff des Unbewußten, a. a. O., S. 30.
522 Ebd., S. 126–127.
523 Ebd. Zum Psychophysischen Parallelismus s. auch Kapitel 2: Freuds »Entwurf« sowie Teil 1: Neurowissenschaft.

da er die physischen Vorgänge für völlig unzugänglich hält und sie ihm keine Einsicht in das Wesen der latenten Seelenzustände versprechen. 90 Jahre später hält in Anbetracht der enormen neurologischen Fortschritte das Argument nicht mehr Stand, denn die chemische Zusammensetzung der Nervenzellen ist längst bekannt, ihre physiologischen Zustände sind selbst im dynamischen Zusammenspiel und am lebenden Material sichtbar geworden und der Aufbau des zerebralen Nervensystems wird in seiner ganzen Komplexität zunehmend entschlüsselt. Die Hypothese des Unbewußten – wenn sie denn stichhaltig sein soll – muß offenbar in eine andere Richtung weisen.

Gegen Ende des 1. Kapitels enthüllt Freud in einem Kabinettstück zirkulärer Logik erneut seinen Anspruch auf das Unbewußte und demonstriert, auf welch besondere Art es von wissenschaftlicher Bedeutung ist. Ein Scheinargument stellt nämlich der Analogieschluß dar, wonach wir auf demselben Wege wie zum Bewußtsein – das wir ja auch nur, weil wir es an uns selber kennen, analogisch anderen unterstellen – zur Annahme des Unbewußten gelangen. Alle unzusammenhängenden, unabhängigen und fremden Äußerungen unserer selbst sollen, wenn wir den erwähnten Analogieschluß gegen uns selbst wenden, zwar nicht als ein fremdes Bewußtsein – denn ein Bewußtsein, das nicht bewußt ist, kann es ja nicht geben – wohl aber als unbewußte seelische Akte erscheinen. Die Argumentation ist bemerkenswert, denn offensichtlich spielt Freud hier mit der Logik, bzw. gibt sich den Anschein von Logik, wozu er den Zirkelschluß wählt. Insofern wir diesen nicht auf einen systematischen Denkfehler Freuds zurückführen, verstehen wir ihn als eine Strategie, mit der Freud ein weiteres Mal die wissenschaftliche Logik subvertiert und gewissermaßen mit Übertragungseffekten anreichert. Freuds seltsame Logik hat jedenfalls den Effekt, den Leser in ihren Bann zu ziehen, ihn zu verstören, wenn nicht gar zu verärgern. Das Unbewußte entzieht sich offensichtlich den wissenschaftlichen Erwartungen.

Das Kapitel schließt mit der Kantschen Warnung, Wahrnehmung und Wahrgenommenes nicht für identisch zu halten und erinnert noch einmal daran, daß der Einzelne zur Wahrnehmung der »inneren Objekte« nicht veranlagt sei, ihn im Gegenteil die Wahrnehmung der Innenwelt vor Schwierigkeiten stelle. 1895 erschienen Freud diese Schwierigkeiten noch größer als die der Außenweltwahrnehmung, zwanzig Jahre Erfahrungen mit der Arbeitsweise des Unbewußten haben ihn zuversichtlicher gemacht: Die Wahrnehmung der »inneren Objekte« scheint nun weniger undurchdringlich und auch die Korrektur der inneren Wahrnehmung mutet jetzt weniger schwierig an.[524] Dennoch bleibt die Frage bestehen, wie Subjektives und Subjekt überhaupt objektiv ausgedrückt werden können. 1915 beantwor-

---

524 S. Freud: Das Unbewußte, a. a. O. S. 130.

tet Freud sie ein für alle Mal, indem er zur Klärung des Verhältnisses Subjektiv-Objektiv auf die Lücke des Unbewußten verweist und diese zur Aufrechterhaltung des Singulären des Subjekts einsetzt. Dafür, daß diese Lücke bestehen bleibt und durch ihre Existenz das Subjektive sichert, wird in der Psychoanalyse auch in Zukunft das Unbewußte stehen. Ein Unbewußtes, das sich Freud als wissenschaftliche Kausalität wünschte, das wegen seiner Unabschließbarkeit aber verhindert, daß Psychoanalytiker im Gegensatz zu Neurowissenschaftlern je die Einzigartigkeit eines Subjekts zu fassen bekommen.[525]

An dieser Stelle scheint es, als ob die Annahme des Unbewußten den Anspruch des Seelenkundlers auf Wissenschaftlichkeit doch erfüllen könnte. Nach dem »Entwurf« von 1895 sind wir allerdings gewarnt, dem unbesehen Glauben zu schenken, denn so wissenschaftlich korrekt, wie Freud sich den Anschein gibt, so kausal, wie er zu argumentieren vorgibt, sind seine Argumente nicht. Sie haben, wie A. McIntyre betont, im Gegenteil kaum erklärende Kraft. Freuds Argumente zur Rechtfertigung des Unbewußten sind wissenschaftlich nur dem Anschein nach. Denn Freud argumentiert nicht, er zerlegt und beschreibt.[526] In diesem Sinne stellt das Unbewußte wohl das verborgene Kausalband zwischen den psychischen Akten dar. Es begründet jedoch eine Kausalität, die sich nicht im konventionellen Sinne wissenschaftlich nennen läßt. An anderer Stelle und auf die klinische Darstellung bezogen, hatte es geheißen, daß »meine Krankengeschichten (...) wie Novellen zu lesen« seien. Diese Selbstbeschreibung ist verräterischer, als Freud sich das möglicherweise selbst gewünscht hat.

Das Unbewußte bleibt also ein vielschichtiger Begriff. Ein Begriff, der weder durch die Triebe noch die Systemzugehörigkeit vollständig zu klassifizieren ist und stets über die Bewußt*heit* – den »einzige(n) uns unmittelbar gegebene(n) Charakter der psychischen Vorgänge«, die »den Ausgangspunkt aller unserer Untersuchungen« bildet, – zu erfassen ist.[527]

Seine Vielschichtigkeit führt aber auch dazu, daß auf manchmal verwirrende Weise jeweils von einem deskriptiven oder dynamischen, einem ökonomischen oder topischen Unbewußten die Rede ist. Sehen wir zu, was damit genauer gemeint ist.

---

525 Vgl. Teil 1: Neurowissenschaft. Das Bedeutungsproblem.
526 McIntyre spricht nur von »beschreiben« (A. C. MacIntyre: Das Unbewußte. Eine Begriffsanalyse, Frankfurt am Main 1968, S. 107).
527 S. Freud: Das Unbewußte, a. a. O., S. 151 und 131. Ricoeur, für den das Bewußt*sein* Ausgangspunkt aller Untersuchungen ist, setzt System und Merkmal in eins, während Freud von der Bewußt*heit*, also der Qualität ausgeht (P. Ricoeur: Die Interpretation, a. a. O., S. 131).

Das deskriptive Unbewußte

Mit dem deskriptiven Unbewußten werden in erster Linie Eigenschaften bezeichnet, die einen Vorgang als latent, bzw. zeitweilig nicht bewußt oder als verdrängt erscheinen lassen. Das Stichwort »verdrängt« erinnert uns an den Hinweis der Präambel, wonach ein psychischer Vorgang nur dann als »unbewußt« zu bezeichnen ist, wenn er aus seinen Wirkungen erschlossen werden kann.[528] Unbewußt im deskriptiven Sinne werden also die psychischen Zustände genannt, die nicht der direkten Beobachtung zugänglich sind, die nicht positiv gewonnen, sondern »mit Rücksicht auf das Bewußtsein« definiert werden.[529] Das deskriptive Unbewußte kann damit als eine abgeleitete Hypothese betrachtet werden.[530] Halten wir fest, daß das Unbewußte als deskriptiver Ausdruck gleichwohl einen Erklärungswert besitzt.[531]

Das dynamische Unbewußte

Nach verbreiteter Begriffsregelung gilt die dynamische Auffassung als die wesentliche Definition des Unbewußten, da sie auf die Verdrängung hinführt.[532] Die eigentliche Verdrängungslehre in Abgrenzung zum Abwehrbegriff taucht bei Freud relativ spät auf, ist jedoch, wie gezeigt, von Anfang an in den zwei verschiedenen Arten der Energiebesetzung angelegt, in der freien und gebundenen Energie. Darüber hinaus hat ihr Freud, sowohl 1895 als auch 1905 einen Akzent verliehen, der für die Auffassung der Lust, die aus der Dynamik des Seelenlebens entspringt, von zentraler Bedeutung ist, in der Begriffsrezeption des dynamischen Unbewußten üblicherweise aber untergeht: die Betonung der Sprache und deren Eigendynamik.[533] Vor allem die Witzarbeit macht kenntlich, daß der seelische Apparat seine Lust wesentlich aus einer bedürfnisfreien Dynamik bezieht. Das dynamische Unbewußte schließt direkt an die bekannte, zweckfreie Tendenz der Triebe an, die ihre Erfüllung im Nullzustand, dem seligen Nirwana und der Homöostase finden. Der psychische Apparat und das

---

528 S. Freud, 31. Vorlesung, in: Vorlesungen zur Einführung in die Psychoanalyse, a. a. O., S. 508; ders.: Einige Bemerkungen über den Begriff des Unbewußten, a. a. O., S. 29–31.
529 Siehe P. Ricoeur: Die Interpretation, a. a. O. S. 128.
530 A. C. McIntyre: Das Unbewußte. Eine Begriffsanalyse, a. a. O., S. 79–80.
531 Die »schöpferische Unordnung«, die Freuds theoretisches Werk kennzeichne, sei weitaus interessanter und anregender als die Genauigkeiten vieler Autoren psychologischer Werke, meint McIntyre (ebd., S. 115).
532 S. Freud: Das Ich und das Es, a. a. O., S. 284.
533 Ders.: Der Witz und seine Beziehung zum Unbewußten, in: ders.: Stud. Ausg. Bd. IV, S. 9–220.

Unbewußte arbeiten nach dem Grundsatz, daß Dynamik an sich schön, lustvoll und »witzig« ist.[534] Überlebensfragen liegen nicht in der Reichweite der Lüste.

In Kapitel 4 »Topik und Dynamik der Verdrängung« wiederholt Freud die seit dem Triebkapitel bekannte Position, die Verdrängung wirke als Motor der psychischen Dynamik und stehe im Dienst der Zensur. Die Verdrängung, so lesen wir erneut, vollzieht sich an den Vorstellungen und wirkt sich topisch aus. Sie wirkt besonders an den Systemgrenzen von Ubw, Vbw und Bw. Es liegt also nahe, die Verdrängung systemtheoretisch zu verstehen, d. h. für die »Passung der Besetzungsvorgänge« in den Systemen, und sie für das Komplexitätsniveau von Bewußtsein und Unbewußtem verantwortlich zu machen.[535]

In Anbetracht der im Unbewußten überwiegend auftretenden Vorgänge von höchster Flexibilität und geringer Retention läge es ebenfalls nahe, das dynamische Unbewußte durch die Besetzungszustände der Primärvorgänge zu beschreiben. Da jedoch die primärprozeßhaften Vorstellungen selbst bewußt werden können, verbietet sich eine solche Annahme, es erweist sich im Gegenteil, daß Besetzungsvorgänge das Unbewußte nicht allein charakterisieren. Die vollständige Definition des Unbewußten im dynamischen Sinne muß vielmehr den Übergang, die Zensur, zwischen den Systemen Ubw und Bw mit einbeziehen.[536] Kapitel 4 betont diese Auffassung mit Nachdruck und ergänzt sie durch die bereits bekannte Annahme von der speziellen psychischen Ökonomie der Urverdrängung und der Gegenbesetzung. In diesem Zusammenhang scheint das Geschehen des Seelenlebens vor allem unter dem Gesichtspunkt seiner Ökonomie von Interesse, oder in Freuds Worten: »Die funktionale Annahme hat hier die topische mit leichter Mühe aus dem Felde geschlagen.«[537] Mit der dynamischen Betrachtung ist eine neue, die funktionale Frage aufgeworfen. Die Frage, ob ein psychischer Akt bei einem Systemwechsel möglicherweise verändert wird, er Zustandsänderungen erfährt und sich vielleicht eine »zweite Niederschrift der betreffenden Vorstellung« vollzieht. Die Frage wird uns noch näher beschäftigen müssen.

Das topische Unbewußte

Kommen wir zunächst zum dritten Gesichtspunkt, dem topischen Unbewußten, dem Unbewußten als System. Schon in der ersten Ausarbeitung des psychischen

---

534 Siehe die Unsinnswitze in S. Freud: Der Witz und seine Beziehung zum Unbewußten, in: ders.: Stud. Ausg. Bd. IV, Frankfurt am Main 2000, bes. Kap. VI, S. 149–168.
535 C. Schmidt-Hellerau: Lebenstrieb und Todestrieb, a. a. O., S. 259.
536 Ebd., S. 246ff. Auch dynamisch betrachtet reicht das Unbewußte über die Verdrängung hinaus.
537 S. Freud, Das Unbewußte, a. a. O., S. 139.

Apparats, als Freud noch Leitungsbahnen und deren Verhalten in neurologischen Begriffen unterschied, ging für ihn aus dem Gewirr der Bahnen die »Idee einer Anhäufung« hervor und zeichnete sich eine erste zusammenhängende Organisationen der seelischen Vorgänge ab, die des Ichs.[538] Eine Organisation, die der ungebundenen, frei beweglichen Energie entsprach, war freilich noch nicht in Sicht. Erst 1900 kam zu dem schon existierende Begriff »unbewußt« eine solche hinzu und wurde topisch verankert (Erste Topik). 1912 in den »Bemerkungen über den Begriff des Unbewußten in der Psychoanalyse« bekräftigte Freud den Systemgedanken als den »dritte(n) und wichtigste(n) Sinn« und führte zu seiner Kennzeichnung das Kürzel Ubw ein.[539] Das Unbewußte ist jetzt ausgestaltet. Die psychischen Systeme haben ihre Grenzen erhalten, über deren Wahrung, Durchlässigkeit oder Undurchlässigkeit, ein Wächter, die Zensur wacht. Die *Traumdeutung* hatte diesbezüglich gute Vorarbeit geleistet und mit der Entdeckung der Mechanismen von Verdichtung und Verschiebung reichhaltiges Material zu den Gesetzen der unbewußten Vorgänge beigesteuert. An den Mechanismen der unbewußten Primärvorgänge besteht also kein Zweifel. 1915 mit der Aufstellung der Triebrepräsentanzen und der Wunschregungen als »Kern des Unbewußten« schließt Freud daran an und verbindet den energetischen mit dem topischen Gesichtspunkt.[540] Die Komplexität hat sichtbar zugenommen, dennoch kann man sich des Eindrucks nicht erwehren, daß die Systeme nach der Verortung und Instanzenlehre kaum lesbarer geworden sind und die Einführung der Topik ihre Trennung nicht wirklich befördert hat.[541]

In Kapitel 5 charakterisiert Freud das System Ubw dann durch folgende Eigenschaften:[542]

- durch die Beziehungen der Ähnlichkeit, der Übereinstimmung, Berührung oder eines »Gleichwie«, die im System Ubw durch Zusammenziehen zu einer Einheit oder durch Mischbildung und Verdichtung, also spezifisch energetisch ausgedrückt werden.
- durch den Umstand, daß das System Ubw ausschließlich dem Lustprinzip unterworfen ist und ohne Rücksicht auf Realität oder Zeitdifferenzen, also zeitlos arbeitet;[543]
- dadurch, daß es keine Negation kennt, sondern Widersprüche durch unvollständige Darstellung oder Unsinnigkeit ausdrückt;

---

538 S. Freud: Entwurf einer Psychologie, in: ders.: Ges. Werke. Nachtragsband, a. a. O., S. 408.
539 S. Freud: Einige Bemerkungen über den Begriff des Unbewußten in der Psychoanalyse, in: ders.: Stud. Ausg. Bd. III, a. a. O., S. 36.
540 S. Freud: Das Unbewußte, a. a. O., S. 145.
541 Vgl. dazu P. Ricoeur: Die Interpretation, a. a. O.
542 S. Freud, Das Unbewußte, a. a. O., S. 145; s. auch ders.: Die Traumdeutung, a. a. O., S. 312.
543 Darum hat auch niemand eine Vorstellung vom eigenen Tod.

- dadurch, daß logische Zusammenhänge als Gleichsetzung ausgedrückt werden, ähnlich wie das für Kausalbeziehungen und Konsekutivbeziehungen gilt;
- dadurch, daß das System wie die Triebe ohne pronominale Konjugation arbeitet, wodurch Personen und Objekte austauschbar werden und unklar bleibt, wer im Traum als Subjekt und Objekt auftritt, womit sich erneut die nicht personengebundene Darstellung der metapsychologischen, unbewußten Manifestationen bewahrheitet.

Schließlich muß unter den Eigenschaften des Unbewußten die Funktion der Verdeckung genannt werden, seine, wie H. Ey sie nennt, »verpflichtend-fatale Hieroglyphik«.[544] In der Traumarbeit hatte Freud von »Rücksicht auf Darstellbarkeit« und dem »Verkleiden des Traums« gesprochen,[545] Eigenschaften, die anzeigen, daß sich das Unbewußte als System dem Bewußtsein entzieht, daß es sich zeigt und abwesend zugleich ist.[546]

Alle hier genannten Eigenschaften bestätigen den Eindruck, daß das System Ubw weniger auf Vorstellungen als vielmehr auf energetischen Eigenschaften beruht. Ergänzen wir der Vollständigkeit halber Freuds Aufzählung um weitere, teilweise schon bekannte Charakteristika:

- Wie im Kapitel über die Triebe gezeigt, machen die Triebrepräsentanzen den Hauptinhalt des Unbewußten aus. Sie zeigen an, daß das Unbewußte kein Reservoir gelebter Erfahrungen darstellt, sondern ein Produkt von Verarbeitungs- und Abwehrvorgängen ist, von Phantasien sowie den Repräsentationen psychischer Vorgänge.
- Charakteristisch für das Unbewußte ist weiterhin seine besondere Beziehung zur Affektivität, bzw. das Fehlen jeder Art von Affekt, der über die Angst hinausgeht. (Streng genommen muß die Rede von den unbewußten Affekten als ungenau bezeichnet werden, da das Unbewußte einen wesentlichen Aspekt der Affektdefinition, nämlich deren Abfuhrmöglichkeit vermissen läßt.) Dem Unbewußten fehlt der Zugang zur Motilität, über den einzig das Bewußtseinssystem verfügt. Dieses Fehlen von Affektspuren, die Affektlosigkeit erklärt einige weitere Merkwürdigkeiten von Traum und Symptom, die als zusätzliches deskriptives Kennzeichen des Systems Ubw angeführt werden können: die Lähmungsgefühle im Traum, die verwunderliche Beharrlichkeit der Symptome oder

---

544 H. Ey: Das Bewußtsein, Berlin 1967, S. 283.
545 S. Freud: Die Traumdeutung, a. a. O., S. 335.
546 H. Ey: Das Bewußtsein, a. a. O., S. 283. Voraussetzung dieser Paradoxie ist allerdings, daß ein Hintergrund vorhanden ist, vor dem sich etwas als anwesend zeigen oder abheben kann. Ohne diesen Hintergrund wäre das Unbewußte ausschließlich verborgen bzw. wie die Psychosen zeigen, auf katastrophale Weise zu sehr präsent. Die Lacansche Psychoanalyse betont, daß dieser Hintergrund, der auch als symbolische Matrix figuriert, durch einen Differenzeinschlag sprachlicher Natur geschaffen wird. Vgl. das Freudsche »fort-da«-Spiel.

die Trägheit der Libido, die sich als Ausdruck der fehlenden Erregungsabfuhr im Unbewußten erklären lassen. Diese Phänomene zeigen an, daß das Unbewußte ohne Vermittlung des Bewußtseins auf sich selbst zurückgeworfen ist, es sei denn, es benutzt diesen einen flüchtigen, ihm jedoch naheliegenden Abfuhrweg, den des Sprechens.

– Wie seit dem »Entwurf« bekannt, bietet die Sprachbahn für das kleine Subjekt die buchstäblich naheliegendste Möglichkeit, den Anderen auf sich aufmerksam zu machen. 1915 trägt Freud diesen früh entdeckten Zusammenhang in sein metapsychologisches Konzept ein und stellt damit klar, daß das Unbewußte, das von der motorischen Abfuhr in größerem Ausmaß abgeschnitten ist, doch noch über einen Abfuhrweg verfügt, den der Sprachbahn. Der Zusammenhang, so trivial er erscheinen mag, wird bald zum Hauptunterscheidungsmerkmal des Seelenlebens und gibt bekanntlich der Praxis der Psychoanalyse ihre Begründung. In der »talking cure« jedenfalls wird über die topographische Nähe der sprachlichen Abfuhrbahn versucht, den unbewußten Triebrepräsentanzen beizukommen, diese zur Abfuhr zu bewegen und den Subjekten auf diese Weise neue Wege der Triebartikulation zu eröffnen. Soviel zunächst zur Nähe von Unbewußtem und Sprechen.

– Es sei an dieser Stelle noch auf ein anderes Charakteristikum verwiesen, auf die durch Wahrnehmung bedingte, qualitative Binnendifferenzierung des Systems Ubw. Im Anschluß an die energetische Unvereinbarkeit zwischen den aufnehmenden Spuren und den durchlässigen Reizen hatte es bisher den Anschein, als würden unbewußtes Gedächtnis und Qualität des Bewußtseins einander ausschließen. Wir werden nun auf die Unschärfe der energetischen Systemtrennung aufmerksam. Auch an der Stelle des Unbewußten kann im Wahrnehmungssystem nämlich, wie es 1925 heißt, immer noch das »unerklärliche Phänomen des Bewußtseins« stehen.[547] Die qualitative Definition scheint gegenüber der topischen doch zu überwiegen. Nach der Neuronentheorie des »Entwurf« werden wir 1915 also daran erinnert, unbewußte Erinnerungen nicht als Einheitsgebilde mißzuverstehen, sondern als Zusammensetzung von sinnlichen Qualitäten, die sich in Besetzungsqualitäten, in Größe und Intensität eines Eindrucks ausdrücken. Wir werden daran erinnert, unbewußte Erinnerungen als differenzierte Einheiten zu betrachten.[548] Bereits 1895 hatte Freud diese Auffassung in der Formulierung notiert: »Das Gedächtnis sei dargestellt durch die *Unterschiede* in den Bahnungen zwischen den

---

547 »(...) das unerklärliche Phänomen des Bewußtseins entstehe im Wahrnehmungssystem *an Stelle* der Dauerspuren.« S. Freud: Notiz über den Wunderblock, in: ders.: Stud. Ausg. Bd. III, a. a. O., S. 366.
548 S. Freud: Die Traumdeutung, a. a. O., S. 516; vgl. unser Kapitel über Freuds »Entwurf«.

ψ-Neuronen«.[549] In der Praxis war Freud dieser Unterschied von Anfang an aufgefallen, »Hysteriker«, so hieß es in den *Studien*, »leiden unter Reminiszenzen«. Metapsychologisch gesprochen leiden sie daran, daß sie kaum durchlässig für neue Bewußtseinswahrnehmungen sind, dagegen mit ihren Läsionen, Krämpfen und Konversionssymptomen – buchstäblich und auf das Genaueste – die ungenauen topischen Systemtrennungen verkörpern. Hysteriker erbringen damit leibhaftig den Beweis, daß im System Ubw sinnliche Qualitäten existieren und dieses System selbst differentiell aufgebaut ist. Bei aller »belle indifference« der Hysterie waren die Äußerungen von Frl. Emmy von N. und Frau Elisabeth ja keineswegs empfindungslos oder sinnlich undifferenziert. Hysteriker beweisen mithin die Einschränkungen der topischen Annahme und das Vorherrschen der energetischen Annahme des Unbewußten, sie stellen gleichzeitig unter Beweis, daß das Unbewußte durchaus differenziert aufgebaut ist.

– Halten wir zum Schluß noch eine Eigentümlichkeit fest, die in Freuds Auflistung der Eigenschaften des Unbewußten nur am Rande auftaucht, aber die Frage nach den Abfuhrwegen und der Beziehung von Soma und Seele zentral berührt. 1915 schneidet Freud das Thema der Verbindung zwischen dem Unbewußten und dem Körper noch einmal von der Seite der Erregungsquantitäten her an: »Der unbewußte Akt«, heißt es in einer Anmerkung, habe »eine intensive plastische Einwirkung auf die somatischen Vorgänge (...) wie sie dem bewußten Akt niemals zukommt.«[550] In den *Vorlesungen* von 1933 findet sich anläßlich der »Zerlegung der psychischen Persönlichkeit« eine Ergänzung zu dieser kleinen Beobachtung, mit der die Bestimmung des Es spürbar erweitert wird: »Wir nähern uns dem Es mit Vergleichen, nennen es ein Chaos, einen Kessel voll brodelnder Erregungen. Wir stellen uns vor, es sei am Ende gegen das Somatische offen, nehme da die Triebbedürfnisse in sich auf, die in ihm ihren psychischen Ausdruck finden, wir können aber nicht sagen, in welchem Substrat«.[551] Eine weitere Öffnung im System Ubw zeichnet sich ab, eine, die nicht mehr der Mitteilung nach Außen dient, sondern stumm nach Innen gerichtet ist. Vom dunkelsten Teil des Unbewußten gibt es einen Zugang zum Körper.

Das Es

Beschäftigen wir uns also mit dem anderen Schauplatz, der dem Unbewußten sein Kolorit verleiht, ihn zum »schwarzen Kontinent« und »inneren Afrika«

---

549 S. Freud: Entwurf einer Psychologie, a. a. O., S. 393.
550 S. Freud: Das Unbewußte, a. a. O., S. 146, Anm. 3.
551 Ders.: 31. Vorlesung, in: Vorlesungen zur Einführung in die Psychoanalyse, a. a. O., S. 511.

macht. Untersuchen wir das »Es«. Das unpersönliche Fürwort drückt den Hauptcharakter des Unbewußten als Seelenprovinz aus, zieht dem System Ubw seine Grenzen und verleiht ihm vor allem seine Autonomie.[552] In diesem System sieht es düster aus: Im Es sind die Leidenschaften repräsentiert, herrschen die Triebe und regiert blindes Streben nach Triebbefriedigung. Wir stoßen auf das Dämonische des Traums.[553] Wir treffen auf ein System ohne Gesamtwillen, das völlig dem Lustprinzip untergeordnet ist und dem von daher jede Möglichkeit zur Wertung fehlt. Ein System, das weder Gut noch Böse kennt, noch eine Moral besitzt.[554]

Dem Es ist die Fürsorge für die Sicherung des Fortbestands unbekannt und außer der Angst kann es keine andere Empfindung verwerten.[555] Dabei ist das Es der älteste Teil des psychischen Apparats und bleibt durch das ganze Leben der wichtigste.[556] Freud spricht von ihm als dem »Kern unseres Wesens«, einem Kern allerdings, der so autonom und verborgen ist, daß er dem Individuum selbst unzugänglich bleibt. Freud drückt diese Vorstellung mit dem von Groddeck und Nietzsche stammenden unpersönlichen Fürwort des Es aus und entwirft damit psychisch ein Individuum, das sich selbst fremd ist und eine unerkannte, eben unbewußte, Dimension umschließt. Nur oberflächlich sitzt dieser ein Bewußtsein versprechendes Ich auf, dessen Wurzeln selbst noch im Es liegen.[557]

Mit dem Es als Kernstück der Psyche ist wissenschaftlich für Probleme gesorgt. Die Frage ist jedenfalls nicht unangebracht, ob Freud mit dem Es nicht eine naturalistische und materialistische Theorie des Unbewußten aufgestellt und den Menschen nicht auf ein Moment der Natur reduziert habe, er gar das »Band der Gemeinschaft mit der Tierwelt« überbetone?[558] Wir werden darauf zurückkommen und sehen, daß die Autonomie des dunklen Es noch eine andere Interpretation ermöglicht, nämlich die der Seele als einer Maschine.

---

552 Ebd., S. 509–510.
553 S. Freud: Das Ich und das Es, a. a. O., S. 294; ders.: 31. Vorlesung, in: Vorlesungen zur Einführung in die Psychoanalyse, a. a. O., S. 512; ders.: Die Traumdeutung, a. a. O., S. 582.
554 Ders.: 31. Vorlesung, in: Vorlesungen zur Einführung in die Psychoanalyse, a. a. O., S. 511. Die goldene Psychoanalytikerregel, sich Wertungen zu enthalten, ist also am Es ausgerichtet.
555 S. Freud: Abriß der Psychoanalyse, in: ders.: Ges. Werke Bd. XVII, London 1941, S. 128; s. o. die fehlenden Abfuhrwege im Ubw.
556 Ebd., S. 68.
557 S. Freud, 31. Vorlesung, in: Vorlesungen zur Einführung in die Psychoanalyse, a. a. O., S. 510. Das Ich ist nur eine Ableitung des Es (S. Freud: Das Ich und das Es, a. a. O., S. 292). Zum Es als dem Unpersönlichen, Naturnotwendigen, vgl. auch A. Lambertino: Psychoanalyse und Moral bei Freud, a. a. O., S. 125.
558 Ebd., S. 116; s. weiter unten: Freuds Auffassung vom Überich der Tiere.

Topologie des Unbewußten – Rückfall in den Lokalisationsgedanken?

Zunächst jedoch ist ein Mißverständnis auszuräumen. Freuds Rede vom psychischen Apparat und dessen Darstellung in der ersten und zweiten Topik, das Bild vom Ich-Bewußtsein als Oberfläche des seelischen Apparats, die Rede vom Bewußten als »Vorzimmer« des Unbewußten oder gar die vom »Unterbewußten« könnten den Eindruck erwecken, daß Freud entgegen seiner eigenen Kritik am Lokalisationsgedanken das Psychische selbst räumlich dachte.[559] Auf den ersten Blick scheinen die Vergleiche tatsächlich in diese Richtung zu gehen. Denn die Verwendung territorialer Begriffe, in denen sich Örtlichkeiten und Instanzen, Lokalitäten und seelische Provinzen einander abwechseln, ist in der Tat nicht zu bestreiten. So finden wir die drei seelischen »Provinzen« mit einem Land »mit mannigfaltiger Bodengestaltung« verglichen, »in dem Deutsche, Magyaren und Slowaken wohnen«,[560] und stehen immer wieder vor Verbindungen zwischen dem Psychischen, der Anatomie und dem Nervensystem. Es scheint deshalb nicht abwegig, Freuds Psyche als ein Gebilde der Ausdehnung, eine »res extensa« seelischer Art zu betrachten, wüßte man nicht gleichzeitig um Freuds eigenen Vorbehalt gegenüber lokalisierenden Vergleichen: »Wir wissen, daß solche Beziehungen (des seelischen Apparates zur Anatomie, E.S.) im gröbsten existieren. Es ist ein unerschütterliches Resultat der Forschung, daß die seelische Tätigkeit an die Funktion des Gehirns gebunden ist wie an kein anderes Organ. Ein Stück weiter – es ist nicht bekannt, wie weit – führt die Entdeckung von der Ungleichwertigkeit der Gehirnteile und deren Sonderbeziehung zu bestimmten Körperteilen und geistigen Tätigkeiten. Aber alle Versuche, von da aus eine Lokalisation der seelischen Vorgänge zu erraten, alle Bemühungen, die Vorstellungen in Nervenzellen aufgespeichert zu denken und die Erregungen auf Nervenfasern wandern zu lassen, sind gründlich gescheitert. Dasselbe Schicksal würde einer Lehre bevorstehen, die etwa den anatomischen Ort des Systems *Bw*, der bewußten Seelentätigkeit, in der Hirnrinde erkennen und die unbewußten Vorgänge in die subkortikalen Hirnpartien versetzen wollte«.[561] Die Aussage läßt an Klarheit nichts zu wünschen übrig. Und obwohl weiterhin auf die Fortschritte der Naturwissenschaft hoffend, zögert Freud nicht, die Unterscheidung zwischen der lokalisierenden und der psychoanalytischen Auffassung

---

559 H. Ey: Das Bewußtsein, a. a. O., S. 271, 275. Die Bezeichnung »unterbewußt« kommt von subliminal, unterschwellig und stammt von Frederic Myers, sie schließt aber auch an Fechners Schwellenbegriff an.
560 S. Freud, 31. Vorlesung, in: Vorlesungen zur Einführung in die Psychoanalyse, a. a. O., S. 510.
561 S. Freud, Das Unbewußte, a. a. O., S. 133.

beim Namen zu nennen: »Es klafft hier eine Lücke, deren Ausfüllung derzeit nicht möglich ist, auch nicht zu den Aufgaben der Psychologie gehört. Unsere psychische Topik hat *vorläufig* nichts mit der Anatomie zu tun; sie bezieht sich auf Regionen des seelischen Apparats, wo immer sie im Körper gelegen sein mögen und nicht auf anatomische Örtlichkeiten«. Worauf – nicht unwichtig, gemessen an der hoffnungsvollen Einschränkung – die Formulierung des eigenen Anspruchs folgt – »Unsere Arbeit ist also in dieser Hinsicht frei und darf nach ihren eigenen Bedürfnissen vorgehen« – und schließlich die Mahnung ergeht, die Vergleiche richtig zu verstehen: »Es wird auch förderlich sein, wenn wir uns daran mahnen, daß unsere Annahmen zunächst nur den Wert von Veranschaulichungen beanspruchen«.[562] Man beginnt klarer zu sehen: Freuds lokalisierende Beschreibungen bedeuten keinen Rückfall in das Lokalisationsdenken, sie befördern und legitimieren keine empirischen, neurophysiologischen Verifikationen, sondern sind ausschließlich der »Rücksicht auf Darstellbarkeit« geschuldet.

Schon in der *Traumdeutung* hatte es dazu den Hinweis gegeben, daß psychische Realität nicht faktische Realität heißt und räumliche Vergleiche ausschließlich virtuelle Örtlichkeiten meinen: »Wir weichen jedem Mißbrauch dieser Darstellungsweise aus, wenn wir uns erinnern, daß Vorstellungen, Gedanken, psychische Gebilde im allgemeinen überhaupt nicht in organischen Elementen des Nervensystems lokalisiert werden dürfen, sondern sozusagen *zwischen ihnen*, wo Widerstände und Bahnungen das ihnen entsprechende Korrelat bilden. Alles, was Gegenstand unserer inneren Wahrnehmung werden kann, ist *virtuell*, wie das durch den Gang der Lichtstrahlen gegebene Bild im Fernrohr. Die Systeme aber, die selbst nichts Psychisches sind und nie unserer psychischen Wahrnehmung zugänglich werden, sind wir berechtigt anzunehmen gleich den Linsen des Fernrohrs, die das Bild entwerfen.«[563]

Doch das Problem der seelischen Lokalisierungen ist damit bei weitem nicht gelöst. 1915 taucht mit dem Systemgedanken ein neues Problem auf. Dieses war zwar schon früher Gegenstand der Erörterung, beispielsweise im Briefwechsel mit Fließ (112. Brief) anläßlich der Frage, ob nicht die Annahme der zwei Erregungsvorgänge und der entsprechenden Lokalitäten des Apparats die Notwendigkeit einer Umschrift nahelege. Hier nun ist es in der Frage

---

562 Ebd., S. 133f.; vgl. dazu auch *Die Traumdeutung* und Formulierungen über die zwei Prinzipien des psychischen Geschehens, in: ders.: Stud. Ausg. Bd. III, a. a. O., S.13–24, sowie ders.: Das Ich und das Es, a. a. O., außerdem erneut die 31. Vorlesung, in: Vorlesungen zur Einführung in die Psychoanalyse, a. a. O. Zum Thema Veranschaulichung, s. auch A. C. McIntyre: Das Unbewußte, a. a. O., S. 34.
563 S. Freud, Die Traumdeutung, a. a. O., S. 579; Freud schlägt deshalb vor, sich statt an den räumlichen Anschauungen besser an der zeitlichen Folge der Erregung zu orientieren (ebd., S. 513).

impliziert, ob die Annahme der zweiten Spur (von Bw) nicht die Anordnung der Originalspur (von Ubw) auflöse und durch eine neue Schriftspur ersetze.[564] Die Frage nach den sogenannten »zwei Niederschriften« wird daher ein zentraler Aspekt der Auseinandersetzung um das Unbewußte. Sie lautet hier: Gibt es angesichts der zwei Erregungsvorgänge im psychischen Apparat ein einziges Erregungsmaterial, kommt es also zu einem Zustandswechsel an ein und demselben Material oder ist wegen der unterschiedlichen Systeme grundsätzlich von einem Materialwechsel in den Systemen auszugehen? Es wird sich zeigen, daß Freud sich für die These von der *einen* energetischen Niederschrift ausspricht, wenngleich Autoren nach ihm, namentlich Laplanche und Lacan davon abweichende Interpretationen vorlegen.[565] Vor der näheren Erörterung dieses Problems soll jedoch in einer Zwischenbilanz das bisherige Verhältnis von Unbewußt und Bewußt festgehalten werden.

Zwischenbilanz zum Verhältnis von Unbewußt und Bewußt

Freud hatte mit der ersten Topik die Systeme Bw und Ubw scharf voneinander trennen wollen, noch 1923 hält er die Unterscheidung des Psychischen in Bewußtes und Unbewußtes für die »Grundvoraussetzung der Psychoanalyse« und betrachtet ihre Differenz als »die einzige Leuchte im Dunkel der Tiefenpsychologie«.[566] In Kapitel 6 von *Das Unbewußte* greift er das Verhältnis zwischen den zwei Systemen erneut auf und fordert eine strikte Unterscheidung. Nachdem er das Unbewußte zuvor gerechtfertigt und sich gegen die Gleichsetzung des Bewußtseins mit dem Psychischen ausgesprochen hat, gibt er nun die Referenz auf das Bewußtsein auf und setzt die Bedeutung des »Symptoms ›Bewußtheit‹«, also dessen, was psychisch unmittelbar gegeben ist, wesentlich geringer an. Die Bewußtheit eigne sich nicht zur Systemunterscheidung, da eine unbewußt latente Vorstellung auftauchen und wieder verschwinden könne. Bewußtsein sei »eine flüchtige Realität, die einem psychischen Vorgang nur vorübergehend anhaftet«, sich aber für die Charakterisierung des Systems als ungenau erweise.[567] Mit dem Verzicht auf die Bewußtseinsreferenz hat das »Unbewußte« an Bedeutung gewonnen, allerdings mit der Folge, daß in der

---

564 Ebd., S. 578.
565 Freud weist die Annahme zweier psychischer Niederschriften entschieden zurück und setzt auf die »funktionelle Zustandsänderung«, gleichzeitig geht er von einer Gegenbesetzung aus (S. Freud: Das Unbewußte, a. a. O., S. 133–134). Vgl. dazu weiter unten die Debatte zwischen Laplanche und Lacan. Zu den zwei Niederschriften vor allem: A. Lemaire: Jacques Lacan, Brüssel 1977.
566 S. Freud: Das Ich und das Es, a. a. O., S. 283 und 287.
567 S. Freud: Der Mann Moses und die monotheistische Religion, in: ders.: Stud. Ausg. Bd. IX, Frankfurt am Main 2000, S. 543; ders.: Das Unbewußte, a. a. O., S. 151.

zweiten Topik nun die Grenzen zwischen Ich, Es und Überich zu verschwimmen drohen.[568] Obwohl Teile des Ichs längst als unbewußt erkannt sind und sich zudem bald herausstellen wird, daß auch das Überich partiell dem Unbewußten unterworfen ist,[569] ist durch die Verdrängungslehre das Unbewußte ab 1915 schon nicht mehr nur das Verdrängte, sondern weist auf die Urverdrängung hin. Das Unbewußte manifestiert seine Tendenz zum Es. Freud hat die These von Lipps also beim Wort genommen, wonach das Unbewußte die allgemeine Basis darstellt, den größeren Kreis, und das eigentlich reale Psychische ist.[570] Der Aufbau des psychischen Apparats ist nun klarer geworden. Doch mit der Präzisierung scheint das Licht der Systemdifferenz gleichzeitig schwächer, bzw. das Dunkel der Tiefenpsychologie tiefer geworden zu sein. Denn wie in einer alles durchdringenden Dimension figuriert das Unbewußte jetzt offenbar als ein Schlüsselbegriff, als ein »passe-partout«, ein Begriff des Alles oder Nichts.[571] Freud verwendet es jedenfalls als eine Hypothese, die sich *per definitionem* nicht widerlegen läßt. Eine Hypothese, die epistemologisch als allgegenwärtiger Hintergrund figuriert und den kontinuierlichen, kausalen Einfluß auf das bewußte Seelenleben und Verhalten festhält. Soweit zum Hypothesencharakter des Unbewußten. Gleichzeitig zeichnet sich ab, daß mit dem Begriff des Unbewußten wissenschaftliche Verallgemeinerungsforderungen nicht mehr zu halten sind. Das Unbewußte stellt im Gegenteil einen Begriff dar, der, weil er Besonderheit und Singularität zum Ausdruck bringt, nicht mit Begriffen »wie im Modell der Physiker« übereinstimmt und sich prinzipiell der Falsifizierung und Überprüfung entzieht.[572] Autoren wie McIntyre und Lambertino sprechen deshalb vom spezifisch Menschlichen, das sich im Unbewußten artikuliere, oder von seiner Besonderheit gegenüber dem Allgemeinen des Bewußtseins – sie treffen damit jedoch nicht den Kern des Freudschen Begriffs. Dieser ist, wie angedeutet, dadurch charakterisiert, daß das Besondere, Singuläre nicht inhaltlich positiv, sondern durch einen Ausfall an Objektivität und Allgemeinheit definiert wird. Das Besondere, Singuläre gibt sich bei Freud als referenzlose Lücke zu erkennen. Als eine solche, als »Lückenkonfiguration« verstanden, erfüllt das Freudsche Unbewußte gleichwohl eine Ordnungsfunktion, dient der Vereinheitlichung der Vorgänge des Seelenlebens und kann sogar als eine Klassifizierungsformel betrachtet werden.[573] Gleichzeitig gibt es einem Phä-

---

568 S. Freud: 31. Vorlesung, in: Vorlesungen zur Einführung in die Psychoanalyse, a. a. O., S. 515.
569 Wie die unbewußten Schuldgefühle zeigen (S. Freud, Das Ich und das Es, a. a. O., S. 295).
570 S. Freud: Die Traumdeutung, a. a. O., S. 582.
571 H. Ey: Das Bewußtsein, a. a. O., S. 257f.
572 A. Lambertino: Psychoanalyse und Moral, a. a. O., S. 109.
573 Vgl. A. C. McIntyre: Das Unbewußte, a. a. O., S. 124.

nomen Raum, das in wissenschaftlichen Begriffen üblicherweise keinen Platz findet, vielmehr als unwissenschaftlich abgetan wird: dem ganz persönlichen »Wahnwitz« der Übertragungsbereitschaft und dem des Begehrens.

Man erkennt, wie mit der Konzeption des Unbewußten von 1915 entgegen dem neurologischem Anfangsdiskurs des »Entwurfs« nun Bedingungen gesetzt werden, die von keinem Nervensystem, nicht von Muskelfasern, Kettenmolekülen oder Elementarteilchen zu erfüllen sind. Die traditionelle wissenschaftliche Darstellung muß vor dem Unbewußten kapitulieren. Freud hatte das mit Befremden verspürt, als er seine Krankengeschichten als ein Stück Literatur erkannte, die »des ernsten Gepräges der Wissenschaftlichkeit entbehren« und damit seiner eigenen szientistischen Absicht widersprachen.

Reaktionen auf die Bestimmung des Unbewußten

Die Wissenschaftlichkeit der Psychoanalyse ist also mit einem Vorbehalt zu versehen. Entsprechend stellen Wissenschaftler und Philosophen Freuds Konzept des Unbewußten in Frage: Psychoanalyse sei mehr Ideologie als Wissenschaft, kritisierte K. Popper und hob die epistemologischen Mängel der Psychoanalyse an der Stelle des Unbewußten hervor: eine Hypothese, die man nicht falsifizieren könne, entziehe sich der Wissenschaftlichkeit.[574] Das Unbewußte sei ein anrüchiger Begriff, dem ein gewisses »odium theologicum« anhafte, gibt McIntyre zu bedenken[575] und H. Ey wendet ein, daß es ein unzulässig überdehnter, zumindest ein »elastischer« Begriff sei.[576] Vor allem der im Es-Begriff formulierte Autonomieanspruch stelle einen Kardinalfehler dar, weil er das Unbewußte auf unnötige Weise vieldeutig mache und die Beziehung zum Bewußtsein in Frage stelle.[577] Eine Lehre vom Unbewußten aber, so H. Ey, die den Bewußtseinsbezug verliere, reduziere sich auf eine Psychologie und tauge ebensowenig wie die Bewußtseinspsychologie. Wenngleich nicht alle Autoren das Problem des Unbewußten in seiner Beziehung zum Bewußten sehen – so hat für Lambertino und mit Abstrichen auch für Ricoeur das Unbewußte bei Freud keinen höheren Stellenwert als das Bewußtsein[578] – ist doch der Verdacht nicht völlig abzuweisen, daß Freud mit der Annahme des Unbewußten seinen anfänglichen Anspruch auf Trennung der Systeme aufweicht und die eingangs kritisierte Überdehnung des Bewußtseinsbegriffs nun am Unbewußten selbst praktiziert.

---

574 K. R. Popper: Conjectures and Refutations, New York 1962.
575 A. C. McIntyre: Das Unbewußte, a. a. O., S.124.
576 H. Ey: Das Bewußtsein, a. a. O., S 269.
577 Der Es-Begriff zeigt jedenfalls an, daß zwischen Verdrängtem und Unbewußtem keine Identität besteht.
578 A. Lambertino: Psychoanalyse und Moral, S. 113ff., P. Ricoeur: Die Interpretation, a. a. O., S. 160 u. ö.

Gleichwohl wird spürbar, wie Freud dem Autonomieanspruch des Unbewußten zum Trotz den anfänglichen »Ausgangspunkt unserer Untersuchungen«, die »Bewußtheit« an keiner Stelle außer Kraft setzt. Der »Verkehr« zwischen Ubw und Bw bleibt immer gewahrt. Das wird außer in den Krankengeschichten am deutlichsten im Traum von »Irmas Injektion« sichtbar.[579] Dieser »Intitialtraum« der Psychoanalyse (Lacan) führt vor, daß Freud selbst da noch die Verbindung zum Bewußtseinssytem aufrecht erhält, wo ihm der reale Abgrund des Unbewußten, »dieser Urgrund der Dinge, der verborgene, unvergleichliche, prädikats- und eigenschaftslose Rest« entgegentritt.[580] Von einer Herabwürdigung des Bewußtseins kann bei Freud daher keine Rede sein. Wohl aber davon, daß der »Kern unseres Wesens« allenfalls verhüllt und vermittelt zutage tritt und wir dem Unbewußten immer nur in Gestalt von »Abkömmlingen« begegnen, unter denen (den unbewußten Triebregungen) es dann immer auch »welche (gibt), die entgegengesetzte Bestimmungen in sich vereinigen (...)«.[581] Das Unbewußte liefert niemals reine Daten.

Wenn wir zu guter Letzt die Beziehung zwischen Bewußtsein und Unbewußtem auf die sie verbindenden Elemente hin untersuchen, treffen wir erneut auf die quantitative Auffassung, finden Triebrepräsentanzen und die ökonomisch-funktionale Auffassung der psychischen Vorgänge. Wir finden, um mit Ricoeur zu sprechen, eine »Hypostasierung« der energetischen Vorgänge, die indes keinen Gegenpart zu einer Hermeneutik des Sinns darstellt,[582] sondern eine Vermittlungsfunktion im Verhältnis zwischen Bewußtem und Unbewußtem ist. Gleichwohl ist unübersehbar, daß aufgrund der allgemeinen Abfuhrtendenz der Libidoenergie die Vermittlung zwischen dem Bewußtem und Unbewußtem nur unzureichend gelingt.

Versuchen wir dennoch dem Unbewußten eine Logik abzuringen. Nehmen wir dazu den Dämon des autonomen Unbewußten, das Es, beim Wort und lassen das Unbewußte, das wie eine formale Sprache arbeitet, buchstäblich wie eine Maschine laufen. Um dies darzustellen, müssen wir allerdings etwas ausholen und das Es zunächst in die Perspektive der Maschine versetzen.

---

579 S. Freud: Die Traumdeutung, a. a. O., S. 127.
580 Dazu J. Lacan: Das Ich in der Theorie Freuds und in der Technik der Psychoanalyse, Das Seminar II, Olten 1980, S. 204; dazu E. Seifert: Freud und Lacan, ein deplaziertes Verhältnis, Vortrag, Psychoanalytischer Salon, Berlin, Oktober 2000.
581 S. Freud: Das Unbewußte, a. a. O., S.149–150.
582 Die ökonomische Annahme ist aber notwendig, um die Theorie des unnennbaren Wunsches nicht zu einer Vorstellungstheorie zu machen, d. h. um sie nicht zu hypostasieren und nicht zu psychologisieren. Dennoch muß, um es zu wiederholen, die Kraft deshalb nicht unbedingt an den Sinn gebunden sein, die Ökonomik braucht als Gegenpart nicht unbedingt die Hermeneutik (P. Ricoeur: Die Interpretation, a. a. O., S. 79–81). Ferner H. Ey: Das Bewußtsein, a. a. O., S. 270.

Das autonome Unbewußte als Automat und der Automatismus der Seele

Der Zugang zur Seele über die Maschine stellt für die Vorstellung von der unantastbaren, heiligen Besonderheit des Seelischen, dem »Kern unseres Wesens«, auf den ersten Blick eine Provokation dar. Dabei ist die Auffassung vom Maschinenmenschen nichts Ungewöhnliches. Eingeführt im 17. Jahrhundert von LaMettrie und Descartes, war sie Ende des 19. Jahrhunderts mit Bezug auf die psychischen Vorgänge verbreitet und tauchte außer bei G. Clérambault und P. Janet vor allem in den Hypnoseexperimenten und der Auffassung des zerebralen Unbewußten von J.-M. Charcot auf.[583] Die heutige Apparatemedizin bewegt sich klar in dieser Tradition, wenn sie die Seele wieder als einen Automatismus von – so die aktuelle Formulierung – neuralen Kodierungen und Nervenzellen betrachtet.[584] Es wurde bereits im ersten Teil der Arbeit auf den grundlegenden Unterschied zwischen dieser und der Freudschen Auffassung hingewiesen und dabei Freuds Votum für die symbolische, nicht physiologische Natur der Psyche notiert. Bleiben wir bei Freud. Freud gibt seine maschinelle Auffassung der Seele von Anfang an durch den Gebrauch energetischer Begriffe und seine Rede vom psychischen Apparat zu erkennen. Er spricht vom Unbewußten und der Psyche in Maschinenbegriffen und verwendet den Maschinendiskurs dabei in zweierlei Weise: Zum einen arbeitet er generell ausgiebig mit Maschinenanalogien, zum andern geht er mit dem Wiederholungszwang des Todestriebs direkt von einem Automatismus des Unbewußten aus.[585] Gleichwohl stellt er keine besonderen Ansprüche an die Genauigkeit seiner Analogien, sondern geht wie immer historisch unbekümmert und nach Belieben vor. Freud spricht, M. Wegener hat darauf hingewiesen, gleichermaßen von Apparaten, also von kleinen Instrumenten wie von Abläufen, deren Vorbild die Dampfmaschine ist und die an deren innere Mechanik erinnern.[586] Darüber hinaus stellt er Maschinenmetaphern nebeneinander, die in der Regel historisch unterschiedlich eingeordnet werden. Er verwendet Metaphern, in denen gleichermaßen körperliche Formen wie seelische Vorgänge die Vorlagen sind und beruft sich auf die Gestaltähnlichkeit etwa von Faust und Hammer ebenso wie er körperliche Strukturen und Funktionen

---

583 Dazu Teil 3: Charcot.
584 In der Neurophysiologie wird das Unbewußte im limbischen System, genau im Mandelkern oder der Amygdala verortet. Vgl. dazu auch E. R. Kandel, J. H. Schwartz u. a. (Hg.): Neurowissenschaften, a. a. O., S. 681–683.
585 Die französische Übersetzung von Wiederholungszwang lautet mißverständlicherweise »automatisme de répétition«. Für Lacan gehören der Begriff der Energie und das Maschinendenken zusammen. Siehe J. Lacan: Das Ich in der Theorie Freuds und in der Technik der Psychoanalyse, Das Seminar II, a. a. O., die Kapitel: Jenseits des Lustprinzips, die Wiederholung., S. 100.
586 M. Wegener: Neuronen und Neurosen, a. a. O., S. 21–24.

(Sehen, Hören) auf technische Instrumente projiziert oder Maschinenmetaphern verwendet, in denen die inneren Vorgänge des Psychischen den Ausgangspunkt der Projektion bilden.[587] Daneben spricht Freud von psychischen Abläufen als einer Ökonomie und erklärt seelische Funktionen insgesamt zu Apparaten: »Wir bleiben auf psychologischem Boden und gedenken nur der Aufforderung zu folgen, daß wir uns das Instrument, welches der Seelenleistung dient, vorstellen wie etwa ein zusammengesetztes Mikroskop, einen photographischen Apparat u. dgl.«[588] Freud spielt also mit allen Möglichkeiten von Abbildtheorien und projiziert Körper auf äußere Organe wie innere Vorgänge.

Das wäre nun alles nicht weiter von Interesse, wenn dabei nicht gleichzeitig Aussagen zum Verhältnis von Körper und Seele getroffen würden und die Technikmetaphern nicht aufs neue das schon im Kapitel über die Triebe angesprochene unsichere Verhältnis zum Biologischen berührten. Freuds technische Analogien stellen nämlich heraus, daß in der Psychoanalyse der Körper als feste empirische Referenzgröße aufgegeben wird. Der Sachverhalt ist seit der energetisch-quantitativen Auffassung wohlbekannt und hatte von jeher angezeigt, daß der Körper für Freud nicht aufgrund seiner anatomisch physiologischen Gegebenheiten existiert.[589] Im Bild des Psychischen als einem Apparat wird die Distanz zum Realen des Lebendig-Biologischen auf ihre Weise festgehalten. Die Seele ist definitiv verräumlicht, ist jetzt selbst zum Körper geworden.[590] Im Bild des technisierten Seelenapparats ist die alte Vorstellung von den maschinenhaften Abläufen des Körpers, der selbst bereits eine Projektion darstellte, nur neu aufgelegt. Sie ist, wie H.-D. Bahr es nennt, geradezu in die Seele hinein kopiert. Mit der Maschinenseele ist der maschinisierte Körper – mittels Projektion und Metapher und durch Vermittlung des Triebbegriffs – regelrecht in die Seele hinein implantiert worden.[591]

Das Ergebnis ist verwickelt, doch aus der Konversionshysterie und den ersten, noch eng an die physiologische Auffassung der Hysterie angelehnten Krankengeschichten gut vertraut. In der Theorie des Unbewußten wird 1915 deshalb nur bestätigt, daß der direkte und positive Bezug zum realen Körper

---

587 S. Freud: Das Unbehagen in der Kultur, in: ders.: Stud. Ausg. Bd. IX, Frankfurt am Main 2000, bes. Kapitel III, S. 219. Neben Beispielen für die Gestaltähnlichkeit – Hammer und Faust – und solchen für die Strukturähnlichkeit – Sehkraft des Auges und Brille – gibt es, allerdings nicht bei Freud, auch Beispiele, in denen die Funktionsähnlichkeit bestimmend ist: Herz und Pumpe.
588 S. Freud: Die Traumdeutung, a. a. O., S 512–513.
589 Vgl. den Triebbegriff als Grenzbegriff.
590 Die Verkörperlichung des Psychischen hatte vor allem mit Charcots Hypnoseexperimenten eingesetzt. Charcot wollte mit den körperlichen Phänomenen die psychische Dimension der hysterischen Phänomene beweisen.
591 Vgl. H. D. Bahr: Über den Umgang mit Maschinen, Tübingen 1983, S. 81–83, 99, 102, 125–126.

verloren gegangen ist. Der Körper existiert nur mehr in der psychischen Repräsentation, wenn er nicht als Abbild, Fortpflanzungsprodukt, als Projektion in die Seele begriffen werden muß. Bereits 1893 stand für Freud fest, daß sich der Körper verhält,»comme si l'anatomie n'existe pas«, daß er also nur in der Repräsentation existiert.[592] 1930 scheint der Körper für Freud zwar an Gottähnlichkeit hinzu gewonnen zu haben, ist aber doch nur ein »Prothesengott«. Spätestens da ist sein Schicksal besiegelt. Von körperlichen Originalspuren kann keine Rede mehr sein, es gibt nur noch Abbilder des Körpers.[593]

Mit dem Maschinen-Unbewußten, wie Freud es konstruiert, findet schließlich eine Auffassung von Psyche ihren Ausdruck, in der der Körper gleich auf doppelte Weise präsent ist: Als mechanisierter Körper ist er ein Vorbild für seelische Projektionen geworden, für sich existiert er jetzt unabhängig von der Seele. Dennoch lassen sich Körper und Seele bei Freud weder als vollständig getrennt, noch als identisch beschreiben, auch wenn von ihnen gleichermaßen nur auf der Ebene von Projektionen und Metaphern die Rede sein kann. Ihre Verbindung ergibt zudem kein identitätstheoretisch begründbares Verhältnis, in dem beide, Körper und Seele (wie Abendstern und Morgenstern) zwar ihre Eigenständigkeit eingebüßt hätten, vor dem Hintergrund eines gemeinsamem Referenten (Venus) aber dennoch miteinander korrelierten. Durch den Trieb unwiderruflich miteinander verschlungen, nehmen Körper und Psyche in der Freudschen Konstruktion vielmehr über den Verlust eines Partialobjekts, einer Nicht-Referenz, bzw. der Lücke des Unbewußten eigenständig Gestalt an. Man darf also festhalten, daß Freuds automatisches Unbewußtes zusammen mit dem Triebbegriff die Auffassung von der Vereinheitlichung von Körper und Psyche grundlegend unterläuft.[594] Dennoch hat Charcots beschwichtigender Appell auch im 21. Jahrhundert der Neurowissenschaft weiterhin Gültigkeit: »Meine Herren, beunruhigen Sie sich nicht, das Psychische ist nur das Physiologische!«[595]

---

592 S. Freud, Étude comparative des paralysies motrices organiques et hystériques, in: ders.: Ges. Werke Bd. I, London 1952, S. 39–55.
593 Der Leib ist nur noch Ahne des technischen Objekts (s. H.-D. Bahr: Über den Umgang mit Maschinen, a. a. O. S. S. 81, 125–126). Wo später in der Kybernetik Mensch und Maschine als funktionsmäßig gleich erklärt werden, ist die technische Metapher gewissermaßen selbst zu einer körperlichen Fortpflanzung, zu einer »generativen Projektion« des Körpers geworden.
594 Anders als in der Triebtheorie realisieren die Neurowissenschaften begrifflich keinen dem Verlust des Partialobjekts vergleichbaren Verlust. Auch da, wo für Neurowissenschaftler Psyche und Körper durch zerebrale Repräsentationen vermittelt werden, haben sie ausschließlich empirische Verhältnisse im Blick und ziehen auch die Anforderungen der Darstellung begrifflich nicht in Betracht.
595 Vgl. M. Gauchet, G. Swain: Le vrai Charcot, Paris 1997, S. 148.

Automatismus des Unbewußten und seine Konsequenzen

Wir wollen uns dessenungeachtet vom Maschinendenken ein Stück weitertreiben lassen und untersuchen, ob die Maschine nicht weitere Aspekte bereithält, die die Definition des automatischen Unbewußten bereichern. Nach Auffassung von H.-D. Bahr spielen in den Begriff von Maschine und Automat folgende Aspekte hinein:[596] Das Kriterium der Selbsttätigkeit, das relativ unspezifisch ist, weil es auch einfache Werkzeuge, wie die Mühle als Maschine umschreibt, dabei aber ein Funktionieren anzeigt, das nur durch den ständigen menschlichen Eingriff zustande kommt. Das Kriterium der Eigen-, Selbstbewegung, das hauptsächlich auf sogenannte Vollautomaten zutrifft, die ohne menschliches Eingreifen Prozesse ausführen und sich selbständig steuern[597] und das ebenfalls nur mit Einschränkung auf den psychischen Apparat anwendbar ist, da dieser sich nur teilweise selbst reguliert und durch Offenheit gekennzeichnet ist. Und schließlich das Kriterium der Seduktivkraft, das unsere volle Aufmerksamkeit verdient. Im Kontext der Maschinen besagt es, daß dem Menschen nachgebildete, sogenannte animistische oder mit Funktionen des Lebendigen versehene Automaten ein Moment von Simulation, von Verstellung erkennen lassen, das nicht einfach als Täuschung aufgefaßt werden kann, obwohl es beim Betrachter psychische Wirkungen auslöst. Historisch wird in diesem Zusammenhang berichtet, daß die ersten animistischen Simulationsautomaten – wie die automatische Ente von Vaucousson oder der automatische Ochse von Heron von Alexandrien, der, nachdem man ihm den Hals durchtrennte, den Kopf oben behielt und weiter trank – erhebliche Verwirrung gestiftet haben sollen.[598] Das Maschinen-Kriterium der Simulation scheint also geeignet, die Verbindung zwischen Maschine und unbewußten Vorgängen zu veranschaulichen, zumal es auch als ein Effekt des Unheimlichen imponiert.

Das Unheimliche am Unbewußten

Das Unheimliche als ein Effekt des Unbewußten nimmt in der Freudschen Psychoanalyse bekanntlich einen breiten Raum ein. Freud behandelt es in der gleichnamigen Schrift, in der er zur Erläuterung auf E.T. A. Hoffmanns *Sandmann* zurückgreift, eine Geschichte, in der die unheimliche Wirkung der Indifferenz von Maschine und Mensch dargestellt wird.[599] In Hoffmanns

---

596 Zur Definition von Maschine s. H.-D. Bahr: Über den Umgang mit Maschinen, a. a. O., 1983, S. 441–450, 464.
597 Ebd., S. 441, 442, 444.
598 Ebd., S. 458.
599 S. Freud: Das Unheimliche, in: ders.: Stud. Ausg. Bd. IV, Frankfurt am Main 2000, S. 241–274.

Erzählung wird das Verwechselspiel auf allen Ebenen inszeniert. Besser als in jeder Falldarstellung sind hierbei Aspekte des Unbewußten aufgenommen und verdichtet. Im Sandmann und dessen Substitut, dem fremdländischen Optiker Coppola, hat Hoffmann dem Unbewußten Gestalt gegeben und ist seinen Verschiebungen und unheimlichen Wirkungen nachgegangen. Vom Sandmann geht für das Kind Nathanael ein Gefühl des Unheimlichen aus, für den Studenten Nathanael hat es sich bereits fortgepflanzt und ist auf den rätselhaften Alchimisten und Optiker Coppola übergegangen. Die Unheimlichkeit kulminiert jedoch in der Verwechslung zwischen der lebendigen Braut Clara und der Automatenpuppe Olimpia. Nathanael verliebt sich Hals über Kopf in sie und vergißt darüber seine Braut Clara. Er kann sie nicht mehr unterscheiden. Ihm entgeht, daß die schöne Frau nur eine Täuschung, ein Scheinbild ist.[600] Doch Nathanael täuscht sich, wie H.-D. Bahr betont, nicht aus Dummheit über die Realität der Automatenpuppe oder weil er zu einem falschen Urteil gekommen wäre, sondern weil lebendiger Mensch und lebloser Automat zum Verwechseln ähnlich aussehen. Die leblose Puppe Olimpia täuscht ihn darüber hinweg, daß sie im Grunde ein totes Ding ist, Leben nur simuliert, bzw. ein Bild des Lebens darstellt, das dem Tod entzogen zu sein scheint.[601] Nathanaels Täuschung entspringt der möglichen Täuschung über die Isomorphie von Leblosem und Lebendigem, von Apparat und Mensch. Wo nämlich die Grenzen zwischen Mensch und Maschine wie bei Hoffmann fließend geworden sind, erweisen sich Mensch und Maschine als Subjekte zweier Bilder, die mimetisch Strukturen und Eigenschaften des anderen aufnehmen. Sie sind zu Bildungen geworden, die nur in der Vorstellung des Anderen bestehen. Obwohl sie als Bilder in Erscheinung treten, sind sie dennoch Repräsentationen, bzw. Signifikanten, die selbst wieder von Signifikanten getragen werden. Von diesen Bedingungen her bietet sich der Maschinendiskurs als eine Möglichkeit an, das Unbewußte, seine Vorgänge und Effekte darzustellen.[602]

Zwischenbilanz

Unsere Erklärungsversuche haben bis hierher folgende Aspekte des autonomen Unbewußten zutage gebracht:

---

600 Bahr macht darauf aufmerksam, daß in dieser Inszenierung des Verwechselspiels der Held Nathaniel die Automatenfrau Olimpia durch einen Apparat, ein Fernrohr, beobachtet. Freuds Vergleich vom psychischen Apparat, der wie ein Fernrohr vorzustellen ist, liegt also tatsächlich nahe, s. Anm. oben.
601 Dazu inbes. J. Lacan: Kant und Sade, a. a. O., S.133–163.
602 Vgl. H.-D. Bahr: Über den Umgang mit Maschinen, a. a. O. S. 449. Das Unbewußte ist aber nicht der Diskurs der Maschine, sondern immer noch der des Anderen.

Mit seiner Rede vom psychischen Apparat legt Freud ein energetisches Modell vor, das dazu berechtigt, von einem Automaten-Unbewußten zu sprechen. Obwohl sich Freud mit diesem Modell unstrittig vor dem szientistischen Hintergrund seiner Zeit bewegt, kann es, wie Lacan herausgestellt hat, als seiner Zeit voraus gelten: es läßt sich jedenfalls nicht als ein überholter Mechanismus des 19. Jahrhunderts abqualifizieren. Mit dem psychischen Apparat, dieser Maschine des Unbewußten, führt Freud vielmehr eine neue Version der Körper-Seele-Repräsentationen ein, die besagt, daß der Körper keine positive Projektionsfläche mehr darstellt, nicht mehr Vorbild für Gestalt-, Funktions- oder Strukturprojektionen ist, sondern nur noch eine Ersatzfunktion, ein Körperklon, ein »Überlebsel«.[603] Mit dem Psychophysischen Parallelismus schließt Freud auch methodisch an den Diskurs der modernen Maschinen an,[604] mit den Maschinenanalogien psychischer Vorgänge scheinbar sogar an modernstes Maschinendenken, an Kybernetik und Informationstheorie. In »Das Unbewußte« von 1915, in dem er sich vom Psychophysischen Parallelismus schließlich verabschiedet, gibt es keine anatomischen Referenten, Entsprechungen und Wahrheitsindizes mehr. Ausschlaggebend wird im Gegenteil die Nicht-Referenz, Nicht-Entsprechung zwischen Körper und Seele, zwischen unbewußt und bewußt. Freuds Maschine entwickelt sich zu einer Konfliktmaschine, einem ins Stottern geratenen Automatismus. Die Diskussion um die Bedeutung der energetischen Psyche hat sich damit jedoch nicht erledigt. Nach Freud hat Lacan den Umbau der psychischen Maschine ohne Psychophysischen Parallelismus weiter betrieben und zur Signifikantenmaschine ausgebaut. Die Frage lautet nun: Funktionieren unbewußte Signifikanten metaphorisch, sind sie nur metaphorisch maschinisiert oder müssen sie real als Maschine verstanden werden?[605] Zu dieser Debatte, die uns noch weiter beschäftigen wird, sei hier schon festgehalten, daß sie außerhalb der Psychoanalyse als entschieden gilt: Die Maschine sei absolut geworden, schreibt H.-D. Bahr und dies behauptet mit aller Radikalität auch F. Kittler. Sie habe den Diskurs des Anderen übernommen.[606] Kybernetik und Informationstheorie haben nach Ansicht von Kulturtheoretikern die bei Freud erstmals angedeutete Projektion vom Körper

---

603 Körper bzw. Leib ist nur noch der Ahne des technischen Objekts (ebd., S. 81, 125–126).
604 »›Psychische Vorgänge darzustellen als quantitativ bestimmte Zustände aufzeigbarer materieller Teile, und sie damit anschaulich und widerspruchsfrei zu machen‹, ist eben beste Psychophysik. Alles, was Freud über Nerven und deren Besetzung, über Bahnungen und deren Widerstand entwickelt, folgte aus der ›lokalisierenden Hirnanatomie‹ seiner Zeit« (F. Kittler: Grammophon – Film – Typewriter, Berlin 1986, S. 62).
605 H.-D. Bahr: Über den Umgang mit Maschinen, a. a. O., S. 237.
606 »›Der Diskurs des Anderen ist der Diskurs des Schaltkreises‹« (F. Kittler: Die Welt des Symbolischen – eine Welt der Maschine, in: G. Großklaus, E. Lämmert (Hg.): Literatur in einer industriellen Kultur, Stuttgart 1989, S. 534–535).

auf die Maschinen an ihr Ende gebracht, so daß Projektionen nur noch von der Maschine auf den Körper denkbar seien. Die alte Warnung, hinter den Vorstellungen nicht den Veranschaulichungscharakter zu vergessen, scheint sich endgültig erübrigt zu haben. Das Nervensystem *ist* ein Telefonnetz/Schaltkreis geworden, das Gehirn *ist* ein Computer und die Seele *ist* unweigerlich längst zum Gehirn geworden. Eine Geschichte der Tautologien hat begonnen, der zufolge biologische und technische Systeme nach demselben Muster funktionieren.[607] Das Freudsche Subjekt des Unbewußten mit seiner Maschinenanalogie liegt auf diesem Weg. Es wird zu zeigen sein, daß es trotzdem keine »axiomatisierte« Maschine ist.[608]

Erinnern wir an dieser Stelle noch daran, daß Freud den psychischen Apparat von der Aphasiestudie an auch als einen Sprechapparat betrachtet.[609] Es spricht. Mit der Maschinenanalogie werden also auch die Vorgänge des Sprechens maschinisiert, deren unheimliche Effekte ohnedies den Effekten von Maschinenvorgängen gleichen. Nicht erst Theoretiker des 20. Jahrhunderts haben das bemerkt, schon im Barock galten, wie H.-D. Bahr ausführt, vor allem die Automaten als Teufelswerk, die Ansätze von Sprechen simulierten. So hatte Thomas von Aquin die berühmte Sprechmaschine von Albertus Magnus zerstört, weil sie unheimlich wirkte, Sprache und Sprechen entheiligte und eine Blasphemie gegenüber dem göttlichen Wort darstellte. Automaten mit ihren undurchschaubaren Täuschungsmanövern trieben ihr teuflisches Spiel mit dem göttlichen Wort, weshalb sie zu verdammen waren.[610]

Betrachten wir aber im folgenden diesen Sprechapparat des Unbewußten mit seiner axiomatisierten, autonomen Logik genauer. Wir wollen ihn dabei an die kleine Maschine des Unbewußten, den Algorithmus des unbewußten

---

607 Der Konstruktivismus geht davon aus, daß biologische und technische Systeme identisch beschreibbar sind (H.-D. Bahr: Über den Umgang mit Maschinen, a. a. O., S. 126).

608 Mit der Maschinenkonzeption des Unbewußten sind zwei strittige Fragen der Psychoanalyse entschieden: zum einen die Frage nach Täuschung und Simulation, die noch Thema in der Hysteriedebatte sein wird, zum anderen die Frage nach der Differenz von Eigentlichem und Uneigentlichem, bzw. nach Vorbild und Abbild. Beide Fragen haben mit dem autonomen, maschinenhaften Unbewußten ihren Anlaß eingebüßt. Denn vom Maschinendenken ausgehend kann die Wahrheit nicht mehr als »adaequatio von res et intellectus« verstanden werden, Wahrheit ist nicht mehr Bestandteil einer Sache (s. dazu auch Ph. Lacoue-Labarthe, J.-L. Nancy: Le titre de la lettre, Paris 1975, S. 145–148, bes. 146). Trotzdem ist, wie gezeigt, das Maschinenmodell in der Metapsychologie nichts eigentlich Neues. Freud hatte die Arbeit der unbewußten Primärprozesse immer schon als autonom und eigengesetzlich definiert. Verwunderlich nur, daß gegen diese Art der Eigengesetzlichkeit niemals Widerspruch erhoben wurde.

609 Vgl. H. Lang: Zum Begriff des Unbewußten. Hans-Georg-Gadamer zum 85. Geburtstag, in: H. Vetter, L. Nagl (Hg.): Die Philosophen und Freud, Wien-München, 1988, S.44–57.

610 Obwohl das Sprechen schon hier als ein Medium verstanden werden kann, war es doch ein Medium des göttlichen Worts (sinngemäß wiedergegeben nach H.-D. Bahr: Über den Umgang mit Maschinen, a. a. O., S. 460–462).

Sprechens von Lacan, anschließen und von da aus noch einmal das Verhältnis des Unbewußten zu Wort und Bild betrachten. Zuvor jedoch geht es noch einmal um den Text von 1915, in dem Freud im 7. Kapitel das Unbewußte »agnosziert«.

»Die Agnoszierung des Unbewußten« und die konkretistische Sprache des Unbewußten

Nachdem Freud den Verkehr der zwei Systeme Ubw und Bw erörtert hat, kommt er im letzten Kapitel zur »Agnoszierung des Unbewußten«. Mit dem Titel ist der Bogen zu unserem ersten Text, der Aphasie geschlagen. Doch, wohlgemerkt, Freud empfiehlt sich hier nicht als Agnostiker, nicht als ungläubiger Zweifler in Gottesdingen. So wie 1891, als er die »agnostische Aphasie« als eine Erkenntnisstörung entdeckte, sucht er auch hier nach neuen Erkenntnissen hinsichtlich des bisher Unerkannten, des Unbewußten. Die Erkenntnis, die er 1915 dann formuliert, geht über alles bisher dagewesene hinaus, nur daß das Thema jetzt nicht mehr die Systemzugehörigkeit oder, neurophysiologisch gesagt, die »Milieuverschiedenheit« als Kriterium psychischer Akte ist. 1915 entdeckt Freud das Unbewußte in der Dimension, die ihm hauptsächlich gerecht wird: »Mit einmal glauben wir nun zu wissen, wodurch sich eine bewußte Vorstellung von einer unbewußten unterscheidet. Die beiden sind nicht, wie wir gemeint haben, verschiedene Niederschriften desselben Inhaltes an verschiedenen psychischen Orten, auch nicht verschiedene funktionelle Besetzungszustände an demselben Orte, sondern die bewußte Vorstellung umfaßt die Sachvorstellung plus der zugehörigen Wortvorstellung, die unbewußte ist die Sachvorstellung allein.«[611] Die topische Definition, mit der die Frage nach der energetisch unterschiedlichen Besetzung der Systeme bisher beantwortet wurde, ist endgültig abgelöst und 24 Jahre nach der großen Spracharbeit sind wir wieder bei der Sprache – als ob diese Ebene je gefehlt hätte!

Nun aber wird Sprache zur definitiven Systemunterscheidung, vorausgesetzt, man zerlegt den psychischen Sprechapparat in seine Bestandteile, nämlich in Worte und diese wiederum in die ihnen eigenen Unterelemente, in Wort- und Sachvorstellungen. Bereits 1891 hatte Freud das von jetzt an gültige Postulat formuliert, daß das Wort einen Komplex aus Wort- und Sachvorstellungen darstelle, der selbst in verschiedene Einzelbestandteile – nämlich visuelle, taktile, kinästhetische und akustische – zerfällt.[612] Ein Beispiel mag diese Annahme veranschaulichen: In einem Traum oder in einer Kur taucht der Signifikant

---

611 S. Freud: Das Unbewußte, a. a. O., S. 160.
612 Siehe Kapitel 1, Freuds Aphasie.

»Mutter« auf. Nach oben Gesagtem kann ihm von vielen Aspekten her Bedeutung her zukommen. Von der Stimme (auditorisch), der Brust (taktil und erotisch), der Haarfarbe einer Mutter (visuell), ihrer Härte oder Zärtlichkeit oder auch der Rolle, die eine Mutter gesellschaftlich spielt. Im Traum muß die Wortvorstellung »Mutter« noch nicht einmal direkt benannt sein, sie kann auch in Form der Sachvorstellung, d. h. in der konkreten Gestalt des gleichlautenden Werkzeugteils, des Gegenstücks zur Schraube, auftauchen. Es ist sogar möglich, daß die Sachvorstellung, wie in einem anderen Beispiel, dem Beispiel »Kerze« rein von der Lautseite her aufgenommen wird. So sagte ein Kind, das gerade sprechen lernte, beim Anblick einer Kerze eine zeitlang: »Miau«. Die Eltern hatten anfangs Schwierigkeiten, einen Zusammenhang herzustellen, verstanden aber schließlich, daß das Kind phonetisch Kerze und Katze vertauscht hatte, also die Wortvorstellung rein über das Klangbild aufgenommen hatte.[613]

In seinen Überlegungen zur narzißtischen Neurose bringt Freud die Dimension des neuen Differenzkriteriums Sprache ebenfalls anhand eines Beispiels auf den Punkt: So zeigte eine Patientin aus der Praxis von Victor Tausk eine merkwürdige Sprachveränderung: Ihre Sätze waren unsinnig, ihr Satzbau desorganisiert und es machte den Eindruck, als würde sie mit ihrem Sprechen auf direkte Weise körperliche Empfindungen ausdrücken, dergestalt, daß ein Körperorgan einen Gedankeninhalt zu vertreten schien. Sprache war für diese Patientin offensichtlich zur Organsprache geworden. Konkret klagte sie darüber, daß ihre Augen nicht richtig, daß sie verdreht seien und begründete ihre Körperempfindung damit, daß ihr Geliebter ein Augenverdreher und Heuchler sei. Nach Freuds Deutung mußte die Patientin die Wortbedeutung absolut verstanden haben, sie, genauer gesagt, als Sachvorstellung aufgenommen haben. Die Nachbarschaft zwischen dem Es und dem Somatischen sowie die um die Körperzonen und -funktionen organisierten Triebe hatten hier bewirkt, daß ein großer Teil der allgemein von körperlichen Prozessen begleiteten Sachvorstellungen in Organempfindungen umgewandelt wurde. (Auf ähnliche Weise erklären sich die sogenannten koenästhetischen Sensationen oder körperlichen

---

613 Hier noch ein Beispiel vom Hörensagen: Im Traum wähnte sich ein Mann, der seinem Neid auf eine bestimmte Person nicht direkt Ausdruck verleihen konnte, in einem Keller. Die Deutung ergab, daß er sich auf die Novelle *Kleider machen Leute* von Gottfried Keller bezog, ihm sein Neid aber so unangenehm war, daß er selbst den Namen des Dichters der Novelle verklausulierte, d. h. ihn als Sachvorstellung gebrauchte. Mit der schwachen Beziehung zwischen Wort- und Sachvorstellung arbeiten auch die Eulenspiegeleien und Wortwitze. Sie demonstrieren überdies, daß die Dominanz der Sachvorstellungen im Unbewußten auch witzige und lustvolle Effekte hervorbringen kann (s. dazu den Wortwitz, der nach demselben Muster arbeitet – S. Freud: Der Witz und seine Beziehung zum Unbewußten, a. a. O.)

Mißempfindungen der Psychotiker.[614]) Das Beispiel veranschaulicht außerdem, daß Sprache im Extremfall ihre metaphorische Seite einbüßen und konkretistisch werden kann.

Von der Sachvorstellung zur Auffassung des Unbewußten als Sprache

Bis hierher erscheint das Gesagte nachvollziehbar, wäre da nicht der Begriff der Sachvorstellung, der in Verbindung mit dem Traum zu einer gegenstandsbezogenen Deutung verleitet und erhebliche Verständnisprobleme aufwirft. Wie bekannt, arbeitet der Traum aufgrund seiner Darstellungsschwäche, der »Rücksicht auf Darstellbarkeit« und der den Primärprozessen geschuldeten topischen und energetischen Regression mit dem Mittel der Verdinglichung der Worte. Im Traum erscheinen die Worte als Sachen, sie werden reifiziert.[615] Der Begriff der Sachvorstellung ist nichtsdestoweniger schwierig. Er wird erst klarer, wenn man das Vorzeichen berücksichtigt, unter dem dieser Unterkomplex des einen Hauptbestandteils des psychischen Sprechapparats, des Wortes, in Erscheinung tritt und eine Sachvorstellung als eine linguistische Kategorie auffaßt. Das muß nicht zwangsläufig bedeuten, daß man eine Sachvorstellung, wie J. Laplanche vorschlägt, deshalb als etwas Imaginäres betrachtet, als eine psychische Repräsentation der Sache oder als Bild des Signifikanten im linguistischen Zeichen.[616] Auch als ein bedeutungsloses Sprachelement, als sinnloser Signifikant, läßt sie sich immer noch sprachlich auffassen. Es stellt sich nur die Frage, wie dies zu verstehen ist, wie eine Sachvorstellung ein Signifikant und damit sprachlich strukturiert sein kann. Auf den ersten Blick muß diese Annahme

---

614 Vgl. zu den koenästhetischen Empfindungen den Senatspräsidenten Schreber von Freud, der in seinen psychotischen Zuständen nach eigenem Bekunden eine Zeit lang ohne Magen und Darm lebte. Einen weiteren pathologischen Fall von Schizosprache schildert H. Segal. Sie berichtet von einem paranoischen Musiker, einem Cellisten, der keine Konzerte mehr geben konnte, weil es ja eine Erregung öffentlichen Ärgernisses bedeutet hätte, öffentlich zu onanieren. Wie die enttäuschte junge Frau von V. Tausk nahm der Cellist eine Wortbedeutung (»Geigen«) ganz konkret und setzte sie auch noch als Organempfindung um. Vgl. E. B. Spillius (Hg.): Melanie Klein heute. Entwicklungen in Theorie und Praxis, Bd I, Stuttgart 1995, S. 202.
Weil Sprache nicht nur im pathologischen Fall, sondern auch im normalen konkretistisch werden kann, wird sie das manchmal allerdings auch bei Freud selbst, etwa wenn Freud seine metapsychologischen Begriffe als Satzsubjekte verwendet und es dann heißt, daß der Trieb etwas »beabsichtigt« oder »will«.

615 Dazu ein persönliches Beispiel. Ich erinnere mich daran, mir die Schelte meiner Eltern »Du bist mir ein schönes Engelchen, ein Engelchen mit einem B davor!« immer sachbezogen vorgestellt zu haben, nämlich in Gestalt eines Engelchens mit einem rätselhaften B-Ding davor. Auf die Idee, daß damit ein Bengelchen umschrieben sein könnte, bin ich erst im Laufe meiner Analyse gekommen.

616 J. Laplanche: Kurze Abhandlung über das Unbewußte, in: Psyche 53, 1999, S. 1213–1246.

abwegig erscheinen, schließlich hatten wir die unbewußten Vorgänge als zeitlos, widerspruchsfrei und qualitätslos kennengelernt und kaum Differenzeinschnitte gefunden, die doch Voraussetzung für die Existenz einer Sprache sind. Betrachten wir noch einmal den Zusammenhang zwischen einer Sachvorstellung und der narzißtischen Neurose und ziehen dabei auch den energetischen Aspekt zu Rate: »Er ist ein Augenverdreher«, sagte die Kranke im Beispiel von Tausk, wobei sie ineins damit eine Reihe unterschiedlicher Trieboperationen vollzieht: Einerseits gibt sie von der Wortvorstellungsseite her die Objektbesetzung auf und behält nur die Sachvorstellung bei, andererseits teilt sie ihre Wahrnehmung weiterhin sprachlich mit und spielt systemisch auch auf Wortvorstellungen an. Gleichzeitig gibt sie durch die besondere Teilnahmslosigkeit ihres Sprechens, – das von Psychiatern »affektloses Sprechen« genannt wird – zu erkennen, daß sie sich systemisch nicht auf der Höhe der differenzierten Sprachvorgänge bewegt und nicht an die allgemein verständlichen Wortvorstellungen angeschlossen ist. Die Kranke macht deutlich, daß sie sachdingbezogen und dabei vordergründig lustorientiert spricht oder, einfacher gesagt, daß ihr Sprechen triebökonomisch unter der Herrschaft der unbewußten Primärvorgänge steht. Wenn wir uns hier an die Bedeutung der Primärvorgänge erinnern, sieht die Annahme der Sachvorstellungen als sprachliche Gebilde sogleich klarer aus. Unweigerlich schiebt sich hier die Bildungsgeschichte des psychischen Apparats in den Vordergrund, die Geschichte vom ersten Befriedigungserlebnis und dem hungrigen Säugling, dessen Unlusthunger im Idealfall auf seinen Schrei hin gestillt wird und der von da an die Wahrnehmung seiner ersten Lust- und Unlustregungen bei jeder neuen Lustregung mitassoziiert. Unbewußte Sachvorstellungen durchlaufen also, gerade wenn sie vom Primärprozeß regiert werden, weiterhin das Wahrnehmungs-Bewußtsein und erhalten von da her ihre Lust-/Unlustspuren. Unbewußte Sachvorstellungen stellen mithin keine differenzlosen Gebilde dar, sie sind vielmehr durchaus als differenziert zu betrachten.

Die Entdeckung der Differenziertheit der Sachvorstellungen wird bestätigt, wenn man sich vergegenwärtigt, daß Freud neben den Denkvorgängen und Wortvorstellungen auch die Sachvorstellungen aus der Sinneswahrnehmung ableitet und in der *Traumdeutung* anmerkt, daß Denkvorgänge, aber auch die Erinnerungsspuren im ψ-System, anfangs zwar völlig qualitätslos, von »monotonem Charakter« sind, bloßen Relationen zwischen den Objektvorstellungen entsprechen, dabei aber bestimmten Organisationen unterworfen sind.[617] Die berühmten »Bahnungen« und Verschaltungen tauchen auf und machen deutlich, daß bereits im qualitätslosen Zustand des ψ-Systems, des späteren Unbewußten, gewisse Organisationsformen verzeichnet sind, – aus dem einfachen Grund,

---

617 S. Freud: Die Traumdeutung, a. a. O., S. 583–584.

weil Erinnerungsspuren den Sinneswahrnehmungen entstammen und diese nach dem Prinzip von Selektion und Assoziation durch Gleichzeitigkeit sowie der unbewußten Rhetorik von Verdichtung und Verschiebung arbeiten. Da auf der Stufe der Primärvorgänge aber die Möglichkeiten zur motorischen Abfuhr und damit der homöostatischen Regelung nach Außen hin eingeschränkt sind, sind die unbewußten Vorgänge nur auf einem niedrigen Niveau strukturiert. Freuds Hypothese des Unbewußten ergibt mit den Sachvorstellungsbesetzungen daher ein strukturiertes System. Ein System, das sich gut mit der Formel verträgt: »Das Unbewußte ist strukturiert wie eine Sprache«. Die Sprache des Unbewußten verhält sich damit wie die Nervenzellenvorgänge aus dem »Entwurf«, wie die Denkvorgänge der *Traumdeutung*, die ebenfalls Verarbeitungsprodukte von Sinneswahrnehmungen darstellen. Hinsichtlich ihrer Erscheinungsweise sind alle diese Vorgänge lediglich durch (+) und (-), durch »on« und »off« charakterisiert. Sie sind durch die Art ihrer Verschaltungen in eine primitive Organisation gebracht, strukturiert und wie eine Maschine binär organisiert. Das Unbewußte ist strukturiert wie eine Sprache, wie eine Sprache jedoch, die in Form von einfachen, internen Bezügen organisiert ist. »Klick-klick« ist das Vokabular der Nervensprache, »a-o« sind die Grundbausteine der Sprache des Unbewußten.[618] Im Urteil der Anderen, der Erwachsenen, reicht das aus, um als Sprache zu zählen.

Aber stimmt das wirklich, ist das Unbewußte wirklich wie eine Sprache strukturiert, ist der psychische Apparat tatsächlich ein Sprechapparat zu nennen? Ist »Sprache wirklich das Signum der Seele«, wie H.-D. Bahr Augustinus sagen läßt? Die Frage stellt sich, ob das Unbewußte nicht doch eher wie ein Bild, wie eine Sache zu verstehen ist. Freuds Rede von den Sachvorstellungen scheint auch diese Interpretation nahezulegen.

Zwei Anschreibungen des Algorithmus des Unbewußten – Lacan und Laplanche/Leclaire

Die Frage steht im Zentrum einer seinerzeit berühmten Debatte, die J. Laplanche, S. Leclaire und J. Lacan 1960 über die sprachliche Verfassung des Unbewußten geführt haben und die im folgenden aufgrund ihrer Bedeutung kurz dargestellt

---

618 Ein Blick auf die Darstellungsmittel des Traums, der schließlich der Königsweg zum Unbewußten heißt, bestätigt, falls das noch nötig ist, die Thesen von der sprachlichen, bzw. differentiellen Organisation. »Ehe die Malerei zur Kenntnis der für sie gültigen Gesetze (sic!) des Ausdrucks gekommen war, bemühte sie sich noch, diesen Nachteil (der Ausdrucksbeschränkung im Vergleich zur Poesie, E. S.) auszugleichen. Aus dem Munde der gemalten Personen ließ man auf alten Bildern Zettelchen heraushängen, welche als Schrift die Rede brachten, die im Bilde darzustellen der Maler verzweifelte.« (S. Freud: Die Traumdeutung, a. a. O., S. 311).

werden soll.[619] Hintergrund ist die sprachliche Diskriminierung des Unbewußten durch Freud. Anders als bei Freud stehen für Laplanche/Leclaire und Lacan die sprachlichen Erörterungen im Zusammenhang mit der Linguistik und werden ausgehend vom Zeichenbegriff und den zeichenbildenden Elementen von Signifikant und Signifikat erörtert. An diesem Punkt gibt es bei den Autoren keinen Unterschied. Im Hinblick auf die weitere Definition des Unbewußten nehmen sie jedoch divergierende Positionen ein und zwar dergestalt, daß, wo Laplanche und Leclaire das Unbewußte als zwar als sprachlich strukturiert, in letzter Konsequenz aber als ein imaginäres Gebilde betrachten, es für Lacan radikal aus sinn- und bedeutungslosen Signifikanten zusammengesetzt ist.

J. Laplanche/S. Leclaire, »L'Inconscient. Une étude psychanalytique«

Wie Lacan verstehen Leclaire und Laplanche das Unbewußte zunächst als Bedingung von Sprache, bestreiten gleichzeitig aber, daß elementare, unbewußte Signifikanten wie eine Sprache funktionieren und, wie »le langage«, syntagmatisch organisiert sein könnten. Eine unbewußte Sprache funktioniere allenfalls wie das Sprachsystem im Primärprozeß oder wie die Schizosprache, in der Worte wie Dinge behandelt werden.[620] Die elementaren Signifikanten könnten folglich nur auf einer mythischen Ebene der Subjektbildung angesiedelt werden, auf einer Ebene also, die vor dem Sinn bleibt. Auf dieser Ebene, zu deren Illustrierung die Autoren auf das berühmte Freudsche Kinderspiel, das »fort-da«-Spiel, zurückgreifen, soll sich das Subjekt in einem Signifikantennetz verfangen, in dem zunächst noch keine Signifikate vorkommen. Kennzeichen dieser Etappe sind reines Erleben und Einführung der bloßen Differenz zwischen »fort« und »da«. Die erste Symbolisierungsebene illustriere damit, wie »unser banaler Sprachmythos sich hier an den Mythos der Genesis anschließt«.[621] Erst in einer zweiten Etappe wird laut Laplanche und Leclaire das unbewußte Netz geknüpft und »nistet« sich ein Signifikat in den Maschen des Signifikantennetzes ein, weshalb erst jetzt von einer Symbolisierungsebene oder Verankerung in der »symbolischen Welt« überhaupt die Rede sein könne.[622] Erst mit der Begrenzung der unendlichen Oszillation der Signifikantenkette durch ein Signifikat entstehe das Unbewußte.[623] Laplanche, der aus seiner Auffassung von der sprachlichen Genese des Unbewußten zusätzlich eine intersubjektive Theorie

---

619 J. Laplanche, S. Leclaire: L'inconscient. Une étude psychanalytique, Paris 1961; J. Laplanche: Kurze Abhandlung über das Unbewußte, a. a. O.; J. Lacan: Die Stellung des Unbewußten, in: ders.: Schriften II, a. a. O., S. 205–231.
620 J. Laplanche, S. Leclaire: L'inconscient. Une étude psychanalytique, a. a. O., S. 296.
621 »Il s'agit là, faut-il le répéter, d'une étape purement mythique (...)« (ebd., S. 306f.).
622 Ebd.
623 Ebd.

ableitet, führt weiter aus, daß die ersten Austauschversuche zwischen Kind und Erwachsenen als »rätselhafte« Botschaften verstanden werden müßten, da sie weder vom Kind noch den erwachsenen Sendern zu entziffern seien und vom Kind überdies immer als Verführungsversuche verstanden würden. »Mit dem Ausdruck *Urverführung* bezeichnen wir also jene grundlegende und grundsätzliche Situation, in der der Erwachsene an das Kind sowohl verbale als auch nicht-verbale Signifikanten heranträgt, oder sogar solche, die sich in seinem Verhalten anbieten – Signifikanten, die von unbewußten, sexuellen Bedeutungen durchsetzt sind.«[624] Die ersten Signifikanten stehen also von Anfang an unter dem Vorzeichen einer Verführung. In Anspielung auf den Saussureschen Algorithmus des Zeichens wie in Anbetracht ihrer besonderen Rätselhaftigkeit hält Laplanche diese Signifikanten in dem Algorithmus: S^1/s_1 fest. Womit ausgedrückt werden soll, daß die elementaren Signifikanten keine Vorstellungen umreißen, sondern eine sich selbst signifizierende Sache darstellen, einen sich selbst signifizierenden Signifikanten, der an der Stelle des Signifikats seinen Ort hat.[625] Mythische Anfangsgründe und die Rätselhaftigkeit der ersten Botschaften bringen Laplanche und Leclaire zu dem Schluß, daß das Unbewußte nur in einem eingeschränkten Sinne eine Sprache heißen kann. Treffender werde es durch signifikante Bilder benannt. Aus diesem Grund bilden für die Autoren die elementaren, unbewußten Signifikanten zwar immer noch eine Sprache und können auch als Elemente eines unbewußten linguistischen Zeichensystems betrachtet werden, tendieren grundsätzlich aber zu einem visuellen Imaginären. Da unbewußte Signifikanten die imaginäre Seite der Signifikanten hervorheben, werden Signifikanten am treffendsten als signifikante Bilder bezeichnet. Diese lassen keinen Unterschied zwischen Signifikant und Signifikat zu, sondern stellen ein »fait de signifié« dar, verweisen also auf sich selbst, sind geschlossen und zugleich allseits offen.[626] Schließlich lassen sich unbewußte Signifikanten als den Freudschen Sachvorstellungen nahe als »Sachspuren« bezeichnen[627] Wie diese bestehen sie aus Worten, die gleichzeitig wie Dinge auftreten. Sie sind Dingworte ohne Materialität, ohne Sinn oder Referenz. Um die Bildhaftigkeit dieser selbstreferentiellen Sprache zu unterstreichen, geben Laplanche und Leclaire der

---

624 J. Laplanche: Die allgemeine Verführungstheorie und andere Aufsätze, Tübingen 1988, S. 224.
625 J. Laplanche, S. Leclaire: L'inconscient. Une étude psychanalytique, a. a. O., S. 302; vgl. auch J. Laplanche: Kurze Abhandlung über das Unbewußte, a. a. O., S. 14. Laplanche führt hier als Beispiel für den rätselhaften, entsignierten, sich selbst signifizierenden Signifikanten aus Freud: Eine Kindheitserinnerung des Leonardo da Vinci, die heftigen Liebkosungen der Mutter des Malers an (S. Freud: Stud. Ausg. Bd. X, Frankfurt am Main, S. 139).
626 J. Laplanche, S. Leclaire: L'inconscient. Une étude psychanalytique, a. a. O., S. 308.
627 J. Laplanche: Der Strukturalismus vor der Psychoanalyse, in: ders.: Die allgemeine Verführungstheorie und andere Aufsätze, a. a. O., S. 41, 127.

sprachlichen Dimension des Unbewußten abschließend eine gestalttheoretische Wendung und sprechen vom Unbewußten als einem bildhaften Schematismus.[628]

Lacans Linguisterie der Psychoanalyse

Lacans Referenz auf die Linguistik ist bekannt. Seine Formel vom Unbewußten als einer Sprache fast sprichwörtlich. Weniger bekannt ist, daß Lacan die Linguistik, insbesondere den linguistischen Zeichenbegriff verändert hat und es dabei seine Absicht war, die mit Freuds Unbewußtem in Erscheinung getretene Spaltung des Seelenlebens in das Verhältnis von Wort und Sache, Begriff und Ding, zu überführen. In diesem Sinn findet man in der »Linguisterie« von Lacan keine Übereinstimmung, Adaequation, zwischen Signifikant und Signifikat mehr, liegt der Akzent nicht auf den einzelnen Elementen der Zeichenkette, sondern auf der differentiellen Relation der Elemente, d. h. deren syntaktischer Verkettung und den für sich sinnlosen Signifikanten. Diese sinnlosen Signifikanten sind es denn auch, die Lacan als »lalangue«, als Sprache des Unbewußten bezeichnet.[629] Gleichwohl gibt es auch für Lacan ein Inauguralmoment, an dem sich die Bildung des Unbewußten abzeichnet. Und wie bei Laplanche und Leclaire wird dieses mit dem Freudschen »fort-da«-Spiel veranschaulicht.[630] Folgende Aspekte stellen sich darin als maßgeblich heraus: Zunächst die binäre Notierung der Phonem-Opposition von »fort« und »da«, (o) und (a), die Lacan als die Grunddifferenz des Symbolischen und der Sprache des Unbewußten betrachtet. Sodann das – mit Rekurs auf die Offenheit des Freudschen Wortkomplexes und das Unbewußte – besondere Verhältnis von Signifikant und Signifikat im Zeichen, an dem Lacan den Bruch hervorhebt. Und schließlich der Umstand, daß die Verbindung zwischen Signifikant und Signifikat nicht allein vom Individuum ausgeht, sondern nur durch das Urteil der anderen zustande kommt. Im Urteil der anderen gewinnt die Phonemopposition »o-a«, die Freuds kleiner Enkel beim Wegschleudern seiner Spielgegenstände von sich gibt, die Bedeutung von »fort« und »da«. Und dies dergestalt, daß gefragt

---

628 Vgl. dazu J. Lacan: Die Wissenschaft und die Wahrheit, in: ders.: Schriften II, a. a. O., S. 243.
629 E. Seifert: Was will das Weib?, a. a. O., S. 91–119, Kapitel 3: Der Signifikant und seine Ordnung. A. Bitsch spricht in Always crashing in the same car. Jacques Lacans Mathematik des Unbewußten, Weimar, 2001, S. 149 von der Verkettung an sich sinnloser Signale zu einem Code. Signifikanten sind aber keine Signale, vielmehr Differenzeinschnitte in den Körper, vgl. dazu Lacan: Encore, Seminar XX, Weinheim, Berlin 1986, S. 19–30 (Kapitel 2: Für Jakobson). Vgl. auch die Einhornsequenz von S. Leclaire, in der trotz gegensätzlicher Auffassung von Sprache und Unbewußtem klargestellt wird, daß Signifikanten den Lustkörper berühren (S. Leclaire: Der psychoanalytische Prozeß. Ein Versuch über das Unbewußte und den Aufbau einer buchstäblichen Ordnung, Olten 1971).
630 E. Seifert: Was will das Weib?, a. a. O., S. 64–67.

werden kann, »ob diese Hervorbringung nicht erst durch den oder die anderen jene Interpretation erfährt, die sie zu einem Bedeutenden macht«.[631] Denn die schiere Erzeugung der Phonemdifferenz durch das Subjekt bleibt auch für Lacan ohne Bedeutung. Bedeutend wird sie erst, insofern sich die anderen als von einem Mangel, einer Störung getroffen zu erkennen geben – im Kinderspiel fühlen sie sich durch das Spiel des Kindes gestört. Unabhängig vom Tun und Handeln, vom Sagen und Fühlen des kleinen Subjekts und doch auf ein und derselben topischen wie zeitlichen Ebene mit ihm, sind es folglich die Anderen, die sich durch ihre Störung als Subjekte des Unbewußten zu erkennen geben und auf diese Weise die frei flottierenden, unbewußten Signifikanten des kleinen Subjekts aufhalten und ihnen Sinn und Bedeutung unterlegen. Anders als für Laplanche/Leclaire läßt dieser Vorgang für Lacan also keine Beziehung zwischen Kind und Erwachsenen erkennen, die die Bezeichnung intersubjektiv verdienen würde. Die hier angesprochene Beziehung wirkt sinnerzeugend nur insofern, als sie einerseits unter der Voraussetzung eines Mangels steht und andererseits im Grunde nichts weiter als eine Unterstellung bedeutet. Die Unterstellung nämlich, daß das (o) und (a) des Kindes »fort« und »da« heißt.

Im Hinblick auf die sprachliche Bildung des Unbewußten ist demnach festzuhalten, daß diese, obwohl vom Bewußtsein des Individuums, des Kindes, abgeschnitten, sich dennoch in seinem Sprechen bekundet. Das Unbewußte steht mithin unter der Voraussetzung, daß es Andere gibt, die sich in ihrem eigenen Mangel, bzw. Unbewußten treffen lassen, von wo aus sie dem Sprechen eines anderen, des Kindes, Sinn unterstellen.[632] Oder wie eine nicht minder berühmte Formel Lacans lautet: Das Unbewußte ist der Diskurs des Anderen.

---

631 N. Haas: Fort/da als Modell, a. a. O., S. 32.
632 Die psychoanalytische Kur hat sich den Grundsatz vom Unbewußten als Diskurs des Anderen zunutze gemacht, insofern sie davon ausgeht, daß sich der Sinn der Rede des Analysanten durch die Übertragung auf den anderen, den Psychoanalytiker entfaltet. Mit Lacan und der Übertragungstheorie gesprochen, trägt der Psychoanalytiker durch seine Hypothesenbildung und sein Urteil, d. h. auch seine Unterstellungen, zur Bindung unbewußter Signifikanten an ein Signifikat bei. Ein anderer Aspekt des Lacanschen Unbewußten soll noch kurz erwähnt werden: Lacans Betonung des autonomen Unbewußten erweckt manchmal den Eindruck, daß damit dem Mystizismus eines Unnennbaren das Wort geredet werde. Doch Lacan geht – ähnlich wie Freud auf seine szientistische Weise – genau dagegen an. Das zeigt sich dann; wenn er das psychische Feld einschränkt: einerseits durch die Sprache, bzw. Ordnung des Symbolischen, andererseits durch die Tabugrenze, die auf dem Wissen liegt. Für Lacan ist es geradezu ein wissenschaftliches Credo, daß er im Unterschied zu Laplanche an der Stelle der Wahrheit des Unbewußten, des unerkennbaren Realen, ein »non licet«, eine Grenze einführt. Eine Grenze, die besagt, daß das Unbewußte nie ganz und gar Objekt des Wissens werden kann. Obwohl die psychoanalytische Theorie zweifellos von Wissen spricht und einen Anspruch auf Wissenschaftlichkeit erhebt, sind weder das Unbewußte noch die Libido integrale Bestandteile dieses Wissens und gehen nie vollkommen im Feld der Psychoanalyse auf. So wie Freud den Trieb zum Teil aus dem Psychischen herausnimmt, so entzieht sich auch das Unbewußte partiell

Wir fassen zusammen:
Bezüglich der sprachlichen Auffassung des Unbewußten herrscht grundlegend Übereinstimmung zwischen Lacan und Laplanche und Leclaire, wohingegen sie in der Bestimmung der unbewußten Sprache und des systemverbindenden Prinzips unterschiedlicher Auffassung sind. Während auf der einen Seite Laplanche und Leclaire von der Annahme elementarer, unbewußter Signifikanten ausgehen und mit dem sich selbst signifizierenden, referenzlosen Signifikanten an der Stelle des Signifikats den Zusammenhang mit der Sinn- und Vorstellungsebene retten und ferner mit seiner Gestaltlösung auf die topologische Gleichheit der Systeme setzen, behauptet auf der anderen Seite Lacan die Existenz einer einzigen Ebene der psychischen Realität, auf der unsinnige Signifikanten und sinngebender Anderer nebeneinander liegen. Radikaler als Laplanche betont Lacan damit die Autonomie des Unbewußten. Topologisch setzt er auf die Differenz der Systeme, während er triebökonomisch ihre Gleichheit unterstreicht.[633] Gleichzeitig weist er die Annahme von elementaren unbewußten Signifikanten zurück, da für ihn mit Bezug auf Freud das »non licet«, die Grenze zu Ursprung und Herkunft, leitend ist. Auf diese Weise sieht das Lacansche Unbewußte mit seiner formalen Oppositionsbeziehung (o/a) wie die Minimalversion einer Sprache aus, wie eine Sprache, die nicht intersubjektiv herstellbar, nicht auf Anhieb sinnhaft ist und über keine elementaren Signifikanten verfügt. Vor allem gibt sie sich, wie das Freudsche Kinderspiel demonstriert, ausschließlich im Vollzug des Sprechens zu erkennen.[634]

Erinnern wir bei aller Detailverliebtheit der Debatte daran, daß eine Auseinandersetzung über das Unbewußte nicht bei begrifflichen Erörterungen stehen bleibt, sondern direkten Einfluß auf die Ausrichtungen einer psychoanalytischen Kur nimmt. Konkret wurde das sichtbar, als 1963 Laplanche seinen Austritt aus der »École de la Cause« Lacans erklärte und eine eigene psychoanalytische Institution, die »Association Psychanalytique de France«,

---

dem definitorischen Zugriff und ist in Teilen rational unerreichbar, ohne deshalb metaphysisch zu sein. Laplanche sieht das anders, wenn er kritisiert, daß der überindividuelle Symbolismus Lacans ins Metaphyische tendiere (J. Laplanche: Kurze Abhandlung über das Unbewußte, a. a. O.).

633 Zur Frage der zwei Niederschriften, s. S. Freud: Das Unbewußte, a. a. O., S. 132–135, sowie A. Lemaire: Jacques Lacan, a. a. O., S. 207.

634 1. Zum Thema des Ursprungs, der ja zumindest bei Freud keineswegs ausgespart wird, ist ferner zu sagen, daß er für Lacan als notwendige Fiktion gilt. 2. Zum Unbewußten, das sich nur performativ zu erkennen gibt: Auch für die Leser des »Entwendeten Briefs« gibt sich das Unbewußte im »Zug der Schrift« zu erkennen (J. Lacan: Das Seminar über E. A. Poes »Der Entwendete Brief«, in: ders.: Schriften I, Frankfurt am Main 1975, S. 61–117). 3. An der Stelle der für Lacan nicht entzifferbaren elementaren Signifikanten sieht man auch den Unterschied zu S. Leclaire, Das Reale entlarven, Olten 1976.

gründete. Neben machtvollen Manifestationen wie diesen sind mit der Debatte um die Anschreibung der unbewußten Signifikanten aber immer auch ethische Fragen der Erkenntnisgewinnung berührt. Denn der Algorithmus arbeitet wie ein Maschinchen. Wie ein Maschinchen, mit dessen Inbetriebnahme – man erinnere sich an den Zusammenhang von Hirn und Seele – nun keine Leichen mehr zerstückelt werden. Denn das Reale, das die Anatomie die Jahrhunderte zuvor nur per Leichensezierung entlarven konnte, ist jetzt formalisiert.[635]

Das Unbewußte im Diskurs der Maschine

Betrachten wir im Anschluß an Freuds Anschreibung der Phonemopposition im »fort-da«-Spiel noch einmal die Formel, wonach das Unbewußte strukturiert sei wie eine Sprache. Die Formel ist strittig, denn offensichtlich ist das Unbewußte nicht zur Gänze sprachlich zu erschließen. Freuds Es, das autonome Unbewußte kann beim besten Willen keine Sprache genannt werden. Der »Kessel der Triebe«, das Chaos, das Dämonische wird nicht von Syntax oder Rationalität strukturiert und weist keine innere Differenziertheit auf. Von einer Identität zwischen Sprache und Unbewußtem kann keine Rede sein. Es muß vielmehr einen Unterschied zwischen dem Unbewußten und dem sich entziehenden Es geben, die gesuchte Sprache des Unbewußten muß eine besondere Art von Sprache sein, eine, die wie eine Überlagerung des unzugänglichen Realen funktioniert. Die Idee ist aus dem *Abriß* bekannt, wo Freud dem Unbewußten bereits die Aufgabe zuwies, die »lückenhaften Daten« des Psychischen fortzusetzen, sie zu übersetzen und zu erweitern. Eine Sprache im Sinne des Unbewußten kann also nur eine Übersetzungssprache sein, die Übersetzung eines Originals, des Realen, das, wie der halluzinatorische Charakter der unbewußten Wünsche bewies, an sich nicht existiert. Eine Sprache, die solches zustande bringt, die das Unbewußte in seiner Realität erschafft und aller Darstellungsschwäche zum Trotz es sogar aus sich heraussetzt, muß eine generative, eine performative Sprache genannt werden. Eine solche Sprache führt vor, daß die Gesetze des Unbewußten nicht aus dem Realen, etwa der Natur, stammen können, sondern sich – ähnlich wie die Grammatik und Orthographie der gesprochenen Sprache – erst im »Zug der Schrift« entwickeln. Soll heißen: So wie das Unbewußte selbst treten seine Gesetzmäßigkeiten erst mit seiner manifesten Versprachlichung in Erscheinung, mit dieser – gesprochenen oder geschriebenen – Sprache, die wie ein Netz das Reale des Unbewußten überlagert, ohne es je entlarven zu

---

635 F. Kittler: Grammophon – Film – Typewriter, a. a. O., S. 79.

können.⁶³⁶ Das Unbewußte selbst, das Reale, bleibt unerkennbar und »sans loi«. »Betriebsgeheimnis« nennt es passenderweise A. Bitsch, bezogen auf sein maschinelles Funktionieren.⁶³⁷ Versuchen wir diese Sprache genauer zu charakterisieren:

Eine Sprache, die das Unbewußte überzieht, kann keine Sprache sein, die Realität beschreibt oder abbildet. Sie kann weder eine Beschreibungs-, noch Mitteilungssprache sein. Sie ist lediglich eine Sprache, deren Elemente hauptsächlich funktionellen Wert haben und syntagmatische Elemente sind, also »reine Kombinationen von Zeichen«, »für die nur ihre Verkettung von Bedeutung ist«.⁶³⁸ Weil eine solche Sprache Sinn und Bedeutung erst durch den Anstoß der anderen, im »Urteil der Anderen«, annimmt, ist sie überdies eine Sprache, mit der Realität vor dem Sinn hergestellt wird. Obgleich von anderen angestoßen, wird sie dennoch nicht intentional hergestellt, sie verdankt sich keinem Subjekt des Machens, weder einem gesellschaftlichen Subjekt, noch einem individuellen,⁶³⁹ sie ist im Gegenteil reines Zufallsprodukt, arbiträrer Effekt von sinnlosen Signifikanten. Sie ist Effekt eines Symbolsystems und wird in ihrer *Realität* durch Zeichen, Apparate und Maschinen hergestellt. Wegen ihrer Formalisierbarkeit ist diese unbewußte Sprache außerdem vom jeweiligen Stand der gebräuchlichen mathematischen Zeichen, Formalisierungen und Techniken abhängig. 1954/55 verstand Lacan als seinerzeit letzte Ausprägung der symbolischen Ordnung deren Formalisierung durch die Kybernetik, während sich heute als ihre neueste Ausprägung die Neurowissenschaften ins Gespräch gebracht haben.

Um Mißverständnisse zu vermeiden, sei jedoch hinzugefügt, daß sich eine autonome Sprache wie die des Unbewußten nicht allein in der Mathematik und den formalisierten Sprachen findet. An der Tatsache nämlich, daß Sprechen und Schreiben eigenständige Realitäten darstellen und sich dem Zugriff des Sprechenden entziehen, haben seit jeher auch Literatur und Dichtung keinen

---

636 Die Herausarbeitung dieses Gedankens geht auf M. Wegener zurück (M. Wegener: Neuronen und Neurosen, a. a. O., S. 90): »Müßte diese Überdeterminierung als wirklich angesehen werden, wie mein Beispiel ihnen zu suggerieren schien, sofern sie wie ein jeder die Rechnungen der Maschine mit ihrem Mechanismus verwechseln, dann wäre ihre Angst gerechtfertigt; denn durch eine noch unheilvollere Geste als an die Axt zu rühren, wären wir derjenige, der sie an »die Zufallsgesetze« legte; als gute Determinsten (...) fühlen sie mit Recht, daß kein einziges dieser Gesetze mehr denkbar sei, wenn man Hand an sie legte« (J. Lacan: Das Seminar über E. A. Poes »Der Entwendete Brief«, a. a. O., S. 59).
637 A. Bitsch: Always crashing in the same car, a. a. O., S. 125.
638 N. Bourbaki, zitiert nach M. Wegener: Neuronen und Neurosen, a. a. O., S. 67.
639 Ebd., S. 74–80. Machbarkeit durch ein Symbolsystem ist nicht »gesellschaftliche Machbarkeit des Unbewußten« im Sinne M. Erdheims, Die gesellschaftliche Produktion von Unbewußtheit, Frankfurt am Main 1984. Zum »Verum et factum convertuntur« Vicos, F. Kittler: Animula vagula blandula, in: Kulturrevolution, 7, 1988, S. 7.

Zweifel gelassen. Ein »Werk hat einen eigenen Willen, der sich von dem des Autors gar sehr unterscheidet« und »Der Bezirk der Sprache (ist) für den Sprechenden von Bewußt- und Selbstlosigkeit« markiert. Vor allem die moderne Literatur bestätigt in reichem Maße, daß »Sprache (...) ihren eigenen Geist hat« und nicht wir es sind, die sprechen, die ein Gespräch, eine Rede führen, sondern, daß umgekehrt die Sprache den Weg vorgibt, – die Sprache, die Es im Grunde genommen ist, die spricht.[640]

Freud hatte, wie erwähnt, diese Auffassung von Sprache im Sinn, als er 1890 von der »Zauberkraft der Sprache« sprach und 1891 und 1900 die Rhetorik des Traums als eine Ordnung entwickelte, in der Sinn und Bedeutung aus dem syntaktischen Zusammenspiel der Sprachelemente erwachsen. Nach Freud war es die strukturelle, linguistisch inspirierte Psychoanalyse, die herausarbeitete, daß die Signifikanten des Unbewußten kein vom Subjekt beliebig nutzbares Medium darstellen, sondern eine vom Subjekt unabhängige Realitätsordnung. Eine Ordnung, die wie eine formale Sprache binär umgesetzt, abgearbeitet und maschinell »prozessiert« wird, und doch nicht einfach eine Maschine ist.

Der Mensch ist keine Maschine. Die Bedeutung der Maschinenanalogie

Die Analogie zwischen dem Unbewußten und der Maschine steht also im Dienst der Darstellungsschwäche psychischer Prozesse, sie verdankt sich, wie seit der *Traumdeutung* anerkannt, der »Rücksicht auf Darstellbarkeit«. Ihr Wert liegt in der Verbindung zwischen Freudscher Metapsychologie und der Apparatekonzeption der Seele, mit der eine zeitgemäße Reformulierung der Metapsychologie in Szene gesetzt werden soll.[641] Die zuweilen geäußerte Befürchtung, daß sich die Psychoanalyse mit der Maschinenanalogie selbst zu einer

---

640 Siehe H. Lang: Zum Begriff des Unbewußten. Hans-Georg Gadamer zum 85. Geburtstag, in: Ludwig Nagl, Helmuth Vetter (Hg.): Die Philosophen und Freud, a. a. O., S. 44–57. Wenn man die symbolische Ordnung des Unbewußten mit Literatur veranschaulicht, werden ihre Konstitutionsbedingungen nicht so deutlich wie bei den formalisierten Sprachen und Naturwissenschaften. Lacan hat in seinem Seminar über E. A. Poe dennoch ein Stück Literatur zur Analogisierung des Unbewußten herangezogen. Er zeigt dabei, daß die Symbolbildungen des Unbewußten, die das Unbewußte produzierenden Signifikanten, auch auf einer zweiten, narrativen Ebene, nämlich entlang der Erzählung verallgemeinerungsfähig sind und dort bedeutungsfreie Schriftelemente, bestimmte Wiederholungsgesetzmäßigkeiten zu erkennen geben, die dann im Urteil der anderen – in der Geschichte von König, Minister, Königin, Detektiv – Bedeutung annehmen. Auf zwei Ebenen, formalisiert wie narrativ, bewahrheitet sich, daß die Schrift, die das Unbewußte bildet, strukturiert ist. Auf der Ebene seiner Manifestationen ist das Unbewußte strukturiert wie eine Sprache oder besser: wie eine Schrift.

641 In der Einleitung zu seinem Seminar über E. A. Poes »Der entwendete Brief« demonstriert Lacan die Produktivität dieser Analogie und veranschaulicht die Leistungen der Elemente des Unbewußten, bzw. Signifikanten im Detail. Gestützt auf die sogenannten Markov-Ketten und

Form der Mathematik entwickeln könnte,[642] läßt sich ausräumen, wenn man wie A. Bitsch die mathematische Analogie genauer untersucht und feststellt, daß sie auf ihre Weise über die Grundbedingungen des Subjekts des Unbewußten spricht und deshalb geeignet ist, sich dem Objekt und Subjekt der Wissenschaft auf eine neue Art zu »approximieren«. Analogisch, nicht identisch verstanden, läßt sich das formalisierte, auf Verkettung und Verschaltung angelegte Subjekt des Unbewußten bedenkenlos – ohne die Dimension des Psychischen und der Psychoanalyse dabei zu minimieren – als Maschine bezeichnen, wird damit doch in erster Linie zu verstehen gegeben, daß das Unbewußte in ein Feld gehört, daß außerhalb des Menschen liegt, in ein Feld jenseits aller Subjektivität. Formalisierte Sprachen und symbolische Maschinen bieten sich darüber hinaus als Umschriften des Unbewußten an, weil sie – gleichermaßen Träger von Symbolen und Verkörperungen der symbolischen Aktivität des Menschen – auf eine sprachliche Ordnung der Realität verweisen und klarstellen, daß diese noch vor den Maschinen, nämlich in ihren Konstruktionsplänen liegen, auch wenn diese zuletzt wieder von Menschen erdacht sind. Der Diskurs der Maschine hat in der Psychoanalyse also keineswegs die Stelle des Anderen übernommen, er ist nur eine aktualisierte Umschrift des Unbewußten und verkörpert auf radikale Weise die symbolische Funktion.[643] Doch genau genommen stellt der Maschinenvergleich noch nicht einmal eine Analogie dar, da er die unbewußten Vorgänge nicht wirklich veranschaulicht. Der Maschinenvergleich dient vielmehr dazu, das Unbewußte – diese Dimension, die nicht gegeben ist – aus sich herauszusetzen, zu erzeugen – er bringt sie überhaupt erst hervor. Aber selbst in dieser Funktion ist der Vergleich mit der Maschine nur eingeschränkt zu

---

ausgehend von einer beliebigen Folge von (+) und (-) Symbolen ermittelt er die Besonderheit der Symbolabfolgen, d. h. von Gedächtnis und Gesetz, die der Schrift des Unbewußten inhärent sind. In den Markov-Ketten werden die Symbole in Dreiergruppen notiert, wobei eine erste Gruppe (1) für die Beständigkeit der Symbolfolge steht (+++,---), eine zweite (2) für die dissymetrische Folge (+--,-++,++-,--+) und eine dritte (3) für eine alternierende Folge (-+,-+). Daraus ergibt sich bereits bei oberflächlicher Betrachtung, daß bei weiterer Sukzession eine jede dieser Triaden in eine andere übergehen kann, daß aber bestimmte Übergänge ausgeschlossen sind. So wird eine beständige Folge nie unmittelbar in eine alternierende Folge übergehen, (3) also nie auf (1) folgen. Weitere Details müssen hier nicht interessieren, die Feststellung genügt, daß die Analyse der Symbolfolgen bestimmte Kombinationen und Ausschlußgesetze aufweist, nicht zuletzt das Gesetz des ausgeschlossenen Vierten (vgl. die genauen Ausarbeitungen von H. Schmidgen: Das Unbewußte der Maschinen. Konzeptionen des Psychischen bei Guattari, Deleuze und Lacan, München 1997, S. 104–113 sowie M. Wegener, a. a. O. S. 80–90).
642 Siehe A. Bitsch: Always crashing the same car, a. a. O., S. 14.
643 J. Lacan: Das Ich in der Theorie Freuds und in der Technik der Psychoanalyse, Das Seminar II, a. a. O., S. 99, 104. Lacan antwortet hier auch auf die Frage, ob die Psychoanalyse nun zu einer Maschinentheorie des Unbewußten gemacht werden soll und möglicherweise an Kybernetik und Informationstheorie anschließt: »Die Kybernetik ist eine Wissenschaft der Syntax und sie ist gerade dazu da, um uns gewahr werden zu lassen, daß die exakten Wissenschaften nichts anderes tun, als das

verstehen, erweist sich doch, daß selbst damit keine integrale Übersetzung des Realen des Unbewußten gelingt. Die Maschinenanalogie läßt nicht übersehen, daß das Unbewußte nicht ganz erzählbar und maschinisierbar ist. Der »Kern« des Unbewußten, das Reale entzieht sich in jedem Fall der Anschauung, er ist und bleibt ein Betriebsgeheimnis.

Die Grenzen der Maschinenanalogie – der Körper, das Imaginäre und das Symbolische

Das Subjekt des Unbewußten ist also nicht ganz und gar mit einer Maschine gleichzusetzen, die Konversion zwischen »factum« und »verum«, zwischen der Konstruktivität der Apparatepsyche und der Wahrheit des realen Unbewußten hat beim menschlichen Subjekt einen Haken. Sie hakt, weil im Apparat der Psyche kein Subjekt des Machens existiert und sich das Verhältnis zum Körper im Getriebe der Seele zuletzt störend bemerkbar macht.

Im folgenden soll es um das Verhältnis zwischen der Maschine des Unbewußten und dem Körper gehen. Dazu wird eine Verschiebung der bisher in Rede stehenden Ebene des Symbolischen ins Register des Imaginären notwendig und die Einschaltung des Imaginären in das Symbolische der Maschinen unumgänglich. Das sich dabei abzeichnende Ergebnis ist im Grunde nicht neu, es stand schon beim Triebbegriff zur Diskussion, bei dem wir feststellten, daß Freuds biologische Analogien eine Distanznahme bedeuten, von der aus das Leben der Subjekte psychisch erst wahrnehmbar wird. Der Wert der Maschine wird klarer.[644] Aber greifen wir nicht vor. Beginnen wir mit dem im psychoanalytischen Kontext zugegebenermaßen ungewöhnlichen Mensch-Tier-Vergleich und erinnern noch einmal an den ersten Teil dieser Arbeit über die Neurowissenschaft. Wie dort erwähnt, sind tierische Lebewesen nach neurobiologischer Auffassung bei der Entwicklung ihrer Hirnleistungen auf Lernerfahrungen angewiesen, d. h. sie brauchen trotz ihrer Instinktverhaftung Anstöße aus der

---

Reale an eine Syntax zu binden.« (Ebd., S. 87). Mit seinem Rekurs auf die Kybernetik verfolgt Lacan also nicht das Ziel, stochastische Gesetzmäßigkeiten des Unbewußten zu ermitteln, eine »Stochastik des Realen« vorzulegen, er schließt die Kybernetik vielmehr als »eine Wissenschaft der Syntax« an. Für Lacan hat die Maschine nicht den Diskurs des Anderen übernommen. Es kann deshalb nicht uneingeschränkt heißen: »Das Unbewußte hat mit Seelen nichts zu tun; es ist ein Maschineneffekt. Erst seitdem technische Medien die Möglichkeit aufgetan haben, über symbolische Ketten wie Alphabete oder Noten hinaus auch die Stochastik der Realen zu speichern und zu senden, gibt es Freuds psychischen Apparat, dieses schöne und bezeichnende Ersatzwort für Seele«. F. Kittler: Animula vagula blandula, a. a. O., S. 9. Technische Medien eröffnen nur eine neue Möglichkeit zur Darstellung einer formalen und performativen Sprache wie der des Unbewußten.

644 Vgl. J. Lacan: Das Ich in der Theorie Freuds und in der Technik der Psychoanalyse, a. a. O., S. 97–102.

Umwelt, ohne die ihr genetisch vorgegebenes Programm nicht zur Entfaltung käme. Singers Katzen entwickelten ihre Sehfunktionen erst, nachdem sie durch entsprechende Umweltanstöße dazu angeregt worden waren. Wir hatten sodann dargelegt, daß das Wissen um die Wechselwirkung zwischen Hirn und Umwelt, die berühmte Plastizität des Nervensystems längst Allgemeingut geworden ist und inzwischen sogar auf die Ausbildung der höheren kortikalen und psychischen Funktionen menschlicher Lebewesen übertragen wird. Hier nun meldet die Psychoanalyse Einspruch an und konfrontiert mit einer anders lautenden Auffassung. Zwar besteht auch für den Maschinentheoretiker des Unbewußten, Lacan, gegen den Tiervergleich zunächst kein Einwand, gleichwohl ist für ihn die Anpassung an die symbolische Ebene beim Tier von der des Menschen klar unterschieden. Die Instinktreifung der Tiere und ihre Instinktpräformation, verläuft auch für ihn zunächst nicht unabhängig von Anstößen aus der Umgebung und den daraus folgenden Lernvorgängen. Auch bestreitet er nicht ein klar aufeinander abgestimmtes Verhältnis zwischen Tier und seiner Umwelt, – schließlich läßt das Tier eine strenge Milieuanpassung erkennen: Der Frosch reagiert blitzartig, wenn er die charakteristischen Anzeichen einer Fliege erkennt, das Huhn geht in Deckung, wenn es die Eckdaten eines Artfremden erblickt, der ihm gefährlich werden kann und die Taube beginnt sogar dann ihre Geschlechtsdrüsen (Gonaden) zu entwickeln, wenn man ihr nur eine Attrappe in den Käfig legt, die die Daten der Gestalt seines noch nicht einmal geschlechtlich entgegengesetzten Artgenossen enthält.[645] Das Tier reagiert auf die gute Form, die seinem Überleben und dem Fortbestand seiner Art förderlich ist. Dennoch ist das Tier laut Lacan in seinen Wahlmöglichkeiten deutlich begrenzt, seiner Milieuanpassung ist eine Grenze gesetzt. Es ist, um in der Maschinenanalogie psychischer Abläufe zu bleiben, symbolisch eine blockierte Maschine.[646]

Ganz anders dagegen die menschlichen Subjekte. Menschliche Subjekte, so die befremdliche Entdeckung, geben bei ihrer Anpassung, bzw. imaginären Eingliederung in die symbolische Ordnung immer eine Offenheit zu erkennen. Diese rührt aus der erwähnten, doppelt zu verstehenden Funktion des Lustprinzips, seiner einerseits – wie beim Tier – restitutiven und andererseits – nur bei menschlichen Lebewesen anzutreffenden – repetitiven Funktion, dem Wiederholungszwang am Todestrieb. Dieser ist es denn auch, der dafür verant-

---

645 J. Lacan: Das Spiegelstadium als Bildner der Ichfunktion, in: ders.: Schriften I, Frankfurt am Main 1975, S. 65; sowie ders.: Das Ich in der Theorie Freuds und in der Technik der Psychoanalyse, das Seminar II, a. a. O. S. 114–115.
646 Die Neurowissenschaften sehen das ähnlich, sie vereinheitlichen aber zugunsten der funktionellen Isomorphie. Dennoch spricht auch Freud von einem Überich der Tiere (S. Freud: Eine Schwierigkeit mit der Psychoanalyse, in: ders.: Ges. Werke Bd. XII., a. a. O., S. 7).

wortlich zeichnet, daß menschliche Subjekte im Unterschied zum Tier in ihrem Triebschicksal nicht vollständig festgelegt sind, sondern es teilweise selbst in der Hand haben. Daß ihre Wahl indes statt durch die gute Gestalt durch unmögliche Wunschbefriedigung und Verlusterfahrung initiiert wird, gibt allerdings ein Bild von der Paradoxalität dieser Wahl. Um so mehr, als die Tatsache der Wahl bereits darauf hinweist, daß hier nicht von prästabilisierten Umwelt-, Außenweltbeziehungen zu sprechen ist. Da im symbolischen Gedächtnis menschlicher Subjekte – laut Lacan und der Gestalttheorie – außerdem eher die schlechte als die gute Gestalt, eher schmerzliche Erinnerungen und unerledigte Aufgaben als lustvolle haften bleiben, ist nicht von der Hand zu weisen, daß menschliche Subjekte anders als Tiere zwar Entscheidungsmöglichkeiten haben, daß ihnen diese aber nur eingeschränkt, nämlich als Abwehrformen zur Verfügung stehen, also als Verdrängung, Verleugnung, Verwerfung oder als Anerkennung der phallischen Position. So jedenfalls lautet der Wiederholungszwang Freud zufolge, so Lacans Auffassung vom Drängen der unbewußten Signifikantenkette.

Es läßt sich also festhalten, daß in psychoanalytischer Perspektive die Einpassung des Imaginären ins Symbolische beim menschlichen Lebewesen nicht reibungslos abläuft, sondern auf ein Scheitern hinausläuft. Womit sich aufs Neue bestätigt, daß beim menschlichen Subjekt statt prästabilisierter, harmonischer Abläufe Kluft, Ausstand, Fehlen, Konflikt das psychische Programm zwischen Symbolischem und Imaginärem bestimmt, so daß aus psychoanalytischer Sicht der ungetrübte Blick auf das Biologisch-Lebendige verstellt ist.

Körper und Symbolische Ordnung

Die Auffassung der Maschine führt also zurück zum Körper. Aus der Triebtheorie ist erinnerlich, wie die Subjekte ausgehend vom Symbolischen erstmals ihrer körperlichen Realität gewahr werden, sich ihnen damit aber auch die Möglichkeit eröffnet, ihren Körper zu transzendieren.[647] Doch die symbolische Ebene bringt den Subjekten nicht nur Gewinn, sie befreit nicht nur von »den Lasten und der Mühsal« des Körpers, im Gegenteil, sie gibt der platonischen Rede nur einen weiteren Grund zur Klage. Denn der Körper wird durch das Symbolsystem auch minimiert und zwar in tödlich bedrohlichem Ausmaß. Von einer positiven Inkarnierung, einer Fleischwerdung im Symbolischen, kann beim menschlichen Subjekt beim besten Willen nicht die Rede sein. Die tödliche Fratze, das »Caput mortuum« des Signifikanten, wie es bei Lacan heißt, bleibt in der Repräsentation des Körpers drohend im Hintergrund. Die symbolische Umschrift hält gegenwärtig, daß Symbolisierung gleichzeitig Verlust heißt und

---

647 Vgl. das Triebkapitel.

Die Grenzen der Maschinenanalogie – der Körper, das Imaginäre und das Symbolische

der lebendige Körper immer auch ein partiell abwesender, partiell toter Körper ist, ein Triebkörper, genau gesagt.

In dem Seminar über den »Entwendeten Brief« hat Lacan die symbolische Geschichte dieser Lustkörper auf zweifache Weise wiedergegeben, diskursiv und formalisiert. Auf der formalen Ebene geht es um die determinierende Rolle des Ausschlußgesetzes, des Strukturgesetzes des ausgeschlossenen Vierten.[648] Diskursiv wird dargestellt, wie dieses Gesetz – das in Poes Erzählung in den entwendeten Brief repräsentiert wird – das Triebgeschick der Handlungspersonen bestimmt, es in ihre Liebes- und Lustverhältnisse eingreift und über das Schicksal ihrer Körper regiert. Man begreift, daß die Körper durch das Symbolische und sein Ausschlußgesetz in Mitleidenschaft gezogen werden und daß das Geschick der Subjekte dem dämonischen Zug des Signifikanten des Unbewußten folgt. Der Automatismus des Wiederholungszwangs und der ihm anhaftende dämonische Zug, der von der unbeherrschbaren Qualität im Realen kündet, bezeugen ihre Wirkungen.[649] Nichts anderes behauptet Freud auf seine bekannt mythologische Weise im Kastrationskomplex, mit dem er seinerseits exemplifiziert, wie bei der »Einschreibung« der Subjekte ins symbolische Unbewußte der Körper einen Verlust an Positivität erleidet.

Unsere Freudlektüre hatte uns darüber hinaus auf einen bisher wenig beachteten, dennoch ähnlich einschneidenden Aspekt des Systems Ubw aufmerksam gemacht. Mit der Entdeckung der direkten Verbindung zwischen dem Unbewußtem und dem Körper, bzw. der Offenheit des Unbewußten gegenüber dem Somatischen, hatten wir ein Einfallstor für die Belastungen des Körpers durch das Unbewußte gefunden und eine Erklärung dafür, weshalb das Unbewußte die Hemmungsarbeit des Sekundärvorgangs (φ N) unterläuft. Das Unbewußte affiziert den Körper, besser gesagt, es berührt und minimiert ihn zugleich. Freud war diese Wirkung lange vor der Ausarbeitung von 1915 aufgefallen, schon in neurologischer Zeit war er darauf gestoßen, daß bei jeder Umschrift ins psychische Register Reduktionen unterlaufen. Und obwohl 1891 noch neurologisch formuliert, stand schon damals fest, daß sich die Psyche, nicht nur in der Konversionshysterie verhält »comme si l'anatomie n'existe pas«. Freud war sich von Anfang an bewußt, daß zwischen einer körperlichen Empfindung und der Nervenübersetzung, anders gesagt, zwischen Mensch und empirischer Realität, eine »Pufferzone« eingeschaltet ist.[650] An dieser Auffassung hat sich ungeachtet der irritierenden biologischen Anleihen des Triebkonzepts auch

---

648 Vgl. H. Schmidgen: Das Unbewußte der Maschinen, a. a. O. S. 116.
649 J. Lacan: Das Seminar über E. A. Poes »Der Entwendete Brief«, a. a. O., S. 29.
650 Vgl. dazu die Funktion des Q-Schirms und des Siebs im »Entwurf« (S. Freud, a. a. O., S. 398–399, 405); ferner J. Lacan: Das Ich in der Theorie Freuds und in der Technik der Psychoanalyse, a. a. O., S. 101.

später nichts geändert. Mit dem Triebkonzept wurde im Gegenteil klarer, daß in der Psyche nicht von Naturtatsachen die Rede sein kann, wohl aber von verlorener Körperbefriedigung, verlorenen Körperteilen und von Verlust von Körper. In der Theorie des Seelenlebens schälte sich ein Ding von Körper heraus, das nur im Jenseits des Biologischen aufscheint und nur von einem Jenseits aus betrachtet werden kann. Ein Körper trat in Erscheinung, der weder Tag noch Nacht kennt, der kaum mehr biologisch natürlich aussieht, sondern durch den Verlust ganzer Einzelteile, der Partialobjekte, durchlöchert ist und auch als lebendiger Lustkörper nie vollkommen existiert, sondern immer gleichzeitig »fort« und tot ist.

Als wesentliche Ursache seiner Beschädigung hatte sich dabei die Einschreibung der Sprech- und Geschlechtssubjekte in die symbolische Ordnung, des Unbewußten und der Triebe erwiesen, jene Einschreibung, die alles konserviert und gleichzeitig alles beschneidet. In einer zweiten Perspektive zeigt sich nun, daß die Körperbeschädigung auch im Imaginären der Subjekte, d. h. in ihrer Anpassung an die symbolische Ordnung begründet liegt. Auch das menschliche Imaginäre ist unabschließbar und ist aufgrund seiner Unabschließbarkeit – weil es statt der guten, die schlechte Form umsetzt – vom Stachel des Todestriebs getroffen.[651] Man beginnt zu ahnen, daß psychologisch betrachtet ein Körper nur da vollkommen, unbegrenzt, unsterblich ist, wo er tot ist. Alles »psychologisch Gegebene« folgt eben dem »Zug« der symbolischen Signifikanten und allein der Automatismus des Todestriebs bringt es zuwege, dem bestenfalls flüchtig lebendigen, imaginär immer bedrohten, dem beneideten, abhängigen, verdrängten oder verleugneten biologisch empirischen Körper der Subjekte einen Anschein von Ewigkeit zu verleihen. Wiederholungszwang, Automatismus des Todestriebs und das unzugängliche, unheimliche Es sind die Elemente, die die Verewigung der Körper besorgen. Sie verhehlen indes nicht den Preis der Vervollkommnungsarbeit, nämlich die mit dem Partialobjektdasein des Triebkörpers zu entrichtende tödliche Aggressivität.

Doch das kann nicht die ganze psychoanalytische Botschaft sein, und weder für Freud noch für Lacan ist sie das geblieben. Denn wo vom toten Körper die Rede ist, ist auch die Einschränkung angebracht, daß das symbolische Unbewußte keine vollkommene Maschine ist und das psychoanalytische Subjekt in der Schwebe zwischen Tod und Leben, zwischen »fort und da«, nicht für alle Ewigkeit unbelebt und tot bleibt. Schlußendlich ist die Psychoanalyse eine Theorie der Sexualität. Das Symptom, das diese Dimension immer noch am eindrucksvollsten in Szene setzt und die Realität des Unbewußten und der

---

651 Nach dem Lacanschen Motto: Wenn er es hat, dann weil er es mir, der ich unvollkommen bin, geraubt hat.

Übertragung weiterhin wach hält, ist und bleibt die Hysterie. Zu guter Letzt ist es wieder die Hysterie mit all ihren Widersprüchlichkeiten und Wechselfällen, die den Anspruch auf das Verhältnis zum Lebendigen aufrechterhält.

Dritter Teil

Neurologische Vorzeit –
Auf dem Weg zur Spaltung
des Seelenlebens

Kapitel 1

Jean-Martin Charcot, die Hysterie und das zerebrale Unbewußte

»Meine Herren, beunruhigen Sie sich nicht, vergessen wir nicht, daß das Psychische ja zur Physiologie dazugehört. Und zwar zur Physiologie der oberen Teile des noblen Gehirns!«

J.-M. Charcot

Mit der Metapsychologie nimmt eine noch nie dagewesene Auffassung des Psychischen ihren Anfang. Eine Auffassung, die Freud in Abgrenzung vom positiv-empirischen Diskurs der Medizin gewinnt und die er auf einzigartige Weise auf das Subjekt des Unbewußten ausrichtet, das nun als ein irreduzibles, nicht assimilierbares Anderes in Erscheinung tritt. Es wurde indes deutlich, wie der wissenschaftliche Status des psychoanalytischen Diskurses dadurch so erschüttert wird, daß er zwischen zwei Wissensdiskurse gerät, den Diskurs der Wissenschaft und des positiv Verallgemeinerbaren einerseits und den des Wissens vom Anderen Schauplatz, auf dem das Unbewußten seinen Platz findet, andererseits. Im ersten Teil dieser Arbeit war gezeigt worden, daß das Thema der Individualität und Subjektivität auch für die empirisch ausgerichtete Neurowissenschaft von Bedeutung ist, hier jedoch vor dem Hintergrund neurophysiologisch-biologischer Erklärungsversuche abgehandelt wird und letztlich ein ungelöstes Problem darstellt. Nun soll es darum gehen, wie eine Generation vor Freud sich ein Neurologe schon einmal an den Versuch machte, Erscheinungsweisen des Subjektiven zu verobjektivieren und wie er daran scheiterte, weil er ähnlich wie heutige Neurologen einen wesentlichen Teil der Subjektivität, die Irreduzibliltät der Psyche, übersah. Beschäftigen wir uns nun also mit Charcot.

Dies geschieht aus zweifachem Grund: Einerseits, weil Charcot nicht zu übergehen ist, wenn vom Unbewußten und der Hysterie die Rede ist; andererseits, weil die Auseinandersetzung zwischen Charcot und Freud verdeutlicht, daß der Kampf um die Deutungsmacht des Psychischen heute mit fast denselben Argumenten wie vor 100 Jahren ausgefochten wird, sich die Abgrenzungsstrategien sogar wiederholen. Zwar mögen aufgrund der neuen theoretischen

Modelle und des neuen technologischen Stands die Untersuchungsmethoden heute anders aussehen, formal, theoretisch und hinsichtlich ihres anthropologischen Selbstverständnisses gleichen sie jedoch einander. In beiden Fällen geht es um die Definition des Subjektiven und des Singulären, sei es in Gestalt der gesetzmäßig und allgemein verfaßten Hysterie und der hypnotischen Phänomene oder, wie es heute systemtheoretisch heißt, um die »Passungsfähigkeit« des Subjektiven. In diesem Sinne wollen wir noch einmal hinter Freud zurückgehen und – ohne damit nur eine historische Debatte zu wiederholen – an den Neurologen anknüpfen, an dem sich die Wege gabeln zwischen der singulären Psyche des Unbewußten und der Psychoanalyse einerseits und dem »Geist der Maschine« der neuzeitlichen Neurowissenschaften andererseits.

Es gibt zwei Klischees über Charcot, zu deren Verbreitung sowohl Freud als auch die aktuelle Charcotliteratur beigetragen haben: Charcot sei der Wegbereiter der Psychoanalyse, bei dem Freud die Hysterie kennenlernte und er sei das Opfer seiner eigenen Entdeckung, dieses so flüchtigen Symptoms der Hysterie, das er zum eigenen Schaden verdinglicht und klinisch verobjektiviert habe.[652] Beide Feststellungen können als einseitig bezeichnet werden, denn weder ist Charcot an der Hysterie einfach gescheitert, noch kann er ausschließlich mit ihr identifiziert werden. Vor der spektakulären Beschäftigung mit der Hysterie hatte sich Charcot längst als Neuroanatom und Forscher der Krankheiten des Alters einen Namen gemacht.[653]

Schon seit 1872 als Professor für pathologische Anatomie tätig, hatte er neue experimentelle Methoden jenseits des bisher üblichen Köperöffnens entwickelt, mit seinen Untersuchungen über die Physiologie des Nervensystems begonnen und neue physiologische und physio-pathologische Analysen entwickelt. Revolutionär für seine Zeit, benutzte er dazu technische Mittel, mit denen er als Nosograph so einzigartig wirkte, daß sich, wie Freud in seinem Nachruf schreibt, der Besucher an den großen Kenner und Beschreiber der Tierwelt, Cuvier, erinnert fühlte, wenn man »mit ihm einen stundenlangen Gang durch die Krankenzimmer des Salpêtrière gemacht hatte, dieses Museums von klinischen Fakten, (...), deren Namen und Besonderheit größtenteils von ihm selbst herrührten (...).«[654]

---

652 G. Didi-Huberman: L'invention de l'hystérie. Charcot et l'iconographie photographique de la Salpêtrière, Paris 1987; G. Swain: L'appropriation neurologique de l'hystérie, in: M. Gauchet, G. Swain: Le vrai Charcot, Paris 1997.
653 G. de Moisier: Jean Martin Charcot, in: K. Kolle (Hg.): Große Nervenärzte. 21 Lebensbilder, Stuttgart 1956, s. Anm. 70, S. 41ff.; mit den Lecons cliniques sur les maladies des vieillards et les maladies chroniques, Paris 1866 hatte Charcot quasi den Grundstein zur Geriatrie gelegt.
654 S. Freud: Nachruf auf Charcot, in: ders.: Ges. Werke Bd. I, S. 23.

Zahlreiche Krankheitsbilder belegen Charcots Beitrag zur Neurologie: der noch heute so genannte »Rheumatismus von Charcot«,[655] die »Charcotsche Krankheit« (eine amyotrophische Lateralsklerose), die »Charcot-Mariesche Atrophie«[656] oder die im Englischen immer noch »Charcots Joint« genannte und 1869 von ihm als erstem beschriebene tabetische Arthropathie.[657] Anerkannt ist ferner die Tatsache, daß Charcot (1880) mit seiner klinisch-anatomischen Methode bereits die Lokalisation verschiedener Gehirn- und Rückenmarkserkrankungen sowie die bestimmter Formen motorischer und sensibler Hemiplegie gelang und er 1863–66 zusammen mit Vulpian eine vollständige Symptomatik der Multiplen Sklerose vorlegte, mit der er als erster eine Differentialdiagnose zwischen Multipler Sklerose und der Parkinsonschen Krankheit ermöglichte.[658] Erst relativ spät und in eher geringem Ausmaß kam Charcot zu der Beschäftigung mit der Hysterie, die ihn zum »prince de la science« und zum »Napoleon der Neurosen« werden ließ.[659] Dennoch wird Charcots Name nicht nur zufällig mit der Hysterie identifiziert, beendete er doch die geschlechtsspezifische Theorie der Hysterie und leitete damit die moderne Konzeption des Psychischen ein.

Medizingeschichtlich nimmt Charcot indes eine Zwischenstellung ein. Mit Hilfe technisch avancierter experimenteller Methoden sowie minutiöser differentialdiagnostischer Untersuchungen schaffte er die Voraussetzungen dafür, daß die substratlose, also psychische Dimension der Hysterie entdeckt werden konnte. Über 24 Jahre betrieb Charcot seine Klinik der »maladies du système nerveux«, Klinik der Nervenkrankheiten, vermaß und sicherte die Tatsachen der Hysterie und zeigte, daß die Schäden der hysterischen Paralyse unabhängig vom Nervensystem existieren. Diese Forschungen gerieten ins Zwielicht, als sich herausstellte, daß die große Hysterie das Ergebnis von Manipulation und Suggestionen hinter den Kulissen gewesen war. Trotzdem bleibt Charcots »Negativarbeit«, wie G. Swain bemerkt, ein Verdienst und muß als notwendig verstanden werden.[660] Denn erst aufgrund seiner Einsicht in die Unterdrückung

---

655 Das ist die Entdeckung der Verbindung der Gelenkerkrankung mit dem Zentralen Nervensystem.
656 Zusammen mit seinem Schüler Pierre Marie beschrieb Charcot 1876 die spastisch spinale Lähmung und gab ihr den Namen »Tabès dorsal spasmodique«. 1875 war sie zuvor schon von Erb beschrieben worden.
657 Die tabetische Arthropathie besteht in riesigen Anschwellungen entsprechender Glieder ohne Schmerzen oder Fieber, in einer Atrophie der Muskeln und Bänder und in Knochenzerstörungen.
658 Siehe G. de Moisier: Jean Martin Charcot, a. a. O., S. 41–43.
659 Genau besehen hat Charcot nur 24 Fälle von Hysterie untersucht, die allerdings 5 bis 6 mal in verschiedenen Veröffentlichungen auftauchen, so daß der Eindruck einer großen Fallzahl entsteht, während die Hysteriediagnose tatsächlich eher selten gestellt wurde, unter insgesamt 3168 Konsultationen nur 244 Mal, s. G. de Moisiers: Jean Martin Charcot, a. a. O., S. 45.
660 G. Swain: L'appropriation neurologique de l'hystérie, a. a. O., S. 220–21.

des suggestiven Einflusses kam Freud zu der Entdeckung, daß die hysterische Paralyse einem interiorisierten, repräsentierten, d. h. rein subjektiven Körper gehorcht und begann zu ahnen, daß das Psychische nicht einer realen, sondern imaginären Anatomie gehorcht. Gegen Ende seiner Laufbahn war auch Charcot dieser Einsicht nicht mehr fern.

Mit 36 Jahren nimmt Jean-Martin Charcot 1856 seinen Dienst als Neurologe in der Salpêtrière auf, einen Posten, der nicht sonderlich prestigeträchtig war und auf dem kaum ein Mediziner lange zu bleiben gedachte. Denn das ehemalige, 1650 von Mazarin zu einem allgemeinen Krankenhaus umgebaute Salpeterlager und Waffendepot, in das man 1802 auch die Geisteskranken verlegt hatte, beherbergte mehr als 20000 Insassen, 5000 Greise, darunter 2000 Frauen, Wahnsinnige, Arme, chronisch Kranke, Vagabunden und Prostituierte, Bettler, Verbrecher und Perverse. Dem Aussehen nach glich es damit eher einem monströsen Hexenkessel als einer medizinischen Wirkungsstätte. Hier hatte Pinel 1794 die Irren von ihren Ketten befreit und Esquirol die empirische Grundlage für seinen »Traité medico-philosophique« vorgefunden. Noch anders als seine Vorgänger fand Charcot in dieser wenig illustren Versammlung sein Element, entdeckte er die »Goldmine« seiner Forschung und machte sie zum Ort seiner Triumphe. Als 1870 eine Abteilung mit hauptsächlich Epileptikern und Hysterikern seiner Leitung unterstellt wurde, entwickelte er seine berühmten Untersuchungsmethoden. 1882 auf den eigens für ihn geschaffenen klinischen Lehrstuhl für Nervenkrankheiten berufen, begannen die berühmten Freitags- und Dienstagsvorlesungen und Krankenpräsentationen, bei denen die schönsten »arcs en cercle«, kreisbogenförmigen Konvulsionen, die »Gewölbe« und induzierten Paralysien mitzuerleben waren. Ganz Paris und die Spitzen der europäischen und amerikanischen Psychiatrie und Medizin fanden sich in den achtziger Jahren des 19. Jahrhunderts dazu in der Salpêtrière ein – G. M. Beard, der Entdecker der Neurasthenie, Rudolf Virchow aus Berlin, S. Freud, aber auch Schriftsteller wie Axel Munthe, die Gebrüder Goncourt und Alphonse Daudet oder Politiker wie der Republikaner Gambetta – ein Publikum, das entfernt an die »École freudienne« von Lacan denken läßt.[661] An einem Ort, der kaum glanzvoll zu nennen war, der mehr Sozialasyl, Ort des Elends als medizinische Klinik war, wo man auf Dienstmädchen, Heimarbeiter und Pferdekutscher traf, auf Schmiede und Jahrmarktskünstler, Landstreicher und Vagabunden, kurz auf die Gestrandeten und Zerlumpten, die Enterbten des Schicksals.[662] Ihr soziales

---

661 Siehe H. F. Ellenberger: Die Entdeckung des Unbewußten, 2 Bde., Bern, Stuttgart, Wien 1973; Elisabeth Roudineso: Wien-Paris. Die Geschichte der Psychoanalyse in Frankreich, Bd. 1: 1885–1939, Weinheim, Berlin 1994.
662 M. Ouerd: Introduction zu J. M. Charcot: Leçons sur l'hystérie virile, Paris 1984, S. 9–34, S. 26f.

Elend, ihre feuchten Wohnungen und TBC-trächtigen Nachtquartiere, ihre Stellungslosigkeit und Arbeitsunfälle gehen bei Charcot in die Ätiologie der Neurosen ein und bekommen als typische psychiatrische Kausalfaktoren eine nie dagewesene Würde. An dieser Klientel erprobte und entwickelte Charcot seine Methoden.[663]

Die Methoden

Charcots Methoden waren von Anfang an revolutionär. So betrieb er keine Klassenmedizin, sondern eröffnete ein Ambulatorium für die ärmsten Bevölkerungsteile. Sodann veränderte er die bislang gebräuchlichen Untersuchungsmethoden und untersuchte seine Kranken nicht nur im Ruhezustand, sondern auch in Bewegung.[664] Charcots Ruhm als Neurologe und Hysterieforscher machte sich jedoch wesentlich am Einsatz von Technik und Apparaten fest, mit denen er das Siechenhaus der Salpêtrière in einen Tempel der Wissenschaft verwandelte.[665] Neue und für das 19. Jahrhundert modernste Einrichtungen hielten Einzug, ein pathologisch-anatomisches Museum, ein Laboratorium für anatomische und pathologische Physiologie, ein ophthalmologisches Kabinett, eine Abteilung für Elektrotherapie und Elektrodiagnostik, ein Hörsaal für die Dienstags- und Freitagsvorlesungen, ein Atelier für Gipsabdrücke, ein Zeichenatelier (mit Paul Richer) und schließlich die modernste aller Errungenschaften dieser Zeit: ein Fotoatelier, das von dem Photographen A. Londes geleitet wurde.[666]

Die damals junge Photographie wurde zur Grundlage der Charcotschen Nosographie der Hysterie. Sie bot sich dazu an, weil sie der optischen Herangehensweise Charcots entsprach und der Repräsentationskrankheit »Hysterie« außerdem entgegenkam. Charcot war, wie Freud ihn nannte, ein Seher, der sich vom Auge leiten ließ und die Dinge so lange und so oft betrachtete, bis sie

---

663 Siehe H. F. Ellenberger, a. a. O., S. 147, ferner A. Munthe: Das Buch von San Michele, München 1978. Charcot, der als ehrgeiziger, herrischer und despotischer Mann beschrieben wird, als »Napoleon der Neurosen«, scheint das Gefühl für das Elend seiner Patienten trotzdem nie verloren zu haben, s. M. Ouerd: Introduction zu J.-M. Charcot, Leçons sur l'hystérie virile, a. a. O. Die sozialen Unterschiede zwischen den Insassen der Salpêtrière und den späteren Freudschen Neurotikern, die fast ausnahmslos aus der gut situierten Fabrikantenschicht stammten, könnten größer nicht sein.
664 Charcot untersuchte die Kranken nicht mehr wie bis dahin üblich in den Krankensälen, sondern bestellte sie auch ins Ordinationszimmer, s. G. de Moisier: Jean Martin Charcot, a. a. O., S. 40.
665 Ebd.
666 U. Holl macht in ihrer Dissertation Kino, Trance und Kybernetik, Berlin 2002, darauf aufmerksam, daß auf der berühmten Fotografie von Brouillet, die Blanche Wittman, die »reine des hystériques« zwischen Charcot und in den Armen seines Schülers Babinski zeigt, auch der Fotograf A. Londes zu sehen ist, der ab den achtziger Jahren die klinische Forschung vorantrieb.

ihm von sich aus etwas enthüllten. Die Photographie besaß darüber hinaus den Vorteil, von dieser Krankheit – die nach der Auflösung der Uterusätiologie ihre materielle Grundlage eingebüßt hatte und von der auch die Leichenöffnung keine anatomischwahrnehmbaren Spuren brachte – zumindest auf der Photoplatte eine optisch wahrnehmbare Spur zu hinterlassen. Für den Forscher, der um Objektivität und greifbare Wahrheiten rang, war die Photographie darum ein hochwillkommenes Medium. Auch kannte er ihre Erfolge aus der Kriminalistik und wußte, daß mit ihr ganze Krankengeschichten und selbst noch die unmerklichsten Anzeichen subtiler Krankheiten registriert und vergleichbar gemacht werden konnten. Mehr noch als auf seine Stenographen und auf die Zeichnungen von Richer setzte Charcot deshalb auf die moderne Methode der Photographie und ließ ihre Ergebnisse bändeweise in der berühmten »Iconographie de la Salpêtrière« sammeln.

Trotzdem wird der Einsatz der Photographie in der Salpêtrière gemeinhin als Konsequenz der Charcotschen Verobjektivierungswut gewertet, und es herrscht vor allem unter Kulturhistorikern die Auffassung, daß die Charcotsche Hysterie wegen der Objektivierungen durch die Photographie ihren Kredit verspielt habe.[667] Ute Holl hat jedoch herausgearbeitet, daß die Methode von A. Londes das genaue Gegenteil bezweckte. Ihr Ziel war es, im Gegensatz zu anderen zeitgenössischen Aufnahmetechniken, z. B. der von Marey, die Starre der Abbildung zu vermeiden und die Bewegung und Dynamik der Patienten einzufangen. Londes montierte zu diesem Zweck alle erdenklichen Apparate, eine Handkamera, Kameratypen mit neun und zwölf Linsen, mit denen es tatsächlich gelang, Bewegungsabläufe einzufangen, die unterhalb der natürlichen Wahrnehmungsschwelle lagen.[668]

---

[667] M. Schneider: Hysterie als Gesamtkunstwerk. Aufstieg und Verfall einer Semiotik der Weiblichkeit, in: Merkur 439/440, 1985, S. 212–229; Chr. von Braun: Nicht ICH. Logik, Lüge, Libido, Frankfurt am Main 1988; M. Schuller: Die Hysterie als Artefaktum. Zum literarischen und visuellen Archiv der Hysterie, in: Großklaus, E. Lämmert (Hg.): Literatur in einer industriellen Kultur, Stuttgart 1989, S. 445–467 und wesentlich: D. Didi-Huberman: L'invention de l'hystérie. Charcot et l'iconographie photographique de la Salpêtrière, a. a. O.

[668] U. Holl hält den Einfluß der Fotografie von Londes für so weitreichend, daß sie behauptet, Apparate hätten das Krankheitsbild der Hysterie überhaupt erst erzeugt, das Krankheitsbild sei erst im Laboratorium entstanden. Wo Londes Bildfolgen zusammenschnitt und so die Dokumentation einer Krankheitsepisode montierte, die es nie gegeben hatte und diese von Charcot auch als objektiver Wahrheitsbeweis in die Nosographie aufgenommen wurde, ist das ein zulässiger Schluß. Sollte daraus aber gefolgert werden, daß das unbewußte Symptom selbst durch die Apparate zustande kommt, geht die Verfasserin m. E. daran vorbei, daß das Unbewußte wohl durch die Apparate manifestiert wird, nicht aber mit ihnen selbst identisch ist; vgl. Teil 2.4. Das Unbewußte. Charcots Titel »Die Besessenen in der Kunst« ist darum auch nicht, wie U. Holl meint, einer Verdrängung oder Verleugnung der Technik zuzuschreiben, das Buch verdankt sich im Gegenteil dem Umstand, daß Charcot bei aller Apparategläubigkeit das Dämonische an der hysterischen Sexualität doch nicht vollständig übersehen hat.

Vor dem Hintergrund des damals dominierenden Wissenschaftsverständnisses, der anatomisch-klinischen Methode, die alle Symptome mit organischen Schäden in Verbindung brachte, und der experimentellen Medizin, der zufolge die Wiederholbarkeit des Experiments Wahrheitsaussagen garantiert, nimmt Charcot seine Arbeit auf und macht sich an das Vermessen der hysterischen Seele. Er nimmt dabei die wandelbaren, proteusartigen Erscheinungen der Hysterie ernst, tut sie nicht mehr als Bastardform und pathologische Extraklasse ab, sondern tritt den Beweis an, daß sie klinisch beschreibbar ist. Charcot ist fest davon überzeugt, daß »(...) kein Machtwort, gleichgültig von wo es ausgeht, (...) je vermögen (wird), sie (die Hysterie E. S.) aus dem Register der Krankheiten zu streichen. Wir müssen sie nehmen, wie sie ist und ein aufmerksames Studium wird zeigen, daß auch die Hysterie geradeso wie die anderen krankhaften Zustände Regeln und Gesetzen gehorcht, die man aufdecken kann.«[669] Wenn wir ihre Erscheinungsformen nicht erkennen können, sagt er sinngemäß und in Richtung auf das moderne Hysteriekonzept des ICD–10 passend weiter, dann nicht, weil sich die Hysterie, sondern, weil sich unsere Wahrnehmung geändert hat. Als radikaler, monistischer Physikalist fährt er fort, daß die Hysterie nicht von Extragesetzen regiert werde und sie keinen anderen als den allgemein physischen Gesetzen gehorche. Anders als später für Freud stand für Charcot fest, daß die Hysterie kein Roman ist.[670] Für den Anatom und modernen Physiologen Charcot glich sie vielmehr einer verlorengegangenen oder paradoxen Spezies, die den Ehrgeiz des Naturforschers reizte, weil sie den Übergang zwischen den zoologischen Gruppen zu vermitteln und dunkle Punkte der spekulativen Anatomie und Physiologie aufzuklären schien.[671]

Entsprechend den positivistischen Anforderungen der Medizin des 19. Jahrhunderts entwickelte er sodann eine Symptomatologie, die sich ausschließlich auf das Studium des Körpers gründete. Wie nie zuvor in der Medizingeschichte, weder in der Uterustheorie, noch in den Zeiten der Teufelsbesessenheit, wurde die Hysterie so detailliert kodifiziert und systematisiert. Hierauf aufbauend und mit Unterstützung der kurz zuvor noch umstrittenen Experimentalphysiologie konnte Charcot nun offensiv gegen ihre wissenschaftliche Diskreditierung vorgehen.

---

669 J.-M. Charcot: Neue Vorlesungen über die Krankheiten des Nervensystems, insbesondere über Hysterie (1882–1886), (Übersetzung Dr. Sigm. Freud), Leipzig und Wien 1886, S. 12.

670 »Die Hysterie ist nicht eine dieser Unbekannten ist, in der man sieht, was man sehen will« (J.-M. Charcot: Hémorragie et Ramolissement du Cerveau. Métallothérapie et Hypnotisme Électrothérapie, OC IX, Paris 1890, S. 277).

671 Ders.: Lecons sur les maladies du systmème nerveux, OC I, Paris 1872, (dt.) Klinische Vorträge über Krankheiten des Nervensystems, Bd. 1 (Übersetzung, B. Fetzer), Stuttgart 1874, S. 285.

Von der ovariellen zur großen Hysterie

Obwohl Charcot methodisch ein Modernisierer ist, scheint sein Hysteriekonzept dem Ansatz nach traditionalistisch. Charcot, so lautete jedenfalls der Einwand von Pierre Briquet, Autor des für seine Systematik anerkannten *Traité de l'hystérie*, sei ein traditioneller »Ovarist«, interessiere sich mehr für die Eierstöcke als für die neue Lokalisation im Gehirn.

Wir wollen daher den Stellenwert der ovariellen Auffassung überprüfen, um die Entwicklung des Hysteriekonzepts einschätzen zu können und ziehen dazu den bekannten Fall der Justine Etschev... heran, einer 40jährigen Patientin, früheren Krankenwärterin, seit 14 Jahren Insassin der Salpêtrière und seit vier Jahren Studienobjekt von Charcot.[672] Der Fall gibt einen Eindruck von den bis dahin geltenden ätiologischen Vorstellungen und unterstreicht gleichzeitig Charcots markant neuen Ansatz.

Die Patientin Justine Etschev... litt unter einer enormen Kontraktur der linken Ober- und Unterextremität, die weder während des natürlichen Schlafes, noch in der Chloroformnarkose – dem Testfall für die hysterische Natur einer Krankheit – nachließ und sich dreizehn Jahre zuvor nach einem heftigen Anfall entwickelt hatte. Beide kontrahierten Gliedmaßen waren vollständig anästhetisch und auch die Schleimhäute und sämtliche Sinnesorgane der linken Körperhälfte zeigten sich empfindungslos. Das Bemerkenswerte, das dem Fall seinen Namen gegeben hat, war indes die ausgeprägte hysterische Ischurie, eine Harnretention mit Erbrechen, die nicht auf eine Verstopfung der Harnröhre oder Blase zurückzuführen war, gleichwohl mehrere Tage andauern konnte.[673] Auffällig war daneben der ausgeprägte Ovarialschmerz der Patientin, ihre Eierstockhyperästhesie.[674] Sämtliche Empfindungen schienen vom Eierstock ihren Ausgang zu nehmen, so ein Kloßgefühl im Hals (*globus hystericus*), Kopfsausen und Pfeifen im Ohr, klopfendes Kopfweh und Umnebelung des Sehvermögens, kurz, eine hysterische Aura in allen Schattierungen. Charcot, der sich der Sonderbarkeit des Falls bewußt war, ergriff alle gebotenen Vorsichtsmaßnahmen, um ihn nicht zum wissenschaftlichen Debakel werden zu lassen und um zu verhindern, daß sich die wundersame Ischurie am Ende als Betrug, bzw. hysterische Simulation entpuppe, sollte es doch Fälle gegeben haben, in denen, wie das »American Journal of medical Science« 1828 berichtete, der zurückgehaltene Harnstoff durch den Nabel hervorgespritzt oder durch das Ohr entleert worden war.[675] Als Mann der Wissenschaft zweifelte Charcot

---

672 Ebd., S. 293.
673 Ebd., S. 285–287.
674 Ebd., S. 294.
675 Ebd., S. 289.

zwar entschieden an derartigen Sonderbarkeiten, sicherte seinen Fund dennoch ab und ließ die Kranke Tag und Nacht überwachen. Tägliche Messungen der körperlich materiellen Daten waren Gebot, Messungen der Körpertemperatur und Harnmenge sowie des Harnstoffgehalts in Urin und Erbrochenem. Von dieser Seite waren weder Auffälligkeiten noch wundersame Veränderungen festzustellen. Simulation schien ausgeschlossen. Die Frage stellte sich indes, wo die hysterische Ischurie zu lokalisieren war, wenn der Ureter, der Harnleiter als Sitz nicht in Frage kam.[676]

Charcot entwickelte seine Antwort in vier Vorlesungen, in denen er die aufgetretenen Symptome der Reihe nach behandelte: »Über halbseitige Gefühlslähmung«, »Über Ovarialhyperästhesie«, »Über hysterische Contractur« und schließlich über die »Hystero-Epilepsie«.[677] In der elften Vorlesung erläutert er den Druckeinfluß auf die Ovarien, eine altbekannte Methode, mit der sich ein Anfall provozieren wie hemmen läßt. Während der St.-Médard-Epidemien im 17. Jahrhundert waren ähnliche Kunstgriffe angewandt worden, um die massenhysterischen Krisen zum Stillstand zu bringen.[678] Charcot war also nicht der erste, der den Einfluß der Ovarien entdeckte, niemandem vor ihm gelang jedoch ein derart präziser Nachweis. 1872 untersuchte er die fünf »nahezu (...) einzigen Hysterischen, welche ich unter den hundertsechzig anderen Patientinnen der Abteilung für unheilbare, convulsions- und geisteskranke Frauen besitze«,[679] um an ihnen zu beweisen, daß sich die Anfälle gleichermaßen durch spontanen Ovarialschmerz wie auf künstlichem Wege hervorrufen lassen. Jeglichem Simulationsverdacht vorbeugend, setzte er mit einer ersten Vergleichstudie an, die er als der gewissenhafte Systematiker, dem alles Spekulative verhaßt war, unter genauester Abgrenzung durchführte.[680] Dabei war zwischen der Lokalisation des Schmerzes in der Haut und in den Muskeln zu unterscheiden, desgleichen das Körperinnere zu explorieren, was zunächst durch den Tastbefund geschah: »Dringt man mit den Fingerspitzen gewissermaßen in den Bauch ein, so kommt man auf den wahren Herd des Schmerzes«, dort findet man einen »ovoiden, der Quere nach gestellten Körper«, der häufig geschwollen ist, den Eierstock.[681] Sollte der Tastbefund nicht ausreichende Bestätigung ergeben, gab es immer noch die anatomisch-klinische Methode, die »Nachforschung an der Leiche« und brachte gegebenenfalls die »Eröffnung des Unterleibes« diagnostische Sicherheit.

---

676 Siehe dazu auch M. Gauchet, G. Swain: Le vrai Charcot. Les chemins imprévus de l'inconscient, Paris 1997, S. 47ff.
677 Charcot: Klinische Vorträge über Krankheiten des Nervensystems, a. a. O., S. 308–370.
678 Ebd., S. 344.
679 Siehe dazu G. de Moisier, in: K. Kolle (Hg.): Große Nervenärzte, Stuttgart 1956, S. 45ff.
680 Ebd.; s. auch Charcot: Klinische Vorträge über Krankheiten des Nervensystems, a. a. O. S. 34. Freud setzt den Vergleich fort.
681 Ebd., S. 333.

Sie unterrichtete z. B. darüber, daß die Lage des Ovariums an vier Tage alten, gefrorenen Leichen nicht dieselbe Tiefe wie bei lebenden Erwachsenen hatte, sondern gewissermaßen an die Lage des Eierstocks bei Neugeborenen erinnerte.[682] Wie auch immer gewonnen, die Diagnose war eindeutig: Der Eierstock und nur der Eierstock war der Ausgangspunkt der hysterischen Aura. Woraufhin Charcot sozusagen eine Gebrauchsanweisung für die Erzeugung einer geschickt plazierten Eierstockkompression nachreichte, einschließlich Angaben darüber, wie der für den Arzt ermüdende Kraftaufwand bei der »Applikation des Zeige- und Mittelfingers auf den muthmasslichen Sitz des Ovariums« technisch (per Schrotbeutel und Bandagen) am besten zu handhaben wäre.[683]

Es ist offensichtlich, daß Charcots physio-pathologische Methode der Hysterieforschung mit der Reflextheorie in Zusammenhang steht. 1854 erstmals von Carl Ludwig in Deutschland begründet, hatte F. L. Goltz sie 1869 mit der Entdeckung der Reflexbewegung im Rückenmark des Frosches weiter entwickelt und Hughlings-Jackson mit der Idee des Gehirns als einer Reflexmaschine vorangetrieben.[684] In Frankreich wurde sie allgemein mit dem Namen Charles-Eduard Brown-Sequard verbunden, der sich gegen die reflexologische Lokalisationsidee aussprach.[685] 1883 war Charcot mit Brown-Sequard zu dem Thema Lokalisation von Hirnläsionen und deren unmittelbaren Einfluß auf die zerebralen Funktionen in eine seinerzeit berühmte Debatte eingetreten, und hatte mittels der neuen Methode des Ausschlußverfahrens unwiderlegbare Beweise für die Existenz einer kortikalen, motorischen Region und die funktionelle Bedeutung der Nervenstruktur vorlegen können.[686] Die Entdeckung des »hysterogenen«, ovariellen Punktes trug wesentlich zum Ausbau der Reflextheorie bei, wobei diese für Charcot jedoch hauptsächlich im Zusammenhang mit der Hypnosetechnik von Interesse war.[687]

---

682 Ebd., S. 336, 365; Beispiele für einen Sektionsbefund: S. 191–192.
683 Ebd., S. 337, 339–340, 344.
684 Siehe Medizingeschichtlicher Exkurs.
685 Brown-Séquard kritisierte die Lokalisationsthesen von Fritsch, Hitzig und Ferrier, er verwarf dabei die Zentrumstheorie und ersetzte sie durch die Annahme eines Netzes von anastomosischen Zellen. Darüber hinaus lehnte er die Idee des direkten Einflusses von Läsionen ab. 1883 findet vor der »Societé de Biologie« eine Debatte zwischen Brown-Séquard und Charcot zu dem Thema Lokalisation von Hirnläsionen und deren unmittelbaren Einfluß auf zerebrale Funktionen statt, s. J. Gasser: Aux Orgines du cerveau moderne. Localisation, langage et mémoire dans l'oeuvre de Charcot, Paris 1995, S. 82–88.
686 Die Beziehung zwischen der Hirnzone und einem Symptom wird per Ausschlußverfahren nachgewiesen. Wenn eine Läsion einer bestimmten Zone eine Funktion zum Verschwinden bringt, ist das ein Beweis dafür, daß diese eine Nervenzone und nicht eine benachbarte, das Zustandekommen dieser Funktion mitbedingt.
687 Nebenbei gesagt, wird damit direkt an die »epileptogenen Zonen« von Brown-Séquard angeknüpft. Der Reflexgedanke findet sich später auch in Freuds »erogenen Zonen« wieder.

Die Hystero-Epilepsie

Konvulsivische Hysterie heißt die Form der Hysterie, die mit dem Namen Charcot exemplarisch verbunden wird, obwohl sie als Krankheitsbild nicht auf Charcot selbst zurückgeht, für ihn sogar nur die Bedeutung einer Unterart der grundsätzlich variationsreichen Hysterie besaß.[688] Als eine Form der hysterischen Nosographie galt die Hystero-Epilepsie als eine eher seltene Erscheinung und wurde dem Vorkommen nach den stilleren Formen der Hysterie (*formes frustes*) zugeordnet. Im Gegensatz zu ihrem spektakulären Auftreten war sie nosographisch nur von kurzer Lebensdauer und geriet, nachdem sie als manipuliertes Geschehen erkannt worden war, schnell wieder in Vergessenheit. Gleichwohl wurde sie – wohl wegen ihrer ausführlichen photographischen Dokumentation in der »Iconographie de la Salpêtrière« – mit der Hysterie als solcher identifiziert, was zu ihrem Verschwinden maßgeblich beigetragen hat. In der Salpêtrière unterteilte man den Verlauf der konvulsivischen Anfälle in vier gesetzmäßig ablaufende Phasen: 1. das Auftreten einer hysterischen Aura von relativ langer Dauer, die das Herannahen der Krise ankündigte; 2. die Eröffnung des Krampfanfalls durch die sogenannte epileptische Phase: »Die Kranke stößt plötzlich einen Schrei aus, wird leichenblaß und bewußtlos, stürzt zu Boden und verzerrt die Gesichtszüge, woraufhin sich tonische Rigidität aller Gliedmaßen einstellt. Das Gesicht der Patienten kann gegebenenfalls stark anschwellen und blaurot werden; die Patienten können ihre Lippen und Zunge zerbeißen, blutigen Schaum aus dem Mund ergießen, um schließlich zur allgemeinen Muskelerschlaffung mit coma und sterotösem Atmen« überzugehen;[689] 3. die umstrittene klonische Phase mit ausgiebigen intentionalen Bewegungen und Verdrehungen, in denen sich Affekte wie Schrecken, Haß, Angst oder Liebessehnen ausdrücken und das eigentliche Anfallsdelirium ausbricht; und 4. das Ende des ganzen Anfalls mit Schluchzen, Weinen und Lachen.

An der Systematisierung der Erscheinungen läßt sich im übrigen Charcots wissenschaftliche Neutralität ablesen. Zeigt sich doch, daß Charcot – ähnlich wie später Freud – die traditionell als weiblich titulierte Hysterie nicht abwertete und die großen, epileptoiden Anfälle niemals als Beweis für die mindere Intelligenz, gar Demenz seiner Patientinnen verstand. Im Gegenteil, trotz vierzig

---

688 Die konvulsivische Hysterie ist das Werk der Charcot-Schüler P. Richer und G. de la Tourelle. Von den insgesamt 72 Vorlesungen über Hysterie behandelt nur eine einzige die Hystero-Epilepsie (vgl. M. Gauchet, G. Swain: Le vrai Charcot, a. a. O., S. 69–96). Die Namensgebung »Hystero-Epilepsie« erinnert an den Autor des Standardwerks über Epilepsie, Hughlings Jackson, mit dessen nosographischer Entdeckung diese »hysteria maior« nach Einschätzung Charcots in den epileptoiden Konvulsionsanfällen Ähnlichkeiten aufwies (J.-M. Charcot: Klinische Vorträge über Krankheiten des Nervensystems, a. a. O. S. 374).
689 Ebd., S. 378.

Jahren Anfallshysterie und zwar phasenweise ohne Unterbrechungen hundert bis zweihundert Mal pro Tag, davon fünfundvierzig Tage ohne Unterlaß, meinte er bei der Patientin »Ler« keinerlei Minderung der Intelligenz zu erkennen. Für Charcot, der mit solcher Feststellung natürlich keine feministische Ehrenrettung im Sinn hatte, verband sich damit ein ausschließlich differentialdiagnostischer Wert. Sein Ziel war es, die Hysterie deutlich von der Epilepsie abzugrenzen, in deren Fall das gehäufte Anfallsauftreten längst zum sicheren Tod geführt hätte.[690] Doch bei allen Unterschieden galt die konvulsive Form der Hysterie immer als eine Form der allgemeinen Hysterie mit ovariellem Ursprung. Eine Form, die fehlen konnte, ohne daß die Hysterie dadurch insgesamt fragwürdig wurde. Denn neben den Anfallsformen gab es weitere diagnostische Zeichen, die permanenten Zeichen oder hysterischen Stigmata.

Permanente Stigmata, lokale Neurose

Von englischen Autoren (Brodie) stammt die Beobachtung von eigentümlich charakteristischen Stigmata, die sich in den Pausen zwischen den Anfällen einstellten und als lokale Hysterie bezeichnet wurden. An solchen Zeichen, die sich etwa als Gesichtsfeldeinengungen, Sensibilitätsstörungen oder schwere Gehirnerkrankungen bemerkbar machten, fielen Charcot zwei Merkwürdigkeiten auf, die Disproportionalität zwischen den krankheitsverursachenden Elementen und ihren Wirkungen sowie – hauptsächlich bei Krampfanfällen – ein unmittelbarer Zusammenhang mit dem Ovarialschmerz.[691] Ein Problem stellte jedoch die mögliche Verwechslung zwischen organischen und hysterogenen Ursachen dar. Klinische Vergleiche wurden darum notwendig.[692] Für Charcot stand dabei von vornherein fest, daß Unschärfen in der Unterscheidung zwischen den organischen und hysterischen Störungen unvermeidlich sein würden, wußte er doch, daß hysterische Störungen aus vorübergehenden organischen Störungen Gewinn ziehen und materiell-organischen Veränderungen Platz machen können.[693] Dennoch lieferte eine hysterische Störung seinem geübtem Auge stets deutliche differentialdiagnostische Hinweise: Wo eine Sensibilitätsstörung wie geometrisch gezogen aussah oder ohne graduelle Unterschiede eine ganze Körperzone überzog, so daß der Körper geradezu in zwei Hälften zerfiel, konnte man sicher sein, es mit einer Hysterie zu tun zu haben. Bestanden trotzdem Zweifel an der Natur der Störung, so beseitigte sie die Chloroformnarkose, in der sich spätestens der hysterische Krampf verflüchtigte. Sollte auch diese

---

690 Ebd., S. 386–387.
691 Ebd., S. 338.
692 Ebd., S. 356.
693 Ebd., S. 367.

Methode fehlschlagen, gab es immer noch das Nachforschen an der Leiche, so daß zumindest posthum die Unterscheidung zwischen einer organisch bedingten und einer hysterischen Erkrankung eindeutig festzustellen war: Im Fall einer hysterischen Läsion blieb man ohne pathologisch-anatomischen Befund, denn die hysterischen Läsionen waren »sine materia«.[694]

Das »sine materia« der hysterischen Ursache aus der Sicht des Neuroanatoms

Charcots Untersuchung der Ätiologie der Hysterie stand im Zusammenhang der Frage nach den Ursachen der Neurose, die sich Mitte des 19. Jahrhunderts verändert hatte. Wo im Laufe der Geschichte der Hysterie die unterschiedlichsten Ursachenvorstellungen formuliert worden waren – anatomische, imaginäre, erste psychologische und emotional –, machte sich nunmehr der Einfluß der pathologischen Anatomie auf das Neurosenkonzept bemerkbar und wurde die Krankheitsursache nun pathologisch-anatomisch als ein körperliches Substrat aufgefaßt, mit dessen chirurgischer Entfernung auch die Krankheit verschwinden sollte. Gleichzeitig schien die Neurose nicht mehr ausschließlich auf körperliche Veränderungen, sondern auch auf weniger erkennbare und sogar unerkannte Faktoren zurückgeführt werden zu müssen. Das moderne, negativ pathologisch-anatomische Neurosenkonzept zeichnete sich ab. In diesem Sinne gab etwa Rudolf Virchow erstmals zu bedenken: »Man hat lange Zeit geglaubt, daß es in der Tat möglich sei, alle Arten von Krankheiten durch die Methoden des Anatomen finden zu können. Allein es ist leicht einzusehen, daß eine Veränderung an einen Ort geknüpft sein kann, ohne daß sie auf anatomischem Weg erkannt werden kann. Ist z. B. ein Gift eingedrungen, so können wir nicht zweifeln, daß es in die Substanz eingeht (...); allein niemand wird daran denken wollen, diese Giftpartikelchen (...) anatomisch erkennen zu wollen.« Und weiter: »Wir müssen uns also vergegenwärtigen, daß keineswegs alle Krankheiten ein anatomisches Wesen haben. (...) Hier kann man dann allerdings einen gewissen Spielraum lassen für die Spekulation.«[695] Die in der pathologischen Anatomie bis dahin stillschweigend vorgenommene Assoziation von Krankheitsursache und körperlichem Substrat wurde aufgebrochen. Charcots Hysterieforschung war wesentlich an der Ausarbeitung dieses Wendepunkts im ätiologischen Denken beteiligt.

---

694 Vgl. auch: Charcot: Poliklinische Vorträge (übers. von Dr. Max Kahane), II. Band, Schuljahr 1888–1889, Leipzig und Wien 1895, ein hysterischer Choreakranker, S. 113–115. Siehe dazu später Freud: Quelques considérations pour une étude comparative des paralysies motrices organiques et hystériques, in: ders. Ges. Werke, Bd. I, Frankfurt am Main 1999, S. 37–55. Freud fertigte die Studie im Auftrag von Charcot an. Vgl. Teil 3.2.
695 Zitiert nach E. Fischer-Homberger: Die traumatische Neurose, Bern 1975, S. 27, s. dies.: Charcot und die Ätiologie der Neurose, in: Gesnerus 28, 1971, S. 36.

Neben den anatomischen Ursachen gerieten nun neue, teilweise nur in Vergessenheit geratene, nicht-medizinische Kausalfaktoren in den Blick: Degeneration und Heredität sowie soziologische, emotionale und psychologische Faktoren wie Kummer und Liebe. Mit ihnen wurde die monokausale Herleitung der Hysterie aus der Anatomie aufgegeben. Dennoch bewegte sich die Negativdiagnose »ohne pathologisch-anatomischen Befund«, das »sine materia«, weiterhin im Rahmen der materialistischen, naturwissenschaftlichen Medizin und vermittelte zunächst keine andere Aussage, als daß mit »unseren gegenwärtigen Hilfsmitteln keine körperlichen Veränderungen nachweisbar sind und als Todesursachen beschuldigt werden können«.[696] Im 19. Jahrhundert, das auf seine naturwissenschaftlichen Fortschritte stolz war und sie als Errungenschaften gegenüber den spekulativen Modellen des Jahrhunderts zuvor betrachtete, konnte Substratlosigkeit und Substanzlosigkeit nicht einfach Körperlosigkeit heißen, zumal auch die Auffassung der Hysterie als einer Nervenkrankheit körperlich-materielle Ursachen implizierte, die damals jedoch noch weitgehend im Dunkeln lagen. Für Charcot jedenfalls war der Negativbefund der Hysterie keineswegs das erwünschte Ergebnis – ebensowenig wie er für Freud später die erhoffte ätiologische Lösung bedeutete. Immerhin fand er auf den unwillkommenen anatomisch-pathologischen Negativbefund eine elegante Antwort: Sie hieß »Diathese«. Neben der von Freud später kritisierten Heredität als Ursache der Neurosen und aller Nervenkrankheiten entwickelte er damit das Konzept einer neuropathischen Konstitution, die fast schon strukturelle Züge trug.[697]

Von der Abweisung des Uterus zur Theorie des Nervensystems

In diesem Sinne knüpfte Charcots ovarielle Auffassung der Hysterie an die Jahrtausende alte medizinische Tradition an, veränderte jedoch deren Bedeutung. Denn die Ovarien sind nicht der Uterus, die Eierstöcke nicht die Gebärmutter. Charcots ovarielles Modell hatte mit dem Platonischen Mythos vom Uterustierchen nichts mehr zu tun, es war keine imaginäre Zwei-Köpertheorie mehr.[698] Im 19. Jahrhundert wurde das imaginär Mythische von der wissenschaftlich-kritischen Methode neurophysiologischer Untersuchungen ersetzt.

In diesem Sinn hatte Charcot nach eigener Beschreibung die Hysterie

---

696 J.-M. Charcot: Poliklinische Vorträge, a. a. O., S. 101.
697 J.-M. Charcot: Neue Vorlesungen über die Krankheiten des Nervensystems, a. a. O., S. 85 und M. Gauchet, G. Swain: Le vrai Charcot, a. a. O., S. 82ff.
698 Dennoch bleibt die gynäkologische 2-Körpertheorie bis ins 19. Jahrhundert hinein bestehen. Sogar Freud knüpft mit seiner Vorstellung von den erogenen Zonen daran an. Vgl. G. Swain: L'âme, la femme, le sexe, le corps, in: dies.: Dialogue avec l'insensé. Essais d'histoire de la psychiatrie, Paris 1994, S. 215–236.

»von ihrem Mutterboden abgelöst« und den Weg zur einer entweiblichten und neurologisch verallgemeinerbaren Nosographie beschritten. Die ovarielle Ätiologie bildete nur die Brücke zwischen der alten, organischen und lokalen Körperhysterie und den neuen funktionellen Formen, die mit Halluzinationen, Delirien, Bewußtseinsverlusten auftraten: »Ich habe nie behauptet, die Hysterie sei eine von der Gebärmutter ausgehende Suffocation. Man kann im Rücken eine hysterogene Stelle haben, ohne daß der Rücken die Ursache der Hysterie ist (...) so simplizistisch bin ich nicht, ich sehe die Sache weitaus komplexer.«[699]

Ein wesentlicher Baustein zur Ablösung der ovariellen Hysterie verdankte sich also dem Nachweis, daß die Hysterie beide Geschlechter, also auch das männliche Geschlecht betrifft. Besonders die männlichen Hysteriker, auf die Charcot und seine Mitarbeiter in dem 1889 gegründeten Ambulatorium der Salpêtrière trafen, trugen dazu bei, das Krankheitsbild neu zu bestimmen. Charcots männliche Hysteriker waren keine ennuyierten Müßiggänger aus der Oberschicht mehr, die für ihre Degeneration moralisch hätten verantwortlich gemacht werden können. Es waren im Gegenteil tatkräftige und robuste Männer aus dem Kleinbürgertum, die aus dem Milieu der Handwerker, Bäcker und Schmiede stammten oder zu den Elenden und Vagabunden zählten. Ein Unfall, ein Attentat, ein Sturz von einem Gerüst war für sie die Ursache ihrer Krankheit geworden, die sich bei ihnen nicht anders als bei den weiblichen Hysterikerinnen äußerte.

Vom Nimbus der rein weiblichen Krankheit befreit und nosographisch verallgemeinert, beginnt mit Charcot die naturwissenschaftliche Definition der Hysterie. Körper und Materie behaupten sich als physikalische, chemische, dynamische Geschehen und übernehmen die Regie über das Psychische. Mit der Loslösung von den alten Konzepten des Psychisch-Mentalen tauchen gleichzei-

---

699 Siehe M. Gauchet, G. Swain: Le vrai Charcot, a. a. O., S. 36; die Theorie besteht bis 1877 (J.-M. Charcot: Lecons sur l'hystérie virile, a. a. O., S. 129). Es ist nicht ganz richtig, daß in der Zeit vor Charcot männliche Sexualität nie mit Hysterie in Verbindung gebracht worden wäre. So werden in der Inquisitionszeit durchaus Männer als Hexer verbrannt. Die sexuelle Auffassung der Hexerei ist außerdem in der Vorstellung von Incubus und Succubus unübersehbar. Trotzdem wird die Verbindung nie systematisch gezogen. Selbst angesichts Tausender verbrannter Hexer wurde Hexerei bei Männern immer nur als ein kontingenter Einzelfall verstanden. Strukturell wird der Zusammenhang zwischen dem männlichem Geschlecht und der Hexen-Hysterie erst mit Charcot und seiner traumatischen Ätiologie. Trotzdem ist verwunderlich, wie Charcot um die sexuelle Tatsache herumlavierte, die Hysterie aus dem Nimbus als Geilheitskrankheit heraushalten wollte und wie langwierig er erklärt und demonstriert, daß z. B. in einem Fall meiner »hysteria armatoria« vorliegen kann oder in einem anderen die Überempfindlichkeit des Scrotums nicht sexueller Natur sein kann (s. G. Swain). Prinzipiell ist für Charcot die Objektivierung der Hysterie als Krankheit mit dem sexuellen Aspekt unvereinbar. Er liegt in gewisser Weise damit gar nicht falsch. Man könnte fast sagen, daß Freud wenig später daraus nur die Konsequenz zieht, wenn er die Sexualität als das Faktum versteht, das allen Verallgemeinerungstendenzen des Psychischen widerspricht.

tig vergessene therapeutische Methoden wieder auf und bereiten die endgültige Ablösung des ovariellen und spinalen Reflex-Modells vor. Sie bringen zu guter Letzt die Annahme des Unbewußten auf den Weg.

Die Metallotherapie

Anfang der siebziger Jahre beginnt Charcot mit seinen Hysterieexperimenten, wobei er sich zunächst der Methode der Metallotherapie bedient. Im Zentrum dieser von dem Engländer Burq erfundenen Methode stand die Beobachtung, daß bestimmte Metalle (Gold, Zink, Eisen) positiven Einfluß auf bestimmte Hysterieformen wie Anästhesien, Krämpfe, Seh- und Hörstörungen ausüben. In der Therapie versuchte man deshalb, diese Metalle flüssig zu verabreichen (interne Metallotherapie) oder am Körper der Versuchspersonen – an Arm, Schläfen oder Rumpf – anzubringen. Auf diese Weise wurde beispielsweise durch einfache Applikation von zwei bis drei Goldstücken, die man fünfzehn bis zwanzig Minuten am Arm einer Versuchsperson festband, eine Hautreaktion provoziert oder umgekehrt eine Anästhesie zum Verschwinden gebracht. In der Salpêtrière wurden diese Vorgänge nach allen Regeln der Kunst geprüft und gemessen, bis kein Zweifel mehr daran bestand, daß sie ein objektives Geschehen darstellten und durch Induktion schwacher elektrischer, galvanischer Ströme ausgelöst wurden. Im Verlauf der metallotherapeutischen Verfahren fiel den Experimentatoren jedoch ein unbekanntes, seltsames Phänomen auf, das 1878 auch das Interesse der »Académie de Biologie« erregte und viele Jahre später auch J. Lacan noch erwähnenswert fand. Es wurde beobachtet, daß eine Sensibilitätsstörung auf der einen Körperseite verschwinden und nach dem Muster der kommunizierenden Röhren auf der anderen Körperseite neu entstehen konnte. Die Tatsache der Verschiebung war entdeckt, der Transfer, die Übertragung. Charcot war die Entdeckung höchst willkommen, meinte er doch, in der Zufälligkeit der Entdeckung den Beweis für ihre Objektivität gefunden zu haben. Denn so zufällig wie das Phänomen aufgetaucht war, konnte es kaum simuliert worden sein.[700] Trotzdem war Absicherung geboten. Experiment folgte auf Experiment, bis die Allgemeingültigkeit der Entdeckung belegt zu sein schien und die elektromagnetische Übertragung als Beweis gegen den Simulationsvorwurf tatsächlich Anerkennung fand. Ein Vorbehalt belastete die Magnetkuren jedoch auf unannehmbare Weise. Der Tradition nach knüpften sie an den »tierischen Magnetismus« Mesmers an, der noch wenige Jahre zuvor wegen mangelnder Wissenschaftlichkeit in Mißkredit geraten war, so daß sich ein aufstrebender

---

700 J.-M. Charcot, Hémorragie et Ramollissement du Cerveau. Métallothérapie et Hypnotisme Électrothérapie, OC IX, a. a. O., S. 237.

Wissenschaftler des 19. Jahrhunderts davon abgrenzen mußte.[701] Doch nicht Mesmers Mystizismus war für Charcot das eigentlich Abschreckende – in seinen letzten Publikationen hatte er sich sogar selbst mit dem Wunderbaren beschäftigt –, als vehementer Anhänger der positiven Naturwissenschaften war Charcot vielmehr fest überzeugt, dem Mystizismus der Alten entflohen zu sein und das Wunderbare der rationalen Herrschaft unterstellen zu können. Charcot folgte dem Glauben, daß das Außerordentliche positiv auflösbar sei.[702]

Exkurs: Franz Anton Mesmer (1734–1815)

Charcots Vorbehalt gegenüber Mesmer war verständlich. Gut 90 Jahre nach der Kampagne der französischen Regierung gegen den Mesmerismus waren die Einwände der königlichen Akademie der Wissenschaften und der Pariser medizinischen Fakultät von 1784 so sehr Allgemeingut geworden, daß eine Verbindung mit Mesmer wissenschaftlich nur rufschädigend sein konnte. Die Hauptvorwürfe der königlichen Wissenschaftsvertreter, zu denen u. a. der Arzt Guillotin, der Chemiker Lavoisier und der amerikanische Gesandte Benjamin Franklin zählten, lauteten: Nichtbeachtung des Kausalgesetzes, Nichtunterscheidung von Tatsachen und Hypothesen, Nichtbeachtung des Empirieprinzips.[703] Mesmer verteidigte sich gegen diese Verurteilung mit aller Macht, hatte er nach eigenem Verständnis mit seiner Lehre doch weder Mystik noch Magie im Sinn, sondern fühlte sich den Erkenntnissen der Naturwissenschaft ausdrücklich verpflichtet. Besonders orientierte er sich an den spektakulären Entdeckungen der Elektrizität, die im 18. Jahrhundert die große Attraktion darstellten. Seine Absicht war es, dieses neue Wissen auf den Magnetismus zu übertragen und dessen Träger, dem »subtilen Fluidum« eine naturwissenschaftliche Absicherung zu geben. Seiner Entdeckung gab er den Namen »tierischer oder animalischer Magnetismus«, wobei die Attribuierung als Abgrenzung vom physikalischen Magnetismus gedacht war und nichts weiter als das Lebendige bedeutete, nach dem im Jahrhundert Mesmers an allen Fronten gesucht wurde.[704]

---

701 M. Gauchet, G. Swain: Le vrai Charcot, a. a. O., S. 109.
702 J.-M. Charcot, P. Richer: Les Démoniaques dans l'art, Paris 1984.
703 G. Wolters: Mesmer und sein Problem: Wissenschaftliche Rationalität, in: ders. (Hg.): Franz Anton Mesmer und der Mesmerismus. Wissenschaft, Scharlatanerie, Poesie, Konstanz 1988, S. 121–137; s. auch Bernheim über Mesmers »tolle und anmaßende Lehren«, »Mesmers schwindelhaftes Gebaren«, in H. Bernheim: Die Suggestion und ihre Heilwirkung, Leipzig und Wien 1888 (Nachdruck: Tübingen 1985), S. 97–100.
704 H. Feldt: Vorstellungen von physikalischer und psychischer Energie zur Zeit Mesmers, in: H. Schott (Hg.): Franz Anton Mesmer und die Geschichte des Mesmerismus, Stuttgart 1985, S. 37–39. Zu den spektakulärsten Phänomenen wird hier das elektrische Gastmahl von B. Franklin gezählt, bei dem ein Truthahn durch einen elektrischen Schlag getötet und geschmort wurde.

Mit dem »tierischen Magnetismus« und dem Fluidum schloß sich Mesmer der allgemeinen Suche nach dem Lebendigen an und glaubte, mit ihm eine Erklärung für die Wechselwirkungen des Lebendigen zwischen den Himmelskörpern, der Erde und den Lebewesen gefunden zu haben. Das Fluidum selbst verstand er als eine universal verbreitete, subtile Art von Energie, die sich nach Art physikalischer Konzepte wie eine universelle Schwerkraft oder eben die Elektrizität verhielt und in unterschiedlichsten Formen anzutreffen war – in Magneten, Elektrizität und eben dem tierischen Magnetismus. Durch seine unterschiedliche Konsistenz schien das Fluidum die Eigenschaften aller belebten wie unbelebten Körper zu bestimmen. So versetzte es den menschlichen Körper – den sich Mesmer im Sinne der Mechanik von LaMettrie und Descartes als eine Maschine dachte – im gesunden Zustand in Wechselwirkung mit allen anderen Körpern des Weltalls und ließ ihn, wie das Sonnenlicht im Planetensystem, an der unendlich feinen Substanz, der »Allflut«, teilhaben. Bei Verfestigungen und Stockungen des Fluidums waren indes Krankheiten unvermeidlich.[705] Soweit die Theorie des »tierischen Magnetismus«, die zurecht bescheiden genannt werden darf. Spektakulärer und folgenreicher waren jedoch ihre therapeutischen Anwendungen.

Mesmersche Heilungen

In der Praxis versuchte sich Mesmer in der Handhabung des Fluidums. Unter Berücksichtigung der Humoralpathologie und im Sinne der Säftelehre versuchte er, das »Lebensfeuer« zu aktivieren, zu kanalisieren und durch Erzeugung von natürlichen heilsamen Krisen krankhafte Verfestigungen des Fluidums zu lösen. Therapeutisch griff Mesmer dabei auf verschiedene Mittel und Maßnahmen zurück, die der Verstärkung des Fluidums dienen sollten. So sollten Berührungen des Körpers, die sogenannten »Passes«, Luftstriche, das In-die-Augen-Sehen, die Musik der Glasharmonika die »Allflut« verstärken, ebenso wie die Anbringung von Spiegeln und Kontakt mit Wasser als geeignete Mittel eingesetzt wurden. Als ein besonderes energetisches Reservoir diente aber zweifelsohne das »Baquet«, der Gesundheitszuber, der nach dem Vorbild der Elektrisiermaschine und der Kleistschen Flasche gebaut war. Mit Hilfe von Glasscherben, Eisenstücken und Wasser sollte dieser Zuber die Kraft speichern und sie über abgebogene Eisenstangen und nasse Seile, die an ihm befestigt wurden, an die Patienten abgeben. Auch wenn Mesmer mit seiner Konstruktion die unsichtbare Kraft der Elektrizität mißverstand, müssen die Wirkungen der Baquetsitzungen beeindruckend gewesen sein. Krisen, Ohnmachtsanfälle, magnetischer Schlaf und

---

705 G. Wolters: Mesmer und sein Problem: Wissenschaftliche Rationalität, a. a. O., S. 122.

massenweise somnambule Zustände waren jedenfalls an der Tagesordnung.[706] Für Mesmer war es dabei belanglos, daß seine vorwiegend weiblichen Patientinnen mit größter Wahrscheinlichkeit alle Hysterikerinnen waren. Mesmer interessierte die Verteilung des Fluidums sowie die Beziehung zwischen dem Magnetiseur und den Patienten, der Rapport. Aber genau dieses Phänomen trug ihm Ende des 18. Jahrhunderts das vernichtende Urteil der Wissenschaft ein.

Der Rapport

Das Pariser Gutachten von 1784 besagte, daß die Ursache der magnetischen Heilkraft – wenn denn davon gesprochen werden könne – allein in der Imagination, der Einbildungskraft der Patienten liegen müsse, genauer, in dem Wissen der Patienten um die Operationen des Magnetiseurs. Und in der Tat hatte Mesmer erkannt, daß die heilsamen Wirkungen nicht allein von den Magneten stammen konnten, sondern er selbst einen wesentlichen Anteil daran hatte. Mesmer richtete seine Aufmerksamkeit deshalb auf die Beziehung zwischen Magnetiseur und Patienten, wobei er dafür Sorge trug, daß beide eine Einheit bildeten, getragen von dem Wunsch, Leiden zu beseitigen und Harmonie herzustellen. Das Fluidum betrachtete er als den materiellen Träger der »Nervenvermählung«, des Rapports oder der Übereinkunft zweier Willen,[707] den Magnetiseur als das therapeutische Agens seiner Heilungen.[708]

Da die Zeit Anfang des 19. Jahrhunderts für magische Beziehungen zwar vorbei, für die neue Art von Nervenvermählung, die Übertragung, aber noch nicht reif war, konnte der tierische Magnetismus nur den Argwohn der traditionellen

---

706 Siehe dazu E. Florey: Franz Anton Mesmers magische Wissenschaft, in: H. Schott (Hg.): Franz Anton Mesmer und die Geschichte des Mesmerismus, a. a. O., S. 11–30. Ein berühmter Fall aus der Mesmerschen Praxis war die Jungfer Paradies, eine seit Kindesalter blinde Pianistin, die Mesmer von ihrer, wohl hysterischen, Blindheit befreien konnte. Als das innige Verhältnis zwischen ihm und der jungen Patientin ruchbar wurde, und sie die wiedergewonnene Sehkraft erneut verlor, endete der Fall für Mesmer in der Katastrophe. Kann die Heilung psychoanalytisch als ein klarer Fall von Übertragungsgeschehen bezeichnet werden, läßt sich das Rätsel des Rückfalls neurologisch dahingehend erklären, daß bei sehend gewordenen Blinden später hinzugewonnene Sinneserfahrungen nur schwer in die einmal entwickelten kognitiven Strukturen eingepaßt werden können. Siehe G. Roth: Das Gehirn und seine Wirklichkeit, Frankfurt am Main 1994, S. 320.
707 H. Schott: Mesmers Heilungskonzept und seine Nachwirkungen in der Medizin, in: ders. (Hg.): Franz Anton Mesmer und die Geschichte des Mesmerismus, a. a. O., S. 240; s. auch H. F. Ellenberger: Die Entdeckung des Unbewußten, Bd. 1, a. a. O., S. 112. Wenn auch unter Vorbehalt, so gibt es hier doch Berührungspunkte mit dem psychoanalytischen Übertragungskonzept. Um nur einige davon zu nennen: Bei Mesmer fließt die kosmische Kraft vom Magneten zum Patienten, bei Freud geht die psychische Energie, Libido, zunächst vom Patienten auf den Analytiker über. Ähnlichkeiten ergeben sich auch bei der Verwendung des Spiegels, der an ein magisches Ding erinnert, wenn er auch in der Übertragung nur metaphorisch eine Rolle spielt (H. Schott, ebd., S. 240, 249).
708 H. F. Ellenberger: Die Entdeckung des Unbewußten, Bd 1, a. a. O, S. 112.

Ärzteschaft erregen und wurde von ihnen denn auch als »sittliche Gefahr« und »geistige Begattung« verunglimpft. Der Berliner Mesmerschüler Karl Christian Wolfart bekam das volle Ausmaß dieser Anwürfe zu verspüren: »Der ganze tierische Magnetismus scheint nichts anderes zu sein als eine geistige Zeugung durch geistige Begattung.«[709] Es wird noch fast ein Jahrhundert vergehen müssen, bis gerade der sexuelle Aspekt bei Freud ungeahnte Früchte tragen wird.

Vom Magnetismus zur Hypnose

Mesmer, der sich als Aufklärer verstand, verfolgte die Absicht, das Fluidum im naturwissenschaftlichen Sinne zu materialisieren und als Kraft einzusetzen. Insofern seine Fluidumtheorie in ein umfassendes Naturganzes eingebettet war, vertrat er jedoch eine kosmische Theorie. Damit verletzte er die argumentativen Standards der entstehenden Rationalitätsnorm, zumal er sich, ähnlich wie später Freud, zu seiner wissenschaftlichen Legitimation statt auf nachvollziehbare Ursache-Wirkungszusammenhänge auf den persönlichen Nachvollzug berief und nur Vergleiche und Annäherungen als Rechtfertigung zuließ. Dennoch behauptete sich der Mesmerismus im aufgeklärten Preußen bis in die Mitte des 19. Jahrhunderts, bis die magnetischen Phänomene schließlich nervenphysiologisch erklärt wurden und der tierische Magnetismus durch die Hypnose von James Braid verdrängt wurde. Die reflexologische Vorstellung vom Seelischen eroberte in der Folge auch therapeutisch das Terrain und die Auffassung von einem reflexhaft funktionierenden Einzelorganismus, der isoliert von kosmischen Wechselwirkungen und äußeren Einwirkungen auf sich selbst geworfen ist, setzte sich schließlich durch.[710] Keinerlei übertragbare und verschiebbare Naturkraft schien nun mehr am Werk, nur mehr exogene Qualitäten, die in der Hypnose vom Arzt initiiert und gesteuert wurden. Der zwischenmenschliche Einfluß löste sich in ein Reiz-Reaktionschema auf und wurde ganz in eine rationale Technik verpackt: Außenreiz trifft auf Sinnesorgan, wird per Nerven zum Gehirn weitergeleitet, zur Information verarbeitet und in sinnvolle Reaktionen durch Körperbewegung umgesetzt.

Charcots Ambition einer verwissenschaftlichten Hysterie reihte sich ganz in diese Entwicklung ein. Wenngleich bei ihm das »Zauberische« nicht vollständig verschwunden war, verkannte er jedoch hartnäckig die Rolle, die ihm selbst in den hypnotischen Experimenten zukam. Charcot blieb in dem Widerspruch gefangen, einerseits der »Napoleon der Neurosen«, der »Herr, in dessen Hände

---

[709] I. Kollak: Literatur und Hypnose. Der Mesmerismus und sein Einfluß auf die Literatur des 19. Jahrhunderts, Frankfurt am Main, New York 1997, S. 86.
[710] W. Bongartz: Das Erbe des Mesmerismus: Die Hypnose, in: G. Wolter (Hg.): Franz Anton Mesmer, a. a. O., S. 63.

die Patienten formbar wie Wachs« sind, sein zu wollen, andererseits die Übertragung zu verwissenschaftlichen. Dennoch waren Charcots Hysterieforschung und Hypnoseexperimente unverzichtbare Etappen auf dem Weg zur Entdeckung der seelischen Mechanismen des modernen Subjekts. Ein Zwischenschritt dazu war mit der Entdeckung der traumatischen Ätiologie der Hysterie gemacht.

Trauma

Die Experimente zur Hysterie wurden fortgesetzt. 1878 begannen neue Versuchsreihen zum Hypnotismus, deren Gegenstand das Trauma als mögliche Ursache der Hysterie darstellte. Charcots physiologische Auffassung des Traumas war nach heutigen Begriffen ungewöhnlich: So verstand er darunter zunächst rein physische Einwirkungen wie eine heftige Wurfbewegung, in deren Folge etwa eine hysterische Armversteifung auftrat.[711] In einem anderen Fall diagnostizierte er bei einer vierzigjährigen Frau, der plötzlich die Beine einknickten und die nach einer Inkubationszeit am linken Knie eine spastische Kontraktur entwickelt hatte, einen Sturz als traumatische Ursache.[712] In einem dritten Fall erkannte er einen durch einen Blitzschlag ausgelösten Schock als traumatische Ursache einer Lähmung[713] und bei einem »armen Teufel« aus dem Armen-Ambulatorium der Salpêtrière verstand er das lange Liegen auf feuchtem Boden und die daraus resultierenden rheumatischen Schmerzen als Trauma und Ursache einer nachfolgenden psychischen Lähmung.[714] Den Prototyp der traumatischen Ursache stellte jedoch der sogenannte »railway spine« oder »railway brain« dar, der Nervenschock, der durch eine psychische Erschütterung entweder »spinal«, im Rückenmark oder im Gehirn ausgelöst wurde.[715] Der »railway spine« oder »railway brain«, die traumatische Neurose durch Eisenbahnunfälle, wurde in der Zeit der ersten Eisenbahnen und Eisenbahnunfälle als fast epidemisch auftretende Hauptursache aller neurotischen Erkrankungen angesehen.[716]

In diesem Kontext experimentierte Charcot mit der traumatischen Neurose und begann, sie nicht mehr allein als physisch bedingt aufzufassen, sondern als eine Schreckneurose, als deren Bedingungen er zusätzlich die Bedeutung von

---

711 J.-M. Charcot: Leçons sur les maladies du système nerveux, OC I, S. 85.
712 Ders.: Poliklinische Vorträge, Bd. II, a. a. O., S. 240.
713 Ebd., S. 373.
714 Ebd., S. 303.
715 Charcot führt hier den Fall eines Lastwagenfahrers an, der mit einer Lok zusammengestoßen war und daraufhin unter Schwäche, Schwindel, Traurigkeit und Alpträumen litt (ebd., a. a. O., S. 459).
716 Vgl. E. Fischer-Homberger, Die traumatische Neurose, a. a. O.

ätiologischen Faktoren wie lebhaften Gemütsbewegungen, Liebesleid, Not des Lebens in Erwägung zog.[717] Charcot kam zu der Überzeugung, daß auch ein Todesfall Ursache einer traumatisch wirkenden Gemütsbewegung sein kann, ähnlich wie eine zu Unrecht erlittene Anschuldigung – etwa einen Diebstahl begangen zu haben – oder schon die Vorstellung, eines Diebstahls bezichtigt zu werden.[718] Die Bestimmung der traumatischen Ursache wandelte sich von einem physisch-mechanischem Agens zu einem ideogenen. In diesem Sinne wurde sogar denkbar, daß eine Kranke, deren Gatte ein Municipalgardist war, bereits durch Angstvorstellungen von einer Zitterparalyse, einer hysterischen »paralysis agitans«, erfaßt werden konnte – Vorstellungen, die sich ihr aufdrängten, als sie das Pferd ihres Gatten einmal ohne seinen Reiter zur Kaserne zurückkommen sah.

An einem Fall von männlicher Hysterie läßt sich die Umwertung der traumatischen Neurose exemplarisch veranschaulichen. Es handelt sich um den von Porcz... (Porczenska). Der Fall nimmt eine Schlüsselstellung in den Charcotschen Experimenten ein. Er demonstriert zum einen das minutiöse Vorgehen der Salpêtrière, gewinnt zum anderen seine Bedeutung als ein Fall von männlicher Hysterie, der zur Verallgemeinerung und strukturellen Ausarbeitung des Charcotschen Hysteriekonzepts beitrug und die einseitig geschlechtsspezifische Ausrichtung der Hysterie endgültig verabschiedete. Darüber hinaus kann der Fall »Porcz« als eine Schaltstelle zwischen dem rein physiologischen Modell und dem sich entwickelnden psychischen Paradigma betrachtet werden. Sehen wir ihn uns kurz an:[719]

Beim Durchgehen seines Pferdes war der 25jährige Fiakerkutscher Porcz eines Tages vom Bock gestürzt, ohne dadurch zunächst zu Schaden gekommen zu sein. Sechs Tage nach dem Unfall verspürte er jedoch Anzeichen von Empfindungslosigkeit in Schultern und Armen, die sich zu einer Armlähmung (monoplegie bracchiale) ausweiteten und allmählich verfestigten.

Hier setzte Charcot mit seiner Differentialdiagnose ein, indem er die verschiedenen Möglichkeiten einer Monoplegie überprüfte: Lag hier eine Schädigung der peripheren Nerven vor, eine spinale Läsion oder gar eine zerebrale Herdläsion?[720] Verschiedene Anzeichen – die abgezirkelte Ausdehnung der Hautanästhesie, die fehlende Muskelschwäche – ließen darauf schließen, daß die Ursache nicht in organischen Schäden zu suchen war, sondern offensichtlich

---

717 Charcot wandte sich gegen die Bedeutung der traumatischen Neurose als spezifische Ursache. Seine Auffassung stieß bei den Berliner Neurologen Oppenheim (1889) und Strümpell (1888) auf Widerhall.
718 J.-M. Charcot: Poliklinische Vorträge, Bd. II, a. a. O., S. 116.
719 J.-M. Charcot: L'hystérie virile, a. a. O., S. 71–77.
720 Ebd., S. 76.

in einer Schädigung der Nervenzentren.[721] Blieb die Frage, wie man diese im Zeitalter der Magnettherapie, also ohne Magnetresonanztomographen oder Kernspintomographen bei lebendigem Leibe des Patienten lokalisieren sollte. Wo lokalisieren, was den Mitteln der Zeit, was der anatomischen Forschung, entwischte? Charcot fand eine Lösung, er nannte die spontan bedingte, doch ohne physisches Substrat verlaufende Monoplegie von »Porcz« eine dynamische und funktionelle Läsion, diagnostisch eine hysterische Monoplegie. Die hysterische Natur der Lähmung bewies sich im Test denn auch zur Genüge: Störungen der Sinnesorgane, etwa des Gehörs (das Ticken einer Uhr in einer Entfernung von mehr als 50 cm wird nicht mehr wahrgenommen); Störungen des Geschmacks, Verengung des Gesichtsfeldes, Existenz von Stigmata, Anästhesien. Charcot als Minimalist glich die Monoplegie des hysterischen »Porcz« mit einer anderen, nahezu identischen Monoplegie ab, der von »Pin«... (Pinaud), die ebensowenig konventionell organisch zu begründen war.[722] Beide Fälle wiesen dieselben Störungen auf, unterschieden sich nur darin, daß sich die Monoplegie des einen, »Pin«, durch Suggestion künstlich erzeugen und auflösen ließ, womit der Fall als Paradefall einer großen Hysterie mit hystero-epileptischen Anfällen betrachtet werden konnte, während die Monoplegie des anderen, »Porcz«, eine durch ein mechanisches Trauma bedingte, unauffälligere Form der Hysterie darstellte. Beide Fälle zusammen führten vor, daß eine hysterische und eine suggerierte Monoplegie den Symptomen nach identisch sind. Das Ergebnis war bemerkenswert, da die angenommenen traumatischen Ursachefaktoren bis dahin wesentlich auf solche äußerer und mechanischer Art beschränkt gewesen waren, wie sie bei einem Blitzschlag, Unfall oder einem Schlag auf die Schulter vorkommen. Mit den künstlich erzeugten Paralysien und den ideogenen Kausalfaktoren öffnete sich das Hysteriekonzept bei Charcot nun auf die »psychisch« genannte Dimension.[723]

Gegen Ende seiner Hysterie- und Hypnoseexperimente ging Charcot sogar davon aus, daß auch Vorstellungen Paralysen erzeugen können.[724] Experimente mit der sogenannten hypnotischen Neurose folgten und lieferten den Beweis, daß sich eine Idee per Suggestion im Geist »nach Art eines Fremdkörpers«, d. h. isoliert vom übrigen Rest der Vorstellungen, einnisten und gleichzeitig nach

---

721 Ebd., S. 85.
722 Ebd., S. 86, 90. Porcz erweitert die Ergebnisse, die schon bei Pin gewonnen wurden. Beide waren künstlich hergestellte Paralysen. Vgl. M. Gauchet, G. Swain: Le vrai Charcot, a. a. O., S. 150, 152ff.
723 Vgl. M. Gauchet, G. Swain: Le vrai Charcot, a. a. O., S. 152–156.
724 Das war zwar nicht ganz neu – 1869 hatte dies schon der Engländer Russel Reynold angenommen, Charcot meinte nun jedoch, experimentelle Beweise vorlegen zu können.

Außen durch korrespondierende motorische Phänomene bekunden kann.⁷²⁵ Nach diesem Muster produzierte man in der Salpêtrière psychische Paralysen, die sich klinisch durch nichts von organischen, also durch Zerstörung von zerebraler Substanz hervorgerufenen Paralysen unterschieden. Charcot gab den künstlichen Gebilden den Namen »psychische Paralysien« und erörterte die Möglichkeit, ob der durch Aufregung oder »nervösen Schock« bedingte psychische Zustand nicht bei entsprechend veranlagten Menschen dem zerebralen Zustand gleichzusetzen wäre, den die Hypnose bei Hysterikern bewirkt.⁷²⁶

Ein neues Experiment versprach hier Aufklärung. Das hysterische Mädchen »Greuz«... mit kompletter Hemianästhesie auf der linken Körperseite. Durch leichten Druck auf die Augen war sie in den somnambulen Zustand versetzt und der Hypnose zugänglich gemacht. Charcot suggerierte jetzt verbal: »Ihr rechter Arm ist gelähmt!« Nach schüchternen Zeichen eines Widerstands: »Mais non, vous vous trompez!« und wiederholter Suggestion war die Armmonoplegie tatsächlich künstlich hergestellt. »Greuz« führte dieselbe komplette motorische Unfähigkeit vor, dieselbe Muskelschwäche und dasselbe Verschwinden der Sensibilität wie »Porcz«, dessen Monoplegie durch spontane traumatische Einflüsse entstanden war.⁷²⁷ Die im somnambulen Zustand erteilte, verbale Suggestion hatte keine andere Wirkung als ein materielles, körperliches Trauma. Eine Serie von Experimenten bestätigte die gleichmäßige Wirkung der traumatischen Agentien, so daß Charcot neben der Differentialdiagnose der Hysterie erstmals die perfekte Imitation einer spontan entstandenen Monoplegie und Hysterie geglückt war.⁷²⁸

Hypnose

Etwaige Ähnlichkeiten zwischen dem Somnambulismus und dem magnetischen Schlaf Mesmerscher Prägung blieben Charcot allerdings weiter suspekt: »On a dit que c'est un sommeil nerveux, (...) je ne sais trop, que cela signifie.«⁷²⁹ Für Charcot war die Hypnose ein wissenschaftliches Verfahren, metaphysische

---

725 Porcz, in J.-M. Charcot: Leçons sur l'hystérie virile, a. a. O., S. 93. Die Idee des Fremdkörpers stammt aus der zeitgleich entstehenden Bakteriologie (1870 Robert Koch), s. dazu auch G. Canguilhem: Der Beitrag der Bakteriologie zum Untergang der ›medizinischen Theorien‹ im 19. Jahrhundert, in: Wissenschaftsgeschichte und Epistemologie, Frankfurt am Main 1972, S. 110–133.
726 Ebd., S. 94; Charcot zitiert in G. de Moisier: Jean Martin Charcot, a. a. O., S. 53.
727 J.-M. Charcot: L'hystérie virile, a. a. O., S. 97ff.
728 Ebd., S. 71–112; M. Gauchet, G. Swain: Le vrai Charcot, a. a. O., S. 155. Hieran knüpft auch Freuds Vergleichsstudie zwischen den organischen und hysterischen Paralysien an.
729 J.-M. Charcot: Hémorragie et Ramolissement du Cerveau. Métallothérapie et Hypnotisme Électrothérapie, OC IX, a. a. O., S. 287.

oder gar parapsychologisch-magische Auslegungen waren für ihn nur auf ein mangelhaftes, wissenschaftliches Verständnis zurückzuführen: Mesmer vertrete das mysteriöse Prinzip und seinen Arbeiten fehle die klinische Präzision, immer gehe es um vage, schlecht definierte Affektionen, die ohne präzise Diagnostik und auch therapeutisch nicht zuverlässig seien.[730] Die Experimente mit der Elektrizität, die Entdeckung des elektrischen Transfers und die Anwendung der Magneten hatten den Hypnotismus längst über solch zweifelhafte Verwandtschaft herausgehoben.

1882 zerstreute die anerkennende Stellungnahme der »Akademie der Wissenschaft« auch noch die letzten Zweifel an der Legitimität der Hypnose als wissenschaftlicher Behandlungsmethode. Auf diese Weise abgesichert, konnte der Charcot-Schüler Babinski sie dann wie folgt klassifizieren: Hypnose war für ihn ein Phänomen, das im Fall des »großen Hypnotismus« in drei verschiedenen Arten von Nervenzuständen auftritt: als Katalepsie, Lethargie und Somnambulismus. Hypnose äußert sich in somatischen Erscheinungen; sie wirkt unabhängig von jeder Form der Suggestion und ist schließlich als ein pathologischer, nämlich spezifisch hysterischer Nervenzustand zu betrachten, der auch in kleineren und unscheinbaren Formen wie Zornes- und Tränenausbrüchen oder Lachanfällen auftreten kann.

Als untrügliches diagnostisches Zeichen eines hypnotisches Zustands galten in der Salpêtrière indes die somatischen Merkmale, die über jeglichen Simulationsverdacht erhaben schienen. Während der hypnotischen Zustände seiner hysterischen Versuchspersonen hatten Charcot und seine Mitarbeiter verschiedene somatische und psychische Phänomene beobachtet: in der lethargischen Phase eine bestimmte neuromuskuläre Übererregbarkeit, in der somnambulen Phase die größte Empfänglichkeit für Suggestion und in der kataleptischen Phase die enorme Plastizität von Physiognomie, Gesten und Körperhaltungen. Die »Goldmine der Forschung« war entdeckt. Charcot wußte sie zu nutzen und beutete sie reichlich aus.[731] Ohne Bedenken experimentierte er mit seinen Patienten, produzierte auf der einen Körperhälfte eine neuro-muskuläre Übererregbarkeit und auf der anderen eine kataleptische Starre, um das *physiologische* Funktionieren des Nervensystems und bestimmter Zonen des Rückenmarks unter Beweis zu stellen oder einfach eine neuro-muskuläre »hyperexcitabilité« der Gesichtsmuskeln zu induzieren.[732]

Sehen wir uns in diesem Zusammenhang den Fall »Pauline« genauer an, das erste Hypnoseexperiment der Salpêtrière (Hypnose im lethargischen Zustand), mit dem die objektive Gegebenheit und Gesetzmäßigkeit der Hysterie unter

---

730 Ebd., S. 267.
731 Ebd., S. 310.
732 Ebd., 307, 359 ff.; M. Gauchet, G. Swain: Le vrai Charcot, a. a. O., S. 133.

Beweis gestellt werden konnte: »Que l'hystérie n'est pas une de ces inconnues où l'on voit tout ce que l'on veut. N'en déplaise aux sceptiques et aux hystérophobes, ce n'est pas un roman: L'hystérie a ses lois.«[733] Der Fall war keine große Hysterie mit Konvulsionen, dämonischen Phasen oder Kreuzigungsanfällen. Pauline, eine 26-jährige Klosterschwester aus dem Département Creuse, war für Charcot nur aufgrund ihrer somatisch-hysterischen Erscheinungen – Kontraktur des rechten Arms mit fest verschlossener Faust – von Interesse: Die klösterliche Versuchsperson sprach auf die Hypnose durch den magnetischen Transfer zunächst gut an, demonstrierte wunschgemäß den Transfer der Kontraktur von der rechten Körperseite zur linken und stellte alle verheißungsvollen Möglichkeiten der Hypnose unter Beweis. An ihr ließ sich zeigen, daß Kontrakturen nach Belieben hergestellt und aufgelöst werden können und zwar aus dem einfachen Grund, weil Hypnose ein somatisches Reflexgeschehen ist.[734] Weitere hypnotische Experimente folgten. Charcot begann, mit komplexeren zerebralen Aktivitäten zu experimentieren, verzichtete bald auf die Anwendung von Magneten und elektrischen Verfahren und führte die hysterischen Kontrakturen und Lähmungen schließlich nur noch mechanisch aus – durch Schock, Druck oder Massage –, da er davon ausging, daß die Hysterischen allein aufgrund ihrer Hysterie dazu disponiert wären. Es folgten die spektakulären Experimente, die die »Iconographie de la Salpêtrière« so berühmt und berüchtigt gemacht haben.[735] Alle erdenklichen Ausdrucksformen und Körperpositionen wurden den Subjekten eingeschrieben: Körperhaltungen oder Physiognomien; eine Physiognomie, die eine bestimmte Körperhaltung auslösen sollte; eine bestimmte Körperhaltung, die die Physiognomie beeinflussen sollte; eine Geste des Zorns, die ein wutverzerrtes Gesicht provozierte, eine leidenschaftliche Haltung, die ein Liebessehnen hervorrief, ein Ausdruck der Bedrohung, des sexuellen Flehens, eine Ekstase, eine Moquerie. Der Operateur modellierte die Affekte, Physiognomien und Körperhaltungen seiner Versuchspersonen auf das Schönste und Vollständigste. Besonders im kataleptischen Zustand zeigten sie sich im höchstem Maße formbar. Doch Charcot, der Herr der Neurosen, konnte sie noch weiter modellieren, sie

---

733 Ebd., S. 277. Man erinnert sich demgegenüber an Freuds Erstaunen, daß sich »meine Krankengeschichten wie Novellen lesen lassen«. Zwischen Charcot und Freud liegen tatsächlich Welten, eben die zwischen naturwissenschaftlicher Medizin und Psychoanalyse.

734 »Dans l'hypnotisme et en particulièrement dans la phase désignée sous le nom de léthargie, il semble se passer du côté du centre médullaire quelque chose d'analogue à ce qui a lieu dans le strychnisme. Les preuves sont nombreuses qui font penser à une modification fonctionnelle du centre nerveux lui-même, modification dynamique qui, dans le cas de l'état léthargique, se traduirait par une exagération de fonction, une excitabilité plus grande qu'à l'état normal.« (J.-M. Charcot: Hémorragie et Ramolissement du Cerveau. Métallothérapie et Hypnotisme Électrothérapie, OC IX, a. a. O., S. 411f.)

735 Ebd., S. 442–443; ferner G. Didi-Huberman: L'invention de l'hystérie, Paris 1982.

Stück für Stück, Glied für Glied neu erschaffen. Er konnte eine Handlähmung, Armlähmung, die Lähmung einer ganzen Körperseite verschieben, auflösen und wieder aufs Neue entstehen lassen. In der Hypnose machten die Hysterikerinnen den Eindruck, als ob sie vom Hypnotiseur aus rohem Material herausmodelliert und in Kunstwerke und expressive Statuen verwandelt worden wären. Charcot jedenfalls war der Meinung, daß seine Versuchspersonen keinen eigenen Willen besäßen und allein sein Wille über sie regiere. Er war der Regisseur der Szene. Per hypnotischer Suggestion ergriff er von den Hypnotisierten Besitz und versetzte sie in den Zustand des Somnambulismus, der dem der Besessenen nicht unähnlich war, die man im Mittelalter in der Gewalt des Teufels wähnte. Mit dem Unterschied freilich, daß in der Salpêtrière aus dem Teufel der wissenschaftliche Experimentator geworden war. Und wie jener erging sich auch dieser in dämonischen Omnipotenzansprüchen: »Unsere Macht kennt fast keine Grenzen, denn wir können unser Tun nahezu bis ins Unendliche variieren.«[736] Das Subjekt war zu einem immobilen Modell geworden, in eine »expressive Statue« verwandelt. Charcot feierte Triumphe: »Nous sommes maîtres de faire passer la contracture, artificiellement produite, d'un membre à l'autre membre ou à une région quelconque du corps.«[737]

Bedeutung der Hypnose für Charcot

Das hypnotische Experiment war ein Verfahren, mit dem Charcot den Vorwurf, die Hysterie sei ein lediglich simuliertes Symptom, entkräften wollte. Durch künstlich hergestellte Paralysien wollte er beweisen, daß sie kein willentlich hervorgerufenes Phänomen darstellt, sondern objektiven Gesetzen folgt, die ausgehend von äußeren Reizen durch Funktionen des Nervensystems bestimmt werden und einem Reiz-Reaktions-Geschehen unterliegen. Um die Wirkung verschiedener Stimuli auf die einzelnen hypnotischen Zustände zu demonstrieren, wurden alle erdenklichen Konstellationen getestet: Suggestion zunächst ausschließlich im lethargischen Zustand und nur visuell und taktil induziert (durch Licht, Blickfixierung und Reibung), später auch über den Gehörsinn (per Trommel, Stimmgabel oder schockartig verabreichte Geräusche), sodann

---

736 J.-M. Charcot: L'hystérie virile, a. a. O., S. 33. Dennoch mahnt Charcot zur Vorsicht im Umgang mit dem Instrument der Hypnose, da sie ein schwieriger Agens sei, Takt und ärztliche Würde erfordere, sowie angemessene Gelegenheiten brauche.

737 J.-M. Charcot: Hémorragie et Ramolissement du Cerveau. Métallothérapie et Hypnotisme Électrothérapie, OC IX, a. a. O., S. 443. Mit dem Triumph über eine Gottesbraut ist im Fall Pauline allerdings eine ethische Grenze überschritten. Charcot ließ sich dazu jedoch nicht weiter aus, vielleicht aus der Ahnung heraus, daß die öffentliche Zurschaustellung einer Nonne, in einem Experiment zumal, das immer noch in einem zweifelhaften Ruf stand, selbst etwas anrüchig war (ebd., S. 276). Vgl. ferner M. Gauchet, G. Swain: Le vrai Charcot, a. a. O., S. 125.

Erweiterung auf den kataleptischen Zustand und Induktion von ideogenen Traumata und verbalen Mitteln, darunter auch elaborierte Botschaften, mit denen eine Körperhaltung als »tragisch« oder »lustig« modelliert werden sollte: »Je lui rapproche les mains de la figure comme on fait lorsque l'on rit, et aussitôt la face prend l'expression du rire«.[738] »Die hypnotischen Experimente entwickelten sich zu Demonstrationen des automatischen Funktionierens eines Teils des Gehirns, zu Demonstrationen für den zerebralen Automatismus, die unbewußte Cerebration!«[739]

Im säkularisierten Weltbild des wissenschaftlichen Zeitalters schien LaMettries Maschinenmensch wieder aufzuleben. Gestützt auf die neuen Techniken der Zeit, erhoben Charcots Experimente nun den Anspruch auf totale Machbarkeit. G. Didi-Huberman hat diesen Aspekt des Automatenhaften bei Charcot in seiner ganzen ethischen Fragwürdigkeit dargestellt, wobei er jedoch den wissenschaftstheoretischen Hintergrund ausblendet, ohne den die Hypnoseexperimente tatsächlich nur als Spektakel und Effekte gewaltsamer Eingriffe erscheinen. Die wissenschaftliche Bedeutung der Experimente steht und fällt indes mit der seinerzeit avantgardistischen Reflexpsychologie. Es ist gerade dieser Zusammenhang zwischen den Hypnoseexperimenten und der Reflexpsychologie, der es unmöglich macht, Charcots Hysteriekonzept nur als positivistische Verblendung und Ergebnis eines persönlichen Größenwahns abzutun. Es gilt vielmehr, den theoretischen Erkenntnisgewinn daran wahrzunehmen, der Freud schließlich zur Annahme des Unbewußten führte.

Der Abstand zwischen Charcots Reflexologie und Freuds psychischem Apparat ist dennoch enorm. Wo Charcot in den Konvulsionen und Paralysien der Hysterikerinnen der Salpêtrière eine strenge Gesetzmäßigkeit zu erkennen glaubte, deren Automatismus ihn dazu veranlaßte, ein allgemeingültiges Krankheitsbild der Hysterie aufzustellen, entdeckt Freud wenig später Vorgänge, die zwar auch von einem Automatismus zeugen, zugleich aber Zufallsprodukte und singuläre Äußerungen darstellen. Bei Charcot ist davon nichts zu verspüren. In bester Gesellschaft mit der heutigen Neurowissenschaft geht er davon aus, daß das Psychische mit den physiologischen Mechanismen identisch ist. »Beunruhigen Sie sich also nicht weiter meine Herren, das Psychische ist ja nichts weiter als das Physiologische!«

---

738 J.-M. Charcot, Hémorragie et Ramolissement du Cerveau. Métallothérapie et Hypnotisme Électrothérapie, OC IX, a. a. O., S. 288.

739 »Les expériences d'hypnotisme, dont il s'agit, deviennent ainsi la plus belle démonstration du fonctionnement automatique d'une partie de l'encéphale, fonctionnement déjà étudié par les psychologues et les physiologistes, et auquel on a donné le nom d'*automatisme cérébral* ou de *cérébration inconsciente*« (ebd., S. 446).

Aphasie und Sprachvorstellung bei Charcot

Mit den Hypnoseexperimenten hatte Charcot den automatischen Reflexablauf des Gehirns entdeckt und die gewünschten Argumente gegen die behauptete Simulation der Hysterie und die Beliebigkeit ihrer Symptome erhalten. Die Hysterie hat sich verändert, das Chamäleonartige ihres Auftretens war gebannt, sie ist allgemein geworden, verobjektiviert. Doch der Schluß, zu dem manche Kulturhistoriker neigen, wonach das Scheitern des ganzen Hysteriekonzepts einzig und allein auf Charcots Objektivierungsstreben zurückgeht, verkürzt den Sachverhalt auf unzulässige Weise (M. Schuller, M. Schneider, Chr. v. Braun). Mit seinen Hypnoseexperimenten legte Charcot nämlich auch eine rudimentäre Theorie innerer Verarbeitungsmechanismen vor und war damit den Mechanismen des Unbewußten ein erstes Mal nahegekommen. In diesem Zusammenhang stehen bei Charcot wie bei vielen seiner Zeitgenossen die Sprachstörungen, Aphasien, von denen auch er sich nähere Auskünfte über die allgemeinen Hirnfunktionen versprach.[740]

An der Salpêtrière hatte man mit Paul Broca in der Untersuchung der motorischen Aphasie bereits bedeutende Erfolge vorzuweisen, so daß Charcot an die Entdeckungen seines Klinikkollegen anknüpfen konnte. Doch auch anderweitig hatte die Aphasieforschung Fortschritte zu verzeichnen, wobei die Ergebnisse der englischen Forscher (Hughlings-Jackson) Charcot ebenso bekannt waren wie die der deutschen – 1876 hatte er selbst Adolf Kussmaul in Frankreich eingeführt.[741] Auf dieser Grundlage und nicht zuletzt vor dem Hintergrund der physiologischen Psychologie von Théodule Ribot entwickelte Charcot in den Freitagsvorlesungen seine eigene Auffassung vom zerebralen Ablauf der Sprache, bei denen die geschilderten Hypnoseexperimente mit Wortsuggestion den Ausgangspunkt bildeten. Als Aphasie, Wortstörung, betrachtete Charcot zunächst grundsätzlich alle pathologischen Veränderungen, welche die »facultas signatrix« betraf, also die Fähigkeit, Gedanken durch Zeichen auszudrücken, insofern diese mit den höheren Funktionen des Nervensystems verbunden und unabhängig von jeder Intelligenzleistung zu bestehen schienen.[742] Im weiteren unterschied er vier Haupttypen von Aphasien, die Worttaubheit, motorische Broca-Aphasie, die Agraphie und schließlich die Wortblindheit. Besonders bei letzterer sah er sich nach eigenem Bekunden in der »glücklichen Lage«,

---

740 Siehe Teil 2.1: Aphasien.
741 Kussmaul faßt die Aphasie als eine symbolische Störung auf, als Asemie. Vgl. J. Gasser: Aux Orgines du cerveau moderne, a. a. O., S. 136.
742 J.-M. Charcot: Neue Vorlesungen über die Krankheiten des Nervensystems, a. a. O., S. 125. Deshalb war Charcot auch der Meinung, daß der Verstand seiner Patienten trotz vieler Jahre Anfallshysterie nicht beschädigt wäre.

auf der Grundlage von sechzehn selbst untersuchten Fällen – davon drei mit Sektionsbefund – die Lokalisierung der krankhaften Veränderung in der ersten Schläfenwindung und dem unteren Scheitellappen belegen und die Art der krankhaften Veränderung des zerebralen Gewebes – Gefäßkrampf, Embolie und andere Veränderungen – nachweisen zu können.[743]

Ein berühmter Fall von Wortblindheit bestätigte die an Kussmaul angelehnte Annahme, daß das Gehirn kein homogenes Organ darstellt, sondern ein Assoziationsgebilde, das aus verschiedenen Funktionsarealen besteht und verschiedenen, abgegrenzten Funktionen dient, unter anderem der Kompensation:[744] Der Wiener Kaufmann Herr X war ein gebildeter Mann, der aus einer begabten Familie stammte (Hereditätsfaktor). Deutsch, Französisch, Spanisch waren ihm ebenso geläufig wie Griechisch und Latein. Vor allem erfreute er sich eines außerordentlichen visuellen Gedächtnisses. In der Folge von schweren Existenzsorgen war ihm diese hervorstechende Fähigkeit zu einem bestimmten Zeitpunkt jedoch gänzlich verloren gegangen. Herr X konnte sich an keine Person, keinen Gegenstand seiner Umgebung mehr erinnern, konnte weder ein Gesicht, noch einen menschlichen Kopf zeichnen oder sich gar die Züge seiner Frau und seiner Kinder in Erinnerung rufen. Orte, die er gut kannte, kamen ihm plötzlich unbekannt vor. Das Merkwürdige an dieser visuellen Amnesie und Aphasie war indes die Beobachtung, daß Herr X zwar manche Erinnerungen irreparabel verloren hatte, den Verlust aber trotzdem auffangen konnte. Und zwar durch das bei ihm bis dahin völlig inaktivierte, auditive Gedächtnis, die sogenannte innere Sprache. Ab einem bestimmten Zeitpunkt war es der Klang der Worte, der in ihm Vorstellungen wachrief und ihm die notwendige Orientierung im Umgang mit seiner Umgebung vermittelte. Das Gehirn hatte einen Ersatzmechanismus für die Wortblindheit gefunden.[745]

Charcot erörterte den Fall nach zwei Seiten, er untersuchte zum einen den allgemeinen zerebralen Mechanismus dieser visuellen Aphasie und betrachtete zum anderen seine individuellen und quasi psychologischen Auswirkungen auf Charakter und Gefühlsleben des Patienten. Dabei stellte er fest, daß sich der Charakter des Kaufmanns deutlich verändert hatte. Während er früher beweglich, enthusiastisch und mit üppiger Phantasie begabt gewesen war, war er nach dem Verlust seines visuellen Gedächtnisses ruhig, kühl und weniger phantasiebetont und zeigte sich für den moralischen Schmerz und Kummer seiner Mitmenschen nur noch wenig empfänglich. Darüber hinaus schien er nicht mehr in Bildern zu träumen, wohl aber in Worten. Soweit die spezifischen

---

743 Ebd., S. 124.
744 S. dazu auch O. Breidbach: Die Materialisierung des Ich, a. a. O., S. 133.
745 J.-M. Charcot: Neue Vorlesungen über die Krankheiten des Nervensystems, a. a. O., S. 128, 131, 133.

Effekte. Hinsichtlich ihrer Ursachen stand für Charcot indes fest, daß die Wortblindheit wie alle anderen Aphasieformen durch den Gedächtnisverlust der motorischen Bewegungen zustande kommt. Darüber hinaus zog er aus dieser und anderen pathologischen Erscheinungsformen Rückschlüsse auf das normale Sprachvermögen und entwickelte auf diese Weise eine rudimentäre Sprachtheorie. In dieser erweist sich das Wort als ein »complexes Gebilde«, das aus mehreren Bestandteilen und einzelnen Sprachgedächtnisvermögen besteht: aus dem motorischen Bewegungsbild, dem graphischen Bewegungsbild sowie den auditiven und visuellen Erinnerungsbildern. Diese Sprach- und Schriftmerkmale, bzw. Sprachvermögen schienen »in ganz bestimmten Gegenden des Gehirnes ihren Sitz« zu haben, im Normalfall sind sie untereinander »durch die innigsten Beziehungen mit den anderen verknüpft« und stehen bei den Vorgängen des Schreibens und des Sprechens notwendig untereinander in Kooperation. Dies zu den Elementen von Charcots etwas »simplizistischer« Sprachtheorie, die er – anders als Freud – aus eigenen klinischen Beobachtungen gewonnen hatte.[746] In einem Punkt, dem der Trennung von Wort und Vorstellung, wird sie für die spätere Konzeption des unbewußt Psychischen zum Vorbild werden. Jedenfalls greift Freud sie in seiner Aphasiearbeit neun Jahre später erneut auf und übernimmt in seinem Modell des unbewußten Sprechapparats genau diese Idee der Trennung von Wort und Vorstellung, die er nun allerdings in eine Trennung von Objektassoziation und Wortassoziation umformuliert, womit er der psychoanalytischen Methode ihre wichtigste Grundlage gibt. Damit daraus die berühmte Methode des freien Assoziierens, die »talking cure« werden kann, muß indes noch die Auffassung des akustischen Elements als Verbindungsglied zwischen den Sprachassoziationen hinzukommen. In gewissem Umfang hatte das der Reflextheoretiker Charcot bereits antizipiert, als er

---

746 Zitiert in J. Gasser: Aux Orgines du cerveau moderne, a. a. O., S. 202. Noch in den siebziger Jahren wird diese kleine Theorie in der neurologischen Literatur (etwa von Hecaen und Angelergues) erwähnt. Zu ergänzen ist, daß Charcot neben der Wortblindheit auch die motorischen Sprachstörungen der Brocaphasie erwähnt, also die Agraphie, d. h. die Unmöglichkeit, ohne Muskelkrampf zu zeichnen oder zu schreiben. Der Erklärung nach handelt es sich dabei um einen Gedächtnisverlust der speziellen Schreibbewegungen und koordinierten Bewegungen. Vgl. dazu auch das Beispiel des 27jährigen russischen Mannes, der fließend Russisch, Deutsch und Französisch spricht, ab einem Zeitpunkt aber nicht mehr sprechen, nur noch verstehen kann. Schließlich kann er die Sprachen auch nicht mehr schreiben, wobei ihm nach dem Gesetz von Pitres, das über Hughlings Jackson bis zu R. Jakobson in der Literatur überliefert wird, die zuletzt gelernten Elemente als erste verloren gehen (ebd., S. 169–171). Charcot erwähnt auch die Worttaubheit, sensorielle Aphasie im Sinne von Wernicke, bei der den Kranken die Bedeutung der gehörten Worte und konventionell Ideen repräsentierenden Töne – wie ia, miau, aua – verstellt. Auch hier geht Charcot davon aus, daß der Wortverständnisausfall kompensiert werden könne, z. B. visuell, durch das Schreiben der Lautfolge (J.-M. Charcot: Neue Vorlesungen über die Krankheiten des Nervensystems, a. a. O., insbes. S. 154–156).

die Vorstellung von der Weiterleitung eines auditiven oder visuellen Reizes von außen nach innen entwickelte, wenngleich in seinem Modell Wortreiz und motorische Reaktion noch direkt miteinander in Verbindung standen und das Wort noch hauptsächlich als ein mechanisches Agens auftrat.[747] Das seinerzeit beliebte Beispiel der Glocke veranschaulicht diese Vorstellung: Der Klang einer »Glocke« wird vom Ohr eines Kindes, bzw. den Gehörnerven aufgenommen, von wo aus er als Gehörvibration in das auditive Zentrum des zerebralen Kortex weitergeleitet wird. Sensitive Nervenzellen empfangen dort die Vibration, registrieren eine Spur des Glockentons und verbinden diese mit dem nonverbalen Vorstellungszentrum. Der selbe Weg wird bei der visuellen Reproduktion des Bildes der Glocke benutzt, nur daß es hier die visuelle Wahrnehmungsspur ist, die durch zelluläre Erregung an das nonverbale Vorstellungszentrum weitergeleitet wird. Dort kann es dann jedesmal neu aufgerufen werden, wenn vergleichbare auditive Nervenzellenerregungen mit dem Ideenzentrum in Verbindung treten (Kontiguitätsassoziation).[748] Bedeutung und Verstehen des Wortes stellen sich freilich auch in dieser kleinen Sprachtheorie erst dann ein, wenn eine Verbindung zwischen dem gehörten Klang und dem Vorstellungszentrum hergestellt ist, d. h. die mentale Repräsentation, bzw. das entsprechende Vorstellungsbild in eine willentliche Gehirnbewegung, etwa eine zerebrale Sprech- oder Schreibbewegung umgesetzt worden ist. Die Hypnosefälle von »Porcz« und »Pin« veranschaulichen auch diesen Zusammenhang, insofern sie demonstrierten, wie ein Reiz in zelluläre Erregung umgesetzt wird, diese an das Vorstellungszentrum weiterläuft und daraufhin eine Bewegung oder Hemmung erfolgt, je nachdem, ob die Vorstellung durchgelassen oder blockiert wird.[749]

---

747 Charcot unterscheidet sich in diesem Punkt kaum von den modernen Theoretikern, die das Sprechen ebensowenig als eigenständige Dimension anerkennen. Wortsuggestion ist für Charcot nicht psychologisch gedacht, sondern fungiert als ein physischer Agens, s. auch E. Fischer-Homberger: Charcot und die Ätiologie der Neurosen, a. a. O., S. 41 und J. Gasser: Aux origenes du cerveau moderne, a. a. O., S. 197.

748 Nach Charcots Erläuterung seiner Wortauffassung im *Schema der Glocke* von 1884 ist die sprachliche Bildung und der Schriftzug »Glocke« in vier verschiedenen anatomische Zentren registriert: Im Gedächtniszentrum der auditiven Wortbilder, dem der visuellen Wortbilder, dem der artikulierten und dem der geschriebenen Sprache. Zwei sensorische Zentren, das allgemeine auditive und das der visuellen Kommunikation sowie ein Zentrum der Ideenbildung ergänzen diese zerebralen Sprachzentren. Diese Aufteilung zeigt, wie gesagt, an, daß Idee und Wort bereits bei Charcot getrennt voneinander fungieren (J.-M. Charcot, Neue Vorlesungen über die Krankheiten des Nervensystems, a. a. O., S. 155; Zum Sprachapparat, vgl. besonders: S. 196–213); ferner J. Gasser: Aux Orgines du cerveau moderne, a. a. O., S. 93–96, S.196–197, S. 141–213.

749 Bei Porcz und Pin war die Umsetzung durch motorisches Unvermögen blockiert. Weil die organischen Voraussetzungen fehlten, bzw. die motorischen Zellen der kortikalen Bewegungszentren nicht genügend innerviert waren, ergab sich Charcot zufolge eine Störung der Umsetzung des geistigen Bildes in Bewegung; statt Bewegungsaktivierung also Hemmung.

Bedeutung der Sprachtheorie bei Charcot

Ähnlich wie mit seinem Hysteriekonzept nimmt Charcot auch mit seiner Sprachauffassung eine Zwischenstellung ein. Mit der Annahme von multiplen und getrennt voneinander arbeitenden zerebralen Zentren löste er einerseits die bisher in der Aphasiediskussion vertretene Auffassung von der Homogenität des Sprachzentrums ab, lag mit seinen Lokalisationsbestrebungen des Sprachvermögens andererseits jedoch weiterhin ganz im Trend der Aphasieforschung seiner Zeit, und zwar in einem Ausmaß, daß ihn J. Gasser einen »extremistische(n) Lokalisator« nennt.[750] Die Modernität dieser psychologischen Sprachtheorie kündigt sich da an, wo sie die klassische philosophische Vorstellung hinter sich läßt, wonach die Seele mit den Objekten der Welt in direktem Zusammenhang steht und – klar physiologisch argumentierend – von den organischen Voraussetzungen der Repräsentationen ausgeht, die vermittelnd auf den Körper wirken: »Man weiß, daß die Produktion eines Bildes oder einer mentalen Repräsentation eine unerläßliche Voraussetzung für die Ausführung der Bewegung ist.«[751] Im Hinblick auf das Zusammenspiel von Körper und Seele, Physischem und Psychischem hat der Physiologe Charcot – im Unterschied zu anderen Zeitgenossen, etwa Carl Vogt – damit die Idee einer direkten Korrelation aufgegeben und denkt als moderner Reflexologe bereits von der Seite der subjektiven Verarbeitung, der Reaktionen her. In diesem Sinn erklärt sich auch die Bedeutung seines Sprachmodells, das mit Hilfe des reflexologischen Ansatzes bereits eine psychische Dimension, ein sich in der Reaktion äußerndes Psychisches, enthält. Insofern die Reflextheorie, wie M. Gauchet bemerkt, gewissermaßen das trojanische Pferd des Unbewußten ist, kann Charcots Sprachtheorie als eine erste Etappe auf dem Weg zu einem eigenständigen Psychischen betrachtet werden. Die Teilung des Subjekts in physisch und psychisch hat jedenfalls begonnen, es bleibt nur die Frage, wie eine das Körperliche vermittelnde Vorstellung vorstellbar ist. Für den größten Neurologen des 19. Jahrhunderts konnte dafür nur der Körper selbst, bzw. die Nervenerregung in Betracht kommen. Heutige Neurophysiologen sehen das nicht viel anders; auch für sie gelten die Nervenvorgänge eindeutig als der Erzeugermechanismus des Psychischen. Charcots Mahnwort, daß das Psychische ja zur Physiologie dazugehört »und zwar zur Physiologie der oberen

---

750 Bei der Aufstellung der Gesetzmäßigkeiten läßt sich eine merkwürdige Verkehrung zwischen Charcot und Freud feststellen: Während nämlich Charcot in der Hysterie nach Gesetzmäßigkeiten sucht, hebt er in der zerebralen Organisation der Sprache gerade die individuelle Ausprägung und »gewohnheitsmäßige Bevorzugung« der Assoziationsverbindungen hervor. Freud geht genau umgekehrt vor, er unterstreicht an der Hysterie und am Psychischen das singuläre Moment, postuliert aber die allgemeingültige Ausrichtung der Sprachassoziationsbahnen, die er als allgemeine Grundlage des Psychischen heranzieht.
751 Charcot, Neue Vorlesungen über die Krankheiten des Nervensystems, a. a. O., S. 145–156.

Teile des noblen Gehirns«[752] ist also keineswegs überholt, auch wenn heute niemand mehr daran erinnert werden muß.

Der fehlende Operator

Das Ungenügen einer solchen Identitätserklärung trat jedoch bereits zu Charcots Zeiten zutage. Es erwies sich nämlich, daß zwei Elemente in der Salpêtrière aus dem Experimentierfeld von Hysterie und Hypnose völlig ausgeblendet worden waren: der Einfluß der Person des Operators auf die Versuchspersonen und die Eigensuggestion der Kranken. Charcots Behauptung, anhand seiner hypnotischen Experimente das automatische Funktionieren des Gehirns nachweisen zu können, verleugnete schlichtweg die Tatsache, daß seine Versuchspersonen im Zustand des geistigen Automatismus vom eigenen Willen abgeschnitten und vom Einfluß der Außenwelt wie des Operators völlig beherrscht waren, daß sie im »Rapport« standen. Weil dieser Rapport in der Salpêtrière weiterhin das Gespenst des Mesmerismus heraufbeschwor und auch der Charcotschüler Babinski einräumen mußte, daß Beweise für die Objektivität der Hypnose und Garantien für die Aufrichtigkeit der Versuchspersonen nur schwer beizubringen wären, wurden 1878 alle erdenklichen Mittel aufgeboten, um den Suggestionsvorwurf der konkurrierenden Schule von Nancy zu entkräften. Am Ende mußte man allerdings auch in der Salpêtrière eingestehen, daß Suggestion und Autosuggestion als Bestandteile der hypnotischen Experimente nicht ganz auszuschließen waren. Charcot selbst sprach von der »complaisance automatique« der Subjekte, die die Absichten des Operators errieten,[753] verfocht dabei aber weiterhin den Grundsatz, daß die Veränderungen im Nervensystem nicht allein durch Suggestion verursacht sein könnten, die allgemeine Physiologie spräche einfach dagegen. Wie könnte schließlich, so sein Gegenargument, die Nahrung keine Wirkung mehr auf den Hunger haben, nur weil dieser sich auch durch Suggestion stillen läßt?[754] Und wie könnte bei mechanischer Induzierung – etwa durch Pressen des Nervenstrangs je die Idee von Steifheit auftauchen, die sich dann in eine Kontraktur umsetzt? Die mechanisch induzierten Hypnoseexperimente schienen die ausschließlich somatische Natur der hypnotischen Phänomene zu unterstreichen und zu beweisen, daß sie nichts weiter als ein Reflexgeschehen mit Sitz im Gehirn seien, für die suggestive Einflüsse, wenn

---

752 J.-M. Charcot: Poliklinische Vorträge, a. a. O., S. 272.
753 Charcot machte auch die Beobachtung, daß der große Hypnotismus erst eine Phase der Einübung braucht.
754 Hier liegt im Freudschen Sinne ein wahres »Knödelgrund-Argument« vor, s. J.-M. Charcot: Hémorragie et Ramolissement du Cerveau. Métallothérapie et Hypnotisme Électrothérapie, OC IX, a. a. O., S. 524f.

überhaupt, nur eine sekundäre Rolle spielten.[755] Doch das Selbstmißverständnis der Salpêtrière war zu offenkundig, als daß die Verleugnung der Suggestion zuletzt nicht doch ruchbar geworden wäre. Am Ende überzeugte die Position des Gegenspielers Bernheim, der dem von Charcot so sehr in Abrede gestellten Einfluß der Suggestion auf die psychischen Erscheinungen eine bestimmende Rolle zuwies.

Schlußbewertung zu Charcot

Charcots Forschungen waren dennoch nicht einfach in die Irre gegangen. Am treffendsten werden sie, wie G. Swain vorschlägt, wohl als eine Negativarbeit bezeichnet, mit der die Wende zum modernen Paradigma des Psychischen überhaupt erst ihren Anfang nimmt. Daß diese Negativarbeit sogar positive Effekte hervorgebracht hat, belegt die Nosographie der Hysterie, die sich seit Charcot fortwährend verändert hat.[756] Da der anfängliche Simulationsvorwurf nicht länger aufrechterhalten werden konnte, »avancierte« die Hysterie zu einer wissenschaftlich ernstgenommenen Krankheit, woraufhin die therapeutischen Möglichkeiten spürbar zunahmen. Zum ersten Mal in der Geschichte der Seelenbehandlung war eine psychologische Methode aufgetaucht und eine Therapie denkbar geworden, die nicht mehr auf moralischen Mitteln wie Strafe, Züchtigung oder Gewaltanwendung beruhte.

Die Wende zum Psychischen Paradigma stand nah bevor. Der größte Neurologe des 19. Jahrhunderts hat sie nicht mehr vollzogen. Mit Rücksicht auf die Wissenschaft seiner Zeit hatte er hauptsächlich Nervenzellenvorgänge, überprüfbare Abläufe und Gesetzmäßigkeiten im Sinn und stand jeder Idee von Suggestibilität und eines Anderen, die nur entfernt an den Mesmerismus erinnerte, ablehnend gegenüber. Charcot blieb ein strikter monistischer Materialist. Gleichwohl gabeln sich bei Charcot die Wege, einerseits führen sie zur Verkörperung des gesetzmäßig funktionierenden Geistes in den aktuellen Neurowissenschaften, andererseits zu Freud und seiner Konzeption der ebenso

---

755 Die Gesamtheit der Experimente, demonstrierte nach Babinski, daß in der Salpêtrière keine suggestiven Einflüsse vorliegen konnten (Charcot, ebd.) Das letzte Argument gegen die Schule von Nancy – für die der Hypnotismus ein normaler physiologischer, allen Individuen gleichermaßen eigener Zustand war – lautete sodann: Hypnotismus sei eine pathologische Besonderheit hysterischer Subjekte; alle hypnotisch ansprechbaren Subjekte seien neuropathisch. Der gesetzmäßige Ablauf der Phasen und die Natur der Versuchspersonen ließen keinen anderen Schluß zu (ebd., S. 537). Bernheims Argument für die Normalität des Hypnotismus und die fehlende Hysterie bei Männern enthüllte für den Entdecker der männlichen Hysterie nur die diagnostische Schwäche seines Gegenspielers.

756 Zu den eingetretenen Veränderungen gehört auch, daß im ICD–10 die Hysterie als eine eigenständige Nosographie nicht mehr vorgesehen ist.

gesetzmäßig funktionierenden wie singulären Psyche. Davor steht jedoch Hippolyte Bernheim und die Entdeckung der Allgemeingültigkeit der Suggestibilität.

Hippolyte Bernheim und die psychische Dimension der Suggestion

Für den Chef der Schule von Nancy H. Bernheim besteht der Grundirrtum der Pariser genau in der Vernachlässigung der suggestiven Außeneinflüsse. Es ist daher nicht verwunderlich, daß die Ergebnisse der Charcotschen Hypnosepraxis von ihm als »das Erzeugnis einer die Natur fälschenden Erziehung« bezeichnet werden, da sie in weiten Teilen auf eben diesen suggestiven Einfluß des Arztes zurückzuführen seien. Suggestion, so Bernheim, müsse als »Grundbaustein aller hypnotischen Erscheinungen« betrachtet werden: »Tout est dans la suggestion«.[757] Wie aber erklärt sich diese »Verwirrung des menschliche Geistes«, die es ermöglicht, daß sich die Suggestion in greifbaren somatischen Erscheinungen äußert?[758] Bernheim zufolge beruhen die Kontrakturen und Lähmungen und selbst die unwillkürlichen Funktionen des organischen Lebens, wie die Frequenz des Herzschlags, die Innervation der Gefäßnerven, auf Vorstellungen, die vom Körper bzw. Gehirn im hypnotisierten Zustand aufgenommenen wurden, in einem Zustand also, in dem die ideo-motorische und sensorische Reflexerregbarkeit des Gehirns gesteigert ist und Vorstellungen ungehemmter als im Normalzustand in Bewegung umgesetzt werden.[759] Beobachtungen zeigten, daß sich unser Körper mit diesen Vorstellungen bruchlos ins Einvernehmen setzt. Eine heitere Musik wird ebenso automatisch von bestimmten Gebärden und Stimmäußerungen begleitet wie eine elegische und getragene. Für Bernheim, der keinen qualitativen Unterschied zwischen induzierten Außenvorstellungen und den Vorgängen des Hirn-Körper-Mechanismus sieht, kann bestenfalls die Erziehung des Bewußtseins den allgemeinen Automatismus mäßigen und hemmen. Grundsätzlich geht er davon aus, daß der Hypnotisierte, aber auch schon der im alltäglichen Somnambulismus Befangene, einem »unbewußten« oder vegetativen, jedenfalls dem Willen entzogenen Mechanismus folgt und automatenhafte Handlungen ausführt – denn »es giebt in unserem Nervensystem einen gewissen Mechanismus, kraft dessen wir, ohne es zu wissen oder ohne es zu wollen, die complicirtesten Handlungen ausführen, kraft dessen wir in

---

757 H. Bernheim: Die Suggestion und ihre Heilwirkung, Leipzig und Wien 1888 (Nachdruck: Tübingen 1985), S. 82, 84.
758 Ebd., S. 97.
759 Ebd., S. 114.

einem gewissen Grade den Befehlen unterliegen, die uns ertheilt werden, die Bewegungen und Sinnestäuschungen annehmen müssen, die man uns suggerirt«.[760] Dieser Mechanismus wird über Gehirn und Rückenmark ausgelöst und stellt – hierin ist Bernheim Charcot ähnlich – »eine reflektorische cerebro-spinale Tätigkeit« dar, die selbständig und unbewußt erfolgt, teilweise instinktiv ist und nicht als erlernter Mechanismus verstanden werden darf. Er ist mit den unwillkürlichen Bewegungen eines enthaupteten Frosches zu vergleichen, der selbst nachdem er enthauptet wurde, noch mit seinen Extremitäten und dem Rumpf zweckmäßige Abwehrbewegungen ausführt und der, »wenn man einen Tropfen Essigsäure auf seinen Oberschenkel bringt, das Bein in der Art verkürzt, dass er mit dem Fuss die gereizte Stelle reiben kann (...)«.[761] Hypnotisch induzierte Reaktionen sind also der Ausdruck eines vorhandenen motorischen Automatismus, den Bernheim im Gegensatz zu Charcot jedoch nicht ohne Beteiligung der Subjekte ablaufen sieht. Bernheims Postulat, mit dem er Charcots These von den unabhängig und objektiv ablaufenden hypnotischen Reaktionen bestreitet, lautet demzufolge: Den Versuchspersonen kommt der Bezug zur Außenwelt zu keiner Zeit abhanden, die Charakteristika der individuellen Persönlichkeit gehen in der Ausführung einer suggerierten Vorstellung nie ganz verloren. Selbst im Zustand der »vollkommenen geistigen Ertötung«, dem Zustand der Lethargie, bleibt die Geistestätigkeit, obwohl geschwächt, vernehmlich und sind die Versuchspersonen noch imstande, zu hören, sich zu erinnern oder sich gegen die Suggestion zu sträuben. Weder ihr Bewußtsein noch ihr Wille sind erloschen, keineswegs sind sie Maschinenmenschen, über die ein Meister nach Belieben verfügt. In diesem Sinne dämpft Bernheim den magistralen Triumph des Experimentators: »Ich habe einen Halluzinanten aus ihm gemacht, aber keineswegs einen Automaten.«[762] Hypnose heißt grundsätzlich im Rapport stehen.

Bernheims Auffassung des hypnotischen Geschehens verändert die Sicht auf das Subjekt grundlegend: Durch Einfluß eines fremden Willens wird ein Automatismus im Subjekt angeregt, der das Subjekt zwar immer noch zum motorischen Automaten macht, ihn nun aber seiner Individualität nicht mehr

---

760 Ebd., S. 122, 123; »Wenn man das Bewußtsein unterdrückt (...) bleibt der Somnambulismus übrig.«
761 Ebd., S. 115.
762 Ebd., S. 124. Nie wird es gelingen, in der Hypnose aus einem schüchtern Subjekt ein redegewandtes zu machen, vgl. das Experiment mit einem von Natur aus Schüchternen (ebd., S. 56). Die Beeinflußbarkeit, meint Bernheim, hänge nicht einfach von der angewandten Methode ab. Hier zeigt sich bereits, daß Bernheim Suggestion nicht auf den Außenrapport beschränkt, sondern den Rapport des Subjekts mit sich selbst, die Autosuggestion mit einbezieht, die für Freud als interner Mechanismus von besonderem Interesse sein wird.

gänzlich beraubt.⁷⁶³ Das Subjekt spricht vielmehr mit zwei Zungen, es demonstriert ein Doppelleben, das indes nichts Pathologisches an sich hat.⁷⁶⁴ Charcots Auffassung von der außergewöhnlichen und krankhaften Natur der hypnotischen Phänomene trifft bei Bernheim also auf die Gegenthese, daß Hypnose nur künstlich erzeugt, was ansonsten spontan auftritt und ein ganz normaler physiologischer Zustand ist.⁷⁶⁵ Es ist auffällig, wie sie zudem Ergebnisse zeitigt, an der die Phantasie einen so deutlichen Anteil hat, »die arme, menschliche Phantasie«, die »allen guten oder schlechten, heilsamen oder verderblichen Einflüssen offen steht«. Historische Beispiele wie die des »Toucher du Roi« oder die Wunderheilungen, die im 10. Jahrhundert am Grab des Diakons von Paris stattfanden, belegen dies überaus anschaulich. Stärkster Ausdruck der Phantasie ist aber immer noch das Phänomen des Glaubens, »es ist immer der Glaube, der Wunder tut«.⁷⁶⁶ In der Metallotherapie wie im Hypnotismus der Suggestion war es der Glaube, der die Heilungen bewirkte. In diesem Punkt unterscheidet sich Bernheim nicht von Charcot, der trotz seiner materialistisch-physiologischen Grundüberzeugungen dem Wunderbaren gegenüber keineswegs verschlossen war – 1887 hatte er die Schrift »Les Démoniaques dans l'art« und noch kurz vor seinem Tod 1893 seine letzte Schrift über Wunderheilungen »La foi qui guérit« publiziert.⁷⁶⁷ Bernheim geht jedoch über Charcot hinaus und liefert mit seiner Wertschätzung der Phantasie und der Wirkmächtigkeit der Worte Freud quasi die Vorlage für die »psychische Behandlung«. Wo Charcot also mit seiner kleinen Theorie der Sprachverarbeitung Freud inspiriert, steht bei Bernheim die Wiederentdeckung der Zauberkraft der Worte, die er insbesondere in einem kabbalistischen Text von 1629, den »Secrets merveilleux de la magie naturelle et cabalistique« bestätigt findet. In diesem Text wird geschildert, welchen Schutz

---

763 Bei Bernheim ist die hypnotische Beeinflußbarkeit nie ganz vom Temperament der Individuen unabhängig, auch ihr Ausmaß kann nicht wirklich vorhergesagt werden. Wenn Freud den Automatismus ins Unbewußte aufnimmt, ist er nicht mehr motorischer Art, da das Unbewußte für ihn keine motorische Grundlage hat.

764 Ebd., S. 64. Der Traum zeigt nicht anders als der Wahn, daß wir gleichzeitig wir selbst und ein anderer sein können.

765 Ebd., S. 136, 168, 186–187. Künstlich daran ist nur die Steigerung der Suggestibilität, nicht die Suggestion selbst.

766 Ebd., S. 162. Hier zitiert Bernheim die seinerzeit berühmte Begebenheit von Tisza-Eslar, bei der durch Suggestion eines Richters für einen jüdischen Knaben die Vorstellung Wirklichkeit wurde, sein Vater wäre in den Ritualmord an einem christlichen Mädchen verwickelt (ebd., S. 152ff.).

767 J.-M. Charcot, P. Richer: Les Démoniaques dans l'art, Paris 1984; J.-M. Charcot: La foi qui guérit, Archives de Neurologie 25, S. 72–87. Die Schrift evoziert Phänomene von Glaubensheilungen, handelt von Heiligtümern, sanctuaires, Ex-votos, von allem, was es seit Aeskulap für den Leidenden an Suggestionshilfen für Glaubensheilungen, »faith-healing« gibt. Für Charcot fallen diese Phänomene nicht aus der natürlichen Ordnung der Dinge heraus, da das therapeutisch Wunderbare für ihn seinen Determinismus hat. Vgl. dazu G. Didi-Huberman: L'Invention de l'Hystérie, a. a. O., S. 237–239.

Worte sogar gegenüber den Schmerzen der Folter bedeuten können: »Nach genauester Durchsuchung fand man nichts weiter als ein kleines Stückchen Papier, auf dem die heiligen drei Könige abgebildet waren und das auf der Rückseite folgende Worte trug: ›O schöner Stern, der du die Seher vor der Verfolgung des Herodes beschützt hast, beschütze auch mich vor jeder Qual‹. Dieses Papier war in sein linkes Ohr gesteckt; nachdem man es ihm weggenommen hatte, hörte er doch nicht auf, unempfindlich gegen die Tortur zu sein, weil er, sobald man ihn der Prüfung unterzog, gewisse Worte, die man nicht verstehen konnte, vor sich hinsagte. Und da er fortfuhr zu leugnen, blieb nichts übrig, als ihn ins Gefängniss zurückzuschicken.«[768]

Doch warum soll es Suggestibilität geben, warum sollen die Subjekte ausnahmslos dafür anfällig sein? Bernheim nimmt sie als eine Grundeigenschaft der allgemeinen Gläubigkeit an und beruft sich dabei auf die Unvollkommenheiten des bewußten Ichs und der Sinneswahrnehmungen. Er spricht von der »Gehirnfügigkeit«, die uns nötige, Befehlen zu gehorchen und führt des weiteren »unsere Bereitwilligkeit, suggestiven Einflüssen zu erliegen« an.[769] Noch einmal erweist sich damit, daß Hypnose nur ein Mechanismus ist, der die Suggestionsbereitschaft des Individuums in Gang setzt und nicht unabhängig vom Hypnotiseur betrachtet werden kann. Die »Concentration der Nervenkraft« verändert ihren Inhalt ganz nach Belieben des Hypnotiseurs, wird gleichzeitig aber vom Glauben des Hypnotisierten gesteuert.[770] Selbst da, wo in Folge der Suggestion der Hypnotisierte stiehlt, wo »der Wahnsinnige, (...) einen Mord verübt«, wissen die Subjekte, was sie tun und werden nicht ausgeschaltet. So hat es zwar den Anschein, als ob die suggerierten Vorstellungen den Subjekten ihr Bewußtsein nehmen, gleichwohl haben sie es nur verändert, »ihr moralisches Bewußtsein ist nur durch unwiderstehliche Antriebe unterdrückt«.[771] Es gibt im Subjekt mithin Vorstellungen, die sich dem direkten Zugriff des Bewußtseins entziehen, die man latent, aber trotzdem nicht wirklich unbewußt nennen kann. Bernheim geht an dieser Stelle nicht weiter. Gänzlich anders als der Positivist Charcot kommt er zu dem Schluß, daß die Suggestion letztlich unmöglich zu erklären ist und »alle Phänomene des psychischen Lebens für uns Mysterien (sind), in die uns jede Einsicht fehlt (...). Wir wollen demütig bei dem Bewußtsein unserer

---

768 H. Bernheim, Die Suggestion und ihre Heilwirkung, a. a. O., S. 79.
769 Hier zeigen sich Ähnlichkeiten mit Freuds These vom »Durst nach Unterwerfung« oder auch mit Ferenczis »Neigung zu blindem Glauben und Gehorsam«, der »bedingungslose(n) Unterwerfung unter einen fremden Willen«. Die Ähnlichkeiten sind wegen der Freudschen Dimension des Unbewußten jedoch irreführend. S. Ferenczi: Bausteine zur Psychoanalyse, Frankfurt am Main 1985, Bd. I, S. 39.
770 In diesem Zusammenhang fällt auch der Begriff des »psychischen Apparats« (H. Bernheim, Die Suggestion und ihre Heilwirkung, a. a. O., S.136, S. 138).
771 Ebd., S. 144.

Unzulänglichkeit verbleiben und uns bescheiden, nicht über die Grenzen unseres Erkenntnisvermögens hinauszugehen«.[772] Soweit die Erklärung der Suggestion durch die Schule von Nancy.

---

772 Ebd., S. 137. Beispiele, die Bernheim als unethisch oder auch töricht betrachtet: Sinneswahrnehmungen verfälschen: Wasser für Wein ausgeben, Salz für Zucker, (S. 50); Ethisch fragwürdige Experimente: Diebstahl suggerieren, einen Mord (S. 54) oder das Experiment mit einem armen, kränklichen Mann: »Ich stecke ihm einen Bleistift in den Mund, den er für eine Cigarre hält, ... daß ihm übel wird, ... gebe ihm ein Glas Wasser als Champagner, ... er wird berauscht und fängt an zu taumeln ... und zu weinen« (S. 51–54).

Kapitel 2

Freud und die Umarbeitung der Suggestionsidee

Am Ende dieses Überblicks über die historischen Wechselfälle des Psychischen und Subjektiven sind wir wieder bei Freud und stehen an dem Punkt, wo er zur Ausarbeitung seiner Sicht auf die Psyche ansetzt, die ohne den Einfluß von Charcot, aber auch von Bernheim nicht gut denkbar wäre. 1886 bzw. 1888 machte er die beiden Gegenspieler im Deutschen bekannt, geht mit ihnen dabei aber sehr eigenwillig um, da er sowohl die Position des einen wie die des anderen für unzureichend hält.[773] Trotz vordergründiger Sympathie für Bernheims Auffassung des Psychischen, neigt Freud zunächst Charcot zu, da er wie dieser nach den Gesetzmäßigkeiten der hysterischen Erscheinungen sucht und spricht sich sogar in der Vorrede zu seiner Übersetzung von Bernheims »Die Suggestion und ihre Heilwirkung« für die Schule der Salpêtrière aus. Dies freilich nicht ohne dabei seine Einstellung zum Thema deutlich zu machen: Die hysterischen Symptome seien weder durch die Suggestion des Arztes hervorgerufene Fälschungen, noch könnten sie ausschließlich auf Außensuggestion zurückgeführt werden. Sie sind Freud zufolge objektive, physiologische Phänomene,[774] insofern Suggestion immer auch ein vom Willen des Arztes unabhängiges Moment impliziert. Suggestion ist nicht nur ein psychischer, vom Arzt ausgehender Mechanismus, sondern macht auch »physiologische Veränderungen, d. h. Verschiebungen der Erregbarkeit im Nervensystem«, an denen kein Bewußtsein beteiligt ist, geltend.[775] Genau genommen lassen lassen sich an ihr zweierlei Phänomene erkennen: objektiv physiologische und subjektiv psychische. Diese nun machen schon vor jedem Gedanken an ein Unbewußtes ein »Bindeglied« zwischen »beiden Reihen« des Psychischen und des Physischen

---

[773] Nur wenn Hypnose als besonderer und nicht wie bei Bernheim nur als allgemeiner physischer Zustand bewertet werde, bedeute ihre Verwendung einen Fortschritt. Bernheim aber lasse dies wesentliche Stück der Hypnose unberücksichtigt, weshalb ihm sozusagen auch die Formel für das Psychische fehle. Dennoch sei er lehrreich und bedeutungsvoll in der Darstellung des Hypnotismus wie vom Gesichtspunkte der Suggestion her. (S. Freud: Vorrede des Übersetzers zu: H. Bernheim: Die Suggestion und ihre Heilwirkung, a. a. O., S. XII).

[774] »Unser Bewußtsein weiß nämlich nur vom Enderfolg einer Bewegung, hingegen nichts von der Wirkung und Anordnung der einzelnen Muskeln« (ebd., S. VIII).

[775] Ebd., S. V.

»dringend« erforderlich.[776] Freud findet es in dem Maße, wie er die Suggestion weniger als einen nur vom Arzt ausgehenden Mechanismus versteht, sondern – der Sprung zeichnet sich ab, mit dem sich die zukünftige Psychoanalyse aus dem ärzlichen Diskurs herausheben wird – als einen Mechanismus, der gleichermaßen in den Subjekten selbst vor sich geht. »Dem psychischen Mechanismus der hysterischen Manifestationen ist hiermit nicht widersprochen, nur ist es nicht der Mechanismus der Suggestion von Seiten des Arztes.«[777] Die Suggestionsvorgänge demonstrieren vielmehr, daß die ärztliche Außensuggestion einzig als Anstoß zu einer neuen, indirekten Art der Suggestion verstanden werden muß, nämlich zur Eigensuggestion der Subjekte, der Autosuggestion. Diese erweist sich Freud zufolge als ein innerer Vorgang, der der nach Außen gerichteten Wahrnehmung und dem »vollen Licht des Bewußtseins« im Normalzustand größtenteils entgeht, trotzdem aber objektiven Gesetzmäßigkeiten folgt und sogar Veränderungen in der Erregbarkeit der betreffenden Gehirnpartien nach sich ziehen kann.[778] Die Suggestion scheint daher einen Mechanismus anzuzeigen, in dem, wie in einem »zweiten Gehirn«, ungeprüft eine Vorstellung erweckt und angenommen wird, so »als ob sie in diesem Gehirne spontan entstanden wäre«.[779] Sie ist ein zweiteiliger Vorgang, der zwischen psychischen und nervenphysiologischen Vorgängen hin und her schaltet. Der Gegensatz zwischen den psychischen und den physiologischen Phänomenen der Hysterie ist aufgelöst: Psychisches wirkt auf Physisches, physiologisch nachweisbare Vorgänge widersprechen dem psychischen Mechanismus nicht. Suggestion wirkt als ein psychischer Auslöser, der »die Thüren ein(stößt), welche sich für die Autosuggestion langsam von selber öffnen«, die dann selbst wieder physiologische Veränderungen bedingt.[780] Man sieht, wie mit dieser Neudefinition, die noch deutlich im neurologischen Kontext steht, schon 1888 eine Position vorformuliert wird, die Freuds Auffassung des Psychischen bis zum Schluß bestimmen wird.[781]

Historisch betrachtet kommen hier beide Lehrmeister, Charcot wie Bernheim, zu Wort. Gleichwohl ist unübersehbar, wie sich Freud in vielen Punkten auf die Seite der Salpêtrière schlägt: Wie für Charcot sind für ihn 1. die hyste-

---

776 Ebd., S. IX–X.
777 Ebd., S. VII; vgl. Kapitel 2.1. Aphasie.
778 Ebd., S. XI.
779 Ebd., S. X.
780 Ebd., S. XI.
781 Hier: die grundlegende Verschiebung vom Untersucher auf das untersuchte Subjekt; die Zwischenposition des Unbewußten, das singulär psychisch wie objektiv zugleich ist; die Annahme, daß die Innenwelt z. T. schwerer wahrnehmbar als die Außenwelt ist. Vgl. hierzu: Entwurf und Das Unbewußte, ferner die These vom Unbewußten als Aufmerksamkeitsentzug, die in der aktuellen neurowissenschaftlichen Forschung vertreten wird.

rischen Anfälle universelle Phänomene, 2. erscheint der hypnotische Transfer in der Hysterie als ein physiologisch verständlicher Vorgang, 3. ist die durch Suggestion hervorgerufene hysterische Symptomatologie keine Fälschung und steht 4. fest, daß der hypnotische Zustand selbst da, wo er sich durch übertriebene Zeichen bekundet, nicht simuliert ist. Hypnose erzeugt im Gegenteil echte hysterische Erscheinungen, sie ist induziert, echt und pathogen zugleich.[782] Der Gegensatz zwischen Suggestion und Gesetzmäßigkeit muß also als irreführend bezeichnet werden. Doch trotz vielfacher Übereinstimmungen mit Charcot läßt Freud es nicht an Distanz fehlen. Das zeigt sich besonders dort, wo er die Gesetzmäßigkeiten von Hysterie und Hypnose vom Somatischen auf die suggestiv induzierten Vorstellungen ausdehnt, die Erregungsabläufe der Autosuggestion den Gesetzen der Assoziation unterstellt und ihnen eine eigene, innere Logik zuweist.[783]

»Quelques considérations pour une étude comparative des paralysies motrices organiques et hystériques« von 1893

Doch sehen wir uns genauer an, wie sich Freud, zunächst wiederum eng an Charcot angelehnt, mit einem »Kunstsprung« sondergleichen aus den theoretischen Vorgaben heraus katapultiert, die Neurologie hysterisiert und damit die Ebene des unbewußten Psychischen erreicht. Dieser Sprung wird vor allem in dem französisch verfaßten Text ausgeführt, den Freud 1886 aus Paris kommend im Auftrag von Charcot zu Papier bringt, um dessen Differentialdiagnose der organischen und hysterischen Paralysen zu untermauern.[784] Freud geriet die Studie unter der Hand zu einer eigenen Positionsbeschreibung, mit der er sich deutlich von der Pariser Lehrmeinung absetzte. Die »Quelques considérations pour une étude comparative des paralysies motrices organiques et hystériques« erschienen 1893 darum nicht wie ursprünglich vorgesehen in den *Cahiers Neurologiques de la Salpêtrière*, sondern den *Archives Neurologiques*. Charcots anfängliche Begeisterung über den jungen Übersetzer war inzwischen kühler Distanz gewichen, hatte sich Freud in seiner Übersetzung der *Neuen Vorlesungen über die Krankheiten des Nervensystems* doch einige Freiheiten herausgenommen und ohne Autorisierung mehrere deutlich kritische Anmerkungen eingefügt, zu

---

[782] Die Kontroverse wiederholt sich in der Diskussion um den Übertragungsbegriff; auch da geht es u. a. um die Frage, ob das Phänomen ein künstlich induzierter oder aber ein »natürlicher« Vorgang sei.
[783] Charcot experimentierte zwar schon mit dem ideogenen Trauma, entwickelte aber noch keine Theorie zur Rolle der Erinnerung als Produzent von Affekten und körperlichen Äußerungen.
[784] Der Vergleich sollte die These untermauern, daß die hysterischen Lähmungen sich durch zwei Momente charakterisieren lassen, durch große Intensität und Isolierung.

deren Rechtfertigung er nur erwähnt, daß er seine »Absichten nicht über die des gefeierten Meisters stellen (wolle)«, gleichwohl aber die Freiheit und das Recht zur Kritik in Anspruch nehme, »dessen sich jeder ohne Rücksicht auf seine eigene Würdigkeit bedient«.[785] Daß Charcot daraufhin nur die ironische Replik blieb: »A propos! Je suis enchanté des notes et critiques que j'ai rencontrées au bas des pages des leçons. Chemin faisant – c'est parfait! vive la liberté! comme on dit chez nous. Après cette déclaration je vous demanderai celle (la liberté) de vous dire que je suis frappé de voir combien la théorie de la nature syphilitique du Tabes, et de la P. G. P. fait des ravages en ce moment parmi les meilleurs esprits«, kann kaum verwundern.[786] Der Bruch zwischen Freud und Charcot war jedenfalls vollzogen.

Freuds »Étude comparative« lehnt sich zunächst eng an die Charcotschen Vorgaben an, erörtert aber ebenso die neue Histologie des Nervensystems von Golgi und Ramón y Cajal wie den Unterschied zwischen der spinalen Projektionsparalyse und der zerebralen Repräsentationsparalyse. Die Aphasiestudie von 1891 ist schon geschrieben, die besagten Unterschied mit dem Hinweis auf die Struktur des Nervensystems erklärte und festhielt, daß der lückenlosen Abbildung des Körpers im Rückenmark dessen reduzierte, weil durch die Faserreduktion gegangene Repräsentation in der Großhirnrinde gegenübersteht. Im konkreten Fall war darunter zu verstehen, daß eine spinale Lähmung jeden Muskel einzeln betreffen kann, während in der zerebralen Paralyse stets große Teile der Peripherie und Extremitäten – Hand und Fuß oder ein ganzer komplizierter motorischer Apparat wie der Sprechapparat – befallen werden können, niemals aber ein Waden- oder Armmuskel allein. Der Name der Projektionsparalyse für die Punkt für Punkt abbildende spinale Paralyse und der der Repräsentationsparalyse für die umordnende Paralyse sollten diesen internen Verhältnissen Rechnung tragen. Die leitende Frage der »Étude comparative« lautet deshalb, ob die alles simulierende Hysterie auch beide Formen der Paralyse simuliert. Freuds Antwort war, daß dies nicht der Fall sei: Die Hysterie simuliert in keinem Fall eine spinale Projektionsparalyse, allenfalls die zerebrale Repräsentationsparalyse, gibt aber auch diese nicht detailgetreu wieder.[787]

An der hysterischen Paralyse fallen Freud von Anbeginn einige Eigentümlichkeiten auf: Einerseits ihre scharfe, von keiner organischen Lähmung

---

[785] S. Freud: Vorwort des Übersetzers zu J.-M. Charcot: Poliklinische Vorträge, in: Ges. Werke. Nachtragsband, S. 156.
[786] J.-M. Charcot, Brief vom 30.06.1892, in Toby Gelfand: »Mon cher docteur Freud«: Charcot's Unpublished correspondence to Freud, 1888–1893, in: Bulletin of the History of Medicine, 62, 1988, S. 563–588.
[787] S. Freud: Quelques considérations pour une étude comparative des paralysies motrices organiques et hystériques, in: ders.: Ges. Werke I, a. a. O., S. 43.

bekannte Begrenzung, die ihr das zerstückelte Aussehen verleiht und den Effekt hat, daß ein peripheres Segment, ein Arm oder eine Schulter, unter Umständen von einer ausgeprägteren Lähmung als eine Hand oder ein Fuß befallen werden können.[788] Andererseits zeichnet sich die hysterische Paralyse durch eine exzessive Intensität und Totalisierung aus, so daß es vorkommt, daß ein Arm von oben bis unten vollständig unbeweglich wird, während in einer organischen Paralyse immer noch einzelne Segmente, etwa die Finger, beweglich bleiben. Ein weiteres Beispiel für die Differenz zwischen der hysterischen und der organischen Paralyse sind die Sprachstörungen. Bei Breuers Patientin Anna O. war zu sehen, wie eine hysterische Aphasie auf die Muttersprache begrenzt war, während sie die später erlernten Fremdsprachen unbeeinträchtigt ließ. Es komme sogar vor, meint Freud, daß ein hysterischer Aphasiker kein einziges Wort mehr über die Lippen bringe, keinen Fluch, kein »ja« oder »nein«, während ein Aphasiker mit organisch-zerebral bedingter Sprachstörung sehr wohl noch Silben artikuliere. Es stellt sich also die Frage nach dem allgemeinen Charakter der zerebralen hysterischen Paralyse. Die Antwort leitet über zu einem wichtigen Teil der Neurosentheorie und ist zunächst wieder an die organischen Paralysen angelehnt. Hier nun sind die Grundlagen eindeutig. Es sind die Tatsachen der Anatomie, genauer, der Aufbau des Nervensystems, die Verteilung der Gefäße und die Beziehung zu den genauen Umständen der Schädigung. Jedes klinische Detail der zerebralen Repräsentationsparalyse findet sein Gegenstück in einem Detail der zerebralen Struktur, umgekehrt läßt sich der Hirnaufbau von den klinischen Charakteristika der Paralyse ableiten. Zwischen Nervensystem und Schädigungen besteht folglich ein perfekter Parallelismus. Immer existiert ein der Anatomie entstammender Grund, »une raison tirée de l'anatomie«.[789] Soweit teilt Freud 1893 den allgemeinen Konsens der psychophysikalistischen Parallelisten seiner Zeit, den von Fechner, Mach und anderen.

Nun aber der Dreh und die Volte, mit der Freud die Tür zur Psychoanalyse aufstößt. Bedingung aller bekannten Schädigungen, so Freuds Überlegung, ist die zerebrale Anatomie, sie ist die einzig wahre Hirnanatomie.[790] Gleichwohl lassen sich die Eigenheiten der zerebral-hysterischen Paralyse damit nicht erklären. Ihre Gründe müssen offensichtlich auf einem anderen Gebiet gesucht werden, einem Gebiet, das in der organischen Paralyse eher sekundär, in der Hysterie aber dominierend ist und unabhängig von der Anatomie des Nervensystems existiert. In diesem Zusammenhang taucht zunächst Charcots Auffassung von der dynamisch funktionellen Ätiologie der Hysterie auf, die jedoch, weil auch sie den letzten Rest an anatomischen Ursachen nicht klären

---

788 Ebd., S. 44.
789 Ebd., S. 48.
790 Ebd., S. 49.

kann, den Forscher und Theoretiker unbefriedigt läßt. Unter der funktionaldynamischen Negativbestimmung ist nämlich immer noch eine, vielleicht nur flüchtige und im Leichnam nicht nachweisbare, trotzdem aber vollgültige organische Läsion wie ein Oedem, eine Anämie oder Hyperektomie vorstellbar. Für Freud ist die Angabe »dynamische Läsion« deshalb mißverständlich. Die Läsion einer hysterischen Paralyse muß von der Anatomie des Nervensystems völlig unabhängig sein, jeder Gedanke an eine anatomische Ursache führt in Sachen hysterischer Paralyse in die Irre, verhält sich die Hysterie doch, »als ob die Anatomie nicht existierte, als ob sie davon nichts wüßte«.[791] Mit der Hysterie ist die Beziehung zwischen Physiologie und Funktion insgesamt in Frage gestellt und eine Funktionsänderung ohne begleitende organische Schäden in den Bereich der Möglichkeiten gerückt. Die Aufklärung der hysterischen Paralysen verlangt einen methodischen Kurswechsel. Freud wirft das Steuer herum und macht einen Dreh, einen Schwenk, der so einfach wie umwerfend zugleich ist. Mit diesem Dreh läßt die sich anbahnende Theorie schon 1893 den Psychophysischen Parallelismus ihrer Zeit hinter sich und öffnet den Weg für die Psychoanalyse. Die unorganischen Funktionsänderungen der Hysterie werden nämlich nur dann evident, meint Freud, wenn man die Physiologie verläßt und auf ein völlig neues Terrain überwechselt, das der Psychologie: »Je ne demande pour cela que la permission de passer sur le terrain de la psychologie, qu'on ne saurait éviter quand on traite de l'hystérie.«[792] In den hysterischen Paralysen und Anaesthesien ist also nicht mehr die normale Physiologie im Spiel und sind die Schäden nicht gemäß der Anatomie des Nervensystems verteilt. Sie beruhen vielmehr auf den ganz »banalen, populären Vorstellungen der Organe und des Körpers«. Die Hysterie kennt nicht die Verteilung der Nerven, weshalb sie auch nie eine periphere, spinale Paralyse simuliert. Sie nimmt die Organe vielmehr im gewöhnlichen Sinn (dans le sens vulgaire). Bein ist Bein bis zur Aufhängung in der Hüfte, als Arm gilt nur die obere Extremität.[793] Die hysterischen Schädigungen machen folglich eine Vorstellung von Körper geltend, die durch die taktilen und vor allem visuellen Wahrnehmungen gegangen ist.[794] Die hysterischen Schädigungen sind psychische Schädigungen! Sie zeigen an, daß das Psychische nur insofern der Anatomie des Nervensystems untersteht, als es durch die Wahrnehmung gegangen ist. Von der Wahrnehmung

---

791 Ebd., S. 51.
792 Ebd., S. 52.
793 In Anlehnung an den allgemeinen Sprachgebrauch bewahrt auch der Hysteriker, der wegen Sprachartikulationsschäden nicht sprechen kann, das Sprachvermögen, weil Sprachartikulation und Worttaubheit im allgemeinen Sprachgebrauch nicht miteinander verwandt sind; vgl. S. Freud: Quelques considérations pour une étude comparative des paralysies motrices organiques et hystériques, in: ders.: Ges. Werke I, a. a. O., S. 51.
794 Ebd., S. 52.

ausgehend konstruiert die Hysterie sodann ihre eigentümlich aussehenden Läsionen, bei deren Auftreten sie die schon 1893 konzipierte Trennung von Vorstellung und Affekt erkennen läßt, auf deren Grundlage Freud schon zuvor das Psychische supponierte.[795] Freuds Position wird sich im Laufe der Zeit noch ändern, doch die Alleinzuständigkeit des Nervensystems ist schon vor dem erklärten Auftakt der Psychoanalyse ausgehebelt, weil sich das Psychische offensichtlich der objektiven Anatomie des Nervensystems entzieht. Das Psychische stützt sich auf Wahrnehmungen und landläufige Sprachvorstellungen und bildet damit seine eigenen physiologischen Hypothesen über das physische Geschehen. Der Bruch mit der Anatomie ist da, er wird weiter ausgebaut werden. Es bleibt die Frage, was nun als Grund dieser Schädigungen anzugeben ist, die eine Veränderungen in der Vorstellung eines Körperorgans herbeiführen. Wie soll überhaupt eine veränderte Vorstellung eine Paralyse erzeugen? Die Annahme verweist zunächst auf Charcot und seine Experimente, mit denen er seinerzeit hysterische Lähmungen auf Hemmungen in den Vorstellungen zurückführte, wobei er Vorstellungen ausschließlich als mechanische Agentien verstand. Freud bricht mit dieser reflexologischen Idee und ihrer Mechanik und verlagert den Akzent von den einzelnen Vorstellungen auf die Blockierung der Assoziationsverbindung unter ihnen, beispielsweise zwischen der Vorstellung eines Arms und anderen Vorstellungen des Ichs: »Considéré psychologiquement, la paralyse du bras consiste dans le fait que la conception du bras ne peut pas entrer en association avec les autres idées qui constituent le moi dont le corps de l'individu forme une partie importante. La lésion serait donc l'abolition de l'accessibilité associative de la conception du bras.«[796] Ganz nebenbei stoßen wir hier auf die erste intrapsychische Instanz, das Ich – wir kennen sie schon aus dem »Entwurf« – das nach Freud die Beziehung zum individuellen Körper repräsentiert.

Anhand weiterer Beispiele wird sodann gezeigt, wie eine Vorstellung allein aufgrund ihres affektiven Werts isoliert werden und aus dem Assoziationsverkehr herausfallen kann. In einem dieser Beispiele hatte ein Mann seine Hand sozusagen aus dem Hygieneverkehr gezogen – sie nicht mehr gewaschen – weil sie durch Berührung mit dem König, das »toucher du roi«, für ihn tabu geworden war. In einem anderen, dem indischen Sittenkodex entnommenen Fall, wird gleich eine ganze Person aus dem Verkehr gezogen: Die Witwe eines Tabuträgers ist durch Kontiguitätsmagie selbst unberührbar geworden und muß

---

795 S. Freud: Die Abwehr-Neuropsychosen, in: ders.: Ges. Werke I, a. a. O., S. 57–74.
796 S. Freud: Quelques considérations pour une étude comparative des paralysies motrices organiques et hystériques, in: ders.: Ges. Werke I, a. a. O., S. 52. Die Armvorstellung ist natürlich auch bei materiellen Schäden blockiert, hier geht es aber um den Nachweis, daß sie auch ohne Schaden des materiellen Substratums blockiert sein kann.

nach seinem Tod ähnlich real aus dem Leben scheiden. Um nichts anderes handelt es sich Freud zufolge im Fall eines gelähmten Arms oder einer aufgehobenen Sprachfunktion. Beide existieren zwar im materiellen Substrat, können aber auf ähnliche Weise mit einer unterbewußten (subconscient) Assoziation von hohem affektivem Wert belegt und von daher unzugänglich werden.[797] Dieser Erinnerungsüberschuß (surcroit) droht nach Freud dann pathogen zu werden, wenn sich das Ich seiner auf motorischem Wege oder durch assoziative psychische Arbeit nicht entledigen kann. Man sieht, wie in der hysterischen Paralyse die Theorie der Reizzuwächse des »Entwurfs« eine Fortsetzung erhält.[798]

Es wird insgesamt deutlich, wie Freud zunächst noch im Einvernehmen mit Charcot zu der Feststellung kommt, daß die hysterischen Paralysen ursächlich in der Unzugänglichkeit von Vorstellungen der Körperorgane oder Assoziationsfunktionen des Ichbewußtseins begründet sind und derlei Veränderungen aus den unterbewußten Assoziationen stammen.[799] Als Hemmungen und Blockierungen bleiben sie so lange wirksam, wie der affektive Wert des psychischen Traumas unerledigt ist.[800] Sollten die genannten Mechanismen fehlen, geht die Hysterie immer auf eine autosuggestive Idee zurück. In der Entwicklung seiner Auffassung von Hysterie hat Freud also stark von Nancy und Paris profitiert. In Anlehnung an Charcots physiologisch orientierter »funktionell-dynamischer« Definition hat er das »sine materia« der hysterischen Ursache in die veränderliche Erregbarkeit der organischen Vorstellungen und ihrer unterbewußten Assoziationsverbindungen umgewandelt.[801] Aus der Idee der Suggestion von Bernheim hat er die Übertragungsfähigkeit der Psyche und eine Suggestionstheorie gemacht. Die Beobachtungen der Suggestion demonstrieren damit von Anbeginn, daß zwischen dem Physischen und dem Psychischen eine Beziehung der Wechselwirkung besteht und psychische Vorgänge für die Psychoanalyse stets mehr als nur Begleitphänomene somatischer Prozesse darstellen, nämlich daß sie Wirkfaktoren körperlicher Funktionen sind.[802] Das wissenschaftstheoretische Fundament der sich anbahnenden Psychoanalyse ist gelegt und die kausale

---

[797] Frz. *saturée*, S. 53. Man sieht den Unterschied zu Charcot.
[798] Ebd., S. 54.
[799] »Consiste dans l'inaccessibilité de la conception de l'organe ou de la fonction pour les associations du moi conscient, que cette alteration fonctionelle est causée par la fixation de cette conception dans une association subsosnciente avec le souvenir du trauma (...)« (ebd., S. 54).
[800] Das ist die Theorie des Abreagierens, s. dazu auch S. Freud: Traumdeutung, Stud. Ausg. Bd. II, a. a. O., S. 532.
[801] Charcots hypnotischer Automatismus wird später in der Unpersönlichkeit des Unbewußten wiederkehren.
[802] S. Freud: Bericht über einen Vortrag »Über Hypnose und Suggestion« (1892), in: ders.: Ges. Werke. Nachtragsband, a. a. O., S. 165–178, bes. S. 170.

Wirkung des suggestiven Faktors formuliert. Der Entdeckung des Unbewußten steht nicht mehr viel im Weg.

Hypnoide Idee

Charcot hatte die Hypnose als einen echten und gesetzmäßigen, der Hysterie eigenen Mechanismus verstanden und damit ihre besondere Bedeutung prinzipiell richtig erfaßt. Zusammen mit Breuer schließt Freud hier an und entwickelt, nicht zuletzt in Anlehnung an Ideen von Bernheim, seine neue Auffassung der »hypnoiden Idee«. Freud versteht darunter besondere psychische Umstände und Orte, die ein pathogenes Erlebnis begleiten und einen Gemütszustand wie eine Leere des Bewußtseins oder Dämmerzustand hervorrufen, in dem die psychische Einwirkung auf den Körper gesteigert ist; einen Gemütszustand, der inhaltlich aus abgewehrten, nicht abreagierten und darum pathogenen Erinnerungen und Vorstellungen besteht und auf einen Zustand der Suggestion oder Autosuggestion hinausläuft.[803] Wie gezeigt, war diese Idee nicht eigentlich neu, in der Medizin hatte man seit jeher mit suggestiven Methoden gearbeitet, weshalb das Thema des suggestiven Einflusses des behandelnden Arztes Freud auch bekannt gewesen sein muß. Mit seiner Konzeption verändert sich jedoch die Bedeutung der Suggestion radikal und zwar dergestalt, daß Freud, der die Suggestion jetzt weder rein physisch wie Charcot, noch rein psychologisch wie Bernheim begreift, anfangs sogar glaubte, den Rahmen der rationalen Medizin damit sprengen zu können.[804] Und obwohl Freud seinen Optimismus später verlor, sollte sich in der Folge doch die Theorie der unbewußten Übertragungsbeziehung daraus entwickeln. Ein hypnoider Zustand ist außerdem durch den Umstand charakterisiert, daß er auch der spezifischen Erinnerungslosigkeit der Hysteriker Rechnung trägt. Hysteriker, so die Beobachtung, können sich nicht an die pathogenen, verdrängten Vorstellungen erinnern, da diese im hypnoiden Zustand mit einem Affekt belegt wurden, der, als vom Bewußtsein abgeschnittener Zustand, im Wachzustand leicht der Amnesie verfalle.[805] 1895 kommen Breuer und Freud daher zu dem Schluß, daß die hypnoide Idee im Gedächtnis des Hypnotisierten eine Spaltung des

---

803 Siehe dazu zunächst die Vorläufige Mitteilung von 1893, sodann: S. Freud: Bericht über einen Vortrag Über Hypnose und Suggestion (1892), a. a. O. Paradebeispiel: die affekterfüllten Träumereien der Krankenpflege, aber auch die hysterischen Delirien der Heiligen, Nonnen, enthaltsamen Frauen und wohlerzogenen Kinder, s. J. Breuer: Theoretisches, in: S. Freud: Ges. Werke. Nachtragsband, a. a. O.
804 Erste Andeutung davon in: S. Freud: Über Hypnose und Suggestion (1892), in: ders.: Ges. Werke. Nachtragsband, a. a. O., S. 172.
805 J. Breuer: Theoretisches, in: S. Freud: Ges. Werke. Nachtragsband, a. a. O., S. 273.

Bewußtseins, »double conscience« hinterlassen muß.[806] Diese Spaltung soll den Grundzug jeder Hysterie ausmachen und überhaupt ein Grundphänomen der Neurose darstellen; sie soll die Intensität der »überstarken« Vorstellungen erklären und auch die Bedeutung der Erregungsvorgänge erhellen.[807] Da sich die hypnoiden Vorstellungen wie ganz gewöhnliche, aus jedem Traum bekannte Alienationserscheinungen verhalten, scheint die Idee der Spaltung darüber hinaus für die Fremdheit der hysterischen Vorstellungen verantwortlich zu sein.[808] 1895 gehen Breuer und Freud in den *Studien* in diesem Sinne von der Doppelexistenz einer hysterischen Vorstellung aus, die eine bewußte und eine unbewußte Form annehmen kann, und begründen sie auf diese Weise mit der Spaltung der Psyche, nicht mehr mit der des Bewußtseins.[809] Spätestens 1914 geht Freud dann seinen eigenen Weg: »Er (Breuer) bevorzugte eine sozusagen noch physiologische Theorie, wollte die seelische Spaltung der Hysterischen durch das Nichtkommunizieren verschiedener seelischer Zustände (oder wie wir damals sagten: Bewußtseinszustände) erklären und schuf so die Theorie der ›hypnoiden Zustände‹, deren Ergebnisse wie unassimilierte Fremdkörper in das ›Wachbewußtsein‹ hineinragen sollten. Ich hatte mir die Sache weniger wissenschaftlich zurechtgelegt (...) und faßte die psychische Spaltung selbst als Ergebnis eines Abstoßungsvorgangs auf, den ich damals ›Abwehr‹, später ›Verdrängung‹ benannte.« Und bald »stand seiner Hypnoidtheorie meine Abwehrlehre gegenüber«.[810]

Fremdkörper oder Parasit

Bei einigen seiner Patienten waren Freud befremdliche Eigenschaften des hysterischen Symptoms aufgefallen: eine nicht zu übersehende Übererregbarkeit in Folge von unvollständig abreagierten Traumen sowie auffällig plastische Inszenierungen. In den *Studien über Hysterie* hatte Freud dafür die Erklärung

---

806 S. Freud: Über den psychischen Mechanismus der hysterischen Phänomene, in: ders.: Ges. Werke I, S. 91.
807 Anders gesagt, der motorisch unerledigten traumatischen Erinnerungen.
808 Die Isolation der hysterischen Vorstellungen vom Bewußtsein und ihre nur untereinander, aber nicht nach außen abführbaren Assoziationsverbindungen erklären die Amnesie der Hysterischen wie den Zuwachs an Intensität der pathogenen Idee und damit auch den befremdlichen Charakter des hysterischen Vorstellungen. Vgl. weiter Freud: Über den psychischen Mechanismus hysterischer Phänomene, a. a. O., S. 91, 92.
809 Siehe J. Breuer: Theoretisches, in: S. Freud: Ges. Werke. Nachtragsband, a. a. O., S. 284; s. S. Freud: Studien über Hysterie (1895), a. a. O., S. 233.
810 S. Freud: Geschichte der psychoanalytischen Bewegung, in: ders.: Ges. Werke X, a. a. O., S. 48.

gefunden, daß eine unverträgliche Vorstellung zwar affektiv unschädlich gemacht sein kann, es aber trotzdem nicht gelungen sein muß, sie vollständig auszuschalten, so daß sie sich nach Art eines Parasiten, eines Fremdkörpers im Psychischen festsetzen kann. Freud war klar, daß diese Fremdkörperphänomene als Zeugen der Spaltung des Seelenlebens aufgefaßt werden mußten, daß sie »Ergebnis eines Abstoßungsvorgangs«, einer Verdrängung waren.[811] Alte Zweikörper-Vorstellungen klingen an, die bereits in der Antike und im Mittelalter von der Spaltung des Seelenlebens – wenn auch in der materialisierten und inkorporierten Form von Uterustierchen, Dämonen, Incubi und Succubi – Zeugnis abgelegt und seit jeher die Ätiologie der Hysterie bestimmt hatten. In der Hysterie des 19. Jahrhunderts haben sie nun andere Formen angenommen, treten beispielsweise in Gestalt der Reflextheorie und der Dissoziation der Persönlichkeit auf, sofern sie nicht, wie bei Freud, die Form des Unbewußten annehmen. Trotzdem fällt auf, wie sich Freud mit der Fremdkörpertheorie gewissermaßen auf die Seite der alten dämonologischen Theorien und gegen die exakte Wissenschaft stellt. Freud pflichtet Charcot also bei, daß die Besessenheiten unsere Neurosen sind, und gibt im Detail zu verstehen, daß sich die verdrängte Vorstellung an der Wurzel eines hysterischen Symptoms nicht viel anders als ein lauernder Dämon gebärdet, der das Licht scheut.[812] Dennoch tritt in der Hysterie des 19. Jahrhunderts kein fremder Geist mehr zutage, dämonisch und unheimlich erscheint den Kranken jetzt vielmehr ein Teil des Eigenen ihrer selbst.[813]

Die Konversion

Zusammen mit den schon genannten ätiologischen Faktoren – hysterische Reminiszenzen, traumatische Erinnerung, Isolierung der unverträglichen, fremden Idee, Übererregbarkeit und besondere Konstanterhaltung der Erregungssumme sowie der Notwendigkeit der Abfuhrtendenz – unterstützt die Fremdkörperidee schließlich den Mechanismus der Konversion. Für Freud ist die Fähigkeit zur Konversion sogar das eigentlich charakteristische Merkmal der Hysterie. Sie ist ein probates Mittel zur Neutralisierung einer unverträglichen Vorstellung und demonstriert überdies das spezifische psychoanalytische Verhältnis von Psychischem und Physischem. 1895 stand in diesem Zusammenhang schon

---

811 Ebd. Die Fremdkörperphänomene waren »Ergebnis eines Abstoßungsvorgangs«, den Freud zuerst »Abwehr«, später »Verdrängung« nannte.
812 Siehe J.-M. Charcot: Les Démoniaques dans l'art, a. a. O.; s. auch S. Freud: Charcot, in: ders.: Ges. Werke Bd. I, a. a. O., S. 19–36. S. Freud: Über Hysterie, in: ders.: Ges. Werke. Nachtragsband, S. 340.
813 J. Breuer: Theoretisches, in: S. Freud, Ges. Werke. Nachtragsband, a. a. O., S. 308.

fest, daß jegliche Idee einer psychobiologischen Einheit in der *Psychologie* zu verabschieden sei, da schon damals deutlich geworden war, daß gerade im hysterischen Symptom Vorstellung und Affekt getrennte Entwicklungen nehmen. Nur plausibel also, daß im Konversionsvorgang der Affekt einer Vorstellung entrissen und eigenständig zu einer somatischen Innervation verwendet werden sollte (Konversion der Erregung), wogegen das Schicksal der Vorstellung verdrängt und als schwache Spur bestehen blieb.[814] Da die Innervation der Vorstellung aber nicht ohne Ersatz auszukommen schien und dafür jegliches dem Ich anhaftendes Erinnerungssymbol in Frage kam, sah es so aus, als ob auch eine Körpervorstellung dafür ausreichte und nach Art eines Parasiten, Fremdkörpers im Bewußtsein vorkommen und sich gegebenenfalls durch motorische Innervation oder halluzinatorische (Körper)Sensationen vernehmlich machen könnte. Auf der Ebene der psychischen Instanzen fiel das Ergebnis jedenfalls wie erwünscht aus: Das Ich war widerspruchsfrei geworden.

Als Beispiel für diese Vorgänge läßt sich die Abasie einer der ersten Hysteriepatientinnen, von Frl. Elisabeth von R. aus den *Studien über Hysterie* anführen.[815] Frl. Elisabeths Beinschmerzen waren das Ergebnis ihres inneren Kampfes mit der unmöglichen Liebe zu ihrem Schwager. Die Vorstellung, den Mann der eigenen Schwester zu lieben, war für Frl. von R. so unerträglich, daß sie sie mit einem Exzeß an Verdrängung belegte. Die Verdrängung war auf allen Ebenen erfolgreich, die alten ödipalen Wünsche waren vom Assoziationsverkehr abgeschnitten und kein Einfall, keine Assoziation drang mehr bis zu ihrem Liebeskonflikt vor. Der Konflikt war buchstäblich ausgestanden. Dennoch blieb der Affekt der verdrängten Vorstellung weiterhin quälend, da er sich ein Ersatzsymbol gesucht hatte und in einen körperlichen Schmerz, den Beinschmerz, die Abasie umgesetzt worden war. Der Beinschmerz war das »Merkzeichen« oder Erinnerungssymbol des seelischen Schmerzes geworden, in dem der Affekt, weil er nun von allen Erinnerungsspuren abgeschnitten war, wie ein Fremdkörper, ein Parasit wirkte.[816] Die Umsetzung des seelischen Schmerzes in Körperschmerz hatte zur Entfremdung von der psychischen Vorstellung geführt. Oder, wie es genauer heißen müßte, sie hatte sich im Bewußtsein der Kranken wie ein körperliches Infiltrat abgesetzt, das im lebenden Gewebe assoziative Verbindungen mit den es umgebenden Gewebeschichten eingeht. Frl. Elisabeth jedenfalls bekam die psychischen Wucherungen als Ausweitung der Schmerzzone zu spüren, ihre hysterischen Beinschmerzen traten zum Schluß

---

814 S. Freud: Zur Psychotherapie der Hysterie, in: ders.: Ges. Werke Bd. I, a. a. O., S. 288.
815 S. Freud: Studien zur Hysterie, in: ders.: Ges. Werke Bd. I, a. a. O., S. 228ff.
816 Ebd., S. 249.

nicht nur im Gehen, sondern auch im Stehen und im Liegen auf.[817] Soweit die Konversion, insofern sie für Freud den konstitutiven Mechanismus der Hysterie darstellt. Da über die pathologische Ausgestaltung hinaus die Hysterie indes die unbewußten Wünsche auf exemplarische Weise offenlegt, tritt mit der Konversion außerdem ganz allgemein die psychophysische Konzeption der Psychoanalyse zutage.[818] Sehen wir uns diesen Mechanismus darum noch etwas genauer an: Die *Studien über Hysterie* haben gezeigt, daß die Konversion unter wesentlicher Beteiligung der Symbolisierung verläuft und in dieser auch der ursprüngliche Wortsinn einer Empfindung wiedergegeben ist. So war Frl. Elisabeth beispielsweise die Empfindung ihres Alleinstehens unerträglich geworden, sie konnte buchstäblich nicht mehr alleinstehend sein, für sie war die Schmerzgrenze psychisch überschritten. Das Erinnerungssymbol, die Geh- und Stehhemmung, hatte den Wortsinn ihres psychischen Leidens körperlich hergestellt,[819] der körperliche Affekt stützt sich also auf eine sprachliche Symbolisierung. In der »Étude comparative« hatte Freud das Thema schon einmal erörtert. Dort hatte es ähnlich geheißen, daß der Körper stets einen wichtigen Teil der Ichvorstellungen ausmacht, und diese in der Hysterie auf sprachlichen Vorstellungen aufbauen, so daß Körper immer schon gesprochener Körper ist: »L'hystérie prend les organes dans le sens vulgaire, populaire du nom qu'ils portent (...).«[820] 1895 zum Zeitpunkt der Abfassung der Studie ist allerdings noch unklar, wie das Bedingungsverhältnis genau aufzufassen ist, ob es die sprachliche Symbolisierung ist, die den Affekt schafft oder umgekehrt dieser die Symbolisierung. »Es war eine ganze Reihe von parallellaufenden Sensationen und Vorstellungen, in welcher bald die Sensation die Vorstellung als Deutung erweckt, bald die Vorstellung durch Symbolisierung die Sensation

---

817 S. Freud: Zur Psychotherapie der Hysterie, in: ders.: Ges. Werke Bd. I, a. a. O., S. 294. S. dazu die Kritik an der Fremdkörpertheorie von Chr. von Braun: Nicht ICH, a. a. O., S. 34: Die Hysterikerin widerspreche dem Urteil, daß weibliche Normalität Krankheit sei. Dagegen ist einzuwenden, daß mit der Fremdkörpertheorie nicht Normalität gesetzt wird und die Konversion nicht die Fremdbestimmung der unbewußten Gesetze aufhebt, s. das Kapitel über den Entwurf, hier besonders den Abschnitt über das »Ding«.
818 Sogar die nicht strukturell, sondern phänomenologisch aufgebaute Internationale Klassifikation psychischer Störungen, die Klinisch-diagnostische Leitlinie ICD–10, Bern, Göttingen, Toronto, Seattle 1993, trennt den Konversionsmechanismus von der nosologisch diffusen Hysterie, behält die Kategorie aber als eigenständigen Mechanismus bei (diagnostische Kategorie F4). Die Generalisierung der hysterischen Konversion von Leo Rangell nimmt 1959 diese Perspektive vorweg, wobei sie den Sprung vom Seelischen ins Körperliche als eine normale motorische Innervationen auffaßt (ähnlich F. Alexander, O. Fenichel, S. Ferenczi sprechen von »hysterischer Materialisation«, in: dies.: Bausteine zur Psychoanalyse, a. a. O., Bd. 3, S. 129–147).
819 S. Freud: Studien zur Hysterie, in: ders.: Ges. Werke Bd. I, a. a. O., S. 243, 251.
820 S. Freud: Quelques considérations pour une étude comparative des paralysies motrices organiques et hystériques, in: ders.: Ges. Werke I, a. a. O., S. 51.

geschaffen hatte, und nicht selten mußte es zweifelhaft bleiben, welches der beiden Elemente das primäre gewesen war.«[821] Unzweifelhaft ist nur, daß an der Umwandlung von psychischem in körperlichen Schmerz die anatomisch-organische Seite des Körpers beteiligt ist. Der hysterische Schmerz, so Freud weiter, schöpft nämlich aus derselben Quelle wie der Körper. Er greift einen schon flüchtig bestehenden organischen Schmerz auf und wählt ihn zum Erinnerungssymbol für die schmerzlichen, psychischen Erregungen. Die hysterische Schmerzbildung kommt also nicht ohne organische Begründung aus – somatisches Entgegenkommen lautet der Terminus. Wie erinnerlich, litt Frl. von R. schon seit längerem unter harmlosen rheumatischen Schmerzen in den Beinen, die sie sich während der Krankenpflege ihres Vaters zugezogen hatte. Mit anderen Worten, der Konversionsmechanismus greift auf eine bestehende organische Schwäche zurück, beutet sie aus und übersetzt den ursprünglich körperlichen, hier den rheumatischen, Schmerz in ein Erinnerungssymbol für die psychischen Erregungen.[822] Ein Grund für die Verschlingung ist dabei das zeitgleiche Vorkommen beider Erregungen im Bewußtsein, ebenso wie die Beobachtung, daß beide Regungen in mehrfacher Weise mit dem Vorstellungsinhalt verknüpft sind. Denkbar also, daß »es (der Schmerz, E. S.) vielleicht überhaupt nur eine entfernte Folge der Krankenpflege (war), der verringerten Bewegung und der schlechten Ernährung, welche das Amt der Pflegerin mit sich brachte«.[823]

Freuds Überlegungen könnten nun den Eindruck erwecken, daß der anfangs ganz unmateriell eingeführte psychische Schmerz unter der Hand eine materielle Basis erhalten hat. Der Tendenz der Psychoanalyse, wie wir sie bisher kennengelernt haben, kann das nicht ganz entsprechen, schließlich hatte Freud schon 1894 ein höchst avanciertes Körperkonzept vorgestellt, in dem der Körper nicht mehr im anatomischen Sinne, sondern von seiner physiologischen Erregungsseite definiert wurde: »Zur Disposition der Hysterie (zählt) die psychophysische Eignung zur Verlegung großer Erregungssummen ins Körperliche.«[824] Freud hatte damit spätere neurowissenschaftliche Vorstellungen vorweggenommen, denen zufolge sich das Physische vor allem in physiologischen Erregungsabläufen und chemischen Veränderungen (Metabolismus) niederschlägt. 1894 zieht er dennoch in Erwägung, ob dies nicht »Vorgänge (sind), die ohne Bewußtsein geschehen, die man nur supponieren kann, aber durch keine klinisch-psychologische Analyse erweisen kann. Vielleicht wäre es richtiger zu sagen: Dies sind überhaupt nicht

---

821 Ebd., S. 250.
822 Vgl. E. Seifert: Hysterische Körper – simulierter Schmerz. in: M. Wolf, H. J. Walter, B. Rathmayr u. a. (Hg.): Körper/Schmerz, Intertheoretische Zugänge, Innsbruck 1998, S. 73–84.
823 S. Freud: Studien zur Hysterie, in: ders.: Ges. Werke Bd. I, a. a. O., S. 243–244.
824 S. Freud: Die Abwehr-Neuropsychosen, in: ders.: Ges. Werke I, a. a. O., S. 63–65.

Vorgänge psychischer Natur, sondern physische Vorgänge, deren psychische Folge sich so darstellt, als wäre das durch die Redensarten: ›Trennung der Vorstellung von ihrem Affekt und falsche Verknüpfung des letzteren‹, Ausgedrückte wirklich geschehen.«[825] Die Konzeption des Psychischen bleibt schwierig und der Sprung vom Psychischen ins Körperliche bleibt der »neuralgische Punkt«, durch den die psychoanalytische Theorie physikalistischen Wissenschaftlern, aber auch vielen Psychoanalytikern selbst fragwürdig ist. An der Stelle der Konversion liegt weiterhin das Geheimnis, das im 19. Jahrhundert einen positivistischen Neurologen wie Charcot zur Beschäftigung mit Phänomenen des Glaubens führte und das Freud schließlich auf die Spur des Unbewußten brachte.[826]

Auffällig ist in diesem Zusammenhang jedoch, wie sehr sich die Auffassung der Konversion mittlerweile verändert hat und sie ihr Aussehen eines normalen Vorgangs eingebüßt hat. Auf exemplarische Weise verdeutlicht dies ein vielbeachteter Text der Nachkriegspsychoanalyse von Leo Rangell von 1959.[827] In diesem würdigt der Autor zunächst die Besonderheit der Konversion als eine spezifische Energieumwandlung, die aktiv unter dem Druck von Abwehr geschehe und als Prozeß einer Symbolbildung zu verstehen sei; schränkt die Verknüpfung und automatische Assoziation von Konversion und Hysterie aber als rein »historisch« ein. Gegen die ausschließlich ödipale Begründung der Konversion führt er das Vorkommen von prägenitalen Konversionsneurosen ins Feld. Auf jeder Stufe der libidinösen Entwicklung, auch auf den prägenitalen Entwicklungsstufen, seien Konversionen denkbar, vorausgesetzt, die Entwicklung verlaufe konflikthaft. »Man hätte die vielfachen Bedeutungen der Konversion unzulässig eingeengt, wenn man das Symptom nur in seiner phallischen oder hysterischen Bedeutung verstanden hätte.«[828] Ein Hauptanliegen des Autors besteht sodann in dem Hinweis auf die unzulässige Identifizierung von Konversion und Psychophysiologie. Für Rangell stellt das vermeintlich Mysteriöse des Sprungs vom Psychischen ins Körperliche eine ganz gewöhnliche, motorische Innervation dar, ein psychophysisches oder intrapsychisches Ereignis unter anderen.[829] Psyche und Körper bildeten eine unauflösliche psychobiologische Einheit und seien durch einen ganz »normalen, automatischen und kontinuierlichen Fluß« miteinander verbunden, der von einer »neutralisierte(n), triebnahe(n) Energie« gespeist werde. In Anbetracht dessen sei von einer konfliktfreien Ichsphäre auszugehen und müsse zwischen pathologischen und normalen Abwehrmecha-

---

825 S. Freud: Studien zur Hysterie, in: ders.: Ges. Werke Bd. I, a. a. O., S. 67.
826 E. Seifert: Hysterische Körper – Simulierter Schmerz, a. a. O., S. 80.
827 Leo Rangell: Die Konversion, in: Psyche 23, 1969, S. 121–147.
828 Ebd., S. 146.
829 Ebd., S. 143.

nismen unterschieden werden. Konversion als Folge eines milden oder schweren Konflikts, als »ein aktiver Ichvorgang in Richtung auf Symptombildung« kommt für Rangell folglich nur als pathologischer Abwehrmechanismus im Dienste der Erhaltung der Homöostase in Betracht. Sie sei klar von der normalen Abfuhr des Psychischen zum Somatischen, »die automatisch und kontinuierlich stattfindet, keinen Konversionsprozeß einleitet und sich neutralisierter Energie in einer vorwiegend konfliktfreien Ichsphäre bedient«, zu unterscheiden.[830] Konversion sei weder ein Charakteristikum der gesamten Psychophysiologie, noch tauge sie zur Erklärung für jede Richtungsänderung, jede Umschaltung von einem System zum anderen. Aufgrund der von Freud als biologisch deklarierten Basis aller psychischen Prozesse sei gleichwohl, meint dieser Autor vorausschauend, von der Neurophysiologie »Aufklärung über die Ereignisse an der ›Synapse‹ zu erwarten.« Zwar habe die Neurophysiologie bisher (1959, E. S.) »noch keine genauere Antwort auf die Frage nach der Feinstruktur dieser Prozesse geliefert«, trotzdem stellten jene Ereignisse »ein Forschungsfeld für Neurophysiologien und Psychoanalytiker« dar, »auf dem sie sich vielleicht einmal begegnen werden«.[831] Durchaus möglich also, daß »diese dunkle, aber faszinierende Phase des menschlichen Verhaltens« einmal durch extensive Beobachtungen auf dem Gebiet der Mikropsychophysiologie erklärt werde.[832]

Unsere Lektüre der Metapsychologie hatte uns zu einem gänzlich anderen Ergebnis geführt. Wir hatten im Gegenteil festgestellt, daß Freuds Seelenkonstruktion auf allen Ebenen von einer Diskontinuität, einer Teilung zeugt und der rätselhafte Sprung vom Physischen ins Psychische von Freud unter dem Begriff des Unbewußten als allgemein und unvermeidlich postuliert wird. In Anbetracht dieses Ergebnisses mutet Rangells einheitliche Interpretation des Psychischen nicht nur befremdlich an, sondern kann auch seine Auffassung der Konversion als ein Baustein auf dem Weg zur Biologisierung der Psyche betrachtet werden. Sehen wir zum Schluß, wie Freud die Spaltung des Seelenlebens mit Hilfe der Sexualität noch einmal unterstreicht.

Sexualität und Hysterie

Sexualität ist das Dauerthema der Hysterie. Auch im wissenschaftlichen Diskurs des 19. Jahrhunderts, in dem man das Thema allgemein zu vermeiden suchte, war sie in ihrer Bedeutung unbestritten. Zwar galt Sexualität nicht einfach, wie teilweise (E. Roudinesco) behauptet wird, als das Geheimnis des Alkovens, von

---

830 Ebd., S. 134.
831 Ebd., S. 143.
832 Ebd.

dem nur hinter vorgehaltener Hand gesprochen werden konnte oder nur als peinliche »Chose genitale«.[833] Nicht allein Charcot sprach in vielen Fällen von sexuellen Beweggründen, zitierte in seinen Vorlesungen etwa einen hysterischen Metallvergolder, der sich frenetisch der Masturbation hingab oder führte den Fall eines jungen Schmieds an, der einem ungezügelten Hang zum weiblichem Geschlecht verfiel und dadurch hysterisch wurde. Gleichwohl wurde Sexualität grundsätzlich eines wissenschaftlichen Begriffs für unwürdig befunden und war nicht als eigenständige Wirkungskraft anerkannt. Für Charcot jedenfalls konnte sie nur ein zufälliges, individuelles Phänomen darstellen und konnte von einer allgemein gültigen »hysteria virilis amatoria« oder gar einer »passion amoureuse« kaum die Rede sein. Sexualität als Ursache der Hysterie kam für ihn auf keinen Fall in Frage. Im Gegenteil, um die Hysterie wissenschaftsfähig zu machen, hatte es sich Charcot zur Aufgabe gemacht, sie ätiologisch vollständig vom Nimbus der »Geilheitskrankheiten« zu befreien. Seine Lösung hieß »Ätiologie durch Heredität«, die vererbbare Hysterie.

An dieser Stelle schließt Freud an. Wie Charcot geht auch er zunächst davon aus, daß Objektivierung und Sexualität unvereinbar sind. Doch im Unterschied zu Charcot schließt das für Freud wissenschaftliche Ansprüche keineswegs aus. Sexualität ist nicht nur das »caput Nili der Neuropathologie« sondern der Wissenschaft des Seelenlebens schlechthin.[834] Der Fall von Frl. Elisabeth war deshalb kein Einzelfall, alle Hysterikerinnen der Anfangszeit der Psychoanalyse sprechen dieselbe Sprache: In jeden dieser Fälle geht es um das Störrische und Singuläre, das Unheimliche des Sexuellen, kurz gesagt, um die Sexualität als ein unbeherrschbares Übel. Gewiß, in der Ätiologie von 1895 ist das begrifflich noch nicht auf dem Stand der *Drei Abhandlungen* und des ausgearbeiteten Ödipuskomplexes. Trotzdem hat Freud schon zu dieser Zeit Charcots (ideogenen) Traumabegriff zum allgemein traumatisierenden sexuellen Faktor modifiziert. »Das wichtigste Ergebnis aber, auf welches man bei solcher konsequenten Verfolgung der Analyse stößt, ist dieses: Von welchem Fall und von welchem Symptom immer man seinen Ausgang genommen hat, endlich gelangt man unfehlbar auf das Gebiet des sexuellen Erlebens. Hiermit wäre also zuerst eine ätiologische Bedingung hysterischer Symptome aufgedeckt.«[835] In der Liste der hysterischen Ursachen wird angeführt, worum es sich im Detail handelt: um Erlebnisse der Pubertät, die noch »sehr disparat und ungleichwertig« erscheinen und von

---

833 E. Roudinesco: Wien-Paris, Die Geschichte der Psychoanalyse in Frankreich, a. a. O., S. 17–28.

834 »Zugrunde jedes Falles von Hysterie befinden sich (...) ein oder mehrere Erlebnisse von vorzeitiger sexueller Erfahrung, die der frühesten Jugend angehören«. Das ist das »caput Nili der Neuropathologie« (S. Freud: Zur Ätiologie der Hysterie, a. a. O., S. 64).

835 S. Freud: Zur Ätiologie der Hysterie, a. a. O., S. 434.

schweren Traumen wie Vergewaltigung oder unfreiwilliger Zeugenschaft bei sexuellen Akten bis zu Erlebnissen von erstaunlicher Geringfügigkeit reichen,[836] um zeitlich weiter zurückliegende sexuelle Erlebnisse, die allesamt in die Zeit der frühen Kindheit fallen und dadurch gleichförmiger und allgemeingültiger wirken, zumal Freud (bis 1897) noch von der faktischen und exogenen Realität der Verführung durch Erwachsene ausgeht.[837] Mit der Revision: »Ich glaube an meine Neurotika nicht mehr« beginnt dann der Weg der Libido »quoad matrem«, der Weg des Ödipus, bis 1905 unmißverständlich die Korrektur im eindeutig psychischen Sinne erfolgt: »Es ist selbstverständlich, daß es der Verführung nicht bedarf, um das Sexualleben des Kindes zu wecken, daß solche Erweckung auch spontan aus inneren Ursachen vor sich gehen kann.«[838] Ungeachtet der erst hier erfolgenden Präzisierung steht jedoch schon jetzt die ätiologische Rolle der Sexualität fest und ist Freuds Gegenthese zum Charcotschen Hysteriekonzept bereits ausformuliert. Statt von Ätiologie durch Heredität spricht Freud von »Pseudoheredität«, die er nun als psychische »Infektion« versteht. Nebenbei fällt sozusagen »avant la lettre« der Begriff der Übertragung.[839]

Unter den ätiologischen Faktoren finden sich auch die schon bekannten Erinnerungsspuren, die von dem Moment an pathologisch werden, wo infantile sexuelle Erinnerungen mit einer zu verdrängenden Vorstellung in logischen oder assoziativen Zusammenhang gebracht werden. Hysterische Symptome sind immer das Ergebnis von Reminiszenzen. Freud kommt zu dem Schluß, daß vom Erinnerungsbild Kräfte ausgehen, die dem realen Eindruck noch fehlten: Die Symptome gehen nur (!) aus Erinnerungen hervor. »Alle die späteren Szenen, bei denen die Symptome entstehen, sind nicht die wirksamen, und die eigentlich wirksamen Erlebnisse erzeugen zunächst keinen Effekt.«[840] Die Hysterie bestätigt hier die Bedeutung des Nachträglichkeitsprinzips.

Mit der Annahme eines psychischen Konflikts zwischen der unverträglichen Vorstellung und dem Ich, das sich zu Abwehr und Verdrängung genötigt sieht, mit dem Einfluß von rezenten Erlebnissen, der Beobachtung von der Überdeterminierung der Symptome sowie dem im reflexologischen Denken merkwürdigen Mißverhältnis zwischen psychischem Reiz und psychischer Reaktion ist die Ätiologie der Hysterie dann so gut wie komplett. Ebenfalls ausgearbeitet sind 1895 auch die Grundzüge der psychisch-sexuellen Funktion.

---

836 Ebd., S. 436.
837 Ebd., S. 445, s. auch im »Entwurf« den Fall Emma, S. 444–448.
838 Fließbrief vom 21.09.97, dazu E. Seifert: Walfisch und Eisbär treffen sich nie, in: Texte. Aus dem Colloquium Psychoanalyse 3, 1998, S. 4–11; S. Freud: Drei Abhandlungen zur Sexualtheorie, a. a. O., S. 96.
839 S. Freud: Zur Ätiologie der Hysterie, a. a. O., S. 445.
840 Ebd., S. 450.

Sie bekräftigen auf dramatische Weise das Trägheitsprinzip und die zweierlei Funktionen des psychischen Apparats aus dem »Entwurf«. Schließlich unterstreicht die hysterische Sexualfunktion, wie Erinnerung und Nachträglichkeit verfälschend in das Seelenleben eingreifen.[841] 1895 und 1897 in der revidierten Verführungstheorie steht für Freud ebenfalls fest, daß Sexualität stets unter dem Vorzeichen einer Entfremdung auftritt. Der sexuelle Einschlag wirke wie ein Fremdkörper, bemerkt er, er sei immer traumatisch. Momente von Scheitern und Gewalt, die »Brutalität der Geschlechtslust« zählten ebenso dazu wie ein »ungeahntes Häßliches«[842] oder ein »bisher Verschleiertes, das sich plötzlich enthüllt«.[843] Sexualität, wie Freud sie in den »Abwehr-Neuropsychoneurosen« antrifft, entpuppt sich als ein beständiger Angstanfall, da es zwischen Mann und Frau nicht gehe, zwischen ihnen ein grundsätzlicher Ruptus liege. Die Dimension der Freudschen Sexualität soll hier nicht in ihrer ganzen Breite entfaltet werden – wir haben das an anderer Stelle bereits getan –[844] sondern hauptsächlich von dem ihr anhaftenden Moment der Dissoziation her beleuchtet werden. In der Hysterie macht es sich an verschiedensten Phänomenen bemerkbar: Im Auseinanderfallen von Erlebnis und Erinnerung, dem Bruch zwischen Affekt und Vorstellung, dem psychischen Schmerz und seiner körperlichen Konversion, in dem Unverhältnis von Ursache und Wirkung oder auch dem zeitlichen Intervall zwischen auslösendem Ereignis und Symptomwirkung.

1895 macht Freud für die Unerklärlichkeit der Symptom-Ursache-Beziehung außerdem den Umstand geltend, daß ein Teil der pathogenen Motive immer im Dunklen bleibe und die Mittelglieder fehlten. Spätestens 1915 ist das Mittelstück, »missing link«, begrifflich und theoretisch indes benannt, sein Name lautet: das Unbewußte. Die Spur dazu ist, wie gesagt, schon von Anfang an aufgenommen und die reflexologische »black box« ist schon zu diesem Zeitpunkt geöffnet. Dennoch fällt auf und will zur Kenntnis genommen werden, daß Freud, ungeachtet seiner zeitlebens gehegten Hoffnung auf die Fortschritte der Naturwissenschaft, ihr Geheimnis niemals wirklich gelüftet hat. Die Tendenz der Psychoanalyse, wie wir sie in den metapsychologischen Schriften kennengelernt haben, spricht dafür, daß dies nicht aus einer wissenschaftstheoretischen Schwäche heraus unterblieb. Wir sind im Gegenteil der Ansicht, daß es niemals in Freuds Absicht lag, den Inhalt dieser »black box« des Unbewußten freizulegen. Denn eines stand für Freud immer fest, daß

---

841 Siehe das »proton pseudos« des Ichs, in Teil 2.2: Freuds »Entwurf«.
842 Ebd., S. 436.
843 E. Seifert: Couch und Sessel finden wir in Erzählungen und metapsychologisch – topologischen Übungen eher wieder als in Falldarstellungen. Der Fall Katharina, in: Berliner Gruppe für Psychoanalyse, zur Eröffnung, Februar 1998.
844 E. Seifert: Was will das Weib? Weinheim und Berlin 1987.

die gehemmten Vorsätze, die »in einer Art von Schattenreich eine ungeahnte Existenz fristen«, nur als Spuk hervortreten.[845] Der »lauernde Dämon« der verdrängten Vorstellung bleibt in jedem Fall lichtscheu. Keinerlei mikrophysiologische Beobachtung an der Synapse wird ihn daher je ans Licht ziehen können.[846]

Fazit

Mit der Sexualität tritt zur Theorie des psychischen Apparats also aufs Neue ein nicht integraler, nicht verallgemeinerbarer Faktor hinzu. Ein Faktor, den auch Charcot wahrgenommen hatte, den er jedoch, weil er die Objektivität der Gesetze außer Kraft setzte, eliminierte. Freud indes verspürte, daß er mit der Sexualität »an den Schlaf der Welt« gerührt hatte und war dennoch dem Versuch nicht erlegen, ins Okkulte, Mystische oder Archaische abzugleiten.[847] Freud war nicht der »Denkgewohnheit (verfallen), hinter dem Substantiv eine Substanz anzunehmen«, hatte nicht die Metapher hinter der Vorstellung vergessen und damit die Mythologie vorprogrammiert.[848] Die Entdeckung von der Singularität und Spaltung des Seelischen reduzierte deshalb auch keineswegs seine wissenschaftlichen Ansprüche, ab dem »Entwurf« baut er vielmehr seine ganze Wissenschaft der Psyche darauf auf. Mit einem teils objektiven, teils singulären realen Unbewußten postulierte er ein Subjekt, das durch seine Brüchigkeit beiderlei Aspekten Rechnung trägt und durch sein Verhältnis zur Außenwelt wie zu sich selbst fremdbestimmt und gespalten ist. Mit der Fremdheit dieser Psyche sind die Dämonen wiedergekehrt, mit denen die alten, abergläubischen Zeiten die Spaltung des Seelenlebens zur Besessenheit erklärten, nur daß sie jetzt Teil des Eigenen der Subjekte geworden sind und es kein fremder Geist mehr ist, der in ihnen wohnt. Gleichwohl wird die Spaltung des Seelenlebens seit Freud nicht mehr paranoisch, sondern hysterisch gedacht, da die religiöse Terminologie jener dunklen und abergläubischen Zeiten jetzt im Gewand der Wissenschaft auftritt und die Schreckgespenster des Hexenzeitalters mit wissenschaftlichen Gesetzmäßigkeiten ausgetrieben werden. Was Freud an Charcot rühmte, den Dämon der priesterlichen Phantasie durch eine psychologische Formel ersetzt zu haben, gilt darum für Freud nicht weniger.[849]

---

845 S. Freud: Ein Fall von hypnotischer Heilung, in: ders.: Ges. Werke I, S. 15.
846 »Man bekommt den Eindruck eines Dämons, der sich sträubt, ans Licht zu kommen, weil er weiß, daß dies sein Ende sei« (S. Freud: Über Hysterie, in: ders.: Ges. Werke. Nachtragsband, S. 340).
847 S. Freud: Geschichte der psychoanalytischen Bewegung, in: ders.: Ges. Werke Bd. X, a. a. O., S. 59–60.
848 J. Breuer: Theoretisches, in: S. Freud, Ges. Werke. Nachtragsband, a. a. O., S. 287.
849 S. Freud: Charcot, in: ders.: Ges. Werke Bd. I, a. a. O., S. 34.

Von Charcot angefangen, über A. Grünbaum, J. Habermas bis zur Debatte der aktuellen Neurowissenschaften und deren Rezeption durch die Psychoanalytiker selbst, ist dieser Versuch, Singularität, Spaltung und Allgemeingültigkeit zusammen zu denken, als wissenschaftlich unhaltbar verworfen worden. Daß der Einschluß der Spaltung in das Subjektkonzept herrschende Wissenschaftsprinzipien wie das physikalistische Geschlossenheitsprinzip unterläuft, läßt sich kaum bestreiten. Daß sich dieses Wissenschaftsverständnis allerdings seinerseits einem Ausschlußverfahren verdankt, nämlich dem »300jährigen Ausschlußverfahren« von Natur als dem Anderen (H.-J. Rheinberger), bleibt in der Regel unerwähnt.[850] Therapeutisch jedenfalls liegen die Konsequenzen der unausgesprochenen Ausschließung nur allzu offen, die wissenschaftliche Bereinigung hat den Spuk nur verschoben und nicht wirklich vertrieben.[851] Aus diesem Grund mögen die Dämonen in den wissenschaftlichen Therapieverfahren heute zwar ausgerottet sein, da sie aber von keiner psychologischen Formel mehr in Schach gehalten werden, ist das Revival der Dämonen, die Wiederkehr des Verdrängten vorprogrammiert. Der Balanceakt zwischen Okkultismus und Wissenschaft, den die psychoanalytische Theorie so lange erfolgreich behaupten konnte, ist mit der Biologisierung der Seele und dem diagnostischen Untergang des Hysteriekonzepts nicht mehr zu halten. Seit der Verwerfung der Spaltung stehen die Zeichen psychologisch heute nicht mehr auf Neurose, sondern in weit zerstörerischerem Ausmaß auf Perversion und Psychose.

---

850 H.-J. Rheinberger: Natur, NATUR, in: N. Haas, R. Nägele, H. J. Rheinberger (Hg.): Was wäre Natur?, Eggingen 1995, S. 90.

851 Heutige therapeutische Praxis schwankt zwischen einer Explosion naturwissenschaftlicher Verfahren (kognitive Trainingsmethoden) und einem romantisierenden Rückfall in suggestive Therapiemethoden. In der streng naturwissenschaftlichen Psychiatrie werden therapeutische Verfahren eingesetzt, die einerseits beanspruchen, absolut rational zu sein, andererseits mit Suggestivmethoden arbeiten: wie z. B. mit der Eye-Movement-Therapy, einer naturwissenschaftlich, neurologisch begründeten Therapie, die auf Verhaltenstraining und suggestiver Wirkung beruht.

Schlußwort

»Die medulla oblongata ist ein sehr ernsthaftes und schönes Objekt. Ich erinnere mich ganz genau, wie viel Zeit und Mühe ich vor Jahren ihrem Studium gewidmet habe. Aber heute muß ich sagen, ich weiß nichts, was mir für das psychologische Verständnis der Angst gleichgültiger sein könnte, als die Kenntnis des Nervenwegs, auf dem ihre Erregungen ablaufen.«

Sigmund Freud
Vorlesungen zur Einführung in die Psychoanalyse

Ziel der vorliegenden Arbeit war es, den durch den Prestigegewinn der biologischen Wissenschaften zur Disposition gestellten Begriff des Psychischen einer Neudefinition zu unterziehen. In Zentrum stand dabei die Frage, ob die Psychoanalyse durch den Beitrag der Neurowissenschaften nicht möglicherweise obsolet geworden sei, oder in ihren Hypothesen korrigiert werden müsse. Dem Gebot folgend, daß jeder Paradigmenwechsel für die Psychoanalyse eine Aufforderung darstellt, sich ihrer Grundlagen zu versichern, bzw. neu zu formulieren, was Psychoanalyse ist und was sie leistet, wurde die Neurowissenschaft dabei nicht einfach als eine Konkurrenzwissenschaft betrachtet, sondern auf einige zentrale und der psychoanalytischen Theorie nahestehende Prämissen befragt, und zwar unter besonderer Berücksichtigung ihrer Aussagen zu den Phänomenen von Wahrnehmung, Sprache, Selbstbewußtsein, Ich und Subjektivität.

Bei dieser Überprüfung wurde deutlich, wie in das neurowissenschaftliche Verständnis der genannten Phänomene – wie unterschiedlich dieses jeweils auch ausfiel – stets ein und dieselbe Grundannahme hineinspielt: immer wurde der Untersuchungsgegenstand als reine Natur und – zumindest von einigen Autoren – sogar im Sinne der Evolutionstheorie behandelt. In den Neurowissenschaften stehen die menschlichen Sprech- und Geschlechtswesen selbst mit Lebewesen niederer Art auf einer Stufe. Sämtliche Regungen, sämtliche Leistungen der Subjekte, motorische, kognitive oder emotionale, unterscheiden sich in nichts von denen eines Tieres, von den Wahrnehmungsvorgängen eines Frosches oder den Lernvorgängen einer Schnecke. Als Folge dieser – innerhalb der Neurowissenschaften allgemein geteilten – funktionellen Vergleichbarkeit zeigte sich, daß sich das menschliche Individuum – überspitzt ausgedrückt – lediglich als Ausprägung seines Nervensystems betrachtet wurde. Der Systemgedanke und insbesondere der Begriff der Selbstorganisation erwiesen sich als ein Ausdruck dieser methodischen Perspektivverschiebung. An ihr zeigte sich, daß in der Neurowissenschaft nicht mehr das Subjekt im Zentrum der Aufmerksamkeit steht, sondern die Gesamtheit des Nervensystems. Subjektivität wird als Hervorbringung des Gehirns angesehen, genauer als Ergebnis der Beziehung zwischen Gehirn und Umwelt: eines Systems, das sich – insofern im zerebralen Nervensystem Außenerregungen ausnahmslos intern verrechnet werden, bzw. Konflikte nur den Anstoß für neue Systemanschlüsse geben – durch ständige Selbsterneuerung aufrechterhält und durch operationale Geschlossenheit imponiert. Schlußfolgernd ergab sich: Im Unterschied zum psychischen Apparat und dessen Homöostasemodell ist das Nervensystem ein System, das ohne Alterität existiert und keine wirklichen Umschriften kennt; es ist von seinen sämtlichen Strukturen her vielmehr auf ununterbrochene Selbsterhaltung des Organismus angelegt. Das Nervensystem dient, anders gesagt, reinen Überlebensfunktionen.

Diese methodischen Grundannahmen begegneten in allen neurologischen Funktionsbeschreibungen. So auch in der für die Psychoanalyse bedeutsamen Funktion des Sprechens und der Sprache. Die neurologische Zuschreibung der Sprachfähigkeit war von dem auf Selbsterhaltung angelegten Programm der Hirnvorgänge nicht ausgenommen; auch das Sprechen und die Sprache, bzw. die Sprachfähigkeit fielen unter die Überlebensfunktionen des »menschlichen Gesamtorganismus« und erwiesen sich in den Neurowissenschaften, wenn auch in unterschiedlicher Deutlichkeit, als ein Medium und Instrument im Überlebenskampf. Dabei mußte die Sprache nicht unmittelbaren Überlebenszielen folgen, sie konnte durchaus einem Bewußtsein höherer Ordnung zugeordnet werden (Edelman), die menschliche Biologie aus dem Umfeld rein materieller Strukturen herausführen, in das Gebiet konzeptueller Strukturen fallen oder auch nur für einen Beobachter – insofern Organismen keine Ziele verfolgen – als explizites Überlebensziel erkennbar sein. Dennoch wurde Sprache, da sie an die Gesetze des lebenden Organismus und der Autopoiese gebunden ist, neurowissenschaftlich durchgehend als im Dienste der Überlebensfunktionen stehend verstanden.

Eine interessante Anschlußmöglichkeit an die strukturelle Psychoanalyse und ihre Subjektauffassung stellte indes die neurowissenschaftliche Auffassung von Ich, Subjektivität und das Problem der sogenannten Qualia in Aussicht. Hier versprach die Definition, wonach das Ich nicht nur ein Phänomen der 1. Person darstellt, sondern konstitutiv durch allgemeine Züge markiert wird, möglicherweise Übereinstimmung (vgl. M. Pauen). Gleichwohl konnte auch dieser Ansatz nicht darüber hinwegtäuschen, daß Ich und Subjektivität in den Neurowissenschaften lediglich in der Rolle eines Objekts auftreten, d. h. daß sie ausschließlich Gegenstand von Außenbetrachtung sind. Dies machte es unmöglich, der Einzigartigkeit eines Subjekts in irgendeiner Weise Rechnung zu tragen. Das Subjekt als ein Anderes, Fremdes, als ein immer auch trügerisches Ding, lag aus diesem Grund weiterhin jenseits des neurowissenschaftlichen Horizonts. Der erste Teil endete mit dem Fazit, daß aus neurowissenschaftlicher Sicht die Funktionen und Leistungen des Gehirns auf allen Ebenen des Organismus auf Überleben, bzw. das Leben ausgerichtet sind, und das Individuum, Ich und Subjekt rein psychobiologische Einheiten darstellen. Nach einem kurzen medizingeschichtlichen Überblick bis hin zum ersten großen Zerebralisierungsschub der Seele in der frühen neurowissenschaftlichen Forschung fand sich mit den Sprachstörungen, den Aphasien, der Einsatzpunkt der Psychoanalyse.

Der zweite große Teil war dann der Frage des Psychischen bei Freud vorbehalten, die mit einer Lektüre von vier metapsychologischen Texten Freuds beantwortet wurde. Dabei konnten folgende Ergebnisse festgehalten werden: Freuds Anfänge liegen ohne Zweifel im neurologischen Diskurs. Das gesamte Werk ist voller Hinweise auf Hirnvorgänge und biologische Gegebenheiten. Gleichwohl stehen diese in keinem direkten und positiven Bezug zum Nervensystem und dem Körper. Die eigenwillige Beziehung zwischen dem Psychischen und dem Körper bahnte sich in den frühen neurologischen Zeiten an, als Freud noch nach Wegen suchte, psychische Vorgänge in der »Sprache der Psychologie zu behandeln«. Zu Zeiten der Bernheim-Übersetzung geschah das, wie allgemein üblich, in physiologischen Begriffen und nahm durch die Autosuggestion sogar eine beinahe systemtheoretische Wendung an. Dennoch zeichnete sich bereits hier, auf der Ebene der physiologisch konzipierten Psychologie, eine Dimension außerhalb des Bewußtseins ab. In dem frühen Text »Quelques considérations pour une étude comparative des paralysies organiques et hysteriques« von 1893 wurde das deutlicher, so daß an Freuds Distanzierung von der Anatomie kein Zweifel aufkommen konnte. Der Umgang der hysterischen Paralytiker mit der Anatomie, ihr »comme si l'anatomie n'existait pas«, wird zum künftigen Etikett der neuen Ebene des Psychologischen. Mit der Aufstellung eines Sprachapparats war die Grundlage der Psyche indes zuvor schon gelegt worden. Die Abkehr von der Position des Arztes hatte begonnen. 1895 fand das seine Fortsetzung in einer Theorie des psychischen Apparats, der sich zwischen Trauma und Bindung bewegt, über eine erste Instanz des Ichs verfügt und zu den unterschiedlichsten Leistungen in der Lage ist. Einige frühe Merkmale dieses Apparats, seine innere Mangelhaftigkeit, die sogenannte »Not des Lebens« und die sich daran anschließende, nicht enden wollende Selbsttäuschung der Individuen sollten von zentraler Bedeutung bleiben.

Freuds Absicht war es gewesen, mit diesen Bausteinen eine wissenschaftliche Psychologie aufzustellen. Doch sein Versuch scheiterte wegen der Unvereinbarkeit des neurologisch gebauten Apparats und der noch ungenau gefaßten Form des neuen Wissens, für das Freud zunächst der Begriff fehlte. Der »Entwurf« scheiterte aufgrund des noch ungenügend artikulierten Wissens vom »anderen Schauplatz« des Unbewußten.

In der großen metapsychologischen Schrift »Triebe und Triebschicksale« von 1915 war dieses Wissen gewonnen. Nun wurde deutlich, daß das Verhältnis zwischen Körper und Psyche von der inneren Mangelhaftigkeit des Apparats, bzw. dem traumatischen Einschlag der Urverdrängung beeinträchtigt ist. Der Trieb als ein psychisches Gebilde repräsentierte die Auswirkungen der »Not des Lebens« und zeichnete diese auf allen Ebenen des Seelenlebens ein, auf der Ebene von Lust, Dynamik und Vorstellungen. Es bestätigte sich damit erneut die frühe Erkenntnis der Hysterie, daß zwischen Körper und Seele keine direkten Entsprechungen bestehen, weil die psychischen Repräsentationen nur die verdrängten Teile des Körpers umsetzen. Weitere, mit dem Triebbegriff verbundene Mißverständnisse ließen sich dahingehend aufklären, daß der Trieb, obwohl er an die Selbsterhaltungsfunktion und das Biologische angelehnt ist, kein natürliches biologisches Gebilde darstellt, sondern ein grammatisches, oder – mit Einschränkung – auch ein kybernetisch zu nennendes Verschaltungsgebilde ist, das von seinen Zielsetzungen her nicht allein auf Wohlbefinden und Überleben der Subjekte abzielt. Triebe transzendieren die Biologie.

Und schließlich das Unbewußte! In der Konstruktion des Seelenlebens war es das lang vermißte Stück im Verhältnis zwischen Körper und Seele. Mit der Entdeckung des Unbewußten hatte Freud die Lösung für das Problem der lang vertretenen Ursachentheorie, den Psychophysischen Parallelismus gefunden und damit die Quelle des Psychologischen vor sich. Statt Körper und Seele in parallel verlaufenden Kausalbeziehungen zu denken, postulierte er jetzt, daß das Verhältnis zwischen Körper und Seele prinzipiell durch ein Mißverhältnis, eine Unmöglichkeit getrübt ist und genau dieses es ist, das ihr Verbindungsprinzip darstellt. Die Spaltung des Seelenlebens war auf den Begriff gebracht und der Begründung der paradox konstruierten Psyche stand nichts mehr im Wege. Mit dem Unbewußten als einer Artikulation, die mit einer Desartikulation ansetzt, waren zwei Aspekte der Psyche auf einen Nenner gebracht, es war eine Psyche in ihrer Allgemeinheit begründet, die individuell auf »Entzug« basierte.

Ein historischer Rückblick auf die Hysterie vor Freud führte im dritten Teil noch einmal vor Augen, in welchem Ausmaß sich schon der Neurologe Freud von der Neurologie seiner Zeit, vom Diskurs des Allgemeinen und der Medizin, namentlich von Charcot und Bernheim, distanziert hatte. Statt ausschließlich auf die Seite der wissenschaftlichen Gesetzmäßigkeiten der Hysterie zu setzen, war für ihn von Anfang an das Singuläre des Psychischen und die subjektive Art der Verarbeitung von Bedeutung. Die Neurologie der Gesetzmäßigkeiten und die Singularität des Psychischen schlossen sich für Freud deshalb auch nicht aus.

Es stellte sich aber heraus, daß die Freudsche Neurologie damit immer schon auf ein Subjekt abzielte, also selbst hysterisiert war. Während der Psychoanalytiker Freud die Neurowissenschaft also von Anfang an für seine eigenen, paradoxen Zwecke eingespannt hatte, gingen die Disziplinen streng genommen auseinander.

Vor diesem Hintergrund kann zum Verhältnis von Neurowissenschaft und Psychoanalyse hier folgendes Fazit gezogen werden:

Neurowissenschaft und Psychoanalyse sind zwei Varianten der Körperwissenschaften, die durch ihre Reflexionen auf die Leistungen und Funktionen des Seelenlebens auf den ersten Blick Ähnlichkeiten aufzuweisen scheinen. Sie bringen jedoch zwei diametral entgegengesetzte Positionen zu Körper und Psyche zur Geltung, deren Unterschiede nicht größer sein könnten. Während in der Neurowissenschaft der Körper in Gestalt des zerebralen Nervensystems dominant ist und direkt alle Leistungen und Funktionen regiert, ist er, psychoanalytisch gesehen, nicht »Herr im Haus« und kommt nur hintergründig in Betracht: in Gestalt von Erinnerungen und unbewußtem Denken über den Körper, in Form von Denken über die Verluste, denen der Körper im Verlauf seiner psychischen Übersetzung ausgesetzt worden ist. In diesem Sinne gehen von der Psyche eigenständige Kausalwirkungen aus, gilt sie in der Psychoanalyse, anders als in den Naturwissenschaften, als ein autonomer Ursachenfaktor.

Gleichwohl gibt es Überschneidungen zwischen den Diskursen, die es denkbar erscheinen lassen, daß ein fruchtbares Verhältnis zwischen den Disziplinen unter bestimmten Voraussetzungen möglich sein könnte. Um einen Dialog sinnvoll zu machen, müßten allerdings auf beiden Seiten folgende Postulate anerkannt werden:

– daß die Aussagen der Neurowissenschaften, insofern sie über Meßdaten gewonnen werden, nur auf der Grundlage einer formalen Sprache zustande kommen.
– daß der psychoanalytische Kernbegriff des Singulären und Unzugänglichen, das Unbewußte, selbst symbolisch in Erscheinung tritt, also partiell allgemein ist.
– daß die Neurowissenschaften nicht einfach empirische Begründungen liefern, auch nicht für die Hypothesen der Freudschen Metapsychologie, sondern von ihrer inneren Logik her mit Spekulationen arbeiten.

Dennoch wird selbst unter den günstigsten Voraussetzungen ein Dissens zwischen Neurowissenschaft und Psychoanalyse nicht zu überbrücken sein. Wie unsere Lektüre der metapsychologischen Schriften ergab, ist das neurowissenschaftliche Postulat der Passung, der Viabilität des Gehirnsystems mit der – psychoanalytischen – Auffassung des psychischen Apparats, der energetisch von der Tendenz auf Abfuhr unterlaufen wird, schlechterdings unvereinbar. Diese

Abfuhr, Entzugstendenz des psychischen Apparats, macht sich in allen Bereichen des Seelenlebens bemerkbar. Auf ihrer Grundlage erfolgt die Umordnung der Anatomie, werden die Körper hysterisiert und kommt die Übertragungsbereitschaft der Subjekte, ihre dem Unbewußten geschuldete Suggestibilität zustande. Am deutlichsten sind ihre Auswirkungen in der Triebtheorie zu beobachten, in der sich der Trieb als ein Gebilde herausstellte, das neben seiner Prägung durch die unbeherrschbaren Quantitäten des Seelenlebens durch eine ebenso produktive wie zerstörerische Offenheit gekennzeichnet ist. Statt die Sicherung des Organismus und des Körpers zu erwirken, unterläuft der Trieb die Überlebenstendenz.

Neurowissenschaften und Psychoanalyse kommen auch darum zu keiner Verständigung, weil sich hinter den Begriffen von »Passung« und Mangel diametral entgegengesetzte Positionen verbergen – die von Leben und Tod. Wo die Neurowissenschaft eine Wissenschaft vom Lebendigen ist, ihr Akzent ausnahmslos auf dem Überleben und dem Lebendigen liegt und der Tatsache des Todes in den Verschaltungen des Hirnsystems keinerlei Bedeutung zukommt, ist die Todestendenz in der psychoanalytischen Konstruktion des Psychischen grundlegend verankert. Über den Begriff der Kastration und des Unbewußten hinaus ist sie für Freud in Gestalt des biologisch bedingten und psychisch latent wirkenden Mangelzustands in den psychischen Apparats eingetragen. Weit entfernt davon, vergessen zu machen, daß es die Tatsache des Todes ist, die »Not des Lebens«, die die Subjekte in ihrer Hilflosigkeit bedrängt, nimmt die Freudsche Psychoanalyse theoretisch wie praktisch gerade hier ihren Ausgang, versucht aber auch, Wege in Aussicht zu stellen, wie damit auszukommen sei. Die Praxis der Psychoanalyse, wie auch die paradoxe Art ihrer Konstruktionen und Begriffe, ist eine ethische Antwort darauf. Aus alldem sollte einsichtig geworden sein, daß die wissenschaftlichen Defizite der Freudschen Metatheorie keine zu inkriminierenden Mängel darstellen, sondern Zeugnis dafür ablegen, daß die Wissenschaftlichkeit der Psychoanalyse immer auch ein Wissen vom »anderen Schauplatz« einschließt. Ein Wissen, über das, weil es ein Wissen des Unbewußten ist, immer ein ethisches »non licet« wacht.

Literaturverzeichnis

Baade, Friedrich-Wilhelm; Borck Jonas; Koebe, Sabine & Zumvenne, Günter: Theorien und Methoden der Verhaltenstherapie. Tübingen 1984.
Badakhshi, Harun: Body in numbers. Medizinische Visualistik: Strategien, Technologien. In: Verstärker. Ein Internetjahrbuch für Kulturwissenschaft Jg. 7, 2002.
Bahr, Hans-Dieter: Über den Umgang mit Maschinen. Tübingen 1983.
Barck, Karlheinz; Fontius, Martin; Schlensted, Dieter; Steinwachs, Burkhart & Wolfzettel, Friedrich (Hg.): Ästhetische Grundbegriffe. Bd. VI: Tanz bis Zeitalter/Epoche. Stuttgart, Wiemar 2005
Benveniste, Emile: Communication animale et langage humain (1952). In: Ders.: Problèmes de linguistique générale, Paris 1966, S. 56–62.
Bernheim, Hippolyte: Die Suggestion und ihre Heilwirkung. Nachdruck der Ausgabe Leipzig und Wien 1888, Tübingen 1985.
Bieri, Peter (Hg.): Analytische Philosophie des Geistes. Königstein/Ts. 1981 (= Philosophie, Analyse und Grundlegung 6).
Binet, Alfred: Etudes de psychologie expérimentale. Le fétichisme dans l'amour, la vie psychique des micro-organismes, l'intensité des images mentales, le problème hypnotique, note sur l'écriture hystérique. Paris 1888.
Binswanger, Ludwig: Freud und die Verfassung der klinischen Psychiatrie. Schweizer Archiv Neurol. Psychiatrie 37, 1936, 177–199.
Bitsch, Annette: Always crashing in the same car. Jacques Lacans Mathematik des Unbewußten. Weimar 2001.
Bongartz, Walter: Das Erbe des Mesmerismus: Die Hypnose. In: Wolters, Gereon (Hg.): Franz Anton Mesmer und der Mesmerismus. Wissenschaft, Scharlatanerie, Poesie. Konstanz 1988, S. 41–54.
Borck, Cornelius: Visualizing Nerve Cells and Psychical Mechanisms. The Rhetoric of Freud's Illustrations. In: Guttmann Giselherr; Scholz-Strasser, Inge (Hg.): Freud and the Neurosciences. From Brain Research to the Unconscious, Wien 1998, S. 57–86.
Braun, Christina von: Nicht ICH. Logik, Lüge, Libido. Frankfurt am Main 1988.
Braitenberg, Valentin; Schüz, Almut: Anatomy of the Cortex. Statistics and Geometry, Berlin, Heidelberg, New York 1991.
Breidbach, Olaf: Nervenzellen oder Nervennetze? Zur Entstehung des Neuronenkonzepts. In: Florey Ernst; Breidbach, Olaf (Hg.): Das Gehirn –

Organ der Seele? Zur Ideengeschichte der Neurobiologie. Berlin 1993, S. 81–126.

Breidbach, Olaf: Vorwort. In: Florey, Ernst; Breidbach, Olaf: Das Gehirn – Organ der Seele? Zur Ideengeschichte der Neurobiologie. Berlin 1993, S. VII-XIII. Breidbach, Olaf: Konturen einer Neurosemantik. In: Rusch, Gebhard; Schmidt, Siegfried J. & Breidbach, Olaf (Hg.): Interne Repräsentationen. Neue Konzepte der Hirnforschung. Frankfurt am Main 1996, S. 9–39.

Breidbach, Olaf: Die Materialisierung des Ichs. Zur Geschichte der Hirnforschung im 19. und 20. Jahrhundert. Frankfurt am Main 1997.

Breidbach, Olaf: Bausteine zu einer Neurosemantik. In: Gebhard Rusch (Hg.): Wissen und Wirklichkeit. Beiträge zum Konstruktivismus. Heidelberg 1999, S. 93–110.

Breuer, Josef: Theoretisches. In: Sigmund Freud: Gesammelte Werke. Nachtragsband: Werke aus den Jahren 1885–1938. Frankfurt am Main 1999, S. 244–310.

Caillois, Roger: Méduse & Cie. Paris 1960.

Canguilhem, Georges: Der Beitrag der Bakteriologie zum Untergang der »medizinischen Theorien« im 19. Jahrhundert. In: Ders.: Wissenschaftsgeschichte und Epistemologie. Frankfurt am Main 1972, S. 110–133.

Chalmers, David J.: Das Rätsel des bewußten Erlebens. In: Spektrum der Wissenschaft 2, Digest: Rätsel Gehirn, 2001, 12–19.

Charcot, Jean-Martin: Lecons cliniques sur les maladies des vieillards et les maladies chroniques. Paris 1867.

Charcot, Jean-Martin: Klinische Vorträge über Krankheiten des Nervensystems, nach der Red. von Bourneville, ins Dt. übertr. von Berthold Fetzer. Stuttgart 1874.

Charcot, Jean-Martin: Neue Vorlesungen über die Krankheiten des Nervensystems, insbesondere über Hysterie (1882–1886), autorisierte dt. Ausg. von Sigmund Freud. Leipzig-Wien 1886.

Charcot, Jean-Martin: Leçons sur les maladies du système nerveux. Oeuvres Complètes. Bd. III, Paris 1887.

Charcot, Jean-Martin: Hémorragie et Ramolissement du Cerveau. Métallothérapie et Hypnotisme Électrothérapie. Oeuvres Complètes. Bd. IX, Paris 1890.

Charcot, Jean-Martin: La foi qui guérit. In: Archives de Neurologie Vol. 25, 1893, 72–87.

Charcot, Jean-Martin: Poliklinische Vorträge. Bd. II: Schuljahr 1888–1889, übers. von Max Kahane. Leipzig, Wien 1895.

Charcot, Jean-Martin; Richer, Paul: Les Démoniaques dans l'art. Paris 1984.

Chomsky, Noam: Regeln und Repräsentationen. Frankfurt am Main 1981.
Damasio, Antonio R.: Descartes' Irrtum. Fühlen, Denken und das menschliche Gehirn. München 1999.
Damasio, Antonio R.: Wie das Gehirn Geist erzeugt. In: Spektrum der Wissenschaft 2, Digest: Rätsel Gehirn, 2001, 6–11.
Dennet, Daniel C.; Hofstadter, Douglas R.: Einsicht ins Ich. Stuttgart 1986.
Despoix, Philippe: Das Schöne und das Ding. Heidegger und Lacan über Sophokles' Antigone. In: Edith Seifert (Hg.): Perversion der Philosophie. Lacan und das unmögliche Erbe des Vaters. Berlin 1992, S. 63–76.
Didi-Huberman, Georges: L'invention de l'hysterie. Charcot et l'iconographie photographique de la Salpêtrière. Paris 1982.
Eckhard, Conrad: Experimentalphysiologie des Nervensystems. Gießen 1867.
Edelman, Gerald M.: Göttliche Luft, vernichtendes Feuer. Wie der Geist im Gehirn entsteht. München, Zürich 1995.
Eigen, Manfred: Self-Organization of Matter and the Evolution of Biological Macromolecules. In: Die Naturwissenschaften 58, 1971, 465–523.
Ellenberger, Henry F.: Die Entdeckung des Unbewußten. 2 Bde. Bern, Stuttgart 1973.
Engels, Andreas: Die biologischen Wurzeln des Geistes. Herausforderungen der modernen Hirnforschung. In: Iglhaut, Stefan; Spring, Thomas (Hg.): Zwischen Nanowelt und gobaler Kultur. Science und fiction. Ausstellungskatalog. Berlin 2003.
Erdheim, Mario: Die gesellschaftliche Produktion von Unbewußtheit. Eine Einführung in den ethnopsychoanalytischen Prozeß. Frankfurt am Main 1984.
Ey, Henri: Das Bewußtsein. Berlin 1967.
Fechner, Gustav Theodor: Elemente der Psychophysik. 2 Bde. Leipzig 1860.
Fehr, Johannes: Das Unbewußte und die Struktur der Sprache. Studien zu Freuds frühen Schriften. Zürich 1987.
Feldt, Heinrich: Vorstellungen von physikalischer und psychischer Energie zur Zeit Mesmers. In: Schott, Heinz (Hg.): Franz Anton Mesmer und die Geschichte des Mesmerismus. Stuttgart 1985, S. 31–43.
Ferenczi, Sándor: Bausteine zur Psychoanalyse. 4 Bde. Frankfurt am Main, Berlin, Wien 1985.
Fischer-Homberger, Esther: Charcot und die Ätiologie der Neurosen. In: Gesnerus 28, 1971, 35–46.
Fischer-Homberger, Esther: Die traumatische Neurose. Vom somatischen zum sozialen Leiden. Bern u. a. 1975.
Florey, Ernst: Franz Anton Mesmers magische Wissenschaft. In: Schott,

Heinz (Hg.): Franz Anton Mesmer und die Geschichte des Mesmerismus. Stuttgart 1985, S. 11–30.
Florey, Ernst; Breidbach, Olaf (Hg.): Das Gehirn – Organ der Seele? Zur Ideengeschichte der Neurobiologie. Berlin 1993.
Foerster, Heinz von: Erkenntnistheorien und Selbstorganisation. In: Schmidt, Siegfried J. (Hg.): Der Diskurs des Radikalen Konstruktivismus. Frankfurt am Main 1987, S. 133–158.
Foerster, Heinz von: Wahrnehmung. In: Ars Electronica (Hg.): Philosophen der neuen Technologie. Berlin 1989, S. 27–40.
Foucault, Michel: Sexualität und Wahrheit II: Der Gebrauch der Lüste. Frankfurt am Main 1986.
Freud, Sigmund: Abriß der Psychoanalyse. 8. Aufl. Frankfurt am Main 1960.
Freud, Sigmund: Studienausgabe. Bd. I: Vorlesungen zur Einführung in die Psychoanalyse. Und Neue Folge. Frankfurt am Main 1975.
Freud, Sigmund: Jenseits des Lustprinzips. In: Ders.: Studienausgabe. Bd. III: Psychologie des Unbewußten. Frankfurt am Main 1975, S. 215–272.
Freud, Sigmund: Das Ich und das Es. In: Ders.: Studienausgabe. Bd. III: Psychologie des Unbewußten. Frankfurt am Main 1975, S. 273–330.
Freud, Sigmund: Psychische Behandlung (Seelenbehandlung). In: Ders.: Studienausgabe. Ergänzungsband: Schriften zur Behandlungstechnik. Frankfurt am Main 1975, S. 17–35.
Freud, Sigmund: Zur Auffassung der Aphasien. Eine kritische Studie. Frankfurt am Main 1992.
Freud, Sigmund: Briefe an Wilhelm Fließ 1887–1904. Ungekürzte Ausgabe. Herausgegeben von Jeffrey Mussaieff Masson. Frankfurt am Main 1986.
Freud, Sigmund: Ein Fall von hypnotischer Heilung. In: Ders.: Gesammelte Werke. Bd. I: Werke aus den Jahren 1892–1899. Frankfurt am Main 1999, S. 1–17.
Freud, Sigmund: Charcot. In: Ders.: Gesammelte Werke. Bd. I: Werke aus den Jahren 1892–1899. Frankfurt am Main 1999, S. 19–35.
Freud, Sigmund: Quelques considérations pour une étude comparative des paralysies motrices organiques et hystériques. In: Ders.: Gesammelte Werke. Bd. I: Werke aus den Jahren 1892–1899. Frankfurt am Main 1999, S. 37–55.
Freud, Sigmund: Die Abwehr-Neuropsychosen. In: Ders.: Gesammelte Werke. Bd. I: Werke aus den Jahren 1892–1899. Frankfurt am Main 1999, S. 57–74.
Freud, Sigmund; Breuer, Josef: Studien über Hysterie. In: Freud, Sigmund: Gesammelte Werke. Bd. I: Werke aus den Jahren 1892–1899. Frankfurt am Main 1999, S. 75–312.

Freud, Sigmund: Zur Psychopathologie des Alltagslebens. In: Ders.: Gesammelte Werke. Bd. IV: Psychologische Schriften. Frankfurt am Main 1999.
Freud, Sigmund: Das Interesse an der Psychoanalyse. In: Ders.: Gesammelte Werke. Bd. VIII: Werke aus den Jahren 1909–1913. Frankfurt am Main 1999, S. 389–420.
Freud, Sigmund: Zur Geschichte der psychoanalytischen Bewegung. In: Ders.: Gesammelte Werke. Bd. X: Werke aus den Jahren 1913–1917. Frankfurt am Main 1999, S. 43–113.
Freud, Sigmund: Eine Schwierigkeit der Psychoanalyse. In: Ders.: Gesammelte Werke. Bd. XII: Werke aus den Jahren 1917–1920. Frankfurt am Main 1999, S. 1–12.
Freud, Sigmund: Selbstdarstellung. In: Ders.: Gesammelte Werke. Bd. XIV: Werke aus den Jahren 1925–1931. Frankfurt am Main 1999, S. 31–96.
Freud, Sigmund: Vorrede des Übersetzers zu H. Bernheims: Die Suggestion und ihre Heilwirkung, 1888. In: Ders.: Gesammelte Werke. Nachtragsband: Werke aus den Jahren 1888–1938. Frankfurt am Main 1999, S. 107–120.
Freud, Sigmund: Vorwort des Übersetzers (zu Charcot, »Poliklinische Vorträge«). In: Ders.: Gesammelte Werke. Nachtragsband: Werke aus den Jahren 1885–1938. Frankfurt am Main 1999, S. 153–157.
Freud, Sigmund: Bericht über einen Vortrag, »Über Hypnose und Suggestion«. In: Gesammelte Werke. Nachtragsband: Werke aus den Jahren 1885–1938. Frankfurt am Main 1999, S. 165–178.
Freud, Sigmund: Entwurf einer Psychologie. In: Ders.: Gesammelte Werke. Nachtragsband: Werke aus den Jahren 1885–1938. Frankfurt am Main 1999, S. 375–486.
Freud, Sigmund: Die Traumdeutung. Studienausgabe Bd. II. Frankfurt am Main 2000.
Freud, Sigmund: Formulierungen über die zwei Prinzipien des psychischen Geschehens. In: Ders.: Studienausgabe. Bd. III: Psychologie des Unbewußten. Frankfurt am Main 2000, S. 13–24.
Freud, Sigmund: Einige Bemerkungen über den Begriff des Unbewußten. In: Ders.: Studienausgabe. Bd. III: Psychologie des Unbewußten. Frankfurt am Main 2000, S. 27–37.
Freud, Sigmund: Zur Einführung des Narzißmus. In: Ders.: Studienausgabe. Bd. III: Psychologie des Unbewußten. Frankfurt am Main 2000, S. 38–69.
Freud, Sigmund: Triebe und Triebschicksale. In: Ders.: Studienausgabe. Bd III: Psychologie des Unbewußten. Frankfurt am Main 2000, S. 75–102.
Freud, Sigmund: Das Unbewußte. In: Ders.: Studienausgabe. Bd. III: Psychologie des Unbewußten. Frankfurt am Main 2000, S. 125–170.
Freud, Sigmund: Metapsychologische Ergänzungen zur Traumlehre. In: Ders.:

Studienausgabe. Bd. III: Psychologie des Unbewußten. Frankfurt am Main 2000, S. 171–195.

Freud, Sigmund: Notiz über den Wunderblock. In: Ders.: Studienausgabe. Bd. III: Psychologie des Unbewußten. Frankfurt am Main 2000, S. 363–369.

Freud, Sigmund: Die Verneinung. In: Ders.: Studienausgabe. Bd. III: Psychologie des Unbewußten. Frankfurt am Main 2000, S. 371–377.

Freud, Sigmund: Der Witz und seine Beziehung zum Unbewußten. In: Ders.: Studienausgabe. Bd. IV: Psychologische Schriften. Frankfurt am Main 2000, S. 13–219.

Freud, Sigmund: Das Unheimliche. In: Ders.: Studienausgabe. Bd. IV: Psychologische Schriften. Frankfurt am Main 2000, S.241–274.

Freud, Sigmund: Drei Abhandlungen zur Sexualtheorie. In: Ders.: Studienausgabe. Bd. V: Sexualleben. Frankfurt am Main 2000, S. 39–145.

Freud, Sigmund: Die psychogene Sehstörung in psychoanalytischer Auffassung. In: Ders.: Studienausgabe. Bd. VI: Hysterie und Angst. Frankfurt am Main 2000, S. 207–213.

Freud, Sigmund: Zur Ätiologie der Hysterie. In: Ders.: Studienausgabe. Bd. VI: Hysterie und Angst. Frankfurt am Main 2000, S. 51–81.

Freud, Sigmund: Das Unbehagen in der Kultur. In: Ders.: Studienausgabe. Bd. IX: Fragen der Gesellschaft. Ursprünge der Religion. Frankfurt am Main 2000, S. 191–270.

Freud, Sigmund: Der Mann Moses und die monotheistische Religion. Drei Abhandlungen. In: Ders.: Studienausgabe. Bd. IX: Fragen der Gesellschaft. Ursprünge der Religion. Frankfurt am Main 2000, S. 455–581.

Freud, Sigmund: Eine Kindheitserinnerung des Leonardo da Vinci. In: Ders.: Studienausgabe. Bd. X: Bildende Kunst und Literatur. Frankfurt am Main 2000, S. 87–159.

Frey, Hans-Jost: Natürlichkeit. In: Haas, Norbert; Nägele, Rainer & Rheinberger, Hans-Jörg: Liechtensteiner Exkurse II: Was wäre Natur? Eggingen 1995, S. 125–138.

Fuchs, Peter: Das Unbewußte und Systemtheorie. Die Herrschaft der Verlautbarung und die Erreichbarkeit des Bewußtseins. Frankfurt am Main 1998.

Gall, Franz Joseph: Philosophisch-Medicinische Untersuchungen über Natur und Kunst im kranken und gesunden Zustande der Menschen. Wien 1791.

Gasser, Jacques: Aux origines du cerveau moderne. Localisations, langage et mémoire dans l'œuvre de Charcot. Paris 1995.

Gauchet, Marcel; Swain, Gladys: Le vrai Charcot. Paris 1997.

Gelfand, Toby: »Mon cher docteur Freud«: Charcot's unpublished correspondence to Freud, 1888–1893. In: Bulletin of the History of Medicine, 62, 1988, 563–588.

Gödde, Günter: Traditionslinien des »Unbewußten«. Schopenhauer, Nietzsche, Freud. Tübingen 1999.

Goeppert, Sebastian: Die Funktion der Sprache in Freuds »Zur Auffassung der Aphasien«. In: Eissler, Kurt R. u. a. (Hg.): Aus Freuds Sprachwelt und andere Beiträge. Bern, Stuttgart, Wien 1972 (= Jahrbuch der Psychoanalyse, Beiheft 2), S. 30–48.

Goltz, Friedrich: Beiträge zur Lehre von den Functionen der Nervencentren des Frosches. Berlin 1869.

Gondek, Hans-Dieter; Widmer, Peter (Hg.): Ethik und Psychoanalyse. Vom kategorischen Imperativ zum Gesetz des Begehrens: Kant und Lacan. Frankfurt am Main 1994.

Grawe, Klaus: Neuropsychotherapie. Göttingen, Bern, Toronto 2004.

Grimm, Jacob und Wilhelm: Deutsches Wörterbuch. 33 Bde. München 1999.

Grinder, John; Bandler, Richard: Therapie in Trance. Neurolinguistisches Programmieren (NLP) und die Struktur hypnotischer Kommunikation. Stuttgart 1984.

Grünbaum, Adolf: Psychoanalyse in wissenschaftstheoretischer Sicht. Zum Werk Sigmund Freuds und seiner Rezeption. Konstanz 1987 (= Konstanzer Bibliothek 5).

Grünbaum, Adolf: Die Grundlagen der Psychoanalyse. Eine philosophische Kritik. Stuttgart 1988.

Guttmann, Giselherr: From the Sum of Excitation to the Cortical DC Potential. In: Giselherr Guttmann; Scholz-Strasser, Inge (Hg.): Freud and the Neurosciences. From Brain Research to the Unconscious. Wien 1998, S. 23–35.

Guttmann, Giselherr; Scholz-Strasser, Inge (Hg.): Freud and the Neurosciences. From Brain Research to the Unconscious. Wien 1998.

Iglhaut, Stefan; Spring, Thomas (Hg.): Zwischen Nanowelt und gobaler Kultur. Science und fiction. Ausstellungskatalog. Berlin 2003.

Haas, Norbert: Fort/da als Modell. In: Hombach, Dieter (Hg.): Zeta 02. Mit Lacan. Berlin 1982, S. 29–46.

Haas, Norbert: Freuds »Entwurf« – Ein Schreibspiel. In: Ders.; Nägele, Rainer; Rheinberger, Hans-Jörg u. a. (Hg.): Liechtensteiner Exkurse I: Im Zug der Schrift. München 1994, S. 59–74.

Haas, Norbert: Die Wirklichkeit der Hysterie. In: Ders.; Nägele, Rainer & Rheinberger, Hans-Jörg: Liechtensteiner Exkurse II: Was wäre Natur? Eggingen 1995, S. 327–340.

Habermas, Jürgen: Erkenntnis und Interesse. 4. Aufl. Frankfurt am Main 1977.

Hagner, Michael: Homo cerebralis. Der Wandel vom Seelenorgan zum Gehirn. Berlin 1997.
Hamburger, Andreas: Narrativ und Gedächtnis. Psychoanalyse im Dialog mit den Neurowissenschaften. In: Leuzinger-Bohleber, Marianne; Mertens, Wolfgang & Koukkou, Martha (Hg.): Erinnerung von Wirklichkeiten. Psychoanalyse und Neurowissenschaften im Dialog. Bd. I: Bestandsaufnahme. Stuttgart 1998, S. 223–286.
Hartmann, Heinz: Die Psychoanalyse als wissenschaftliche Theorie. In: Psyche, 18, 1964/65, S. 445–474.
Heinze, Martin; Kupke, Christian & Kurth, Christoph (Hg.): Das Maß des Leidens. Klinische und theoretische Aspekte seelischen Krankseins. Würzburg 2002.
Hock, Udo: Das Unbewußte Denken. Wiederholung und Todestrieb. Frankfurt am Main 2000.
Höffe, Otfried: Immanuel Kant. München 2000.
Höffe, Otfried: Der entlarvte Ruck. Was sagt Kant den Gehirnforschern? In: Frankfurter Allgemeine Zeitung 11.2.2004, S. 33.
Hofstätter, Douglas R.: Gödel, Escher, Bach. Ein endlos geflochtenes Band. Stuttgart 1985.
Holl, Ute: Kino, Trance und Kybernetik. Berlin 2002.
Holthausen, Klaus: Design für ein Gehirn oder Gehirn für ein Design. In: Rusch, Gebhard; Schmidt, Siegfried J. & Breidbach, Olaf (Hg.): Interne Repräsentationen. Neue Konzepte der Hirnforschung. Frankfurt am Main 1996, S. 92–113.
Jantzsch, Ernst: Erkenntnistheoretische Aspekte der Selbstorganisation natürlicher Systeme. In: Schmidt, Siegfried J. (Hg.): Der Diskurs des Radikalen Konstruktivismus. Frankfurt am Main 1987, S. 159–192.
Jones, Ernest: Das Leben und Werk von Sigmund Freud. Bd. I. 2. Aufl. Bern, Stuttgart, Wien 1978.
Juranville, Alain: Das lacanianische Ding. In: Ders.: Der psychoanalytische Diskurs nach Lacan. RISS Extra 1, 1994, S. 33–56.
Kandel, Eric R.; Schwartz, James H. & Jessel, Thomas M. (Hg.): Neurowissenschaften. Eine Einführung. Heidelberg-Berlin-Oxford 1995.
Kant, Immanuel: Kritik der Reinen Vernunft. Herausgegeben von Ingeborg Heidemann. Stuttgart 1966.
Kennel, Rosemarie: Psychoanalyse bei Klein/Bion und Neuroscience bei Edelman. Mesalliance oder göttliche Verbindung? In: Leuzinger-Bohleber, Marianne; Mertens, Wolfgang & Koukkou, Martha (Hg.): Erinnerung von Wirklichkeiten. Psychoanalyse und Neurowissenschaften im Dialog.

Bd. II. Folgerungen für die Psychoanalytische Praxis. Stuttgart 1998, S. 128–161.
Kittler, Friedrich: Aufschreibesysteme 1800–1900. München 1985.
Kittler, Friedrich: Grammophon – Film – Typewriter. Berlin 1986.
Kittler, Friedrich: Animula vagula blandula. In: Kulturrevolution 7, 1988, 7–11.
Kittler, Friedrich: Die Welt des Symbolischen – eine Welt der Maschine. In: Großklaus, Götz; Lämmert, Eberhard (Hg.): Literatur in einer industriellen Kultur. Stuttgart 1989, S. 521–536.
Köchler, Hans: Der Leib-Seele-Dualismus und das Problem des Todes in der abendländischen Philosophie. SoSe 2001, Innsbruck (Nichtautorisierte Mitschrift der Vorlesung).
Köck, Wolfram Karl.: Neurosemiotik. Zur naturalistischen Konstruktion von Anschauung und Begriff. In: Rusch, Gebhart (Hg.): Wissen und Wirklichkeit. Beiträge zum Konstruktivismus. Heidelberg 1999, S. 67-92.
Köck, Wolfram Karl: Kognition – Semantik – Kommunikation. In: Schmidt, Siegfried J. (Hg.): Der radikale Diskurs des Konstruktivismus. Frankfurt am Main 1987, S. 340–373.
Kohut, Heinz: Die Heilung des Selbst. Frankfurt am Main 1977.
Kollak, Ingrid: Literatur und Hypnose. Der Mesmerismus und sein Einfluß auf das 19. Jahrhundert. Frankfurt am Main 1997.
Koukkou, Martha; Lehmann, Dietrich: Ein systemtheoretisch orientiertes Modell der Funktionen des menschlichen Gehirns und die Ontogenese des Verhaltens. In: Leuzinger-Bohleber, Marianne; Mertens, Wolfgang & Koukkou, Martha (Hg.): Erinnerung von Wirklichkeiten. Psychoanalyse und Neurowissenschaften im Dialog. Bd. I: Bestandsaufnahme. Stuttgart 1998, S. 287–415.
Koukkou, Martha; Dietrich Lehmann: Die Pathogenese der Neurose und der Wirkungsweg der psychoanalytischen Behandlung aus der Sicht des »Zustandswechsel-Modells« der Hirnfunktionen. In: Leuzinger-Bohleber, Marianne; Mertens, Wolfgang & Koukkou, Martha (Hg.): Erinnerung von Wirklichkeiten. Psychoanalyse und Neurowissenschaften im Dialog. Bd. II: Folgerungen für die Psychoanalytische Praxis. Stuttgart 1998, S. 162–195.
Krohn, Wolfgang; Küppers, Günther & Paslack, Rainer: Selbstorganisation. Zur Genese und Entwicklung einer wissenschaftlichen Revolution. In: Schmidt, Siegfried J. (Hg.): Der Diskurs des Radikalen Konstruktivismus. Frankfurt am Main 1987, S. 441–465.
Lacan, Jacques: Das Seminar über E. A. Poes »Der Entwendete Brief«. In: Ders.: Schriften I. Frankfurt am Main 1975, S.61–117.

Lacan, Jacques: Die Wissenschaft und die Wahrheit. In: Ders.: Schriften II. Olten, Freiburg i. Br. 1975, S. 231–257.
Lacan, Jacques: Das Drängen des Buchstaben im Unbewußten oder die Vernunft seit Freud. In: Ders.: Schriften II. Olten, Freiburg i. Br. 1975, S. 15–55.
Lacan, Jacques: Die Stellung des Unbewußten. In: Ders.: Schriften II. Olten, Freiburg i. Br. 1975, S. 205–231.
Lacan, Jacques: Subversion des Subjekts und Dialektik des Begehrens im Freudschen Unbewußten. In: Ders.: Schriften II. Olten, Freiburg i. Br. 1975, S. 165–204.
Lacan, Jacques: Kant mit Sade. In: Ders.: Schriften II. Olten, Freiburg i. Br. 1975, S. 133–163.
Lacan, Jacques: Das Seminar. Buch XI: Die Vier Grundbegriffe der Psychoanalyse. Olten 1978.
Lacan, Jacques: Das Seminar. Buch II: Das Ich in der Theorie Freuds und die Technik der Psychoanalyse. Herausgegeben von Norbert Haas. Olten 1980.
Lacan, Jacques: Das Seminar. Buch VII: Ethik der Psychoanalyse. Weinheim, Berlin 1986.
Lacan, Jacques: Das Seminar. Buch XX: Encore. Weinheim, Berlin 1986.
Lacan, Jacques: Das Spiegelstadium als Bildner der Ichfunktion. In: Ders.: Schriften I. Herausgegeben und übersetzt von Norbert Haas. Weinheim, Berlin 1986, S. 61–70.
Lacan, Jacques: Funktion und Feld des Sprechens und der Sprache. In: Ders.: Schriften I. Weinheim, Berlin 1986, S. 71–170.
Lahme, Tilmann: Verstehen Sie die Sprache der Tiere? Interview mit der Verhaltensbiologin Julia Fischer. In: Frankfurter Allgemeine Sonntagszeitung, 28.4.2007.
Lambertino, Antonio: Psychoanalyse und Moral bei Freud. Bonn 1994 (Abhandlungen zur Philosophie, Psychologie und Pädagogik 236).
Lang, Hermann: Zum Begriff des Unbewußten. Hans-Georg Gadamer zum 85. Geburtstag. In: Nagl, Ludwig; Vetter, Helmuth (Hg.): Die Philosophen und Freud. Eine offene Debatte. Wien, München 1988 (Wiener Reihe 3), S. 44–57.
Lang, Hermann: Die Sprache und das Unbewußte, Frankfurt am Main 1972.
Laplanche, Jean; Pontalis, Jean-Bertrand: Das Vokabular der Psychoanalyse. Bd. I. Frankfurt am Main 1972.
Laplanche, Jean: Die allgemeine Verführungstheorie und andere Aufsätze. Tübingen 1988.
Laplanche, Jean: Der Trieb und sein Quell-Objekt. In: Ders.: Die allgemeine Verführungstheorie und andere Aufsätze. Tübingen 1988, S. 122–147.

Laplanche, Jean: Trauma, Übersetzung, Übertragung und andere Über(Schwenglichkeiten). In: Ders.: Die allgemeine Verführungstheorie und andere Aufsätze. Tübingen 1988, S. 148–176.
Laplanche, Jean: Der Todestrieb in der Theorie des Sexualtriebes. In: Ders.: Die allgemeine Verführungstheorie und andere Aufsätze. Tübingen 1988, S. 177–198.
Laplanche, Jean: Der Strukturalismus vor der Psychoanalyse. In: Ders.: Die allgemeine Verführungstheorie und andere Aufsätze. Tübingen 1988, S. 33–42.
Laplanche, Jean: Kurze Abhandlung über das Unbewußte. In: Psyche – Z psychoanal 12, Jg. 53, 1999, S. 1213–1246.
Laßwitz, Kurd: Aladins Wunderlampe. In: Ders.: Seifenblasen. Moderne Märchen. Hamburg 1890, S. 78–97.
Le Brun, Jacques: Das Problem des Ursprungs in der Geschichte der Religionen und bei Freud. In: Berliner Brief 3/4, 2000, S. 20–32.
Leclaire, Serge; Laplanche, Jean: L'inconscient, une étude psychanalytique. Paris 1961.
Leclaire, Serge: Der psychoanalytische Prozeß. Ein Versuch über das Unbewußte und den Aufbau einer buchstäblichen Ordnung. Olten, Freiburg i. Br. 1971.
Leclaire, Serge: Das Reale entlarven. Olten, Freiburg i. Br. 1976.
Lemaire, Anika: Jacques Lacan. Brüssel 1977.
Lettvin, Jerome Y.; Maturana, Humberto R.; McCulloch, Warren S. & Pitts, Walter H.: What the frog's eye tells the frog's brain. In: Proceedings of the Institute of Radio Engineers 11, Jg. 47, 1959, 1940–1951.
Leupold-Löwenthal, Harald: Freud as a Neurologist. In: Guttmann, Giselherr; Scholz-Strasser, Inge (Hg.): Freud and the Neurosciences. From Brain Research to the Unconscious. Wien 1998, S. 37–46.
Leuschner, Wolfgang: Einleitung. In: Freud, Sigmund: Zur Auffassung der Aphasien. Eine kritische Studie. Frankfurt am Main 1992, S. 7–35.
Leuschner, Wolfgang; Hau, Stephan & Fischmann, Tamara: Couch im Labor. Experimentelle Erforschung unbewußter Prozesse. In: Psyche 9/10, Sonderheft: Psychoanalyse, Kognitionsforschung, Neurobiologie. Jg. 52, 1998, 824–849.
Leuzinger-Bohleber, Marianne; Mertens, Wolfgang & Koukkou, Martha (Hg.): Erinnerung von Wirklichkeiten. Psychoanalyse und Neurowissenschaften im Dialog. Bd. II: Folgerungen für die Psychoanalytische Praxis. Stuttgart 1998.
Linke, Detlef B.: Discharge, Reflex, Free Energy and Encoding. In: Guttmann,

Giselherr; Scholz-Strasser, Inge (Hg.): Freud and the Neurosciences. From Brain Research to the Unconscious. Wien 1998, S. 103–108.
Linke, Detlef B.: Das Gehirn. München 1999.
Linke, Detlef B.: Einsteins Doppelgänger. Das Gehirn und sein Ich. München 2000.
Lorenzer, Alfred: Die Wahrheit der psychoanalytischen Erkenntnis. Ein historisch-materialistischer Entwurf. Frankfurt am Main 1974.
Lorenzer, Alfred: Die Sprache, der Sinn, das Unbewußte. Psychoanalytisches Grundverständnis und Neurowissenschaften. Stuttgart 2002.
Lütkehaus, Ludger (Hg.): »Dieses wahre innere Afrika«. Texte zur Entdeckung des Unbewußten vor Freud. Frankfurt am Main 1989.
Luhmann, Niklas: Die Voraussetzung der Kausalität. In: Ders.; Schorr, Karl Eberhard: Zwischen Technologie und Selbstreferenz. Frankfurt am Main 1982, S. 41–50.
Luhmann, Niklas: Systeme verstehen Systeme. In: Ders.; Schorr, Karl Eberhard (Hg.): Zwischen Intransparenz und Verstehen. Fragen an die Pädagogik. Frankfurt am Main 1986, S. 72–117.
Luhmann, Niklas; Schorr, Karl Eberhard (Hg.): Zwischen Intransparenz und Verstehen. Fragen an die Pädagogik. Frankfurt am Main 1986.
Luhmann, Niklas: Das Erziehungssystem der Gesellschaft. Frankfurt am Main 2002.
Lurija, Alexander R.: Der Mann, dessen Welt in Scherben ging. Zwei neurologische Geschichten. Reinbek bei Hamburg 1991.
Lurija, Alexander R.: Das Gehirn in Aktion. Einführung in die Neuropsychologie. Hamburg 1992.
Lyons, John: Noam Chomsky. München 1971.
Lyotard, Jean-François: Emma. In: Gumbrecht, Hans Ulrich; Pfeiffer, Karl Ludwig (Hg.): Paradoxien, Dissonanzen, Zusammenbrüche. Frankfurt am Main 1991, S. 671–705.
Lyre, Holger: Informationstheorie. Eine philosophisch-naturwissenschaftliche Einführung. München 2002.
Mach, Ernst: Beiträge zur Analyse der Empfindungen. Jena 1886.
Macintyre, Alasdair C.: Das Unbewußte. Eine Begriffsanalyse. Frankfurt am Main 1968.
Mannoni, Octave: Sigmund Freud in Selbstdarstellungen und Bilddokumenten. Reinbek bei Hamburg 1971.
Marcuse, Herbert: Triebstruktur und Gesellschaft. Ein philosophischer Beitrag zu Sigmund Freud. Frankfurt am Main 1955.
Marquard, Odo: Transzendentaler Idealismus – Romantische Naturphilosophie – Psychoanalyse. Köln 1987.

Maturana, Humberto R.: Erkennen: Die Organisation und Verkörperung von Wirklichkeit. Ausgewählte Arbeiten zur biologischen Epistemologie. 2. Aufl. Braunschweig, Wiesbaden 1985.

Maturana, Humberto R.: Biologie der Sozialität. In: Schmidt, Siegfried J. (Hg.): Der Diskurs des Radikalen Konstruktivismus. Frankfurt am Main 1987, S. 287–302.

Métraux, Alexandre: Metamorphosen der Hirnwissenschaft. Warum Sigmund Freuds »Entwurf einer Psychologie« aufgegeben wurde. In: Michael Hagner (Hg.): Ecce Cortex. Beiträge zur Geschichte des modernen Gehirns. Göttingen 1999, S. 75–109.

Miller, George A.: Wörter. Streifzüge durch die Psycholinguistik. Frankfurt am Main 1993.

Miller, Jacques-Alain; Etchegoyen, R. Horacio: Silence Broken, Interview von Juan Carlos Stagnaro und Dominique Winterbert. In: Revista Argentina de Psichiatria 26, Jg. 7, 1996, S. 260–274.

Moisier, Georges de: Jean Martin Charcot. In: Kolle, Kurt (Hg.): Große Nervenärzte. Lebensbilder. Stuttgart 1956, S. 44–53.

Munthe, Axel: Das Buch von San Michele. München 1978.

Nagel, Thomas: Wie ist es, eine Fledermaus zu sein? In: Bieri, Peter (Hg.): Analytische Philosophie des Geistes. Königstein/Ts. 1981, S. 261–275.

Nancy, Jean-Luc; Lacoue-Labarthe, Philippe: Le titre de la lettre. Une lecture de Lacan. Paris 1990.

Ouerd, Michèle: Introduction. In: Jean Martin Charcot: Leçons sur l'hystérie virile. Paris 1984, S. 9–34.

Pauen, Michael: Grundprobleme der Philosophie des Geistes. Eine Einführung. Frankfurt am Main 2001.

Pauen, Michael: Illusion und Freiheit. Frankfurt am Main 2004.

Perls, Frederick S.; Hefferline, Ralph F. & Goodman, Paul: Gestalttherapie. Grundlagen. München 2004.

Pinel, Philippe: Traité médico-philosophique sur l'aliénation mentale ou la manie. Paris 1801.

Pines, Malcolm: Neurological Models and Psychoanalysis. In: Guttmann, Giselherr; Scholz-Strasser, Inge (Hg.): Freud and the Neurosciences. From Brain Research to the Unconscious. Wien 1998, S. 47–56.

Pinker, Steven: Der Sprachinstinkt. München 1996.

Plänkers, Thomas: Zum Verhältnis von Psychoanalyse und Systemtheorie. In: Psyche 8, Jg. 40, 1986, 678–708.

Poeck, Karl: Sprache im Gehirn: eng lokalisierbar? In: Spektrum der Wissenschaft 4, Dossier: Kopf oder Computer. 1997, S. 34–40.

Pöppel, Ernst: Antworten vorhanden - Frage gesucht, Interview. In: Focus Extra 2/95, S. 7–11.
Pohl, Stephan: Wissenschaftstheoretische und methodologische Probleme der Psychoanalyse. Eine Auseinandersetzung mit Grünbaums Psychoanalysekritik. Würzburg 1991.
Politzer, Georges: Kritik der klassischen Psychologie. Köln 1974.
Popper, Karl R.: Conjectures and Refutations. The Growth of scientific Knowledge. New York 1962.
Popper, Karl R.; Eccles, John C.: Das Ich und sein Gehirn. München, Zürich 1989.
Pribram, Karl H.; Gill, Merton: Freud's ›Project‹ re-assessed. Preface to contemporary cognitive theory and neuropsychology. London 1976.
Proust, Joëlle; Fedida, Pierre: La psychanalyse a-t-elle fait son temps? In: Le Mondes des Débats, Septembre 1999, S. 24–25.
Rangell, Leo: Die Konversion. In: Psyche 2, Jg. 23, 1969, S. 121–147.
Révész, Béla: Geschichte des Seelenbegriffes und der Seelenlokalisation. Stuttgart 1917.
Rheinberger, Hans-Jörg; Hagner Michael (Hg.): Die Experimentalisierung des Lebens. Experimentalsysteme in den biologischen Wissenschaften. Berlin 1993.
Rheinberger, Hans-Jörg: Natur, NATUR. In: Ders.; Haas, Norbert & Nägele, Rainer (Hg.): Liechtensteiner Exkurse II: Was wäre Natur? Eggingen 1995, S. 85–98.
Ricoeur, Paul: Die Interpretation. Ein Versuch über Freud. Frankfurt am Main 1974.
Riepe, Manfred: Freud und Fechner. »Zur Rekonstruktion eines Paradigmenwechsels«. In: Ders.; Tholen, Georg Christoph & Schmitz, Gerhard (Hg.): Übertragung – Übersetzung – Überlieferung. Episteme und Sprache in der Psychoanalyse Lacans. Bielefeld 2001, S. 343–370.
Röd, Wolfgang: Descartes. Die Genese des cartesianischen Rationalismus. München 1982.
Rohde, Erwin: Psyche. Geschichte des Seelenlebens, Seelenkult und Unsterblichkeitsglaube der Griechen. Darmstadt 1974.
Rorty, Richard: Unkorrigierbarkeit als das Merkmal des Mentalen. In: Bieri, Peter (Hg.): Analytische Philosophie des Geistes. Königstein/Ts. 1981, S. 243–260.
Roth, Gerhard: Die Theorie H. R. Maturanas und die Notwendigkeit ihrer Weiterentwicklung. In: Schmidt, Siegfried J. (Hg.): Der Diskurs des Radikalen Konstruktivismus. Frankfurt am Main 1987, S. 269–270.

Roth, Gerhard: Das Gehirn und seine Wirklichkeit. Kognitive Neurobiologie und ihre philosophischen Konsequenzen. Frankfurt am Main 1997.
Roth, Gerhard: Wir sind determiniert. Die Hirnforschung befreit von Illusionen. In: Frankfurter Allgemeine Zeitung 1.12.2003, S. 31.
Roth, Gerhard: Fühlen, Denken, Handeln. Wie das Gehirn unser Verhalten steuert. Frankfurt am Main 2003.
Roudinesco, Elisabeth: Wien – Paris. Die Geschichte der Psychoanalyse in Frankreich. Bd. I: 1885–1939. Weinheim, Berlin 1994.
Rubinstein, Benjamin B.: Psychoanalytic Theory and the Mind-Body-Problem. In: Greenfield, Norman S.; Lewis, William C. (Hg.): Psychoanalysis und Current Biological Thought. Madison 1965, S. 35–56.
Rusch, Gebhard; Schmidt, Siegfried J. & Breidbach, Olaf (Hg.): Interne Repräsentationen. Neue Konzepte der Hirnforschung. Frankfurt am Main 1996.
Rusch, Gebhard (Hg.): Wissen und Wirklichkeit. Beiträge zum Konstruktivismus. Heidelberg 1999.
Sacks, Oliver: Der Mann, der seine Frau mit einem Hut verwechselte. Reinbek bei Hamburg 1990.
Sacks, Oliver: Sigmund Freud. The Other Road. In: Guttmann, Giselherr; Scholz-Strasser, Inge (Hg.): Freud and the Neurosciences. From Brain Research to the Unconscious. Wien 1998, S. 11–22.
Saussure, Ferdinand de: Grundfragen der Allgemeinen Sprachwissenschaft. Herausgegeben von Charles Bally und Albert Sechehaye. Berlin 1967.
Sade, de: Philosophie im Boudoir, München 1967.
Savage-Rumbaugh, Emily Sue; Lewin Roger: Kanzi, der sprechende Schimpanse. München 1995.
Scheidt, Carl Eduard: Die Rezeption der Psychoanalyse in der deutschsprachichen Philosophie vor 1940. Frankfurt am Main 1986.
Schlesier, Renate: Konstruktionen der Weiblichkeit bei Sigmund Freud. Zum Problem von Entmythologisierung und Remythologisierung in der psychoanalytischen Theorie. Frankfurt am Main 1981.
Schmidgen, Henning: Das Unbewußte der Maschinen. Konzeptionen des Psychischen bei Guattari, Deleuze und Lacan. München 1997.
Schmidt, Siegfried J.: Der Radikale Konstruktivismus. Ein neues Paradigma im interdisziplinären Diskurs. In: Ders. (Hg.): Der Diskurs des Radikalen Konstruktivismus. Frankfurt am Main 1987, S. 11–88.
Schmidt, Siegfried J. (Hg.): Der Diskurs des Radikalen Konstruktivismus. Frankfurt am Main 1987
Schmidt, Siegfried J.: Ernst von Glaserfelds Sprachphilosophie. Grundlagen,

Konzepte, Perspektiven. In: Rusch, Gebhard (Hg.): Wissen und Wirklichkeit. Beiträge zum Konstruktivismus. Heidelberg 1999, S. 111–126.

Schmidt-Hellerau, Cordelia: Lebenstrieb und Todestrieb. Libido und Lethe. Ein formalisiertes konsistentes Modell der psychoanalytischen Trieb- und Strukturtheorie. Stuttgart 1995.

Schneider, Manfred: Hysterie als Gesamtkunstwerk, Aufstieg und Verfall einer Semiotik der Weiblichkeit. In: Merkur 439/440, Jg. 39, 1985, S. 212–229.

Schott, Heinz: Mesmers Heilungskonzept und seine Nachwirkungen in der Medizin. In: Ders. (Hg.): Franz Anton Mesmer und die Geschichte des Mesmerismus. Stuttgart 1985, S. 233–252.

Schülein, Johann A.: Die Logik der Psychoanalyse. Eine erkenntnistheoretische Studie. Gießen 1999.

Schuller, Marianne: Die Hysterie als Artefaktum. Zum literarischen und visuellen Archiv der Hysterie. In: Großklaus, Götz; Lämmert, Eberhard (Hg.): Literatur in einer industriellen Kultur. Stuttgart 1989, S. 445–467.

Searle, John R.: Geist, Hirn und Wissenschaft. Frankfurt am Main 1986.

Searle, John R.: Geist, Sprache und Gesellschaft. Frankfurt am Main 2000.

Seel, Martin: Philosophie. Eine Kolumne. Kapriolen des Konstruktivismus. Merkur 621, Jg. 55, 2001, S. 51–57.

Seifert, Edith: Was will das Weib? Zu Begehren und Lust bei Freud und Lacan. Weinheim, Berlin 1987.

Seifert, Edith: Hysterische Körper – simulierter Schmerz. Können Körper lügen? In: Wolf, Maria; Walter, Hans Jörg; Rathmayr, Bernhard u. a. (Hg.): Körper/Schmerz. Intertheoretische Zugänge. Innsbruck 1998, S. 73–84.

Seifert, Edith: Walfisch und Eisbär treffen sich nie. In: Texte aus dem Colloquium Psychoanalyse 3, Jg. 2, 1998, S. 4–11.

Seifert, Edith: Der Fall Katharina. In: Berliner Gruppe für Psychoanalyse. Februar 1998, S. 40–58.

Seifert, Edith: Freud und Lacan, ein deplaciertes Verhältnis. Vortrag am 13.10.2000 im Psychoanalytischen Salon Berlin.

Seifert, Edith: Ist normal pathologisch? Freuds Abkehr von der medizinischen Sicht des Leidens. In: Heinze, Martin; Kupke, Christian & Kurth, Christoph (Hg.): Das Maß des Leidens. Klinische und theoretische Aspekte seelischen Krankseins. Würzburg 2002, S. 297–306.

Serres, Michel; Farouki, Nayala (Hg.): Thesaurus der exakten Wissenschaften. Frankfurt am Main 2001.

Singer, Wolf: Hirnentwicklung und Umwelt. In: Ders. (Hg.): Gehirn und Kognition. Heidelberg 1990, S. 50–65.

Singer, Wolf: Was kann ein Mensch wann lernen? In: Ders.: Der Beobachter im Gehirn. Frankfurt am Main 2002, S. 43–59.

Singer, Wolf: Das Bild als Beleg. Vortrag während der Tagung »Das Bild in der Wissenschaft: Abbild der Realität?« an der Humboldt-Universität zu Berlin, 15.–17.12.2004.

Soemmerring, Samuel Thomas: Über das Organ der Seele, Werke Bd. IX. Herausgeben von Manfred Wenzel und Sigrid Oehler-Klein. Basel 1999.

Solms, Mark: Auf dem Weg zu einer Anatomie des Unbewußten. In: Leuzinger-Bohleber, Marianne; Mertens, Wolfgang & Koukkou, Martha (Hg.): Erinnerung von Wirklichkeiten. Psychoanalyse und Neurowissenschaften im Dialog. Bd. I: Bestandsaufnahme. Stuttgart 1998, S. 416–461.

Solms, Mark: Zur Integration von Psychoanalyse und Neurowissenschaften. Teil 1: Die neurowissenschaftlichen Wurzeln der Psychoanalyse. In: Forum der Psychoanalyse. Zeitschrift für klinische Theorie und Praxis 3, Jg. 14, 1998, S. 193–202.

Solms, Mark: Zur Integration von Psychoanalyse und Neurowissenschaften. Teil 2: Die Syndromanalyse psychischer Funktionen. In: Forum der Psychoanalyse. Zeitschrift für klinische Theorie und Praxis 1, Jg. 15, 1999, S. 58–70.

Sonntag, Michael: Gefährte der Seele, Träger des Lebens. Die medizinischen Spiritus im 16. Jahrhundert. In: Jüttemann, Gerd; Sonntag, Michael & Wulf, Christoph (Hg.): Die Seele. Ihre Geschichte im Abendland. Weinheim 1991, S. 165–179.

Stengel, Erwin: Die Bedeutung von Freuds Aphasiestudie für die Psychoanalyse. In: Psyche 7, Jg. 8 1954/55, 17–24.

Stockert, Theodor R. von: Theorie und Praxis der Aphasieforschung. München 1984.

Sturma, Dieter: Logik der Subjektivität und Natur der Vernunft. Die Seelenkonzeptionen der klassischen deutschen Philosophie. In: Jüttemann, Gerd; Sonntag, Michael & Wulf, Christoph (Hg.): Die Seele. Ihre Geschichte im Abendland. Weinheim 1991, S. 236–257.

Swain, Gladys: L'ame, la femme, le sexe, le corps. In: Dies.: Dialogue avec l'insensé. Essais d'histoire de la psychiatrie. Paris 1994, S. 215–236.

Swain, Gladys: L'appropiation. Neurologique de l'hystérie. In: Dies., Gauchet, Marcel: Le vrai Charcot. Paris 1997, S. 13–96.

Thomä, Helmut; Kächele, Horst: Wissenschaftstheoretische und methodologische Probleme der klinisch-psychoanalytischen Forschung. Teil 1. In: Psyche 3, Jg. 27, 1973, 205–236.

Thomä, Helmut; Kächele, Horst: Wissenschaftstheoretische und methodologische Probleme der klinisch-psychoanalytischen Forschung. Teil 2. In: Psyche 4, Jg. 27, 1973, 309–355.

Varela, Francisco J.: Autonomie und Autopoiese. In: Schmidt, Siegfried J. (Hg.):

Der Diskurs des radikalen Konstruktivismus. Frankfurt am Main 1987, S. 119–132.

Vogel, Paul: Zur Aphasielehre Sigmund Freuds. In: Monatsschrift für Psychiatrie und Neurologie 128, 1954, 256–264.

Vogt, Carl: Physiologische Briefe für Gebildete aller Stände. Stuttgart, Tübingen 1847.

Voltaire: Oeuvres complètes. Bd. II: Oeuvres philosophiques. Paris 1827.

Wegener, Mai: Neuronen und Neurosen. Der psychische Apparat bei Freud und Lacan. Ein historisch-theoretischer Versuch zu Freuds Entwurf einer Psychologie von 1895. München 2004.

Wegener, Mai: unbewußt/Das Unbewußte. In: Barck, Karlheinz; Fontius, Martin; Schlensted, Dieter; Steinwachs, Burkhart & Wolfzettel, Friedrich (Hg.): Ästhetische Grundbegriffe. Bd. VI: Tanz bis Zeitalter/Epoche. Stuttgart, Weimar 2005, S. 202–240.

Weizenbaum, Joseph: Die Macht der Computer und die Ohnmacht der Vernunft. Frankfurt am Main 1977.

Wernicke, Carl: Der aphasische Symptomencomplex. Eine psychologische Studie auf anatomischer Basis (Reprint). Berlin, Heidelberg, New York 1974.

Wolf, Maria; Walter, Hans Jörg; Rathmayr, Bernhard u. a. (Hg.): Körper/Schmerz. Intertheoretische Zugänge. Innsbruck 1998.

Wolters, Gereon: Mesmer und sein Problem: Wissenschaftliche Rationalität. In: Ders. (Hg.): Franz Anton Mesmer und der Mesmerismus. Wissenschaft, Scharlatanerie, Poesie. Konstanz 1988, S. 121–137.

World Health Organization (WHO) (Hg.): Klinisch-diagnostische Leitlinie ICD-10, Bern, Göttingen, Toronto, Seattle 1993.

Žižek, Slavoj: Liebe dein Symptom wie Dich selbst! Lacans Psychoanalyse und die Medien. Berlin 1991.

2004 · 304 Seiten · gebunden
ISBN 978-3-89806-168-1

2007 · 179 Seiten · gebunden
ISBN 978-3-89806-810-9

Mit der Metapher der »toten Mutter« beschreibt André Green nicht deren realen Tod, sondern die Erfahrung des Kindes mit einer innerlich abwesenden, depressiv zurückgezogenen Mutter. Zur Veranschaulichung der aus dieser Konstellation resultierenden psychischen Defizite des Kindes spricht er von den »psychischen Löchern« einer »weißen Depression«.

Ausgehend von dieser frühkindlichen Erfahrung widmet sich Green der Entwicklung des Narzissmus und tritt an, nicht ausgearbeitete Gedanken der Freudschen Narzissmustheorie aufzunehmen und weiterzudenken. Dabei bezieht er sowohl die Klassiker zum Narzissmus von Kernberg und Kohut in seine Überlegungen mit ein, wie auch weitere renommierte Theoretiker der Psychoanalyse: Bion, Klein, Lacan und Winnicott. Green gelingt es, die Pole des Narzissmus – Lebensnarzissmus und Todesnarzissmus – neu und nachhaltig ins Blickfeld zu rücken.

André Greens Buch über den Kastrationskomplex gliedert sich in drei Teile. Der erste beschreibt biologische und anthropologische Aspekte der realen Kastration. Der zweite Teil stellt die Entdeckung des Kastrationskomplexes bei Freud vor und entwickelt die zentrale, theoretische Bedeutung, die er in Freuds Lehre der psychosexuellen Entwicklung des Menschen erhält. Im dritten Teil werden, über Freud hinausgehend, in einer Auseinandersetzung vor allem mit Melanie Klein und Jacques Lacan gegenwärtige Perspektiven aufgezeigt.

Psychosozial-Verlag

Goethestr. 29 · 35390 Gießen · Tel. 0641/9716903 · Fax 77742
bestellung@psychosozial-verlag.de
www.psychosozial-verlag.de

2007 · 343 Seiten · broschiert
ISBN 978-3-89806-734-8

2007 · 228 Seiten · broschiert
ISBN 978-3-89806-815-4

Das Buch führt den deutschsprachigen Leser in Leben, Schriften und Denken des englischen Psychoanalytikers Wilfred Bion ein. Es zeichnet nach, wie er klinische Psychoanalyse und philosophische Mystik auf eine Weise verbindet, die zu heftigen Kontroversen Anlass gibt.

In seiner Einführung in das komplexe, oft verschlüsselte Werk des französischen Psychoanalytikers Jaques Lacan zeichnet Malcolm Bowie die »unausgesetzte Zwiesprache« Lacans mit Freud nach. Dies ist nicht nur ein unübersehbarer Beitrag zur Lacan-Rezeption: Sein prägnanter und geistreicher Stil macht das Buch zu einer überaus anregenden Lektüre.

Psychosozial-Verlag

Goethestr. 29 · 35390 Gießen · Tel. 0641/9716903 · Fax 77742
bestellung@psychosozial-verlag.de
www.psychosozial-verlag.de

www.ingramcontent.com/pod-product-compliance
Ingram Content Group UK Ltd.
Pitfield, Milton Keynes, MK11 3LW, UK
UKHW041947230426
12048UKWH00008B/175